主编简介

潘光润，四川省渠县报恩乡人，生于20世纪60年代。1982年当兵，曾参加1984年4月28日的老山对越自卫还击战，荣立三等战功。1984年退伍后在渠县广播电视局工作。从事宣传工作30多年，分别在中央、省、市报刊（台）用稿1000多件。其中，《县委书记的特殊处方》《拆掉干群间这堵墙》《把教师交给市场》等30多件作品，先后获省、市好新闻一、二、三等奖，已出版《宕渠儿女》（第一辑）。现为四川省渠县文广局干部，写渠县人，是他一辈子的追求。

通讯地址：四川省渠县渠江镇和平街18号

邮编：635200

网站：http://www.dqen.net

电话：15908482225

宕渠兒女

（第二辑）

潘光润　主编

西南交通大學出版社
SWJUP
Http://press.swjtu.edu.cn

图书在版编目（CIP）数据

宕渠儿女. 第二辑 / 潘光润主编. —成都：西南交通大学出版社，2018.1

ISBN 978-7-5643-6002-3

Ⅰ. ①宕… Ⅱ. ①潘… Ⅲ. ①先进工作者－生平事迹－渠县 Ⅳ. ①K820.871.4

中国版本图书馆 CIP 数据核字（2017）第 324701 号

Dangqu Ernü

宕渠儿女

第二辑

潘光润 主编

责任编辑	梁 红
助理编辑	陈亚萍
封面设计	墨创文化
出版发行	西南交通大学出版社 （四川省成都市二环路北一段 111 号 西南交通大学创新大厦 21 楼）
发行部电话	028-87600564 028-87600533
邮政编码	610031
网 址	http://www.xnjdcbs.com
印 刷	成都蜀通印务有限责任公司
成品尺寸	170 mm × 240 mm
印 张	22
插 页	4
字 数	399 千
版 次	2018 年 1 月第 1 版
印 次	2018 年 1 月第 1 次
书 号	ISBN 978-7-5643-6002-3
定 价	98.00 元

前言

千淘万漉虽辛苦，吹尽狂沙始到金。

历经四年，奔赴全国各地采访写作，终于迎来收获的季节，怀着感恩的心情，我将《宕渠儿女》（第二辑）付梓出版。《宕渠儿女》（第二辑）终于可以于近期呈现在读者面前。

我感恩书中的主人公，他们是千千万万个宕渠儿女的缩影。他们肩负着强烈的时代责任，让渠县精神在世界各地绽放出灿烂的光辉，他们成为渠江两岸的天之骄子。同时，也成为我写作取之不尽的素材。

《宕渠儿女》诞生的整个过程，得到了无数老领导无微不至的关怀和热心的支持。我感恩胡永柱中将，感恩老领导杜江、李德辉、胡道济、熊长富、许光富，感恩渠县老领导张家林，感恩兄长、挚友在蓉企业家田发太、四川华西集团副总经理万晓林等。他们鼓励我，要用手中的笔，写好在改革开放中不断进取的渠县，唱响主旋律，坚持不懈地书写宕渠儿女的优秀事迹。在他们的关怀和支持下，2012 年 12 月，《宕渠儿女》（第一辑）出版了。我本想停下来歇一歇，而他们鼓励我说：《宕渠儿女》（第一辑）出版开了一个好头，不要龙头蛇尾，要一以贯之，把《宕渠儿女》系列继续写下去。

我曾是一名军人，在对越自卫反击战中受伤。由于枪伤在身上留下了后遗症，过度劳累就会发作，影响生活质量。《宕渠儿女》（第一辑）出版后，说老实话，我本不想再动笔了。2012 年春节前夕，老领导张家林回渠县，专门打电话叫我去住处，要求我一定要继续写下去。他说："苦点，累点，也一定要完成第二辑。歌德曾经说过：'读一本好书，就是和许多高尚的人谈话。'一本好书，可以启迪人生、陶冶情操、提升素质、点燃智慧、拓展思维和视野，还能改变无数人的精神面貌和事业追求，更好地服务于社会，创造更大的价值！这本为优秀宕渠儿女浓墨重彩的人物传记，是反映和记录优秀宕渠儿女的杰作，是一本让宕渠儿女奋发努力、激励斗志坚韧不拔的力作。作品中的每一位主人公都有一段不平凡的、感人至深的故事。他们对生活充满信心与希望，虽历尽沧桑，仍不改初心，在人生的路上，风雨兼程，义无反顾，创造了属于自己、属于宕渠儿女的宏伟篇章。他们的经历百回千折，他们的故事可圈可点，这或将成为一些人改变人生的励志经典。可以这样说，这本书是你奉献给宕渠儿女最好的礼物。”

我回家后，反复想这个问题：写还是不写。老领导张家林如此关心《宕渠儿女》的写作，他说，读一本好书不易，写一本好书更不易。既然找到了这样好的题材，就应该坚持下去。再大的困难，也努力克服。老领导对宕渠大地的赤诚和热爱，对未来、对后辈的无限希冀，以及对我写作《宕渠儿女》一书如此高的评价，给了我莫大的继续前行的动力。我想：再累，没有打仗作战时累，再苦，没有战斗时苦，住在猫儿洞，还要防敌入侵，站岗放哨，每时每刻都要面临死亡的威胁，想想死去的战友，活着就是幸福。何况，现在条件这么好，那就做吧！如果没有老领导张家林的鼓励，没有各位乡友的大力支持，《宕渠儿女》（第二辑）也就不会摆在大家面前了。

我更感恩渠县县委、县政府的高度重视，特别感谢县委书记苟小莉，她任县长期间就大力支持此事，并多次听汇报，提要求和建议。现任县委副书记、县长王飞虎鼓励我说：“这是一件十分有价值的工作，书写的是渠县故事、弘扬的是渠县精神、传递的是渠县能量，我们将予以大力支持。”还有许多领导和老乡也都给予了大力支持。借此机会，我真诚地感谢他们。

《宕渠儿女》（第二辑）延续了第一辑的风格。书中真实记录了又一批优秀宕渠儿女的感人事迹。有为中国革命解放事业做出贡献的将军；有立下赫赫战功却隐姓埋名的战斗英雄；有的坚守在宕渠这片土地上无私奉献；有的行走在世界各地大显身手。他们的身上，都有一个共同的特点，那就是坚韧不拔、百折不回、锲而不舍的渠县精神。他们凭借着渠县精神，艰苦创业，踏实做人，卓有成绩。

他们的事迹感动着我，也感动着无数的宕渠儿女。在写作《宕渠儿女》（第二辑）的时候，很多老乡要求我一定要完成《宕渠儿女》（第三辑）。因此，我决定再花 5 年时间续写《宕渠儿女》（第三辑），还望各位老乡多多帮助，多多支持。让我们一道做好此事，共同书写坚韧睿智、追求卓越的渠县精神，共同书写行走在五湖四海的优秀宕渠儿女。

潘光润

2017 年 12 月于成都

目　录

开国英雄李长林

——记前新疆军区副司令员李长林

人物档案

李长林，1917年2月生，渠县涌兴镇(原任家乡)人。1933年10月参加中国工农红军第四方面军，1934年5月加入青年团，1936年12月加入中国共产党。历任战士、班长、排长、连长、营长、副团长、团长、副师长、师长、副军长。先后任乌鲁木齐军区副司令员、新疆军区副司令员、新疆维吾尔自治区政协副主席等职，第三届全国人民代表大会代表。1950年9月出席全国战斗英雄代表大会会议。先后荣获三级八一勋章，三级独立勋章，二级解放勋章。1988年被授予二级红星功勋荣誉章。1999年4月，李长林因病于南京干休所逝世，享年82岁。

涌兴镇位于渠县北端，南与平安乡相连，西与渠县贵福镇水口乡交界，东与三汇镇、丰乐乡接壤，北与安北乡、报恩乡相邻。该镇山川秀丽，人杰辈出。

我姐住在涌兴镇街道，屋邻茶馆。我小时候经常去她家，每次去，都爱到茶馆听老人摆龙门阵，经常听茶馆的老人讲李长林的战斗故事。从那时起，我便牢牢记住了李长林，并在心里萌生了一个念头，将来有机会，一定要把英雄的故事写出来，让更多的人了解英雄，学习英雄。时光荏苒，斗转星移，岁月不负有心人，数十年后，我终于迎来了这个让我感到骄傲的机会。

2015年春天的一个上午，我与英雄李长林的兄弟——在渠县检察院工作的李小林相见。小林兄长知道我要写李长林的英雄故事，十分热情、十分支持。他给我看了中国人民解放军人物志、中央军委出版的《中国人民解放军群英谱》，以及影像视频资料《开国英雄李长林》等，我看后心潮澎湃，激动的心久久不能平静。写，一定要把英雄的先进事迹写好。宽敞的茶楼静静的，杯中的茶水浓浓的。在静谧柔和的气氛中，李小林向我详细地讲述了英雄李长林光辉战斗的一生。

一、连队里的一杆旗

1933 年 10 月，红四方面军第十一师三十一团的机枪连来到渠县涌兴乡二家坝，打土豪，分田地，解放穷苦老百姓。这时的李长林已经十六岁了。红军的到来，不但给镇子带来了生机，更燃旺了李长林要当兵的心。在一个逢集的日子里，他不顾自己正在生病，一个人跑出家门，想要打听一下红军的情况。

镇子上热闹极了，熙熙攘攘的人群给镇子带来了一片生机。李长林来到镇子上，只见人群围成了一圈，不知在干什么。他好奇地挤进人群，看到一位红军正在向人们大声地讲着什么，他挤到了那位红军的前面，只听那人说道："我们红军是打土豪、分田地的，是打富济贫的，我们是穷人的队伍……"接下来他还讲了什么是"无产阶级的队伍""无产阶级要解放全中国""要建立共产主义社会"等道理。这位红军慷慨激昂地讲了大半天，李长林挤在人群中一动不动地听了大半天，他把这些听得懂的和听不懂的都归结成一点：红军对穷人好。

他主动报名参加了红军。在红四方面军十一师三十一团机枪连里，当上了一名通信员。

连队不久就开走了，他们要与大部队一起去粉碎敌人的第五次"围剿"。刚刚参军的李长林便每天随部队奔波在炮声隆隆的战场上，将信件、命令一次次准时送到指定的地点。

1934 年 5 月，李长林光荣地加入了中国共产主义青年团。

入团后不久，连队的领导即调换了李长林的工作，要他下连当了一名掌旗兵，从此，他与那面指引部队冲锋陷阵的鲜艳红旗便绑在了一起。

1934 年冬，李长林随部队踏上了北上长征的艰苦道路，在漆黑的冬夜里，在雨雪泥泞的道路上，他撑掌着那面鲜艳的红旗，指引着北上抗日的长征部队，不停地前进着。

部队渡过了嘉陵江，走出了川北，进入了西康，仍不停地匆匆前进着。崇山峻岭，道路崎岖，给红军带来了一个个意想不到的困难。李长林作了最大限度地轻装，紧紧撑举着红旗，坚定地行进在部队的前头。

1935 年的冬天，他们在经历二过草地的艰难后，来到了川西。这期间，因为部队一再受挫，三十一团不得不与二十八团合编，李长林所在的机枪连编入了二十八团。当他们第三次走过草地，来到甘肃西南的旧城时，部队又被敌人包围了。战斗进行得十分激烈，他们在旧城整整坚持了一个星期，在红九军到来后，才得以突出重围。随后，有的人即掩护主力抢渡黄河。在红军主力的三个军渡过黄河之后，渡口被敌人占领了，掩护部队也被敌人拦腰截断，抢渡陷入了十分危急的境地，他们与敌人进行了殊死的搏斗，部队伤亡很大，连长也英勇牺牲了。这时，有些人动摇了，他们竟作了可耻的逃兵。而李长林依然毫不动摇地高举着红旗，勇敢地坚持着、战斗着。

1936 年秋，他们冲破了重重艰难险阻，终于到达陕甘宁边区，艰苦的长征终于结束了。

在陕北，部队进行了整编，李长林积极要求，下连当了一名步兵。十二月里的一天，在陕源，李长林光荣地加入了中国共产党。从此，他虽然离开了那杆火红的战旗，但他却凭着自己一身英气，冲锋陷阵，成为部队中一面光荣的旗帜。

1939 年 5 月，李长林在辽县随队整训时，被任命为二排机枪班班长。不久，部队在狼牙山战斗中，他所率的班伤亡很大，他的后背也被一颗子弹射中，忍着伤痛，他说服连长改变了要他住院治疗的命令，咬着牙坚持照顾班里的工作。

威震敌胆的“百团大战”期间，李长林被任命为三连三排排长，并担任党支部副书记。战斗进行得异常激烈，干部和战士伤亡很大，在部队建制不全的情况下，李长林机智灵活，勇敢顽强地贯彻了上级的作战意图，顺利地完成了歼敌任务。此次，他获得了上级授予的战斗勇敢奖状。“百团大战”后，部队即开到了涉县进行整训，李长林在上级提出的“练军事，学政治，学文化”口号的鼓舞下，积极上进，刻苦训练，认真学习，在创造模范支部的工作中做出了显著成绩，因而获得了“模范干部”和“模范党员”的称号。之后，他又被调到一二九师工作队，深入敌人后方开展工作。李长林被分配到了合顺二区。在这里，他独自一人在敌特密布的环境下积极帮助地方建立武装，动员群众囤粮参军。在七个多月里，他出色地完成了任务，被授予一二九师工作队的地方工作特等奖，并获得奖章一枚。

二、和日寇士官中队较量

日本帝国主义太平洋战争节节失利，在中国战场转为守势，此新形势下，我军发起了安阳战役。

七六九团在团长兼政委赵兰田同志的带领下，将出援水冶的日军士官中队团团包围在北流寺地区。

日军士官中队是一群为日本帝国主义“圣战”立下汗马功劳的兵痞，双手沾满了中国人民的鲜血。这是一支训练有素，军事技能全面，有实战经验，凶残狡诈的部队，可谓日军精锐中之精华。

经过大半天激战，下午，日军士官中队被压缩到北流寺村内的一座大院内，日军凭借有利地形，做垂死挣扎。为尽快消灭敌人，赵团长命令除留下少部分部队围住鬼子展开政治攻势外，其余部队都撤到村外做战斗准备，组织力量攻击，并决定由三营十连担任主攻。因连长牺牲，故由三营副营长李长林到十连，代职指挥。

受领任务后，他和十连指导员南峰岚一起将部队带到村北的一片枣树林里，进行战斗动员。他和南指导员几句铿锵有力的话语，激起了全连干战的民族仇恨。

带着满腔的怒火，部队开始攻击，在猛烈火力的掩护下，突击小组由排长张兰兴带领，顺着梯子迅速蹬上大院西北角的平房。遭到敌人火力严密封锁，眼看战士一个个被打了下来，李长林十分恼怒，非要亲自前去查清敌人的火力点不可。

“我到前面看看！”李长林果断地对身旁的南指导员说。

“副营长，太危险！”南峰岚边说，边伸手拽李长林，可已经晚了。李长林跃出掩体，迅速接近平房。他发现，除了楼上敌人的机枪封锁外，平房附近还有暗火力点。当即命令，停止攻击。他苦苦思索着：平房上我们只有一个小组，如果后续部队迟迟上不去，很难站住脚，一旦……，他不敢再往下想。此刻，他心焦神悴，“嘭！”不由重重的一拳打在墙壁上，震得土坯纷纷脱落。这一拳使他眼睛一亮，醒悟过来，原来墙壁全是泥坯垒的。

“立即在墙上挖洞！”李长林大声命令。

不多时墙洞挖好了，可是又被敌人的机枪火力封锁，前进不得，正在这时，突听“轰隆”一声，平房里传来震耳欲聋的巨响，一股浓烟和尘土从洞子卷了出来。

李长林第一个冲了进去。屋内躺着十几具日军尸体，房顶上被挖了一个洞，待他爬上房顶才发现，突击组除张兰兴外，其他同志已全部牺牲。

登上平房后，李长林发现敌人的山炮就在后院门口，十几个鬼子正在向外打炮。望着这群禽兽，李长林把牙齿咬得咯咯作响，命令三班：“把山炮夺过来!”

三班长带领全班纵身跳下平房，直扑山炮阵地，鬼子也不甘示弱，纷纷端起刺刀迎了上来。经过一场激烈的厮杀，敌人很快被消灭。正当大家准备推出山炮时，又有一股敌人从巷道中涌了出来。

这时，李长林也从两丈多高的平房跳下，三班长看到副营长就在他们身后，勇气更足了，激动地高喊：“同志们，快消灭鬼子！山炮是咱们的!”

与敌厮杀之际，七连的一个班从东南角突上来了，他们的到来，犹如猛虎添翼，腹背受击的日军没有坚持多久，都成了勇士们的刀下鬼。

傍晚，三营占领了大院，残余的敌人钻进了院中一座两层小楼，我军虽不断用日语喊话，但日军拒不缴枪，回答的却是一串串枪弹。为防止敌人趁天黑突围，李长林看了看小楼，昔日火烧阳明堡飞机场的情景在他眼前浮现：熊熊烈火映红半边天，滚滚浓烟遮星蔽月，大长我军的士气，大灭鬼子的威风，何等解恨!

“对，鬼子喜欢火葬，那就成全他们吧!”

一束束干柴被点燃，浓烈的烟柱腾空升起，噼噼啪啪的爆炸声和鬼子绝望的哀嚎声久久地在北流寺上空回旋。

日寇士官中队全军覆没，无恶不作的七十四大队队长大泽，在正义的火焰中留下的只是一截木棍似的焦尸。

三、千里跃进大别山

1947 年，李长林已担任团长。这一年，晋冀鲁豫野战军在取得解放战争节节胜利的基础上，已转守为攻，他们突破了敌人的防线，把战争逐渐引向敌占区。七月，他们渡过黄河，揭开了战略反攻的序幕。在胜利地进行了郓城、定陶等战役后，随即展开了对据守羊山的国民党第六十六师的围歼战斗。

敌六十六师系蒋介石的嫡系部队，师长宋瑞珂深得陈诚的厚爱，整个部队兵员充足，装备精良。他们所据守的羊山，是远近的制高点。羊山前坳，是一座较大的集镇，集镇里敌人已设防，工事密布，阵地坚固。镇外是高大的围墙和宽深的壕沟，严密地环护着四周。而据守在羊山的敌人则居高临下地牢牢控制着整个集镇。敌人所处的地形是十分有利的。

战斗打响后，我军动用了成团的兵力，都没能获得圆满成功，而敌人的大批增援部队正向羊山匆匆赶来。部队首长下了最大的决心，一定要在敌增援部队到来之前拿下羊山。

李长林团奉命担负对羊山之敌一个方向的主攻。

领受任务后，李长林作了充分的战前准备，他连续两天两夜没有休息，奔跑活动在攻击面上，认真地观察敌情和地形，谨慎周密地选择了部队攻击的道路，直至一切工作完全就绪。

7 月 27 日，总攻开始了。李长林率领部队按照上级的分工，在战前选择的冲锋道路上，经过一阵勇猛冲杀，很快便占领了敌人的阵地。之后，李长林又指挥战士们迅速地转攻为守，以压倒一切敌人的英雄气概，打退了国民党军高价收买的“敢死队”的三十多次反扑，牢牢地守住了阵地。在各路部队的密切协同下，终于攻破了羊山，击溃了守敌，就连敌人的师长宋瑞珂也做了俘虏。

羊山战役之后，部队经过几番征战，即挥戈进入了大别山，他们仿佛是插进敌人心脏的一把尖刀，搅得蒋介石惊恐不安。蒋介石调集了三十多个旅，以绝对优势的兵力，向大别山围攻而来。为摆脱敌人的追击，部队在大别山一带同敌人展开了机智的周旋。李长林所在的部队，在艰苦的环境里同敌人周旋了近二十天。尾追的敌人像影子似的紧紧地跟随着他们，摆出了一副决战的架势。

一天，旅长找来李长林，十分严肃地把诱敌离开主力部队的任务交给了他。

领受了任务，李长林带上两个营的部队，以一天一百余里的速度进行急行军，直向敌人重兵集结的地区插去。他们在袭击了山南关，生俘了敌人数十名高级军官和特务之后，便引来了三个团的敌人。李长林以敌人盘踞的南边作为突围的方向，指挥部队出其不意地跳出了敌人的合围。接着，他们又马不停蹄地奔走了一夜，牵着敌人远远地离开了主力部队。

战士们疲惫极了，他们只得暂停下来休息一下，部队刚开始做饭，三个团的敌人便尾随而至，从三面包围上来。李长林听到骤起的枪声，冷静地分析敌情，判断着突围的方向。这时，他发现唯独南方毫无动静。冷静的分析和战争的经验使他迅速判明南方定有敌人的重兵埋伏。于是，他果断地决定率领部队向西突围。果然，西边虽枪声激烈，但确实是敌包围圈的薄弱环节，被他们突围而出。随后，李长林又率领部队改变方向，迅速地向西北奔去。

合围未成的敌人见李长林他们突围而走，急忙组织兵力随后紧追。李长林以一个连的兵力在后面，边打边撤钳制着敌人，牵着敌人转来转去，机智地为部队赢得了三天的休整时间。而当新的战斗打响的时候，李长林已率领他的队伍回到了主力部队。

四、在淮海战场上

1948 年 11 月，淮海战役打响了。李长林率领他的团队英勇地投入了战斗中。

淮海战役按照我军的计划，顺利而又激烈地进入了围歼黄维兵团的阶段。

在双堆集正北的马围子，我军受到了敌人的顽固抵抗。马围子地理位置十分重要，黄维派了他的“王牌”五十二团以及五十三团的一个营和九团两个营扼守。我军先后勇猛地攻击了三次，都没有成功。12 月 8 日，纵队首长亲自把攻打马围子的任务交给了李长林。

9 日下午，李长林指挥二营首先向东马围子发起了猛烈的攻击。经过一番激战之后，全歼守敌，占领了阵地。

吸取兄弟部队前几次失利的教训，在夺下东马围子之后，李长林并没有急于向西马围子发起进攻。在两天的时间里，他积极开展军事民主，从上至下地召开了“诸葛亮”会，详尽地制定了向纵深发展的作战方案，决定掘进堑壕，利用壕沟对敌实施逐处攻击，逐处爆破。

堑壕不断地向前延伸着，渐渐地伸到了敌人的鼻子底下。

11 日黄昏，随着一颗红色信号弹腾空升起，全纵队的炮火一齐向敌人射去。工兵们埋设的定向炸药包，也似一颗颗巨型炸弹飞向敌阵，敌人的阵地顿时被一片火海烟雾所淹没。李长林站立在团指挥所里，全神贯注地注视着炮火的轰击，炮火刚延伸开，他立即命令由三营和一营组成的两路突击队分别向敌人扑去。两路突击队分成若干爆破小组和突击组，箭一般地向敌人射去，在一阵连续的爆炸声中，他们突破了敌人的阵地前沿，迅速占领了一条干涸的河沟。

打开了突破口，战士们立即呐喊着向突破口冲去。然而，在部队就要接近敌人的时候，一道道猛烈的火舌，突然从敌阵中喷扫而来，蓝色的火焰在空中翻卷飞腾。战士们顿时被火焰包围了。战士们按照战前准备的对付敌人火焰喷射器的办法，以冲锋枪和手榴弹向敌人猛烈反击，终于击退了敌人。

按照战前的部署，战士们英勇地向前冲去。

“立即向纵深发展！并注意加强联系！”李长林坚决地向一营营长命令道。就在部队向敌纵深发展的时候，一股奇异的怪味突然迎面扑来。霎时间，战士们个个嗓子发苦，眼睛生痛，鼻涕、眼泪一个劲儿地流个不停，部队处于骚乱之中。

李长林立即将部队中毒的情况向纵队首长做了汇报，并在和其他团队领导研究后，迅速指示部队：要一边用尿洗脸，一边迅速缩短同敌人的距离。

然而，就在部队紧急解毒时，敌人却呼喊着扑了过来，顿时情况紧张到了极点。战士们的中毒症状尚未解除，眼睛里满是泪水，喷嚏一个接着一个，完全没有攻击的能力，而反扑的敌人却一步步越来越近了。情况容不得李长林多考虑，他立即命令作为预备队的二营冲了上去。

敌人被打回去了，暮色笼罩在整个战场上，西马围子里，到处是枪声和爆炸声，战斗仍在激烈地进行着。

李长林的指挥所再次挪动，移到了枪声四起的阵地前沿，此刻，他跟在一营四连的后边，向战斗纵深处前进着。

突然，在战地另一方向，喊声四起，枪声大作。根据战斗的进展情况，李长林断定是我突击部队插到了敌人背后，切断了敌人的退路。于是，他果断地命令一营迅速进攻，前去接应。

一营营长率领着全营战士迅速向前突击，但他们遭到了敌人的顽强抵抗。激战中，四连几名战士在偷袭敌人的地垒时，竟捉住了敌五十二团团长唐铁冰。李长林接到报告后，迅速地赶到了四连。

“给你个立功赎罪的机会，你到西边向顽抗的敌人喊话，命令他们放下武器。”李长林在打掉了唐铁冰的气焰后，向他威严地说道。

唐铁冰顺从地照办了。没承想敌团长的喊话声，却引来了敌兵的猛烈反扑。

“消灭他们!”李长林立即坚决地命令道。

部队随即向敌人展开了猛烈的进攻，战士们利用壕沟和工事，奋力射杀着敌人。激战中，忽然，敌人侧后枪声大作，插到敌后的部队也突然向敌人展开了攻击。顿时，敌人的阵脚大乱，惊慌失措的敌兵纷纷四散而逃。

战斗胜利结束了，五彩缤纷的信号弹似一片祝捷的礼花，挂满了马围子的上空。

五、参加抗美援朝战役

1951 年 3 月 25 日夜，李长林所在的十二军三十一师九十一团，跨过鸭绿江，进入朝鲜。

五月中旬，第五次战役进入第二阶段，李长林率全团由机山里出发，经五昼夜急行军，冒着敌人的炮火，插入敌纵深，配合友邻部队歼灭下珍富里南朝鲜第三军团部。五月二十日拂晓，到达束沙里。深夜十一时，第一营占领下珍富里以南的射南山，三连一排以突然动作歼敌一个排，俘敌 6 名；第二营占领兄弟峰，切断了敌人南逃的后路。部队正准备协同友邻攻歼下珍富里之南朝鲜军第三军团部，二十一日凌晨，师首长派作教科副科长枫亭等人找到李长林，转达了已发生重大变化的敌情，美三师已经东援，并与南朝鲜军三军团取得联系；南逃的南朝鲜军第四、六军团残部已窜到下珍富里，第七、九师大部，第五师一部，共有 3 万余人，已形成东西相接的完整防御体系。上级决定结束第二阶段作战，要他率团立即回返，鉴于原路北返已不可能，得从西边绕美二师侧后插到小都市里，那里有第九十三团接应。

但是，这里接近"三七线"，与自己部队的通讯已中断，要把全团千余人在粮弹均缺的情况下安全撤回，是很困难的事情。李长林清楚，目下敌我兵力成 30:1 的状况，在撤出中若稍有不慎，后果是不堪设想的。李长林决定从东南方向突围。全团（欠第三营）在敌情变化、后路被切断、地形不熟、缺粮少弹和通信联络极端困难的条件下，在敌后约 50 公里的纵深内，英勇顽强，同心同德团结战斗，缴获敌人的武器弹药装备，用敌人的军粮充饥，有时在夜间与敌人混在一起，且战且行，并随机歼敌，最后把全团连伤员都完整地带回，还捉了百余个俘虏。

1951 年 8 月，李长林调任第三十一师副师长。到职的当天，他就奉命与三十五师副师长共同组织指挥所，到金城前线接替兄弟部队防务并立即修筑工事。防御正面右起五云里，左至渊巨里，地形南缓北陡，前沿开阔。与敌隔路对峙。当面之敌为美第九军团所辖之李承晚军二师与美二十四师，共约三万人，也在日夜构筑工事，布设地雷、铁丝网等障碍，并不断以航空兵、炮兵袭击我阵地，封锁我后方要道。师领导认为，要保存自己、消灭敌人，必须有坚固的工事；钢筋水泥工事一时办不到，只有构筑以坑道为骨干的防御体系，才能稳住阵地。师参谋长林有声和第九十一团团长李长生曾经在成渝铁路上领导过打坑道的工作。李长林依靠他们，并根据自己在豫北战役利用坑道打广益纱厂的体会，发现并推广了九十一团第二营机枪连打坑道的经验。不久，志愿军机关和各兄弟单位纷纷派人来参观。全师发扬愚公移山的精神，经过五个多月的突击筑城，构筑坑道 1010 条，交通沟 15.8 万余米，各种掩蔽部 3796 个，各种火器发射阵地 3792 个，形成了一个 14 公里正面、5 公里纵深的以坑道为骨干的坚固防线。其在之后 9 个月的防御作战中经受了无数炮弹和炸弹的考验，对保存有生力量、稳住阵地、消灭敌人起了巨大作用。

1952 年 10 月，第三十一师圆满完成金城防御作战任务，准备回谷山地区休整，李长林突然接到敌情通报和新的任务。美第七师、李承晚军第二师向上甘岭地区之第十五军四十五师两个一线连阵地 597.9 高地和 537.7 高地北山展开了连续猛烈的攻击，战斗异常激烈。而此时，师长赵兰田已调 60 军任副政委，新的师长吴忠尚未到职。李长林受命后，即挥师南返，参加上甘岭地区作战。10 月底，全师进至上甘岭以北地区。

11 月 1 日，李长林建议以自己工作了十九年的第九十一团接守 597.9 高地主峰。这是最艰苦、最危险的地方，友邻四十五师与敌人反复争夺了一星期，才刚刚恢复的阵地，以后的战斗将更加激烈。师里原则规定：每个连轮流防守一天，每次出战一个班。当敌人火力袭击，步兵开始向我阵地接近时，除个别观察员监视敌人行动外，主力一律隐蔽在坑道内，同时以密集的炮火猛烈还击，打乱敌进攻部署，大量杀伤敌人；当敌火力延伸，步兵拥向山头，准备发起冲击时，除继续以强大炮火杀伤进攻之敌外，坚守连以一个班兵力跃出坑道，利用弹坑、岩缝和残存的地面工事，迅速占领射击位置，做好战斗准备；待敌人冲至前沿时，以机枪、冲锋枪、手榴弹、手雷、爆破筒等密集火力，给敌迎头痛击，将成群的敌人歼灭在我阵地前；当敌以重兵占领我表面阵地时，我坚守分队视情退守坑道并坚持战斗，上级再以密集炮火，乘敌立足未稳，无工事依托时，予以猛烈袭击，大量歼灭敌人，退守坑道人员又相继而出，乘胜反击，歼灭突入之敌，恢复阵地。对以上这些坑道战术，李长林经常深入到各连、各班，具体研究落实。11 月 2 日晨，敌首先以密集火力反复袭击 597.9 高地，发射炮弹近 10 万发，出动飞机 100 余架次，轮番轰炸扫射近两小时，把地面工事基本摧毁。随即，敌又以四个团的兵力连续猛攻，第八连采取上述办法，在纵深强大火力支援下，灵活运用金城防御战依托坑道坚守的经验，英勇抗击，连续激战七小时，击退敌一个多团（由一个班至一个营）的 40 余次冲击，歼敌 1000 余人，阵地屹立未动，受到联司通令嘉奖。在以后三天的激战中，该团相继以第 7、9、3、5、6 连连续投入战斗，打退了敌人一次又一次的冲击，涌现了许多可歌可泣的英雄人物和事迹，迫使敌人暂时停止了对 597.9 高地的大规模进攻。此时，第九十一团尚有三个连没有动用，上级对第三十一师很满意，要他们担负更多的任务。5 日晚，令第九十三团第一营接守 597.9 高地主峰东北友邻的三个阵地；后又令第九十二团及第九十三团主力担负反击和巩固 537.7 北山的任务。李长林接受任务时二话没说，立即下去布置落实，并蹲守在那里与第九十二团团长李全贵共同指挥。11 日下午，该团第一、第七连在近 100 门火炮和一个火箭炮团的掩护下发起反击，激战 40 分钟，从敌人手里夺回了 537.7 北山全部阵地，全歼守敌一个营。同时，为配合该团反击，第九十三团九营一举夺回了 597.9 高地的 11 号阵地（战役开始后友邻主动放弃的），全歼守敌一个连，从而使该阵地恢复了战前态势。敌人不甘心失败，在飞机大炮掩护下连续反扑，遭到了三十一师顽强抗击，伤亡惨重。至 18 日，第三十一师以伤亡 3106 人的代价共歼敌 7780 余人，俘敌 6 人，巩固了 597.9 高地，恢复并稳住了 537.7 北山除 7、8 号阵地外的全部阵地。

六、恪尽职守奋斗终生

回国后，李长林在 1956 年 8 月至 1957 年 11 月任中国人民解放军第 27 军 79 师师长。1957 年 10 月至 1960 年 7 月在中国人民解放军高等军事学院学习。毕业后，1960 年 7 月任中国人民解放军第 20 军 60 师师长、中国人民解放军陆军第 12 军副军长，1969 年 11 月至 1970 年 5 月任中国人民解放军陆军第 12 军军长，1970 年 5 月至 1979 年 5 月任中国人民解放军新疆军区副司令员，1979 年 5 月至 1983 年 5 月任中国人民解放军乌鲁木齐军区副司令员，1973 年 6 月至 1979 年 10 月，兼任喀喇昆仑援巴筑路工程指挥部总指挥，1979 年 12 月至 1983 年 4 月兼任新疆维吾尔自治区政协副主席，1983 年 5 月至 1985 年 6 月任中国人民解放军乌鲁木齐军区顾问。1987 年 7 月以副大军区职离职休养。1999 年 4 月 13 日在南京逝世，终年 82 岁。1955 年 9 月被授予上校军衔，1960 年晋升大校军衔。曾荣获三级八一勋章、三级独立自由勋章、二级解放勋章。1988年7月被中央军委授予中国人民解放军二级红星功勋荣誉章。

李长林从一个普通士兵成长为模范党员、模范干部、大军区副司令员，有许多特点，主要是：第一，对革命事业忠心耿耿。对党分配的任务从不打折扣，而且勇于接受最危险、最艰苦的任务；第二，善于集中群众意见，遇事沉着，坚决果断；第三，团结同志，不争功诿过，而且常为部下承担责任；第四，谦虚谨慎，平易近人，不计较个人得失。特别是在朝鲜战场上的那段经历，至今仍值得我们学习。

李长林同志长期在领导岗位上工作，努力学习，恪尽职守，为我军革命化、现代化、正规化建设，维护民族团结，边疆安全，社会稳定，筑建援巴公路，做出了重要贡献。

他从一个贫苦农民的儿子成长为共产主义战士，从一个普通士兵成长为我军的高级领导干部（大军区副职）。在长期的革命生涯中，他信念坚定，忠于党，忠于人民，作战勇敢，工作积极，勇挑重担；重视学习，勤于实践，具有很高的军事指挥才能；坚持原则，顾全大局，具有坚强的党性观念；从乌苏里江到雅鲁藏布江，从东海之滨到西北边疆，几十年转战南北，他几乎踏遍了整个中国版图，就连朝鲜的三千里江山，也留下了他征战足迹。

他为人正直，胸怀坦荡，具有高尚的道德情操；团结同志，关心部属，具有很高的群众威信；严于律己，生活俭朴，公私分明，国家配置的高级轿车，家属子女办私事都不能用，为国家节约钱财；对家属子女要求严格，如果子女对身边的秘书、警卫、医护人员及驾驶员等讲话不礼貌，就要当面赔礼道歉，他对子女讲："我身边的秘书、警卫员、医护人员、驾驶员是组织上派到我身边来工作的，是平等的，我们应该在生活上、学习上、工作上关心他们，理解他们，为他们排忧解难。"

在优秀的宕渠儿女李长林身上，我们看到了一名开国英雄的高尚情怀，他始终保持了我党我军高级干部艰苦奋斗的政治本色和优良传统，正如讣告中说的那样，李长林同志的一生是革命的一生，战斗的一生，为共产主义事业奋斗的一生。他为革命事业建立的功勋永载史册，他的革命精神、崇高品德和优良作风永远值得我们怀念和学习。

这正是：

李家儿郎是英雄，长剑杀敌立奇功。
林芳田桑换人间，好酒吊祭向碧空。

（注，本文参考了《解放军英雄传》《中国人民志愿军人物志》《开国第一战》《抗美援朝纪实》《陆军第十二集团军军史资料》《中国人民解放军第二十七集团军军史资料》等）

军　魂

——记原北京军区装甲兵政委赵佛山

人物档案

赵佛山，1920年6月生，渠县贵福镇人，曾任营、团、师政委，原北京军区装甲兵政委，1984年离休，享受正兵团级待遇。曾荣获朝鲜二级国旗勋章，二级自由独立勋章，1999年去世。

赵佛山，1920年6月出生于渠县黄泥乡大庙河村。他家庭贫困，父亲和三个哥哥常年在地主家当长工。从他懂事起就放牛、割草、拾柴。稍长，忙时做农活，闲时帮母亲织席或挑小菜卖。一年忙到头，全家难得温饱。

1933年，红四军方面军在营渠战役中解放了贵福乡，13岁的赵佛山强烈要求参加红军。红军见他人小却态度坚决，让他当大庙村苏维埃儿童团长，两个月后任乡苏维埃少先队副队长，后选为渠县苏维埃代表大会代表。

红军收缩阵地，撤离渠县，赵佛山随红军撤走，被编入红四方面军第九军一个师的特务营一连任通讯员。

赵佛山和三哥积极参加打土豪分田地，后又参加红军，遭国民党和地主忌恨。红军撤离后，地主还乡团进行反攻倒算，大哥二哥逃亡在外，父亲被吊打关押。母亲四处借钱请还乡团吃喝，还要送大洋。父亲被放出来后，见家破人散，双眼气瞎。

红军反国民党六路进攻，伤员急剧增加，红军总医院缺医护人员。赵佛山被推选去川陕少共省委训练班学习，路过红军总医院，被院长留下当看护。他在看护工作中，不怕吃苦，工作积极，于1934年加入共青团。

红四方面军长征时，他年龄小，力气不足，又高山缺氧，物资奇缺，抬着伤员长征毫无怨言，受军人大会表扬，升看护排长。1935年12月，15岁的赵佛山转为中共党员，任看护长。红四方面军三过雪山草地，经受了无数艰苦磨难和生死考验，赵佛山经锻炼成长为最年轻的红军干部之一。

1936年10月，一、二、四方面军会师。经短期休整，于1936年冬组成西路军（由四方面军五、九、三十军和总部组成，共两万多人），开始西征。赵佛山任西路军医医务所长，负责医务工作。西路军在狭长的河西走廊被十几万国民党军和地主武装围追堵截，连续激战四个月，歼敌两万五千余人，重创冯家军，但西路军也只剩二千余人，损失惨重，被迫转入祁连山。那里气候恶劣、飞沙走石、冰雪封冻，千里无人烟。西路军在那种环境下，既无棉衣，又无粮食，只能以草根、树皮充饥，比过雪山、草地还困难，历47天才艰难走出祁连山，只余千多人。原想经西安到延安，走到西安西南地区，却被等在那里的敌军包围，激战一天，突出重围，急行军近200里到柳园，再次被敌军包围，激战数小时，西路军被打散。后来集中部队仅剩700多人。赵佛山从编入正规红军到西征结束，在血与火的考验中不屈服、不动摇，与敌人顽强战斗到底，表现出了一个年轻共产党员的英雄形象。

新疆盛世才想得到苏联援助，他同情苏联和中共。党中央派陈云做盛世才工作，盛同意西路军进入新疆。1937年春，盛派汽车到甘肃与新疆交界处接运700多人到迪化（今乌鲁木齐）。名义上700多人被编入盛世才新兵营，实为共产党直接领导，陈云、周恩来先后到新兵营作报告，使部队深受教育，增强了革命信心。

新兵营分为四个大队，除共同学文化外，还分别学飞机、坦克、汽车驾驶，学炮兵、报务。赵佛山任学习副班长，他以前虽未读过书，但学习刻苦，各科成绩都在中等以上，这为以后到装甲兵部队工作奠定了基础。

1941年1月初，这批学员返回延安，党中央组织了盛大欢迎会，毛主席到会作了报告，使大家深受鼓舞。在延安，赵佛山先后在中央军委、中央情报部负责机要工作，后到中央情报学校参加整风。

1945 年 11 月，他到热东分区改造了一支土匪伪军队伍，使其成为一个很有战斗力的团。解放战争时期，赵佛山参加了平津、太原、兰州、宁夏战役，为中国解放事业做出了贡献。

1951 年 2 月，赵佛山参加抗美援朝，任志愿军六十五军后勤部政治部主任、副政委。他组织部队克服各种困难，冒美机轰炸，用各种办法把军需物资运往前线，保障了前线作战需要。彭德怀说，与美军作战，除打政治仗外，主要是打后勤仗。赵佛山在后勤保障工作中做出了突出贡献。朝鲜停战谈判时，赵佛山为谈判代表，任中朝第一观察组组长，挂大校军衔，负责监督板门店到汉江一带停战执行情况，敢于向美军的破坏行为做坚决斗争。

回国后，带领部队进行祖国建设，曾先后参加了修建十三陵水库，治理海河，修密云水库，建设战备指挥地道等重大工程项目，并按时按质完成任务。

1963 年他被调到原北京军区装甲兵部队，先后任政治部副主任、主任、装甲兵部队副政委、政委。在全军大比武中，他除抓思想工作外，从计划到指挥，从地势选择到项目训练也都做了深入细致的工作，取得了好成绩，毛主席和中央领导到场参观并给予了好评。

离家 21 年，他时刻怀念着家乡父老。1954 年春节前他回到黄泥乡（现贵福镇），受到了家乡群众的热情欢迎。1960 年他为家乡安装一部电话总机和七部电话机及电话线，使全乡通了电话；1974—1975 年又为渠县协调解决了两台吉普车；渠县建立苏维埃纪念馆，他积极支持，还将自己收藏的革命文物捐给渠县。渠县人民至今对他念念不忘。

1955 年，赵佛山授上校军衔，1960 年授大校军衔；曾获三级八一勋章、三级独立自由勋章、二级解放勋章，1988 年获二级红星功勋荣誉章。

这正是：

宕渠赵公真豪杰，不尚佛理尚马列。
拼将山河都解放，处处好景皆春色。

（选摘《渠县志》）

传 奇

——记隐姓埋名数十年的战斗英雄贾之超

人物档案

贾之超，原名贾长安，1932 年 4 月生，渠县柏水乡鼓岭村人，小学文化，中共党员，历任侦察兵、班长、排长、连长。参加过平津战役、锦州战役、塔子山阻击战、湘西乌山剿匪等十多次战役，曾被记大功一次，授“战斗英雄”称号。1952 年退伍回乡，1960 年荣获“全国民兵先进个人”的荣誉，受党和国家领导人接见。

2015 年 3 月 5 日上午 9 :30，二姨急切地给我打来电话说：“你外公走了！”声音悲切、哽咽。霎时间我如遭晴天霹雳，脑子里一片空白……

外公名叫贾之超，又名贾长安， 1932 年 4 月生于渠县柏水乡鼓岭村。他出身贫寒，幼时当过长工，12 岁时就拜师学做铜匠、石匠，少年时期又被国民党抓去当壮丁，后被解放军解救，成了一名解放军战士。在部队里，他聪明机智，当过侦察兵、班长、排长、连长，参加过平津战役、锦州战役、塔子山阻击战、湘西乌龙山剿匪等十多次战役，从领导口中的“嫩小子”成长为一名“战斗英雄”。在北平和平解放中，英勇机智，立下了汗马功劳。在家乡建设中，他从不居功自傲，汗洒青山绿水。1960 年，他站在北京怀仁堂的领奖台上荣获了国家最高荣誉——全国民兵代表先进个人。

我很早就想写有关外公的故事，但总因怠惰没有付之行动。3 月 5 日，外公平静地离开了这个世界。看着最后一捧黄土将他掩埋，我的心情久久不能平静，终于文思泉涌，提笔疾书。希望英雄的故事永远激励后人，希望外公对子孙的爱能温暖身边的所有人。我希望记录着他那激情燃烧的岁月的文字能如同圣洁的经文一般，祝祷他一路走好!!!

一、苦难的童年

1932 年 4 月,我的外公贾长安出生在四川省渠县柏水乡鼓岭村七社的一个贫苦农民家庭。曾外祖父希望他一生平安就给他取名贾长安。可事与愿违，他一来到这个世界，便开始经历人间的苦痛。出生不到 40 天就出天花，一身浮肿，险些丧命，后用一中药偏方治疗，又神奇地活了下来。由于当时家庭贫穷，子女又多，无法再养活他，曾外祖父贾问儒就将一岁多的他抱给亲戚家寄养。每次曾外祖父去看我外公时，都抱着他哭。3 岁多时，曾外祖父因实在不能忍受骨肉分离的痛苦，便悄悄地把他背回家养。曾外祖父家人多，吃了上顿没下顿。外公刚满 11 岁，家里就把他送到贵福街道一户发财人家打小工，为其放牛、割草、干家务活。后经人介绍，他拜了一个铜匠师傅学倒锅、碗、瓢等。开始学艺的他还是吃不饱、穿不暖。师傅还经常打人，干了一年多，他无法忍受就弃担回了家。为了谋生又到了姓黄的一家，帮其挑水、打杂、烧火。一天，老板叫他去贵福街买烟，却遇到国民党抓壮丁被抓了去，关在一间又黑暗又潮湿的屋子。黄老板到处找人说情，那抓壮丁的可能嫌外公年龄实在太小了，就把人放了。年幼的外公害怕再次被抓走，无法在此安生，只好再一次逃回家里。

曾祖父找人说情，又让外公拜一位叫李绍华的石匠学手艺，外公很孝顺，听父母的话，冲着干一天活能挣半升米（今四两到半斤），又去学石匠了。他起早摸黑，铁钎铁锤不离手，他那稚嫩的手上满是伤痕，伤口经常开裂，为了糊口，他只得咬紧牙关硬撑着。

二、壮丁成了解放军

外公贾长安干了一段时间石匠，因思念家人请假回家看望父母。刚回到家里，拉壮丁的来了，要抓大外公（外公的哥哥）去当壮丁，一家人哭成一团。

外公看到这种情景，也流泪了。他虽然害怕，但他知道他们兄弟多，自己又排行老二，家里是躲不过这个劫的，自己必须要担当。于是他主动出来说：“我去替大哥当壮丁，大哥刚成家，我是单身汉，无牵无挂。”离开家时正是 1948 年 1 月，那年外公 17 岁。

国民党抓去的壮丁，被关押在原渠县女子中学，关了一个月，吃喝拉撒都有人看管。他们虐待壮丁，吃饭是一半糠，一半米，难以下咽，根本吃不饱，睡在地上的稻草里，给一床烂毛毯当被盖。有的饿得面黄肌瘦，站立不稳，更无法走路，看管人就用枪托打，打得人死去活来。曾外祖父很心痛，担心外公，从柏水山上步行 50 多公里，到县城看望他，还把家里积攒的 20 个鸡蛋、2 元钱悄悄地给外公。可见面谈话只有 20 分钟，曾外祖父看到外公又黄又瘦，纵有千言万语也表达不出，只能流眼泪。他前脚离开关押处，钱和物就被看管的人抢去了。外公被关押的一个多月，过着非人的日子，仿佛在人间地狱。不久，国民党正式部队来接人了，外公他们一路上经过了巴中、大三峡、湖南、湖北等地，有的人走在路上就倒下了，也有被看管人用枪托活活打死的。原计划军训后就把他们送到哈尔滨。我外公还未到达目的地，中国人民解放军就把他们从水深火热之中解救出来了。听外公说：解放军待他们如亲人，开了三天诉苦大会，每个人都上台发言。大家明白了解放军是解救劳苦大众的，坚决表示愿意跟共产党走。半月军训结束后，外公被编在第四野战军 1419 师 423 团二营四连，给连长当通讯员，正式成为一名光荣的人民解放军战士。

1948 年下半年，外公所在部队开始在河北打仗，外公先后参加了平津战役、锦州战役、塔子山阻击战。在战斗中，外公任侦察员，他英勇杀敌，冲锋在前，多次受伤，但都是轻伤不下火线，受到了首长表扬。

三、参加和平解放北京

1948 年 10 月，毛主席、周恩来要求不动一枪一炮，和平解放北京。外公所在第四野战军秘密入关，潜行至石家庄。知己知彼，做好两手准备。为了详细地了解北京城里的军事布防状况，又不让国民党的军队注意，外公化妆成了衣裳破烂的叫花子混进城，一边讨饭，一边观察城防部署，几乎讨遍了北京城。10 月的北京天气已经变冷了，衣衫单薄的外公行讨在北京城。若干年后外公都不愿意提吃的那些苦。因外公那时不识字，回到部队仅凭记忆，用圆圈表示炮楼，用叉表示防守人数，向领导作了详细地汇报。部队领导夸奖外公是个爱动脑筋的人。

此时，国民党高级将领傅作义的 50 万军队驻守在北京。他是国民党二级陆军上将，爱国将领。日军侵华期间，他主张国共同盟联合抗日。并在绥远境界肃清了伪军，粉碎了日军妄图建立“蒙古帝国”的阴谋，大大鼓励了全国人民的爱国抗日热情。绥远抗战胜利后，毛主席曾亲笔写信高度赞扬他。毛主席深知傅作义是爱国将领，为了和平解放北京，保护历史名城，便亲笔写信劝傅作义起义投诚，加入中国人民解放军。此信的转交任务落到了外公所在的第 47 军 11 师 423 团 3 营。当时营领导在各连队选拔人才，去完成毛主席、周恩来所交的伟大而艰巨的任务。最后，营领导决定派聪明机智的侦察员贾长安进城摸底。听外公说，为了和平解放北京，保护好文物、古迹及 200 多万人民，党中央决定无论如何都要争取傅作义认同。许多地下工作者也参与其中。据外公讲：因傅作义之女傅东菊也加入了中国共产党，要想见到傅作义必须要通过她的引领，把信带到。彼时，17 岁的外公已是身高 1.74 米的帅小伙。组织最后决定让外公扮傅作义的侄儿，地下党员、重庆女大学生杨亚玲扮外公的媳妇，女大学生胡静芝（地下党员、湖南人）扮丫鬟。三人经过了层层岗哨，由地下工作者引见，终于见到了傅作义的女儿傅东菊，傅东菊再带领他们把毛主席的亲笔信交给了傅作义。外公说：当时的气氛异常紧张，傅东菊晓之以理，动之以情对她的父亲讲：蒋介石注定要失败，现在大半个中国已是共产党的天下，共产党胜利已成定局。为了这座历史名城不毁于战争，为了 200 多万同胞的生命，不要做历史的罪人。这次的行动为后来的几次谈判奠定了基础，也为北京和平解放做了贡献。中央领导人的智慧使傅作义最终决定带领 50 万军队投诚，加入中国人民解放军。北京和平解放，人民欢天喜地。

四、剿匪英雄

1949 年，部队又辗转在湖北和四川交界处的白马、重庆黄桷桠等地打仗，大大小小的战役取得了一次又一次辉煌胜利。重庆解放后，外公所在的部队驻扎在重庆江北，休整七天。

由于国民党残余部队进山当了土匪，百姓仍不能安生。接上级命令外公所在的部队开赴湘西剿匪。湘西是土家族、苗族聚居地，当时属永顺地区，是湘、鄂、川、黔结合部。人口稀少，山高路险，古木森森，这里不仅虎豹豺狼成群，而且也是历代土匪的聚居地。刚解放，一股股被击败的国民党反动势力纠集地方土司武装，躲进深山密林，据险要山洞自立，不时下山抢掠无辜群众，烧毁房屋，捣毁庄稼，袭击地方人民政府。当地群众皆以 50 至 60 户不等联合修筑石头堡寨，日出而同劳，日落而同返。为此，中南军区兼第四野战军司令部指示 47 军全部开赴湘西 10 县市剿匪。外公贾长安所在的 11 师即日进驻永顺，并成立永顺地区军分区。

部队经过白马、黄桷椏等大大小小战役后，震慑了凶残歹毒的顽匪，使当地群众得到暂时的喘息。解放军帮助地方政府兴水利、改田地，修建工厂、医院、学校等设施，促进了地方经济发展。

在永顺市北部龙山之巅有个五联洞，它由 5 个特大石洞相连组成，驻扎土匪 1 个师。洞前平地两边各有一个暗堡，各驻 1 个团，暗堡呈虎牙之势扼制着入山小路——石梯径。中间则是师司令部，里面水、粮草、精良枪炮齐备。洞内土匪趁午间或黑夜经常下山抢掠牲畜财物，并捣毁附近多个区、乡政府，其中一位区土改工作组长被土匪绑架到洞内，抽掉脚筋、剁掉耳朵后又扔下山。47 军增调兵力于此，决心拔掉这颗钉子。

1950 年 4 月 6 日凌晨，部队向龙山发起攻击，一阵猛烈炮火后，五联洞匪巢不但未被伤着皮毛，而且其洞前两隐秘的暗堡以及悬崖峭壁、石缝间时不时吐出一串串火舌袭击我军。若硬拼，伤亡太大，指挥部决定组成爆破小组拔掉这两颗“老虎牙”，任务落实到外公所在的 4 连。行动不久，先后冲上去的两组人员均被击中牺牲。危急时刻，连长郑兴宣掉头见到个头高挑的贾长安，当即命令：“嫩小子（因年龄小，昵称），你带两人上！”外公迅速背上 3 根爆破筒，捆上一束手榴弹，携手提式冲锋枪，在猛烈的炮火掩护下，顺石梯闪避着向山上爬去。快接近暗堡时，左右两名老战士倒下了。堡内土匪狂叫着：“共匪快投降！……”外公迅速翻滚贴近暗堡，端起冲锋枪愤怒地对着暗堡一阵扫射，然后将爆破筒扔进暗堡内，可是被土匪反扔了出来。接着他又扔进一颗手榴弹，趁浓烟捡起爆破筒用力扔进枪眼里，并滚到不远处的巨石下躲避。“轰”的一声巨响，右边暗堡被清除。他又将一根爆破筒和一捆手榴弹奋力甩进左边的暗堡。随着巨大的“轰”响，障碍彻底被清除。紧接着，我军发起总攻，长驱直入，杀入洞内。俘虏土匪 1000 多人，缴获大批弹药、武器及两箱金银财宝。

1951 年 3 月，早春的湘西又开始插秧了。这时，湘西剿匪工作已进入最后清匪阶段。解放军派出精干的尖兵班到山区“找”土匪打。一天清晨，外公贾长安率 3 人行进在一个叫土地坡的小山岗上。翻过山梁，透过薄雾，战士们远远发现约有一个团的土匪正在山坡上煮早饭。外公立刻让传令兵传来连队主力部队。他们以巨石为掩体，用机枪和小钢炮、步枪组成火力网，向山下猛轰。晕头转向的土匪被突如其来的猛烈炮火冲得七零八落，死伤无数，阵地上一片哭喊嘶叫。但是，匪军仗人多，很快稳住阵脚，向我军反扑过来。全连官兵同顽匪展开英勇的枪战。硝烟中，枪炮声、喊杀声震天……此战一直打到天黑。土匪一个团被消灭后仅剩约 50 人，我方连长和指导员牺牲了，排长李红兵亦中弹倒下，他血红着眼，艰难地对外公说：“嫩小子，你惹的祸（没有分析敌我悬殊），上！”并将全部子弹和一支冲锋枪给他后闭上了眼睛……这时，我方阵地一个连仅剩外公一人。匪徒们叫嚣：“共匪快投降，不然，抓去抽脚筋、剜眼睛……”外公怒火万丈，操起冲锋枪兀地站起来大吼道：“老子来了！”只见“砰……砰……砰……”的枪响处，匪徒一个个倒下了，活着的逢崖跳崖，抱头鼠窜……但最终还是没逃过外公贾长安那强烈的复仇火焰，他全歼了剩下的 48 名土匪。自己也负伤倒下了，弹片从他的胸部穿过后背掉在地上，脚髁也被子弹击伤。这时，他才觉得饥渴难耐，在爬向水田边时，昏死过去了……后被 421 团打扫战场时发现，当即送往永顺军分区抢救。医生查看后说：“估计活不过今晚！”但是，外公挺过来了……外公在医院待了 3 个多月才出院。由于外公英勇顽强，战绩辉煌，四野为其记大功一次，并授予战斗英雄的光荣称号，那年外公 19 岁。出院后连续半个月骑马、戴大红花作英雄事迹报告，享有至高的荣誉。但每次外公提起牺牲的战友，特别是连长和指导员都会痛哭。他说他们一表人才，又有文化，眼看就要过上好日子，还未成家就离开了人世间。

五、改名务农

1952 年 3 月，湘西剿匪战役胜利结束，已先后任副班长、副排长、部队监狱看守所所长的外公刚刚 20 岁，正是风华正茂的年龄。他响应党精兵简政的号召，谢绝了组织上安排他到大竹医院当院长。主动申请退伍，回家乡务农。

回乡后，曾叱咤战场的英雄贾长安更名为贾之超，绝口不提往事。

转业后的外公先后任柏林人民公社（现渠县柏水乡）大队团支部书记、大队主任、大队民兵连长、公社民兵营长。

1952年下半年（8、9月份），渠县县政府决定修柏林水库。渠县政府领导到柏林铜鼓寺开搬迁户动员大会，全员抽调农民修建柏林水库。

1953年上半年，柏林水库正式开工建设，任公社民兵营长的外公在工作中处处起带头作用，带领全乡的基干民兵苦干、实干，起早摸黑，吃苦在前，享受在后，哪里有困难哪里就有他的身影，宣传政策，协助水库边的搬迁户做好安置工作。

1955年上半年修幽干渠，水库埂子要修到贵福乡吴家湾。在修到千佛乡七家沟时，水库泥土全凭肩挑，挖土很深，工程浩大。外公任民兵营长，负责修水渠工作。全乡有200多人参加，乡上在各村抽人修渠道。外公贾之超带领一班人吃苦耐劳，任劳任怨，早上天亮就干活，天黑才收工。有的当场累倒，在深沟里挑土实在太困难了，劳动强度大，工程进展又缓慢。要如何减轻劳动强度？外公边干活边想办法，一天他终于想出了省力的好办法。把两根柏树竖起埋在土里，横起一根柏树，绑在竖起这根柏树上，用绳子绑在一起，再把挑土的挞钩用绳子捆在其中的一根树上，下面挖渠道的民工就把土装在篼箕里，挂在挞钩上，渠道上面的2个人就用双手把另一根树往上撬，篼箕里装满的土就上来了。没有文化的外公却想到这个简单的杠杆原理解决了费力的工作，后面整个修渠道的民工全部都用这个方法，节省了劳力，大家干起活来也轻松很多，顺利地完成了公社政府交给的艰巨任务，受到了党委、政府的表彰。外公由于工作出色提前完成了修渠任务，也受到了区上的表彰，被评先进个人。

六、最高荣誉

是金子，在哪儿都会发光。1960年4月，由于外公贾之超的基层民兵组织工作扎实，被推荐评为全国民兵先进个人代表进京作报告，长达一个月之久。

4月23日下午4时许，外公同全国民兵先进代表在中南海怀仁堂，接受党和国家领导人毛泽东、刘少奇、周恩来、朱德、陈云、邓小平、宋庆龄、董必武以及人民解放军十大元帅的接见。当晚，在中央军委举行的庆功宴会上，周恩来总理向代表们一一赠送刻有“朱德”字样的“五六”式半自动步枪、100发子弹和一套军装。当周总理得知贾之超曾在湘西剿匪中立过大功，获得战斗英雄称号时，很高兴地与他合影，并握着他的手说：“人民感谢你啊！”外公憨厚地回答：“为人民服务！”

从北京回来，外公的革命思想再次得到了洗礼和升华。他说荣誉是人民给的，不能辜负领导和同志的希望，要以更饱满的热情投入到工作中。外公家住在柏水乡铜鼓寺名副其实的大山上，水源条件差。依当地的话说：就是“靠天老爷吃饭”。外公在当生产队长时，组织群众修堰塘、利用大田储水，又带领群众开荒种地，自己动手解决温饱问题。修堰塘四口，插秧时节不仅解决了全队的灌溉问题，还解决了相邻几个村的农田灌溉。正因为外公的组织决策，无私付出，在那个饥荒年代，他们村没有一个人饿饭，条件好的地方的姑娘也都愿意嫁到村里了。

1964 年知识青年上山下乡，外公任柏林公社大柏林、先锋两个林场的指导员。在这期间，他领导知青开荒种地，参加劳动锻炼，闲暇时，为了丰富文化生活，他组织这批知青搞文艺宣传，发挥年轻人的聪明才智。文艺宣传在全区巡回演出，外公所在林场的各项工作在全区都名列前茅，多次受到市、县、区、乡的表彰。外公还参加先进代表大会，作经验交流发言。后来，知青回城工作，林场解散，他又听从组织安排，回到乡里任村干部和生产队长。由于外公工作认真负责，敢说敢干，各项工作取得了优异成绩，多次出席省、市、县、区、乡先进代表大会，并多次被评为先进工作者、先进个人、优秀党员。

“文化大革命”后，渠县安置办安排他去火车站当管理员，他拒绝了。1980 年渠县武装部又安排他在贵福区当武装部长也没去。一是家里孩子多需人照顾，更主要的是他从骨子里就没有想过离开生养他的故土。

七、积德行善

外公曾对我说：“我每天晚上都要想想，我今天做没有做坏事？说没有说伤人的话？得罪人没有？”这是外公的人生三思，已成习惯。小时候，我是在外公身边长大的。永远记得通往学校的山路不平处是外公用锄头铲平的。涨水的季节，为了有水灌溉农田，那个披着蓑衣，戴斗笠堵堰塘、堵田缺口的也一定会是外公。邻里鸡毛蒜皮吵架调解纠纷的人一定是外公。爱酒之人，无钱买酒的过路人，以酒相邀痛饮三杯的一定会是我的外公。父老乡亲谁家有难，借钱、借粮，出力相助的一定有我的外公。邻里孩子读不起书，解囊相助的是我的外公。遇到说共产党坏话的人，外公一定会黑着脸批评，讲解放战争，许多革命者流血牺牲，死去的人用生命换回来的幸福生活要珍惜。在乡下时，外公修桥补路，栽树乘凉，种花观赏。时至今日，我总想起外公门前的桂花树十里飘香，房前屋后开满五颜六色的鲜花。他勤劳、善良，热爱生活，追求美，这些都潜移默化地影响着父老乡亲，村子民风淳朴，乡亲们乐观友爱。外公常教导晚辈要做好人、做好事、说好话。不求回报，只求心安。这是外公的真实想法，我想也是他长寿的法宝吧。

根据外公的遗愿，我们将他葬在家里的菜园地里，他头枕青山，面朝绿水（柏林水库），春暖花开。

这正是：

贾公戎马真英雄，之死靡他乡情浓。
超群出众续华章，好教后昆皆钦崇。

（此文作者刘小利，本书刊发时有删减）

开拓创新、勇于拼搏的老报人

——访《通川日报》社原总编辑戴文渠

人物档案

戴文渠，男，1936年10月生，大学本科学历（中文系五年制），高级记者。1962年大学毕业后在《西藏日报》社工作16年，先后任记者、记者站长，编辑、编辑组长，以及西藏自治区写作组成员等职务。1978年初调回四川省达县地区《通川日报》社（现改为《达州日报》社）工作21年，先后担任编辑部副主任、党支部书记、报社副总编、副社长、党组副书记、总编辑等。同时，在国家、省地级作协、副刊研究会、教育记者学会、新闻学会等三十多个社会团体兼任会长、副会长、常务理事、秘书长等，52年来荣获各类奖状、奖励近100项，编著图书有《翻身农奴翻身记》《采访与写作》《大众科普实用手册》《青少年社科知识读本》《科普论坛丛书》《戴文渠文集》（上、中、下三卷）等10多册。其事迹在《四川高级专家名录》《中国著名编辑记者辞典》等八部大辞典里有收录。退休后老有所为，荣获各种奖状16项。

戴文渠总编的事迹先后在渠县电视台和各种报刊宣传过多次。他是闻名遐迩的“大巴山记者（作家）群”中的骨干人物之一。他不仅潜心钻研马列主义、毛泽东思想、邓小平理论，以及新闻理论与新闻业务知识，而且勇于探索，勤于笔耕，刻苦从事新闻写作和科普创作、散文与诗歌的写作。52年来，他牢记“事在人为，勇于拼搏，改善环境，成功在握；追求卓越，战胜险恶，赶超极限，完善自我”的格言，忍耐并坚持，以及克服困难、自强不息，所以他视野广阔，笔耕不辍，写作体裁与题材极为广泛，先后共采写各类稿件近万篇，约1000多万字；编用稿件达12 000篇，约1500万字；审阅稿件、看报刊大样约

12 000个版面，约12 000万字。有数百篇好作品先后被《人民日报》《四川日报》《重庆日报》《文汇报》《农民日报》《四川科技报》《信息汇报》《地市报人》等30多家报刊选用。所采写刊用的稿件中，有《廉政卫士》《长江源头沱沱河》《白首雄心在，晚春心更红》《水盈稻香》《千万颗心在爱的琴弦上颤动》《沧海横流，谁主沉浮》《翻身农奴翻身记》，以及社论《认清形势振奋精神，为提前实现翻番而奋斗》《再上新台阶，迎接新世纪》《深入学习联系实际》等80多篇被评为全国和省市优秀作品。有的还被《人民日报》等中央报刊采用。在全省总编辑研讨会上，他撰写的《把握舆论导向，正确引导舆论》等几篇论文，不仅得到研讨会的肯定，还在《新闻界》杂志上发了摘要，并且全文被选入《新闻业务研讨文集》一书中；在参加全国地市报研讨论会上，他撰写的《抓好典型报道，把经济宣传引向深入》也得到了好评，并被选入中国地市报丛书《山区经济报道研究》一书中。他撰写被搜集入书的有近20篇论文。此外，他还先后编著了《采访与写作》《翻身农奴翻身记》《青少年社科知识教育读本》《大众科普实用手册》共10余种不同的书籍。目前出版的《戴文渠文集》——《新闻作品选》《论著社评选》《文学作品选》共三卷90多万字，已经问世，受到了领导、专家、学者们的高度赞扬。

戴文渠同志热爱生活，深入生活，在采写新闻作品，写散文杂文的同时，还着力培养采编新人，努力使自己成为一个好的新闻记者。他立足于西藏高原、大巴山区，以及巴蜀大地这片热土，几十年来，投身于革命建设与奔腾澎湃的改革大潮，深刻地体验与剖析改革征途上的艰辛曲折与社会矛盾的错综复杂，以严肃的哲学思考和崭新的审美视角，在作品中塑造了一个个典型环境中光彩夺目的人物形象。其中有写基层党支部书记的，有着笔反映企业好领导的，有写科长、主任、书记成长的。如原达县市市长邵正权，曾在他任股长、科长、工程师的时候，就采写过他的事迹，不断鼓励他从科长、副局长成长为市长。还有原西藏自治区党委副书记、区人大常委会主任、后来被选为全国人大常委会副委员长的热地同志。第一次报道热地时，热地还是一位普通的公安干部。戴文渠同志当时在西藏那曲地区任记者站站长，热地学雷锋、学王杰事迹突出，他连续在《西藏日报》宣传报道后，热地一步步从地区到自治区到中央任职当领导。戴文渠还在许多市县区、学校、报社以及有关部门和单位，包括新华社重庆分社举办的新闻培训班上讲过近100场新闻采编课和科普写作课，近万人听过他的讲授。他还亲自带数十名学员下乡下厂实习，不少学员后来当上了宣传部部长、市长、县委书记，甚至省委副书记，有的成为专家教授级人才。

在担任《通川日报》副总编辑，特别是总编辑期间，戴文渠同志更加刻苦钻研新闻改革和报纸宣传策划，有全局意识、大局意识、策划意识、超前意识。他特别注意把握宣传舆论导向，狠抓队伍建设，重用能人，培养新人，调动采编人员的积极性和创造性，提高了报纸质量，所以该报曾被省上评为一级报纸。1996 年 7 月，根据地委指示，党组、编委会意见，他牵头组织、采写了一个全区先进人物的典型——《领导干部的好榜样——陈忠亮》的优秀事迹。由于这个典型宣传抓得好，报道有深度，影响很大，很成功，受到了原地委领导的赞扬和群众的好评。原地委领导班子还做出了向陈忠亮学习的决定。他组织的“渠江纪行”“大巴山区纪行”“边区纪行”以及达成铁路巡礼，农业战线的“今年丰收了，明年怎么办？”工业战线的“扭亏增盈百日行”战役性的报道和渠县脱贫致富的系列报道，都十分成功，效果很好。50 多年来，由于他坚持党性原则，反映弱势群体的疾苦，苦练“内功”，宣传工作业绩突出，曾多次受到西藏自治区、西藏日报社，四川省政府、达川地委、行署和通川日报社以及有关单位与部门的奖励和表彰。他在西藏曾被评为五好干部、先进工作者，在四川曾被省委宣传部和中华全国新闻工作者协会授予“有贡献的老新闻工作者”称号，被四川省科普作家协会先后评为优秀科普编辑、优秀科普作家和资深优秀科普作家，并荣获奖证、奖章与奖品，被地区记协评为优秀新闻作者，被地委宣传部评为“首届十佳新闻工作者”等，获各级各类先进荣誉证书、优秀作品奖励近 100 件。其事迹曾先后收录于《中国报界著名编辑记者辞典》《中国当代成功人士辞典》《中国科技人才》《中国当代高级科技人才系列辞典》和《四川省高级专家名录》等八部大辞典里。

“巴山秀才”——戴文渠，他衣着朴素，平易近人，善良勤奋，勇于拼搏，具有刚直、儒雅的文人气质。他是一个工作狂，也是一位老报人，创办和工作过的报刊社有 10 家之多。从 1962 年到现在 50 多年来，他在《通川日报》社、《西藏日报》社工作过，还创办了《中国少年报》《西南医药报》《巴山科技报》《财智达人》和《秦巴春秋》等报刊，并担任该报刊社的总编、执行总编、常务副总编等。1999 年退休后到成都的 10 多年间，先后在 5 家报刊社兼职。他老当益壮，余热生辉，浑身充满了为人民工作的热情。他在成都市先后担任了《信息汇报》执行总编、《四川科技报》顾问、《人民日报》四川记者站“四川专页”采编部主任、《人民日报时代潮》杂志办事处副主任、四川省《科普作家》杂志执行主编，以及四川省科普作家协会常务理事、副秘书长、副总站长，四川科技新闻学会常务理事、四川老科协新闻专委会委员，继续为党、为人民工作。他还是世界华人科普作家协会常务理事、中国科普作协会员，中国新闻史学会会员、北京大众新闻传媒总频道顾问，以及在一些教育、文化、卫生系统的学会研究会任职，继续活跃在巴蜀大地新闻、教育、科技战线，把自己的余热默默奉献给党和人民的事业。在这些工作中，他注意把握舆论导向，高扬时代主旋律，特别注意坚持正面宣传为主的方针，认真宣传党的方针政策。戴文渠同志善于采写新闻通讯、人物特写、调查报告、社论、评论、散文、杂谈等，堪称巴山秀才。

戴文渠同志十分热爱家乡，关心渠县的经济建设，热心为人民大众和乡友服务，他不仅是办报的政治家，同时还是发动组织各种民团、社团的热心人，全心全意为大家服务。他先后发起建立了成都渠县中学校友会，西南民族大学中文系同学会，并任大中学校校友会会长；2010 年 4 月 15 日他发动成立了成都渠县乡友联谊会（下属六个分会），他任会长；八月底又成立了宕渠文化研究中心，被推选为主任；与此同时，他还担任了成都达州老协副会长，积极筹备组建成都达州商会（第一次筹备会是由他主持的）；他还担任了成都达州商会副监事长；还有世界华人科普作家协会、四川科技新闻学会等社团，也是他发起人之一，并积极完善手续，发展会员。特别是他担任成都渠县乡友会会长、宕渠文化研究中心主任，以及渠县中学校友会会长后，做了大量工作。如 2010 年春成立乡友会后，他不仅积极筹备宕渠文化研究中心的成立资金、准备报批材料以及召开正式成立大会的有关工作，而且渠县发生“7・18”特大洪灾后，还积极发动乡友捐款、捐物，先后于七月中下旬筹资近 20 万元，送去救灾物资共 7 货车，他和爱人刘子余在酷暑难当的时刻，将救灾物资送到重灾区土溪镇的一些乡村，受到当地灾民的欢迎。

宕渠文化研究中心成立后，在达州市文化发展研究会和渠县政府有关部门的指导下，依托专家组的支撑，不仅组织专家学者到王平故里去考察，而且分别曾在成都、渠县多次召开座谈会，拿出了有质量的“纪要”供渠县领导参阅。渠县乡友“快女”季军黄英两次到成都开展签唱活动时，乡友会和文研中心联合组织乡友参与其中，或座谈或购唱片为渠县人争光。2014 年乡友周啸天教授荣获鲁迅文学诗歌奖后，又是他亲自主持研讨会，祝贺周教授获得大奖。赴会者都十分称赞渠县这些年来文化盛事多多，收获颇丰，既宣传了渠县的文化盛事，也反映了渠县人的精神面貌。

戴文渠同志参热爱集体公务，积极加各种社会活动为乡友服务，在成都认识他的各界人士和乡友都称他是社会活动家。他还关爱弱势群体，支持经济困难的学生上学，抗洪救灾、抗震救灾中他也积极带头捐款、捐物。他先后支持经济困难的学生有原万寿乡的张芳等10名之多，为家乡曹家村修乡村公路捐款5000元，组织为渠县抗洪救灾捐款20万元，在“5·12”抗震救灾中，他还多次报名参加志愿者抗震救灾服务，因年过七旬未能如愿，便主动四下灾区（当年）采访拍照、发放资料，先后两次被省科普作协和成都市关工委评为“‘5·12’抗震救灾先进个人”。退休到成都的10多年中，他先后被省、市、武侯区有关单位评为各类先进16次，并获得奖状和奖金。事实证明，这位老共产党员、老新闻工作者，其创新精神，其拼搏精神，是何等令人敬佩。所以，大家称赞他为：新闻战线上的不老松，资深的新闻专家，开拓创新、勇于拼搏做出较大贡献的老新闻工作者；社会活动家，执着的公益达人，资深的科普作家。

这正是：

戴公报界称俊彦，文章光彩耀骚坛。
渠江春水奔大海，好伴平生挂云帆。

巴蜀才子潘光武

——记中国文联出版社《中国新文艺大系》原执行总编委潘光武

人物档案

潘光武，1937年5月生，渠县报恩乡清河村人。1962年毕业于四川大学中文系。历任北京师专、北京第六十中学教师，中国文联研究资料部编辑，中国文联出版社《中国新文艺大系》编辑部主任、编审，大系丛书执行总编委。1978年开始发表作品。1995年加入中国作家协会，编著主要作品有《阳翰笙日记选》《阳翰笙研究资料》《阳翰笙评传》(合作)、《阳翰笙》等。于2010年7月7日在京逝世，享年73岁。

2017年3月，春节刚过，我在采访渠县创作办公室原主任李同宗时，他向我讲道：你的家族有个姓潘的，名叫潘光武，不知你知不知道，此人非常不得了。不但称得上阳翰笙研究的专家，而且对《中国新文艺大系》的编辑出版倾注了大量心血。在这方面做出重大贡献，在我们渠县人的历史上是少有的，他再次希望我一定要把此人的优秀事迹写出来。让渠县人看看他在做人、做事以及工作上的执着，许多方面堪称楷模。他还说，我家里有一本书，名叫《巴蜀才子潘光武》。采访结束，李同宗同志回家后，不顾70多高龄将《巴蜀才子潘光武》这本书专程前来送给了我。

因为我姓潘，并且在潘氏家族的谱中，我与他字辈一样，所以我写潘光武是有顾虑的，写出来会不会给读者造成潘光武就是我哥的误会呢？渠县100多万人，从古至今，在历史的长河中有太多可歌可泣的英雄儿女值得大书，那么多渠县人值得写，哪有弟弟写哥哥的。我又把这种顾虑与一些前辈和领导汇报摆谈。他们说潘光武这个人本身就值得写，更何况你是在记录渠县人不同时期的历史。他们还告诉我说，不要顾虑太多，即使是你亲哥也值得写，就是要后人记住这个人。

翻开《巴蜀才子潘光武》一书，在第 6 页“潘光武的业务自传”中写道：他中学时，在注意全面发展，各科成绩均优的基础上，对文学大为爱好。在大学先后系统地学习了中国文学史、外国文学、文艺理论、文学作品选、古代汉语、现代汉语等 10 多门基础课和专业课，各科成绩皆优。

1962 年大学毕业后分配至北京师范专科学校中文科（三年制）即担任现代文学的教学，能完成教学任务。

1964 年因北京师专撤销，调至北京六十中学教语文课，后担任语文教研组组长。在该校教学的十多年中，他承担过多次全校性的、高年级的和全国（宣武区）性的观摩教学。他在平常的教学中，注意培养学生独立分析和解决问题的能力，基础知识讲得扎实，教学方法也灵活，因而深得全校师生的一致好评。潘光武还给全校师生进行过多次各种各样的有关文学的课外讲座，都颇受欢迎。

教学之余，哪怕在 1966—1976 年之间，他也从未放松过自学进修。在那段时间里，他反复研读了鲁迅的著作和一些古典文学作品。

1980 年潘光武调至中国文联研究资料部，在副秘书长李庚同志的坚持下，他承担了年鉴性的《文艺一年间》的执行（责任）编辑工作。在不到两年的时间里，他编出（有些部分是编写）了反映 1980 年和 1981 年中国文艺概况的两本《文艺一年间》，共 170 万字。这两本书选材精良、体例严谨，是当代文艺研究有实用价值的工具书。为编辑这两本书，他翻阅了数千万字的有关资料，从中经过搜集、整理、选择和加工，他不但进一步了解了当代的文艺情况，而且熟悉和掌握了编辑工作的业务，这对他从事编辑工作，是一次很好的锻炼和提高的机会。

1981 年，他承担了中国社会科学院研究所现代室主持的“中国现代文学史资料汇编”中的《阳翰笙研究资料》一书的编辑工作。这套“资料汇编”丛书是“六五”期间国家社科重点项目。他经过六年的搜集、整理和编写，编成了 50 余万字的《阳翰笙研究资料》，经编委会审定通过。这本书是研究阳翰笙资料最全、最系统、最有权威性的一部工具书。1982 年冬，他开始协助阳翰笙同志做些文字工作，帮助编辑他的选集和整理回忆录，并编著了《阳翰笙日记选》。这些书已由四川文艺出版社出版。

在这期间，他还编辑了《杜谈作品选》，已由湖南文艺出版社出版。1985年潘光武调至中国文联出版公司《中国新文艺大系》（以下简称《大系》）编辑部后，全力以赴地从事《大系》丛书的编辑工作，先后编出了第五辑（1976—1982）的《理论一集》《史料集》，第四辑（1949—1966）的《诗集》《杂文集》。编辑这些集子，难度都比较大，比较复杂。他在编辑过程中，在政治性、科学性和体例性等方面都能掌握标准，并向各集主编或主编助理提出了中肯的修改调整和增删意见，并被他们采纳，使书稿在原有基础上更臻完善。他还随时向《大系》总编委和公司领导提出有关《大系》编辑工作的建设性意见，一般都会被采纳。1988年他主持《大系》编辑部工作后，全面规划、安排和处理《大系》的编辑工作，除编发《大系》书稿外，也编发了其他书稿，在注重双效益的前提下，始终把社会效益放在首位。目前，《大系》丛书已近50部，其他书已出百余部，在思想内容上，没有一部是有问题的。有些书还多次再版，创造了可观的经济效益，有相当数量的书有学术价值和史料价值。他担任责编的《新诗创作讲话》这本书，是湖南常德师专中文系一位青年讲师投的稿，他审读后觉得很有价值，很快发稿出版，此书在我国大陆出版后又由我国台湾地区出版，并同时获得湖南社科优秀图书奖和全国性的丁玲文学图书优秀奖，作者也被破格评为副教授，并相继写出《戏剧创作讲话》《散文创作讲话》和《小说创作讲话》（有的已出版）。

潘光武除主持《大系》日常工作和负责二审之外，自己担任责编的书稿约有50种，总约1500万字（包括《大系》书稿），平均每年约200万字。

他对编辑工作一贯兢兢业业，尤其对具有宝贵文献史料价值的《大系》丛书用力甚勤，除认真制定每年发稿规划，慎重考虑聘请各集主编和切实组织实施落实外，对各集书稿篇目的审定和导言的斟酌也是一丝不苟，有时为了考究一个问题或一段引文、一个词语是否稳妥准确，会去查阅各种参考书和工具书。目前，这套丛书虽因出版业滑坡的影响而订数越来越少，但在总编委和出版社公司的支持下，哪怕赔钱也要继续编辑出版下去，他将一如既往满腔热忱地从事这项工作，坚持不懈，决心为了给历史和后人留下这套20世纪的文学艺术精品尽最大的努力。

总之，他自大学中文系毕业30年以来，一直从事文学的教学、科研和编辑工作，并从未中断过自学深造，对文学史、文艺理论、各类文学作品和古、现代汉语等都有扎实的基本功，有相当高的研究能力和文字表达能力，并有若干研究成果，尤其对阳翰笙及其作品的研究成绩显著。熟悉精通编辑业务，能制订有关文学图书的选题规划并组织实施落实，能编出达到出版水平的有关文学图书，能很好地编辑出包括重点图书在内的各类文学书稿，能解决编辑和书稿中的各种疑难问题。（以上是 1992 年 11 月 19 日潘光武写的业务自传，原载《巴蜀才子潘光武》一书 6~8 页）

在陈培仲所写的《怀念老潘》一文中，陈与他是川大校友，又同在北京工作多年，多次接触潘光武之后，深感他是一位善良率真、热情诚恳的性情中人，喜欢结交朋友，乐于帮助他人，具有中国知识分子的传统美德和风范。陈在文章中还写到了潘光武甘为他人作嫁衣，燃烧自己，照亮别人的“红烛精神”。潘光武从读书到教书，从编书到写书，一脉相承，始终与书为伴，乐在其中，保持着书生本色。“文化大革命”前他主要从事语文教学，曾发表《谈谈格律诗》，由中央人民广播电台著名播音员夏青播出，产生过广泛影响。他调到中国文联出版社工作，曾任《中国新文艺大系》编辑部主任、编审，《大系》丛书执行总编委。《大系》丛书是一项浩繁的文化建设工程，为研究、总结我国新文艺的发展，衍变和历史经验，提供了一套相当完整和系统的资料，搜集和保存了各艺术门类的优秀的或有代表性的作品，老潘为此殚精竭虑，孜孜以求，不仅以身作则辛勤耕耘，还做了大量的组织协调和行政工作，付出了艰巨的劳动，做出了重大贡献，为后人留下了一笔宝贵的精神财富和文化资源。他在平凡的岗位做出不平凡业绩，应当被人铭记。罗江华在《悠悠往事》一文中写道，我们今天缅怀潘光武先生究竟要向他们那一代人学习什么？学习他们爱岗敬业、淡泊名利的道德精神，学习他们脚踏实地、不懈追求、开拓创新的工作精神，要像潘光武那样肩负社会责任和历史使命，真诚执著，心地善良，追求真善美。他们那一代人无论做人做事，永远是我们这一代人学习的榜样与楷模。

2017 年 7 月 7 日，潘光武在北京逝世，享年 73 岁。他，从容地绝尘而去。《巴蜀才子潘光武》第 1 页写道：您是那么热爱您的事业，终您一生，您始终关注着文学，研究着文学，临走前还看完了当天的《文艺报》。

您编辑，写作了那么多的著述，这可都是业余时间完成的啊！像《阳翰笙研究资料》《阳翰笙传》（与张大明合著）这样的著述，不沉下心来，不扎实考证，不广泛调研，那是绝难写出的，您还陆续著有《阳翰笙同志二三事》《阳翰笙与电影》等重要文章。在国内，您可以称得上是阳翰笙的主要研究专家，学者型的编辑，当今已越来越凤毛麟角了。

您是那么地忠于职守，20 世纪 80 年代中期起，您具体主持和负责《中国新文艺大系》的组织、编辑工作，参与制定了《中国新文艺大系，编辑工作暂行规定》，独立撰写了《中国新文艺大系》的出版说明和新闻通稿，充分保证了《大系》编辑工作的正常运行，并扩大了其影响。经过 10 余年的努力，被誉为新中国三大丛书之一的《中国新文艺大系》已出齐 52 集 62 卷，共计 6000 余万字，这其中包含着您多少心血和汗水啊！

此外，多年来还编辑、审阅了大量有价值、有影响的书稿。就是退休后，您依然关注着文艺出版工作，全力支持文联社的改革和发展。

您担任离退休党支部书记。

您以自己的人脉和人缘，继续为文联社组稿，上海的舒汉锋的几部小说，就是经您推荐出版的。

我们有许多重要的书稿，需要像您这样经验丰富，眼光犀利、富有见地的老编审把关，每次您都一丝不苟。

您是那么地挚爱亲友。1998 年春节后，您老伴突然生病，到医院又没床位，您竟然以 60 岁的年龄在观察室，整整陪了三天三夜，好不容易住进了病房，您又担心医院伙食不好，每天做好可口的早饭和晚餐送到医院，而且坚持了两个星期。对孩子，您更是无微不至地关怀。孩子幼年时忽发奇想，要养小动物，于是您先后给孩子买了 5 只小兔子。孩子只是把兔子当玩伴，您却设法给小动物弄吃的，照料小动物的起居和卫生什么的。您自己都是个大半老头了，却那么细致地做起这些事，您真是一位慈父啊！

尹龙元是 1985 年认识潘光武的，他写了《深切怀念潘光武同志》一文。文中写道，这一年潘光武从文联资料室调到中国文联出版社《中国新文艺大系》编辑室，这是本社一个重要的部门。当年周扬就是为了编辑出版一部反映“五四”以来中国新文艺优秀成果及其发展历程的拔萃本总集而倡议成立新中国文联出版社的。在这个编辑室工作的有不少是资深的老编辑。老潘算是新手，但他谦虚谨慎，刻苦好学，很快成为本室和本社的业务骨干。不多久就担任了《中国新文艺大系》编辑室的主任。“五四”以来中国新文艺作品，包括小说、散文、杂文、理论等在内的各类体裁作品浩如烟海。它们散见于无数的报纸杂志中，要从中筛选出优秀的作品来，其工作难度不言而喻。虽由名家担任各集的主编，社外多人参与整理挖掘，但要编辑成书，仍须做大量繁重琐碎的工作，这部分工作没有耐心细致的态度是断难完成的。我曾把当时担任室主任的人排了个队，发现除了老潘，其他人难有与之匹敌的严谨的工作作风。本社同仁也公认他是真正的一丝不苟的编辑，他以身作则，除担任二审，审阅大量的经一审编辑的书稿外，还亲自担任责任编辑即一审。我手头就有他责编的《评论集》（1937—1949）、《理论史料集》（1937—1949）、《杂文集》（1949—1966）、《电影集》（1937—1949）。每集均有一百万字，其中《评论集》达一百四十多万字。这时，他已五十多岁了，仍在自己的岗位上孜孜矻矻地工作，他严把关，反复核实史料，鉴别真伪，纠正了不计其数的差错，包括文章差错，他的“严”是出了名的，以致一些同志对他敬而远之。室内的一些年轻编辑不免有些怨言，他听到后一笑了之。其实对年轻编辑业务上要求严一些，正是他的一种关爱。多年以后，他们对老潘依然充满着感激之情，原因不是别的，而是他的“严”使得他们的业务水平迅速提高。

从 20 世纪 80 年代末开始，社里强调要求抓具有“双效益”的图书，出版《大系》，无疑是具有可观的经济效益的书稿。文联出版社出版的《中国对联宝典》《唐诗三百首详解》即由《大系》编辑室编辑，其中有的图书一版再版。他还运用了合作出版的方式。由社会上的一些人提供资金，由出版社把好“编、印、发”三关，出版图书。对这项业务，他也认真负责，毫无疏忽。那几年，其他编辑室出版这类图书时，经常出事，被上级领导查询，他的编辑室则安然无恙。搞合作出版，可以得到一些编辑费，他不是一个人独吞，而是优先考虑下属，这使室内的同仁非常感动。

1997 年，老潘退休，实际上他退而不休，仍然为本社审读各类书稿。在本社《中国国粹艺术读本》和《中华中医昆仑》所收的多种书稿中，他发现并解决了诸多疑难问题。否则谬种流传，误人子弟，他还纠正了相当多的常规性的错误。因此，多次受到表扬，本丛书的终审者——国务院原副秘书长张镜源对潘光武同志的工作给予了高度评价。

老潘对出版工作饶有兴趣，可谓情有独钟。离开出版工作，他似乎感到受不了。只要有书稿看，他心里就踏实、高兴。他当年的下属阮增宝同志说，我也有同感，如果他在辞世前能获得再一次审读书稿的机会，或许他不会轻易离开。可惜那时《中华中医昆仑》丛书编委会没有再寄书稿给他，而本社正处于因改制重组而引起的剧烈震荡中，当然也不会有什么书稿请他审读。可惜啊可惜，可为时已晚。

老潘对出版业如此投入，并无名利的考虑。我跟他打交道几十年，深深地了解到这一点。他为某同事看稿子，看了六七部。对方未付一分钱的审读费。我得知此事后，对他说："这怎么能这样，该要的就得要。"他笑了笑回答："算了，不想要了。"社里让老同志审读那套中医的书稿时，很多同志觉得审读费开得太低，千字仅五元。因此要求增加。他把这件事看得淡淡的，任人评说，自己从未有意见。我知道他采取的是无所谓的态度，实际上拿千字五元也可接受。去年经他人介绍，他为高占祥同志编选《高占祥文选》，为此他花了大量时间，通读了高占祥同志的所有著作，从中精选出若干篇，加以编排，完成了任务。有关人员没有提到报酬的问题，他似乎也不屑于提。对这件事我也有些打抱不平。读者也许不知道，潘光武为此付出了多少心血。我是略知一二的，因为我从一位同事那里看到过高占祥的著作，那是相当多，装满了整整一大箱子（牛皮箱约 50 立方厘米）。有关人员原想让这位同事干的，岂知这位同事因眼疾干不了，只得让老潘和另一位同事干。老潘是老实人，你让他干，他岂能不干？何况他以此为乐，乐此不疲。

还有一件可述的事，早在 1993 年，老潘被评上编审。2003 年，社里让大家加入了社保。按规定，老潘应享受编审的养老金待遇，但只能拿到副编审的待遇。原因是北京社保机构要求大家出具职称证书，可老潘的编审证书被前领导同志丢失了，无奈只好拿低标准的。老潘并没有大动肝火，大吵大闹，而且对此一直守口如瓶，后来无意中让别人知道了。我是直至 2009 年才知道的，在大家的干预下，问题最终得以解决，对这类事，老潘竟也能沉得住气，真让人佩服得五体投地。

我要说的还有很多，限于篇幅，只能择其一二。从中不难见到老潘为人处世，他的精神，他的情深，他的道德。

王树强在《记住那双深情的眼睛》一文的最后一段写道：

潘师是四川渠县人，这是潘师告诉我的。他曾给我说过他家乡的美好，他说渠县位于四川盆地东部，地理位置优越，矿产资源丰富。渠县是国家文物汉阙之乡。渠县人民创造的《巴渝舞》《竹枝歌》、彩亭、耍锣、竹编等民族民间文化，具有独特的艺术魅力。说到邓小平同志的家乡广安和渠县山水相连，小平同志的生母就是渠县人。潘师说起这些时，心情是那样欢愉，可见他对生养他的家乡是那样地饱含深情，对中国改革开放的设计师邓小平同志那样地充满敬意。并为他家乡的那块土地能够产生令人们称道的伟人而骄傲。试想，潘师在我的心中，不正是一位诲人不倦，教我爱我甘于奉献的长者，一位我身边的伟人吗?

陈培仲在《怀念老潘》一文中还写道：一次，我们到他位于望都家园的新居去做客，在闲谈中提到川剧名丑李笑非老师住在离此不远的海德堡别墅区，老潘马上提出邀请李老来一起聚会，不过考虑到李老师年事已高，外出不便，又是突然“袭击”未免唐突，只好作罢，但他表示今后一定去登门拜访，后来他们成为至交好友。记得李老师的爱子李六乙编导的《我这一辈子》在北京人艺上演时，李老曾约老潘和我到首都剧场观看。唐思敏同学来京，老潘请他住在自己家中，并陪同他去拜访京剧名家梅葆玖先生。四川剧作家陈泽远携带作品来京，老潘热情搭桥牵线，为之请到文联的资深编辑帮助看稿。从这点点滴滴的小事中，我感到老潘广结善缘助人为乐的火热心肠。我想，这与他长期从事教学和编辑工作，涵养出甘为他人作嫁衣，燃烧自己，照亮他人的“红烛”精神一脉相承，密切相关……

在《巴蜀才子潘光武》一书的第 204 页，冯清澄的《缅怀潘光武同学》一文这样写道：

20 世纪末，光武同学回川大参加校庆。近四十年离散后，有幸相聚，经过沧桑岁月搓磨，两鬓虽添丝丝白发，但精神焕发活力四射，思想更加深邃，见解更具锋利，为圈突井底，不谙世事之我，感到汗颜。21 世纪初，光武同学退休后偕夫人返乡探亲路过成都，又万幸相聚，时间虽然短暂，交流虽然薄浅，但举止言谈之间，使我感到光武同学对乡梓文化建设的关心，对故乡故土的眷恋，对同学同乡的情谊是那样深沉，那样厚重。

2009 年秋天，刚刚度过中华人民共和国 60 华诞后的一个晴和的日子里，有幸在北京再次与光武同学相聚，当我乘车抵达昌平光武同学新居，看到他在车站翘首待我的身影时，心中情不自禁地腾起一股非常甜蜜亲和的暖流。他和夫人的热情接待，我们彼此推腹聚谈的情景，至今历历在目，言犹在耳，光武同学的家充满温馨和谐，老夫老妻，携手夕阳，安享天伦，其乐融融。

光武同学在编审出版《中国新文艺大系》，研究阳翰笙等多方面卓有成就，退休后依然奋斗不息，笔耕不已，有“老骥伏枥，壮心不已”的豪壮。誓言要为祖国健康工作五十年。我回到成都后，为筹备渠中（1954 年秋初和 1957 年秋高）部分同学七十华诞庆典文集《岁月有痕》的编著工作，特向光武同学约稿，光武同学不计辛苦和繁杂，挥毫成文，很快就寄来《乐为他人做嫁衣》的应稿。令我十分感动，正当《岁月有痕》即将成集付印时，却从北京传来光武同学不幸逝世的噩耗。2009 年秋的北京相聚竟成和光武同学的永别，应稿《乐为他人做嫁衣》竟成为光武同学的绝作，令人痛心疾首，苍天为之垂泪，山河为之呼号！光武同学为我渠县文学界六俊之一，他的不幸谢世，使我失去了一位率真坦荡，真诚豁达的好老乡、好同学和好朋友，渠县人民失去了 一位文学俊才和引为骄傲的好儿子，中国文联失去了一位德才兼备的好编审，优秀的文艺研究家。给我们留下太多遗憾和太强的悲痛，光武同学的辉煌业绩和崇高品德永存。

在《巴蜀才子潘光武》一书第222页《回忆如歌——记潘光武同学二三事》（唐思敏）写的文章中。当意外得知光武同学仙逝的噩耗，先是不信，因为身心这么健康的一个大好人，怎么说走就走了啊！后是震惊，人生无常，往往意外中还有不幸。更多是怀念这么好的一位佳兄，您竟忍心离我们而去……，您是多么令我们怀念啊！特别是在2007年我同王兴平同学在您家逗留的日子里，您同您夫人苑女士对我们无微不至地帮助和关照。时间虽不长，如同永远扩张的浪，在我的心海里荡起不倦的涟漪……。光武，您在我的记忆里，是永远不消失的可亲形象……

我清楚地记得，您、徐佐华同学和我“夜游”天安门。虽是闲庭徒步，却是很闪亮，很温馨的友谊之旅的漫游，是最难忘的同窗之行。

细节往往是闪光的。记得嫂夫人把自己用的北京公汽月票硬塞进我的手中，细致地反复地说明“如何使用……”，细微之处有关照。它像一注温馨的清泉，灌进了我的心田，那么令人难忘。

这些日子我是不会忘记的，当我希望能会见1956级的陈培仲，他的夫人曾是我的好同事胡世均女士时，您马上联系，可惜的是，他夫妇俩远在美国的儿子陈鹏处。您安慰我说：你们经常见面，完全可以转达我对他们的问候和敬意。

我想会见川剧名家李笑非老师，他曾是我的老领导。您不辞辛苦帮助我准备礼物，并同车前往去他的府上拜望。

拜会著名京剧表演艺术家，我的老友，有书信往来的梅葆玖先生时。您对我的帮助又是那么无微不至，不仅参谋如何购置礼品，而且我们“轮换”把礼物提到梅先生家。在大家的热烈交谈中，您还为我们拍下了珍贵的照片。我们同葆玖先生亲切会见的场面和照片，也是我们的友谊在名家见证下的历史性回忆……

说来，不知是我的“悲剧”或是“悲喜剧”，北京长安大戏院是上演中国戏曲的“圣殿”。爱了一生川剧的我都没有一睹“长安大戏剧”的戏曲文化风采。幸运的是，光武！您带我去了！是您的辛劳才给了我这一个机会！我又怎么不感激您啊！因为，您在天国，我只能仰望星空。祝好人在另一世界也是“最牛”的“雷锋”。

又因为，我们相机没有“胶卷”，场景是用您的相机照的，又麻烦您的爱女把它洗出来，您又寄给了我，这又怎么不再一次激起感动的浪花。

您使我难忘还不止于此。当我离您家的时候，您始终提着我那又重又土的包，包中主要是一些书籍。上了地铁可以直达火车站了，您才把包交在我手中，我当时是多么感动啊。万万没有想到，这是我们最后一次紧紧热情握手，这是我的感恩之旅。您是用真情体现了待友之诚，这是您用行动奏吟出来了“同窗情怀”的天籁之声……

这也怪我多嘴。我们在交谈中说到川剧《白蛇传》在中国戏曲中独一无二的地位。可惜的是，我没有京剧《白蛇传》的本子。您马上说，田汉写过京剧《白蛇传》，您可以回单位去查。不久，您跟我拿来了复印的田汉老的厚重剧本。这份珍贵的礼物，飞过了千山万水，在我心灵的“天平”上，它该是怎样的感情分量……。“言必行，行必果”，您用榜样的力量对我进行了身教。

许多往事“并不如烟”有的往事更“不能视作烟云”。因为，有的往事，是一分深情，是一分爱意，是一分永远值得“常忆常新”的如诗如歌的永恒性的时光。我（们）同光武相处的日子，就是这样永远值得怀念的岁月。

事情到此也是一个沉痛怀念的开始。我对光武的更深切的悲痛还在我看了光武单位对他不幸去世的“讣告”。从某种程度上说，我才知道一个“全面的、立体的、令人崇敬的潘光武”。他为人有那么高洁的品格，学术上有那么高的成就，专业上有那么大的业绩。正如许多出色成就的同学一样，为人，特别是对同学，又那么的平实，不张扬，不夸饰。像深海那么坦然，像山峦那么稳健，像“草民”那么质朴……。大家都知道，我那时是处在非常困难的时期，北京之行在我内心之处确实是“感恩之旅”。因为我忘不了北京同学，成都同学，全国同学对我莫大的关爱……。我那时也是“形象不整”的人。光武把自己已有的社会地位，事业的成就“抛得一干二净”，用真诚、用服务的心态来极好地接待我这样最平凡、最寻常不过的同学。他的涵养、他的素质、他的德行是令人肃然起敬的。光武待人接物正合于我心中同学情理想化的那一种。在同学中，不管您“官”至总统、总理，不管您富得可以“敌国”，不管您在事业中位居“泰斗”，不管您的“身价”高不可攀。在同学面前您“始终是同学”，其他都不是。不管您一贫如洗，不管您困难重重，不管您“平凡得不能再平凡”，您在同学面前，依然有您“完美”的同学身份。不必“低头”，更不必“弯腰”，您应有与同学“平肩同座”的“一般高”的“份儿”。同学，既是一同学的“学友”，也是同命运共呼吸的“同命人”！对我来说，潘光武同学，您用诚实的言行出色地实践了这一点。我含着热泪仰望您！我怀着真诚思念您！光武，您在我心中，是光荣的、高大的，是榜样般的形象。

在《潘光武生平》一文中，这样评价他，潘光武同志爱岗敬业，他具有编审职称，在编辑业务上有很强的专业学术，知识水平。潘光武同志在领导我社重点图书《中国新文艺大系》编辑部的工作中，政治和业务水平坚实过硬，工作认真负责，踏实肯干，不计私利，有强烈的事业心和责任感，团结同志，以身作则，对《中国新文艺大系》的编纂和顺利完成做出了重大贡献。他待人真诚忠厚，既有原则又与人为善，对同事和朋友热忱相助，关怀爱护，富有极大同情心和正义感，是一位不可多得的好领导、好同志。自 2008 年起，潘光武同志还积极参与我为《中国国粹艺术读本》和《中华中医昆仑》两部丛书的审读工作。

潘光武同志“生命不息、工作不止”。退休后，他做到了退而不休，长期兼任我社党组织工作。同时积极调动其他老同志业务专长，努力发挥余热，为我社的发展壮大添砖加瓦，用自己的行动实践了一个共产党员的人生价值。作为老干部党支部书记，他能够积极主动完成党组织交给的任务。经常关心老同志生活，耐心做好老同志政治思想工作，为出版社的老干部工作做出了积极的贡献。

此文最后写道：潘光武同志逝世后，是中国文联出版社的一大损失，是我们失去了一位好楷模，失去了一位良师益友。他虽然离我们而去，但他那种勤勤恳恳，任劳任怨，忘我工作的奉献精神。那种艰苦朴素、勤俭节约、先人后己的优良作风，那种为人正派、忠厚老实、爱憎分明的高尚品德，仍值得我们记取、学习和发扬光大。

这就是优秀的宕渠儿女潘光武，在他身上有许许多多的故事，这些故事，值得人们永远回味，更值得人们永远学习，要写他的故事，写不完、道不尽……

这正是：

巴蜀才子潘光武，摛翰振澡惊天都。

起凤腾蛟称楷模，云霞满纸赛骊珠。

（本文取材于《巴蜀才子潘光武》一书的部分资料，特向文中作者致谢！）

人民的好检察官

——记贵州省检察院原常务副检察长蒲其林

人物档案

蒲其林，男，1939年12月生，渠县有庆镇平滩村人。先后就读于渠县二中、渠县中学，1961年考入西南政法大学，1965年毕业后被分配到贵州省贵阳市教育局工作，1973年调入贵阳市革委会农村工作办公室工作，1978年加入中国共产党，1979年调入贵州省人民检察院工作。历任刑检处内勤组长，办公室秘书科科长，经济监察处副处长、处长，研究室主任。1991年任贵州省人民检察院党组成员、副检察长。1998年担任党组副书记、常务副检察长。1998年1月任省政协委员、社发委副主任，2003年4月退休。

一、励志前行

检察官，这个神圣的职业，令无数人为之倾倒。

上世纪六十年代初，出生在渠县有庆镇平滩村的蒲其林，风华正茂，以优异的成绩考入了西南政法大学。这是一个培养法律工作者的摇篮，这是一个培养律师的摇篮，这是一个培养检察官的摇篮。读大学时，蒲其林十分憧憬法庭上律师、检察官唇枪舌剑、神采飞扬的激情辩论的场景。他向往成为能言善辩的律师，也向往当一名一身正气的检察官。毕业后却阴差阳错地成了一个教育工作者。1965年西南政法大学毕业后，蒲其林被分配到贵州省贵阳市教育局工作。

理想与现实的巨大差距，没能让蒲其林沮丧。他觉得，无论在什么样的工作岗位上，都能为党的事业奉献自己的青春和热血。他坚信，只要一步一个脚印地在人生的道路上前行，就一样能取得好的成绩。

蒲其林的工作得到了上级领导的认可和赞扬。1973 年，他的职业再次发生变化，被调入贵阳市革委会农村工作办公室工作，这是一个全新的领域。对于蒲其林来说，这是领导的信任，他也觉得肩上的担子更重了。但是，他没有退缩。

他知道，人生之行悠远，人生之路漫漫。回首人生路上，每一个不会磨灭的深深脚印，都记录着自己的风风雨雨；每一个不能忘却的足迹，都铭刻着自己的深深记忆；每一个不可抹去的脚步，都镌录着自己的种种情感。

因为有了人生的脚印，才能体会到前人的伟大和今人的奋发；因为有了人生的脚印，才能感受到从前的酸甜苦辣和现在的苦尽甘来；因为有了人生的脚印，才能联想到往昔的峥嵘岁月和如今的幸福生活。

二、不负重托

1979 年，蒲其林被调入贵州省人民检察院工作。这是他大学时就梦寐以求的职业，与他所学专业紧密相联。蒲其林真正感觉到，英雄有用武之地了。

这时，正值改革开放之初，各个领域百废待兴。特别是经历过“文化大革命”，人们更加清楚地认识到法制建设的重要。蒲其林真正感受到了，人生的路，非常的长，在这一条路上会遇到各种挫折，必须要学会面对，不可遇到一点挫折就对生活失去信心，只有直面才会有成功。人生中有许多困难，但是无论困难有多大，只要把它分解成一个个小困难，再一个个地去战胜它们，最后一定可以战胜大困难。

蒲其林始终不忘自己是人民的儿子，时刻牢记全心全意为人民服务的宗旨，立足本职工作，按照中央、省的部署，在工作中，注意发挥检察机关为改革开放保驾护航的职能作用。在检察院机关工作的 21 年中，蒲其林始终以一个共产党员的标准严格要求自己，采访时，蒲其林说道，他参加组织办理和组织办案人员研究的案件（重大疑难案件）至少 1000 件。从没发现在检察环节上有错捕错诉的案件，没发现错案。对下级检察机关请示省院的案件，经过听取汇报，集体研究，纠正了一些事实不清、证据不足、适用法律不当、程序不合法的、有偏差的案件。在办案中，他始终坚持以事实为依据，以法律为准绳，从大局出发，避免了少数党政干部、企业负责人被错捕错诉的发生。对证据不足，事实不清楚但有违纪违规行为的人，坚持不捕不诉，建议有关单位诫勉谈话或作党政纪处理。在信访接待中，热情接待来访群众，虚心听取群众诉求，注意及时调查处理。对发现的个别错案，及时交省检察院有关部门督促纠正。对省内少数地区发生的长期存在的群众性暴力案件，在省委请示中央后，采取法律手段，处置了事件，平息了事态的发展。但在最后处理时，作为一个分管刑检的副检察长，坚持少捕少诉，打击首犯、主犯，挽救教育失足者。从任副检察长以来，蒲其林先后分管了批捕、起诉、政策法律研究、监所检察、民事行政检察、计划财务装备等工作，他尽职尽责，一丝不苟，没有发现大的偏差。他长期加班加点为党和人民工作。他对分管的各项工作，都很注意发挥分管部门的职能作用，依法打击严重刑事犯罪和职务犯罪，维护了国家和人民的生命财产安全，有力地促进了经济的发展与社会的和谐稳定。同时，维护了法律的尊严，保证了执法的公平正义。蒲其林在担任省七个相关委员会委员或领导小组成员的工作中，积极配合相关部门，通过发挥检察职能，维护了市场经济秩序、社会秩序、金融秩序、资源开发秩序，打击了各类刑事犯罪活动，特别是毒品犯罪和贩卖妇女儿童犯罪，促进了社会平安建设，受到大家好评，多次被贵州省委、贵州省检察院评为优秀共产党员、先进工作者。

1998 年 1 月，蒲其林任贵州省政协委员。在政协工作中，蒲其林说道，通过学习考察，调查视察，更多地了解了社情民意和不同时期的经济社会状况，特别是非公有制经济，对法律政策的需求，写出了一些调查视察报告，提供给省委、省政府作为制定政策的参考资料。

在参加省委“三个代表”学习教育的督查工作中，他经常深入基层，联系当地干部群众，结合实际，注意解决突出问题；注意研究落实当地社会经济发展、社会进步的目标任务及其相关措施，注意加强党的基层组织建设，发挥党支部的战斗堡垒作用，党员的模范带头作用，被大家誉为“我们的好检察长”。

三 、大爱无疆

蒲其林十分注重乡情，每次回老家，他都要与家乡的领导摆龙门阵，对村党支部、村委会提一些好的建议。这些好的建言对加强农村工作、调整产业结构、群众如何致富等问题相当有益。同时，对在贵州打工、经商办企业的一些老乡，遇到的不好解决的棘手问题，如打架斗殴、交通事故，在斗殴和车祸中致死致残的一些老乡，他都热情提供帮助，使其都得到了较好的处理。对有些老乡在生产经营活动中遇到的困难和问题，特别是项目和资金问题，他都无私地为他们提供一些力所能及的帮助。在贵州一些老乡只要一见面就亲切地称他蒲叔叔。他对笔者说道，为人要诚实、守信、公道、正派、宽以待人，不要以职务来区分人与人之间的关系，尊重别人就是尊重自己，支持别人也是支持自己，不要动不动就和别人过不去，作为一名公务人员，要坚持政治准则，一定要服从党的领导，胸怀全局，坚持中国特色社会主义理论体系，不然就会偏离方向。工作要恪尽职守，任劳任怨，一丝不苟地把事情做好，做实，做细。为官一定要廉洁，不能以权谋私，不能以权换钱，要明确权利和人民、个人的关系，更不能让家人或亲戚朋友参与政务。

在 10 多年的任职工作中，蒲其林始终与党组织保持一致。从任处长到退休前，曾多次、长时间地直接或组织他人一道，给省委书记、省长、政法委书记、检察长等书写相关会议的讲话材料近百篇，有力地发挥了参谋作用。

一步一个脚印地走来，在晚年的时候，再回首看看，会发现，没有辜负党、没有辜负社会、没有辜负青春的人，其生活是何等的充实，其人生是何等的美好。

蒲其林这位优秀的宕渠儿女，团结拼搏，开拓创新，以人民群众的平安幸福为己任，用自己的聪明才智，谱写出了检察系统优美的壮歌，用自己的实际行动，把人生最美好的年华奉献给了党和人民，他是宕渠儿女的骄傲。采访结束，衷心祝愿他晚年幸福，常回家乡看看。

这正是：

蒲家男儿立宏愿，其情其志向高远。
林箫有节骨乃坚，好与写照忆华年。

追梦之路

——最高人民法院技术局原副局长全国恩述怀

人物档案

全国恩，1941年7月24日生于渠县清溪场镇小通村。1950年9月至1961年7月，先后在渠县石河村中通寺小学、清溪中心小学、三汇中学、渠县第二中学、渠县中学就读。1961年9月至1967年7月，清华大学电机工程系学生。1964年5月加入中国共产党。任班长，共青团支部书记，留校党支部副书记。1968年9月至1969年12月，中国人民解放军第38军112师335团，学员。1970年1月至1976年3月，中国人民解放军内蒙古生产建设兵团6师57团，技术员，参谋。1976年4月至1978年4月，中国人民解放军第38军114师342团，助理员。荣立个人三等功。1978年5月至1984年8月，北京照相机总厂，工人，技术员，科长、党支部书记。多次被评为优秀共产党员。1984年9月至2000年12月，最高人民法院司法行政厅，副处长，处长，高级工程师；技术局，处长，副局长，党支部委员。2000年12月退休，离退休党支部委员。

中国梦，亿万人民的美好追求，集合十几亿人民的个人梦想。个人梦想的不断实践，汇成中国梦的实现历程。在追逐中国梦的奋斗中，实现个人的美好梦想，贡献自己的绵薄之力，为中国梦的早日实现，添砖加瓦。这就是一个渠县人的梦想，为实现这个梦想，本人已为之奋斗了数十年。

一、清贫的少年时代

我出生在渠县清溪一个小山村的贫农家中，九岁那年，迎来了家乡的解放，虽然超龄终获上小学的机会。三年中统寺小学，二年清溪中心小学，六年小学五年读完。由于家庭贫寒，人口又多，上学时往往只吃一餐晚饭，早午饭无着落，饿着肚子上学的滋味至今难忘。后来幸得李子旬老师每月资助五角钱，有时中午可以买一碗油面充饥。我在饥饿中刻苦努力，学习成绩逐渐提高，并于1955年考入渠县三汇中学，一年后转入渠县第二中学，1958年被学校保送进入渠县中学高中。

高中期间正值国家“大跃进”时期，学生一周除了六天学习外，还要参加一天勤工俭学劳动，上卷硐煤矿挑煤回学校，从渠江中为学生食堂挑水。从船上挑柑橘分发给每位同学，一边上课，一边剥橘子，并将橘肉、络、皮分送到南门果酒厂。这个时期全国大炼钢铁，我们学生也要参加，到有庆拉废铁回学校炼钢铁。“大跃进”要求各行各业都要放卫星，我们在植物老师带领下，一颗一颗地把小麦种子摆放在土里，争取亩产五万斤。白天用鼓风机往麦地里吹风，以增加通风，晚上用灯光照射，以增强光合作用，结果每亩收获比种子多不了多少。当时，我们的劳动任务繁重，学习任务更不轻松，自己也不愿放松学习。但是国家处于三年困难时期，学生生活只有基本保障，每月三十斤粮食定量，还要每人“自愿”节约一斤粮食支援古巴。在艰苦环境的磨炼中，在渠中浓厚的学习氛围中，我的世界观、人生观开始形成。在高二时，我就向学校党支部提出了入党申请。这就是我们高中生活的大概情况，艰难、艰辛、艰苦，但是学到了知识，得到了锻炼，经受了考验，学习劳动双丰收。1961年我高考被清华大学电机工程系录取，还有两位渠中同学与我一道考入清华大学，这是渠中有史以来第一次有三名学生同时考入清华大学。回忆高中生活，永远忘不了渠中勤奋好学、积极向上的学风，永远忘不了冯秋校长和杨哲卿班主任的教育培养。

二、难忘清华园

1961年秋天，我来到北京清华园，继续我的学生生活。当时的我单纯朴实，一心向学，心无旁骛。与后来的学子相比，我的知识面很窄，除了书本知识可以考出高分之外，对课外知识知之甚少，社会知识尤其少得可怜。手拿清华大学录取通知书时，还不知道清华大学在什么地方，因为连高考选择学校、填报志愿等，基本都是校长和班主任老师代劳，自己只管复习功课，参加高考就行了。大概就是因为这种傻劲，进入大学后我就被班主任和政治辅导员指定为本班的第一任班长了。一走进清华园，就被那种良好的学习风气包围，同学们都是各地的尖子生，谁也不甘落后，我们很快适应了大学生活，开始融入清华。清华大学始建于 1911 年，五十周年校庆刚过，我们来到清华园。五十岁的清华大学始终与民族共命运，与时代共进步，我等作为新清华人，同样秉承一代代清华人“爱国奉献，追求卓越”的精神，恪守“自强不息，厚德载物”的校训，弘扬“行胜于言”的校风，人文日新，开创未来，熏陶在“严谨、勤奋、求实、创新”的学风之中。在这座“红色工程师的摇篮”中，如饥似渴地吮吸着科学技术知识，不知疲倦地追求，奋发图强，立足清华，心想祖国建设，面向世界发展，为祖国的繁荣富强，为个人梦的早日实现，孜孜不倦地学习，学习，再学习。清华大学是一所精神内涵深厚的大学，电机工程系也一直秉承清华校训，更有不同时期，不同师生校友的不同诠释，老系主任章名涛教授关于为学、为人的论述尤为深刻，正如老校友朱镕基同志在电机系建系六十周年致辞中所写那样：“母校电机系主任章名涛教授讲过，你们来到清华既要学会怎样为学，更要学会怎样做人”“为学在严，严格认真，严谨求实，严师出高徒。为人要正，正大光明，正直清廉，正己然后正人”。“为学在严，为人要正”的系训，早已深刻于我的脑海中，并作为本人几十年的行动指南。虽然后来的生活多波折、多磨难，由于有了七年清华精神的积淀，有了在清华基本定型的世界观、人生观，我始终坚定不移跟党走，勤奋工作，始终坚持为人正大光明，始终保持清正廉明之风，始终未敢忘记清华精神。

清华七年不但系统学习了科学技术和专业知识，为以后作为一名工程师的工程技术工作打下了坚实基础，而且在政治思想方面接受了系统的马列主义、毛泽东思想教育，牢固树立了共产主义世界观和人生观。这是做人的根本，做事的方向。根据本人的多次申请，在党组织的多年教育培养下，我于 1964 年光荣地加入了中国共产党，成为一名大学生党员。按照蒋南翔校长对清华学生“双肩挑”的要求，我通过担任班长、团支部书记、党支部副书记等社会工作，积累了工作经验，锻炼了工作能力，为今后走向社会，承担业务、政治思想双重重担打下了坚实基础。

三、从“臭老九”到战士

正当我们进行毕业实习，准备毕业论文之际，轰轰烈烈的“文化大革命”

开始了，学校失去了往日的安宁，学生被迫卷入"文化大革命"的社会洪流中。正常的学习生活没有了，人人都"关心国家大事"。本人还莫名其妙地被戴上了"保皇派"的帽子。因为按上级的要求，我们"保"了搞"独立王国"的北京市委，"保"了"贯彻资产阶级教育路线"的校党委，被"靠边站"了。更为严重的是我们这些由党和人民培养的大学生，成了"资产阶级知识分子"，成了与"地、富、反、坏、右、叛徒、特务、走资派"齐名的"臭老九"。"臭老九"靠边站，被迫过起了悠闲的"逍遥派"生活。"三餐两觉一场球，几本小说放床头。一觉睡到三点半，京密运河游一游"，这就是当年消遣派学生生活的生动写照。

在无奈的悠闲生活中，我终于在1968年等来了迟到的毕业分配。按照"文化大革命"前国家的毕业分配方案，由当时学校掌权的"工人毛泽东思想宣传队"掌握分配大权。由于本人属工人、贫下中农、解放军、革命干部、革命烈士之"红五类"子女，被分配到中国人民解放军这座革命大熔炉去"接受再教育"。我高兴地手执分配通知书，到中国人民解放军第38军第112师335团报到。部队倒也爽快，说正好有卡车到部队农场，马上把我送到了部队农场劳动。第二天又把我拉回营房，说是"搞错了"。说我不是来农场锻炼的"臭老九"，而是分配到部队穿军装的现役革命军人，于是乎我就从"臭老九"变成了一名光荣的中国人民解放军战士。

作为一名身穿"干部服"的战士和连队的小战友们同吃、同住、同劳动，党叫干啥就干啥，一切行动服从命令听指挥，就连解决"内急"问题也要"报告班长"。好在本人从小就老实听话、组织纪律性强，很快就适应了严格的部队生活，得到了首长和战友们"没有臭老九架子"的好评。在此期间，我作为解放军"毛泽东思想宣传队"的一员，随同部队到中国科学院506研究所执行任务，对那些在工作岗位上搞科研的"臭老九"们进行"毛泽东思想再教育"。

四、八年"屯垦戍边"，磨炼坚强意志

1969年正当我们按上级要求，在中国科学院大搞"精简机构，下放科室人员"之时，不想我等也被部队"精简下放"到了中国人民解放军内蒙古生产建设兵团，后来据"权威人士"讲，我等在38军锻炼的学员，是按照国家分配方案分配到国防科工委工作的。时值"文化大革命"精简下放工作阶段，国防

科工委不要我们了，作为“礼物”送给了北京军区。当时军区正按照“屯垦成边，寓兵于农”的最高指示，组建内蒙古生产建设兵团，正从各部队抽调干部前往兵团。这一帮“臭老九”来得正是时候，正好充数“发配”到边疆。对于我来说还算“公平”，因为兵团需要我去边疆结合专业建电厂。党考验我的时候到了，不得讲困难，不得强调客观，不得讲价钱，背诵着毛泽东语录就走，打起背包就出发。

天当被，地当床，风吹草低见牛羊。科尔沁大草原的夏天是美丽的，但是我们无暇欣赏美丽的草原风光，建设发电站的繁重任务正等着我们。开挖基础，土木建筑，设备采购，安装调试，人员培训，内外协调联络这一系列工作，在我和几位“臭老九”的卖力参与下，电厂拔地而起，在严格按照安全生产规程和技术流程进行试运行后，电厂终于安全运行发电了。电灯亮了，机器转了，大草原迎来了电气化时代，世世代代从事游牧生活的蒙古族兄弟用上了电，他们参观留念，争相传诵。

回想草原生活，永世难忘。气候环境恶劣，难以想象，每当八月中秋，都会迎来漫天大雪，“白毛风”刮得睁不开眼，对面不见人。冬天零下 47 摄氏度的严寒，天冻地裂，即使围着火炉吃饭，吃进肚子里的也是冰渣，筷子头上的冰球越来越大，碗里的饭多是玉米茬子和着冰渣，或者是自己种的小麦磨成的满含沙子的白面，不能用牙嚼，只能用热水冲进肚里去。如果吃不下去，就得等着饿死、冻死。为了革命，吃吧！一年四季有大半年见不着蔬菜，一颗小葱可以做葱花汤，解决一个礼拜的蔬菜问题。有人说这简直就是“非人”的生活，但是我等靠坚强的意志和党性，坚持下来了。作为一个人，一个解放军战士，一个防止“苏修”侵略的边防军人，我始终坚守在自己的岗位上，始终牢记党的教导，始终不忘自己的使命，始终按照“死也要死在边疆，烂也要烂在边疆”的命令，坚持了八年，1976 年现役军人撤回兵团的一声令下，我等遵照命令，才堂堂正正地、顶天立地地站着走出大草原，撤回到 38 军 114 师 342 团。

从边疆回到内地营房，结束了几乎与世隔绝的生活，有机会看到书报，有机会了解社会上更多的事物，工作起来就更加努力和自觉。时值唐山大地震，我奉命随部队参加唐山抗震救灾。不怕苦，不怕脏，工作不分内外，办事不分白天黑夜，哪里需要到哪里去。为此得到了首长的肯定和部队嘉奖，荣立个人三等功。

五、工厂的“再教育”实践

1978 年落实知识分子政策的春风吹进了军营,加之孩子生病急需回到城市治疗，组织上批准我复原，并破例安排专人为我解决工作，安置家属。我回到了阔别十年的北京市，被安置到北京照相机总厂当电工。两年后又再次落实政策，当了照相机总厂的电气技术员，并获得电气工程师职称。经过几年工厂再教育实践，我的表现得到了组织的肯定，被任命为设备动力科科长，并担任党支部书记工作。工厂不景气，每个职工压力都很大，加班加点是常事。生产任务繁重，设备动力工作复杂而危险，政治思想工作任务艰巨，这些我都坚持下来了，全科工作得到了领导的关心和肯定，我也连续几年被评为厂里的优秀共产党员。由于工作和照顾生病孩子的矛盾较大，我只能结束了六年工厂生活，于 1984 年调往最高人民法院工作。

六、机关工作十七年

一个偶然的机会，我经历了人生第四次工作调动，也是退休前的最后一次工作大变动。一个电气工程师到最高人民法院做什么？调动前我曾设想可能是为从事经济审判工作。但报到之日我接受了一项全新的、毫无思想准备的工作：涉足计算机行业，从事法院办公自动化工作。从头学起，利用自身的工程技术基础，如饥似渴地钻研新技术，了解新动向，掌握新知识，广泛调动，科学分析，大胆实践，敢于负责，用“行胜于言”的清华精神指导自己的工作，很快进入了角色，推动任务一步步向前。我和当时司法行政厅仅有的另二位工程师一道，在很短时间内完成了《法院办公自动化调研报告》，获得了院党组的批准。在此基础上，制定出实施方案，开启了最高法院及全国法院系统实施办公自动化的建设之门，为本系统今后的信息管理系统和计算机网络奠定了基础。在后来的若干年中围绕办公自动化建设引进了一批计算机、传真机、复印机等办公自动化设备，使其办公自动化水平在当时处于国内许多行业的先进水平，同时做了大量翻译资料、编写培训教材、组织培训教学，为全国法院系统培养了一批应用推广人才，有力地推动了法院办公自动化进程，开启了现代信息技术服务审判工作的先河。

在初步实现法院办公自动化以后，适时领导和组织了法院各项审判业务的计算机管理系统的软件开发工作。例如，法院司法统计管理系统、法院人事工作管理系统、法院信访管理系统等软件系统，均发挥了良好作用。这些基础性的软件开发和应用，有力地推动了全国法院系统的现代化建设，并在此基础上较早试通了远程图像传输系统。

作为最高法院的职能部门之一，最高法院司法行政厅（后来更名为技术局）肩负着对机关、对全国法院系统的具体业务工作和系统管理工作的双重任务。根据宪法和人民法院组织法规定，赋予最高法院对各级人民法院的业务指导职责。最高法院的审判部门通过司法解释等指导下级法院的审判工作。而最高法院的职能管理部门则是通过规定、规范、规章、规程、规划、方案等文件指导下级法院的相应管理工作。我先后任司法行政厅副处长、处长、技术局处长，参与主持或起草法院系统信息技术范围的技术方案、技术标准、技术开发等方面的技术工作和组织管理工作。

这些工作对于相对缺乏专业技术人员的各级法院来说是必要的、重要的，对于推动全国法院系统的自动化、信息化、网络化建设所起的作用是有目共睹的。

这就是一个渠县人的追梦的大体历程，从成长、成才、成功，直至今天的养老生活都充满着渠县人的乡土味，乡音难改、乡情难忘。本文就算向渠县的父老乡亲做个简单汇报吧，并借此向大家表达感谢、感激之情。愿家乡更美好，父老乡亲生活美满幸福。

七、难忘家乡情

作为一个渠县人，我这样一路走来，从未忘记家乡的山山水水，从未忘记父老乡亲的教育培养。由于工作性质和个人能力所限，在工作岗位上或在退休之后都没有能对家乡做出什么贡献，但心系家乡的感情始终未敢忘怀。借此机会，冒昧提一点对家乡的希望和建议，不当之处望乡亲们批评指正。

加大对外宣传的力度，重视舆论的影响，树立渠县正面形象，增强招商引资的吸引力。生产发达了，生活提高了，摘掉了“稀饭县”的帽子，现如今，乘飞机飞过渠县上空，再也听不到喝稀饭的声音了，但是不要让人们只听到打麻将的声音，还要听到渠县发出各种正能量的声音。

挖掘历史资源，做好旅游经济大文章，宕渠历史、賨人文化、三国文化、汉代文化，为渠县提供了很多商机。革命老根据地精神的传承和发扬大有文章可做。

现代化建设的规划展望、成就展示、城镇化建设的蓝图和样板，值得推广。

渠县城经历多次洪涝水灾，抗洪抢险一定有英雄模范人物涌现，其精神值得弘扬，其事迹应该大力宣传，有多种媒体可供利用。

渠县的土特产远近闻名，土特产的深加工、巧包装，加大推销力度大有作为。渠县的黄花、卷硐的柑橘可圈可点。至于与渠县有着直接历史渊源的“张飞牛肉”不能只看到外县人的“借飞生财”。

几次返乡，感慨良多，就用一首打油诗来结束我的啰嗦吧。

思乡怀情

宕渠大地谱新歌，賨人故里喜事多。

三馆遍地人气旺，渠县城里好快活。

渠县老乡　全国恩　2013 年 7 月 1 日

喜欢与书打交道的人

——记渠县创作办公室原主任李同宗

人物档案

李同宗，男，1943年8月生，渠县千佛乡人。中共党员，文艺副编审、省作协会员、省群文学会会员、省哲学社会科学学会会员、市民保工程专家委员会委员。创作诗歌、小说、散文、剧本、曲艺、评论等作品500余件，编辑出版数十部作品。20余件作品在省、市获奖。其事迹被收入中国人事出版社出版的《中国专家大辞典》中。获“优秀共产党员”称号、县政府“特殊贡献奖”。

一、追求任平生

渠县千佛乡东依贵福镇，南靠岩峰镇，西与蔡和乡、营山县青源乡接壤，北和营山县木垭镇相邻。早在清乾隆年间便建场名大兴。这里山青水碧，钟灵毓秀；这里物华天宝，人杰地灵；这里气候温和，物产丰富；这里溪流奔腾，交通迅捷。1943年8月，李同宗就出生在这里。

这山，这树，这泥土，无不散发着一种积极向上的力量。家乡美丽的景色给了李同宗诗歌的灵性，润育了他的诗情。他在这片黄土地上成长，用一生的勤劳和执着的追求，为这片土地讴歌添彩。

1957年8月参加教育工作，先后在千佛、贵福等场镇中、小学教书。这期间，考入南充师范学院中文系修业 4 年，毕业后继续从教。每年的寒暑假期，由县委宣传部多次抽调至县川剧团、文化馆从事业余文艺创作。1979 年 10 月至 1996 年 6 月，在县电影公司担任宣传、信息、评论和编辑工作，曾任宣传股、业务股股长、工会副主席、《渠江影讯》主编。1996 年 6 月至 2003 年 8 月，任县文艺创作办公室主任、兼任县作协副主席、秘书长、《濛山文艺》执行主编、《渠江校园》责编。2003 年 8 月至 2006 年 8 月，经市、县人事局批准，延长退休 3 年，继续担任编书工作。2006 年 8 月后，兼任《宕渠诗丛》责编，负责该刊诗评工作。半个多世纪的日子里，李同宗始终围绕教书、写书、编书转悠，耗尽了心血。

二、下笔如有神

“如果你是甘露，用来滋润什么？”

一般人回答这个问题，似乎觉得困难。其实，人活着的每时每刻都在回答这个问题。李同宗一样，也在回答这个问题。不过，他用的不是语言，而是行动。

2006 年 8 月，李同宗退休后，没了头衔，没了职责，该“全休”或专心养老了吧？他不这样，他把发“余热”变作发“续热”，坚持不懈地做着与书相关的事情。本来，他于 1958 年就从事文学创作，迄今为止已在国家、省、市媒体（含播放、演出）发表诗歌、小说、散文、剧本、曲艺、评论等作品 500 余件。歌词《养猪乐》《夫妻共育一枝花》由中央台、省台播放。曲艺《女婿和儿子》《住旅馆》《我的嫂嫂张玉娇》，歌词《走进牌坊村》《咂酒罐》《数跳墩》，散文《海里没有龙王》《连糟酒考》《牛皮菜》《啄木鸟》，剧本《小猴子下山》等 20 余件作品在省、市获奖。其中《屈原赋》在《人民政协报》等 4 家主办的征文活动中获银奖。该篇得到一位离休干部的称赏，他能一字不漏地背诵下来。小话剧《一箩茗角把》、小歌剧《让水》、五场话剧《奋战山洪》、小川剧《一只鸡》等 10 出戏剧在场镇、县舞台上演，并在地区调演、会演中获奖。为《渠县教坛一面旗》《校园的盛会》《土溪揽胜》《龙潭风景名胜区概览》等电视专题片撰稿，拍片后在市县播放。著有诗文集《啄木鸟》《流江月》，编著有《柑桔生产三字经》《电影宣传基础知识讲座》《中国电影之最》《宕渠民俗》等书。

为发展旅游业，李同宗在市县报刊撰文，系统宣传渠县古八景及风景名胜18处。2010年参与编撰《賨人与賨人文化》一书，影响较大，还在市、县电视台作賨人文化专题讲座。在党校给全县乡镇及县属部门领导讲述賨人历史源流及賨人开发渠县的历史贡献。

李同宗的创作成果受到党和政府的奖励。他参加过两轮新编《渠县志》的编纂工作，均获县政府先进个人奖。县文体局党委授予李同宗“优秀共产党员”称号。他撰写的论文《雅俗共赏的渠县耍锣鼓》参加全国征文赛，获2010年文化部艺术中心优秀奖（此次活动最高奖），同年获县政府“特殊贡献奖”。

说到文艺创作时，李同宗有他的见解。他说：作品再多，奖项再多，不等于贡献，如果没有或者很少有读者的文艺作品，甚至不产生社会作用的文艺作品，谈不上什么贡献。

三、编撰挑重担

1982年以来，李同宗编辑和参与编辑3种报纸、1种期刊及34部书籍，个人承担文字编辑约388万字，其中《渠江影讯》171期，10万字；《渠江校园》（17~135期）118期，71万字；《濛山文艺》（1版、4版、中缝）111期，73万字。参与编辑文化书籍34部，即《渠县文学作品选》《诗文渠县》（第一、第二集）、《濛山宕水》《九仞为山》《红色渠县故事集》，校园文学集成2部——《缤纷校园》和《校园放歌》，加上其他书籍，个人承担文字部分187万字，另有个人著作60万字。

李同宗所编书籍发行后，受到专家和读者好评。中国文联出版社已故编审、中国作协会员潘光武生前谈道：“这张小报我爱看，希望每期《濛山文艺》都给我寄1份，不要中断。”川大博导、教授周啸天撰文写道：“《濛山文艺》办得很有特色，我很喜欢阅读。这是一个窗口，通过这个窗口，就望见了家乡的风光。”全国著名诗人杨牧撰文称赞道：“《濛山文艺》与其说是一份报纸，不如说是一份乡物，每每见它，我就像回了一趟家乡，在渠县的土地上尽情漫步，转转这个‘镇’，赶赶那个‘场’，边边角角都细细地看。我每月收到各地的赠刊不应少于十种吧，有些赠刊寄掉了，我都可能并未留心，《濛山文艺》少了一期我都在意。《濛山文艺》办得不错。含量颇丰。”

李同宗除编报外，还编有《渠县民族民间文化集萃》《渠县艺文人物志》《渠县文艺创作录》等文化资料专辑，抢救了民间文化遗产，这是一大贡献。《渠县民族民间文化集萃》于2009年获达州市政府二等奖。重庆《新华日报》原通讯员、重庆市公安局涪陵分局离休干部曾持平读完该书，致函主编道："这是我近年来所读到的关于本土历史文化书籍中最好的一本。由于它内容翔实，涉及面宽，统揽了自古以来渠县地区的民间歌舞、造型表演艺术、音乐、工艺及民间小吃等10个方面的内容，语言生动，乡土味很浓，读之令人神往。"

1987年至2009年，李同宗由县政府和相关部门抽调参与编辑地方志及部门志，即新编《渠县志》（两部）、《2009年渠县年鉴》《广安市志》及渠县文化、文体局、图书馆、渠中、烟草公司、财保公司、残联、文艺创作、艺文人物、国统区革命文化及县党史（文体广电新闻出版部分）等部门史志15部。工作中，难度和任务不用说，骨质增生隐隐作痛，李同宗从未向别人提起，靠自己挤出时间去治疗。在广安修志时，该市地方志办公室钟主任在全市编纂工作会上说："参加两轮修志的人并不多，而渠县的李同宗同志，就是其中之一。"七个月时间，他按要求完成了承担的编撰任务。有人问他："为什么你老是干别人不愿干的事呢？"他说："我从不打麻将，也不进舞厅，也不串门，有点事做充实些。"

四、甘愿为蜡烛

令李同宗十分痛心而且后悔莫及的一件往事：他妻子患有严重心脏病。2005年3月，妻子提出要去达州市医院检查。由于编书忙不能陪同前往，只好解释说"等几天去"。可是手上的工作越来越多，也就越走不开。没料到"等几天"，却失去了妻子治疗的最佳时机。李同宗的妻子晏华英就在这年旧历5月28日去世了。李同宗知道千呼万唤，再也听不到妻子的声音了。"等几天成了""千古遗憾"。这年7月2日，他把对亡妻的思念书写在一页纸上：《江城子·悼亡妻》："相知四秩伴冬春，/子成人，/抚群孙。/一生劳累，/换得病缠身。/苦尽甘来当享福，/偏闭眼，/渡天津。/千呼万唤泪纷纷，/苦呻吟，/起愁云。/星沉月没，/觉地黑天昏。/但愿梦魂相聚集，/犹见面，/叙离情。"这是多么沉痛的缅怀啊！尽管如此，他没有停下那支辛勤的笔，仍然在抓紧时间编著他20余万字的《宕渠民俗》。

为了文艺事业后继有人，李同宗除了利用报刊讲述相关文化和艺术知识外，还举办不同类型的培训班。前前后后，举办县电影宣传写作培训 9 次，去中小学上课 11 次，文艺创作讲习 6 次。培训会上他总是担任主讲，而且有讲义，尤其是以稿论稿对“新苗”的启示最有效果。李同宗为新苗的成长呕心沥血，仅渠中、二中、职专的学生就有 100 余人次。这令他欣喜不已。陈之秀 4 部长篇小说引人关注，侯文秀的短篇小说登上大雅之堂，周建华的民俗文化研究成果彰显面越来越宽。李同宗为他们祝福，为他们撰诗，为他们高兴。李同宗的同事最了解他。同事常常这样描述李同宗：

有人说他是园丁——不辞辛苦，培育幼苗。

有人说他是老黄牛——吃的是草，挤出的是奶。

有人说他是春蚕——吐丝不止，愿为他人做嫁衣裳。

有人说他是蜡烛——燃烧自己、照亮别人。

其实，他就是他，一个热爱宕渠、讴歌宕渠、书写宕渠的人，一个一辈子喜欢与书打交道的人。

这正是：

李公秉笔写賨都，同喜佳作赛骊珠。
宗匠风采成洪范，好比蜡烛映征途。

奋笔疾书谱华章

——记中国作家协会会员罗忠福

人物档案

罗忠福，笔名宗福，1944年3月20日生，渠县渠江镇兴隆街人，民革党员。南充师范学院中文系毕业，中国作家协会会员，高级经济师。少时家境贫寒，13岁进渠江镇竹藤厂任学徒，早年参加了成昆铁路大会战，后在电力系统工作40余年，曾任电业局办公室主任，企业管理处处长和法律顾问等职，退休前任四川南充市电力行业协会秘书长。曾任两届市人大代表。他利用业余时间进行文学创作，陆续出版十部长篇小说，在省内乃至全国较有影响的有《华蓥回声》(四部)、《索玛花》《生死不离》等，其中以家乡渠县为创作素材的小说就有5部，计160余万字。

要采访罗忠福还真不容易，约了他好多次，不是在外地就是在闭门谢客而写作，今天逮到个好机会，趁他散步我们俩徜徉在市郊的西河堤，循着两岸旖旎的风光边走边谈。

“退休这么多年了都在忙什么呢，这大半年见不到您的影子？”我冒昧地问了个不好回答的问题。

老罗性格直爽，说起话来快人快语，听我问便不假思索地答道：“我刚从哈尔滨采访归来，在家里整理收集到的一些材料。”

“去了哈尔滨？那么遥远的地方，准备写什么呢？”

“这是我多年的夙愿了，哈尔滨人民在自己遭受日本强敌侵略残害的情况下，掩护和保护了数万犹太人，使他们免遭法西斯的毒手。这个事迹感人啊，是中华民族忍辱负重、扶危救困的优秀品质的典型，非常震撼人，就连以色列总理奥尔默特访华，都连续四次去哈尔滨感恩，作为一个中国人，一个有良知的作家，难道没有责任把这个抗战历史上的壮举记录下来吗？”

我被老罗的激情感染了，他也打开了他文学创作心路历程的话匣子。

一、呕心沥血续写红岩魂

罗忠福非常喜欢《红岩》这部小说，许云峰、江姐、彭松涛、双枪老太婆等英雄形象在他的心里激荡了多年。他的家乡就在华蓥山下的渠江边，新中国成立前发生在家乡的共产党领导的龙潭起义的故事，从他记事起就耳熟能详了。他想，《红岩》主要是描写监狱里的斗争，如果能把华蓥山游击队抗击蒋匪军的可歌可泣的英雄事迹记录下来，这难道不是一件传颂红岩精神的美事吗？于是，他从 20 世纪 60 年代中期起就开始搜集材料，采访了上百位当年的游击队员和地下党员，光采访笔记就记录了十多本。但是由于“文化大革命”的干扰和工作的烦琐，加之自身的文学功力不足，写写停停，停停写写，二十多年写了几十万字，连自己看了都不满意。后来组织上送他到师范大学中文系学习了四年，这下脑子才开了窍，重新提起笔来，以当年华蓥山游击队举行的龙潭起义为背景，一气呵成写出了 120 万字的长篇小说《华蓥山三部曲》（再版时改成了 132 万字的四部长篇小说《华蓥山回声》）。该小说由作家出版社出版以后，在华蓥山区的广安、渠县、岳池一带引起了轰动，通过当地媒体和四川日报、华西都市报、四川电视台和中央电视台第七套节目宣传以后，在四川乃至全国都有了一定的影响，作品被省委宣传部誉为“红岩魂的延续”，获得第四届巴蜀文艺奖文学作品一等奖。罗忠福由此成了四川电力系统的一位文学名人，被吸收为中国作家协会会员。

谈到创作这部长篇巨著，罗忠福感慨万端。从 1965 年收集当年游击队参谋长康电的两本日记算起，其间跑遍了华蓥地区的山山水水，采访了上百位当事人，这其中就包括双枪老太婆的原型之一，担任重庆市副市长的刘隆华老人。到作品的初稿完成，时间跨度长达三十年啊！这三十年里他度过了多少不眠之夜，写秃了多少笔头，撕掉了多少稿子？他叹道：三十年磨一剑，甘苦寸心知啊！罗忠福成功了，他把为共和国而战的游击健儿们的英雄业绩记录了下来，为红岩精神的延续留下了一笔财富。为了创作，他过早谢顶，高血压和糖尿病数度加重，身体上的病症记录了他的坚韧、勤奋和毅力，这也使人不得不发出唏嘘和感叹。

二、殚精竭虑讴歌送电人

罗忠福在电力系统工作和生活了四十多年，是电力战线上的一名老兵，曾担任过电业局劳资干事、局办主任和企管处长，退休前是南充市电力行业协会秘书长，多年的供电生涯使他对电力工人怀有特殊的感情。那座座变电站的崛起，那根根银线的破空，那基基铁塔的耸立，都凝聚着电力工人们的激情和血汗，正是他们用勤劳的双手和无私的奉献，给城乡人民带来了动力的源泉和无限的光明。

二滩送变电工程，不仅是国家宏大的西电东送的前哨战，而且是征服大小凉山施工禁区的攻坚战，英雄的四川送变电工人，不畏艰险，不怕困难，明知山有虎，偏向虎山行，硬是在国际公认的施工禁区里，以钢铁般的意志，以自己的血肉之躯，架设起了一条500千伏的超高压输电线路，把二滩电站的强大电流，源源不断输往内地，输往华中和华东，打了一场漂亮的攻坚战，拉开了西电东送工程的帷幕。

为了把这场漂亮的攻坚战以文学的形式记录下来，激励电网人的劳动热情，罗忠福受省电力公司党委的重托，接下了这个沉甸甸的任务。他在三个月的时间里，循着英雄送电人的步履，重走线路经过的大小凉山和攀西山区，感受着西宁河的冰凌、阴阳界的荒芜和天喜口的旋风。他领略到了施工队伍所经历的那无比的艰辛，仿佛看到他们踏着冰河拉线，冒着风雪组塔，背着沉重的铁件上山的矫健的身影……罗忠福创作的欲望被激发出来了，仅用短短的一个月，就写出了三十多万字长篇小说《索玛花》的初稿，根据省公司党委正副书记的决定，亲自参加工程的技术人员、施工负责人和参战工人对作品进行讨论并提出修改意见，罗忠福根据修改意见对《索玛花》进行了三次修改，作品于2003年8月由中国文联出版社出版发行后，在四川电力系统引起强烈反响，获当年国家电力公司优秀文学作品奖，这是罗忠福在退休之前完成的一个重大心愿。

“5·12”大地震，震惊了全国、震惊了世界。身处震中区的四川电网损失惨重，数百亿的设备损毁，数百个职工牺牲，面对如此严重的灾情，电网职工展开了争分夺秒的生命援救和声势浩大的电网重建。

已经退休多年的罗忠福按捺不住狂跳的激情，强烈的责任感促使他在震后立即奔赴抗震救灾第一线采访。在四十多天的时间里，他深入汶川映秀镇、都江堰虹口、龙池，彭州小鱼洞、磁峰等重灾区，冒着余震的危险，忍着糖尿病的折磨，艰苦跋涉在废墟和泥石流之中，住帐篷喝凉水，吃盒饭啃干粮，忍蚊叮耐虫咬，夜以继日地工作着。他采访过普通的灾区群众，采访过武警消防官兵、解放军战士，采访过来自全国各地的志愿者，更多的时间则花在电网恢复的农电工中间，同他们同吃同住同患难，为他们奋力抢救学生的生命而感动，为他们重建电网的艰苦卓绝斗争而激动，为他们失去亲人后仍然奋战在抗震前线而热泪涌动。他决心要把这一幅幅激动人心的画面描绘下来，把这一件件感人的事迹记录下来，他用笔投入到了另一场没有硝烟的战斗中。

在地震发生后的三个月里，他创作出了 30 多万字的长篇小说《生死不离》，从省市领导到普通群众，从解放军指挥员到普通战士，从省市电网高层到农村电工，一个个感人肺腑的英雄跃然纸上，全方位、多层面地描绘出这场抗震救灾的催人泪下的场面。有评论家说，这类小说没有距离感，是临场发挥，往往效果不大好。可是罗忠福说，他是含着眼泪写下来的，他的激情不允许他与抗震救灾的伟大场面产生距离。是啊，一个作家的责任感和使命感是最重要的，试问全国有哪一位作家在地震发生三个月内就写出了长篇小说？只有罗忠福，只有四川电网的老作家罗忠福！

三、故事远没有结束

2012 年 3 月 23 日，“《宗福文集》（十卷本）首发暨文学创作 48 周年座谈会”在成都市白芙蓉宾馆举行。《宗福文集》（十卷本）收集了罗忠福迄今创作的所有文学作品，厚厚的一摞，这不仅让现场嘉宾惊叹不已，也让远在北京的中国作协副主席陈建功“吓”了一跳。陈建功在为此文集题写的序言里说，“面对煌煌十卷近 300 万字的《宗福文集》着实让我吃惊不小。年逾花甲的老作家罗忠福，耗时 10 多年，笔耕不辍，真算得上是呕心沥血了。这种对文学的执着，说是‘可歌可泣’亦不为过。”嘉宾邓天杰对罗老先生的作品评价很高，称其锲而不舍的执著精神令人感动，他说，“他不抛弃信仰，是当今少见的作家，是中国文艺界学习的榜样。”

当我结束采访，问到他今后的创作计划时，年近古稀的罗忠福爽朗地笑了。他告诉笔者，他还将继续写作，为家乡人民献礼，为四川电力人争光。

我为罗忠福先生的雄心壮志和宏伟目标感到由衷的兴奋，祝福他在古稀之年的追求能顺利实现，也祝福四川电网这位勤奋而多产的作家跃上更高的台阶。（补记：为纪念抗战胜利七十年，罗忠福翻山越岭采访抗战老兵30余人，根据他们在长沙会战、松山会战的经历，用两年时间写成30万字的国军抗战长篇小说《嘉陵遗恨》，并于2015年8月出版。）

这正是：

罗氏男儿秉椽笔，宗仰英烈写伟绩。
福音远播满乾坤，好书等身是正气。

（作者舒布启，《精神文明报》记者，本文有增减）

共产党员的本色

——记达州市政协原主席陈志明

人物档案

陈志明，男，1944年12月出生于渠县临巴镇。1961年7月至1963年12月，在空军航空二预校学习，学习期间曾在42军124师、空降兵部队当兵锻炼；1964年1月至1968年10月，在广东省公安厅七处工作；1968年11月至1972年10月，任广东省委警卫处分处长；1972年11月至1973年7月，在达县地区柞蚕丝厂工作；1973年8月至1979年5月，任达钢指挥部政治处副主任（副县级）、机关党支部书记；1979年6月至1986年11月，任达县地委宣传部组织科副科长（副县级）、科长（县级）、机关党支部书记；1986年12月至1988年3月，任达县地区卫生局党委书记；1988年4月至1992年9月，任达县地区监察局党组书记、局长。其间，1992年2月获"全国监察系统模范工作者"称号；1992年10月至1993年6月，任四川省纪委常委、监察厅副厅长；1993年8月至1993年10月，任中共达川地委委员、纪委书记；1993年8月至1999年12月，任中共达川地委副书记、政法委书记、地委党校校长、陆军预备役师副政委。其间，1997年3月至1997年7月在中央党校学习进修4个月，1997年11月起任达川地委常务副书记；1999年12月至2008年3月，任达州市政协主席、党组书记；2008年4月至2011年10月，任市政协顾问。曾任中共四川第七届党代表、省政协九届委员、省人大十一届代表。

他，是宕渠的优秀儿女，血脉中涌动着对党的无限忠诚。

他，是百姓眼中的清官，胸襟中激荡着对人民的无限热爱和无私奉献。

他从宕渠走来，上世纪六十年代初，着一身橄榄绿军装，走向军营，作为航空兵，在天地之间往来，放飞青春的理想。他从中国南端的广东走来，肩负着省委机关的安全工作。七十年代初，他从红色大地达州走来，历任达钢指挥部政治处副主任、机关党支部书记；达县地委宣传部组织科副科长、科长（县级）、机关党支部书记；达县地区卫生局党委书记；达县地区监察局党组书记、局长。1992 年，他从四川省城走来，任四川省纪委常委、监察厅副厅长。一年之后，他又回到了他爱过千遍万遍的达州。历任中共达川地委委员、纪委书记；中共达川地委副书记、政法委书记、地委党校校长、陆军预备役师副政委；达川地委常务副书记；达州市政协主席、党组书记。

他就是 630 万达州市民心中的好官、清官、平民官——陈志明。

他一身豪胆，正气凛然；他泾渭分明，嫉恶如仇；他开拓进取，锐意创新；他淡泊名利，甘于清贫。1992 年在任达县地区监察局原局长时，他围绕监察机关如何为经济建设服务开创执法监察新局面的实践，轰动全国，并因工作成效显著，被监察部、人事部授予“全国监察系统模范工作者”光荣称号，中央电视台、中央人民广播电台、《人民日报》《中国监察》《四川日报》《四川监察》等媒体纷纷报道了他的先进事迹。陈志明又作为当时全国监察系统的代表，占了两个展板的事迹入选“奉献者之歌——当代英模事迹展”，在全国巡回展出，引起强烈的社会反响。

初识陈志明，是在 2002 年 9 月的一天。那时，他任达川地委常务副书记。第一次见面，他的一句话使我感动了 10 年。他说道：“我是一个农民的儿子，把党和人民交给的事办好，这样才无愧于一位共产党员的光荣称号。”后来，从本单位一位同事口中（这位同事与陈志明是亲戚）偶尔听到一些关于陈志明的事，说他不讲情面，亲戚都不帮忙；说他把送礼的人轰出家门；等等。2008 年夏季，在达城，几位老乡在一起喝茶时，摆得最多的还是他。说他如何清正廉洁，就连新房搬家都是夫妇俩自己动手，不愿麻烦其他人。他的秘书看不下去了，找了几个棒棒。事后，这几个棒棒知道了他就是常务副书记陈志明时，坚决不收一分钱，诸如此类，屡见不鲜。我不禁想到，美丽的渠江山水哺育了值得骄傲的优秀宕渠儿女陈志明，的确，他是我们学习的好榜样。

他一路走来，如今已年近古稀，但依然精神矍铄，一身儒雅之气，心中豁达坦荡。

他用忠诚和勇气谱写的往事，像一串串晶莹剔透的宝石，嵌在达州 630 万儿女的心中。

一、保一方平安，他逆水行舟，踏浪前行

有人说，工作千难万难，最难还是抓社会治安。

这最难的工作摊在陈志明的面前，他眉都没有皱一下。他常说，再难的工作，上心就不难。

陈志明主管政法工作时间较长，他倾注在社会治安综合治理上的精力很多。也正因为此，地处川渝鄂陕四省结合部，社情较复杂的达川地区有了长时间的宁静和稳定。在他主管政法工作期间，达川地区在全省综合治理考评中连续 6 年获先进，并名列前茅，有两个县被评为全省综合治理先进单位。1995 年，达川地区因创建安全文明铁道线，被国家五部委联合授予“铁路联防先进单位”，1997 年，达川地区被评为全国综合治理先进单位。

陈志明抓社会治安，既抓宏观，又抓微观，对群众的每一次上访，每一封来信，都认真对待，认真处理。

1994 年 5 月，陈志明收到地区广播电台转来的一封信，打开一看，信中还有信，写信的是某县一农村姑娘赵某某，赵姑娘被一有妇之夫蹂躏，却求告无门。陈志明看罢义愤填膺，迅急给某县委分管政法的副书记写信，并要求快速“扯回销”。最终，那位有妇之夫受到了应有的处罚，小赵姑娘也放弃了轻生的念头，绽开了青春的笑容。

另一件事发生在 1996 年 9 月初的一个晚上，10 点多钟，陈志明正在家看书学习，忽然有人敲门，说有事要找地委陈书记。打开门一看，一对中年夫妇和一个满脸血污的青年站在门口。那女的见到陈志明，边哭边说：“陈书记，您要给我们做主哇！”陈志明一边请他们进屋坐下，一边问怎么回事。原来，这夫妇俩是市内某企业的职工，青年是他们的儿子，正在某大学读书，过两天就要上学了。晚上 8 点多钟，他们因一点小事与邻居发生口角，邻居蛮不讲理，还大打出手，将他们的儿子打伤。他们去找人评理，人家都不理，找有关部门，也不愿受理，这才来找陈书记。陈志明听后，嚯地站起来说：“走，我陪你们去公安局。”夫妇俩见陈书记要亲自陪他们去公安局，心里很过意不去，陈志明却说：“你们挨打却无处申冤，我这个管政法的书记心里不好受哇！”在陈志明的亲自过问下，这件事很快得到了处理，夫妇俩很满意，而推诿责任、不受理案件的相关部门和人员也受到严肃处理。

1997 年 11 月 5 日上午，某企业部分退休职工因企业连年亏损发不起工资，

生活出现困难，到地委上访，堵断了交通，如不及时处理，将造成不良后果。正在市内开会的陈志明知道后，一面向地委、行署主要领导汇报，一面要求地委有关部门妥善处理，防止事态扩大化，并亲自前往现场。

这时，有人劝陈志明：不用亲自出面，以免招来麻烦，再说，这事如果处理不好……，陈志明听了，眉头一锁，厉声道："共产党的干部难道还怕群众吗？"说完就往厂里赶。由于交通堵塞，车不能行，陈志明就下车步行。上访职工见陈志明来了，七嘴八舌议论开了。陈志明立即召集企业负责人和上访职工代表座谈，并与在场的干部党员同志一道，深入群众之中，逐个说服劝解。为了解决困难职工的生活问题，陈志明亲自打电话给有关部门，筹措资金，以解企业燃眉之急。情意切切感人心，烛火融融化冰雪，一片真情，一番苦心，终于感动了上访职工的心，他们没有再提任何要求，自觉地纷纷离去。群众走了，但陈志明心里却不踏实，他想着企业，惦记着困难职工。当天下午，他召集地级有关部门负责人开会，迅速组织工作组，深入这个企业帮困解难。春节临近，陈志明又亲自率队，到这个企业看望职工，并送去了慰问金。手捧慰问金的困难职工向陈志明保证："陈书记，我们一定好好干，把企业搞上去，不辜负党和政府的关怀，不辜负您的一片苦心。"

外表温文儒雅的陈志明，在政法队伍的建设上却从严治警，用的是一双"铁拳"。因为他深知政法队伍的好坏，直接关系着"稳定"这个根本大局。

某街道派出所的一位干警参与赌博，公安局接到举报后，立即出动警力，当场抓获。陈志明了解情况后，要求严肃处理，不讲情面。在领导的支持下，该公安局大胆处理，除处以罚款外，并令其停职检讨。据统计，仅 1994 年就查处发生在政法干警中参与赌博和嫖娼案 12 件。经过几件典型案件的处理，警风焕然一新。

陈志明对政法队伍中的蛀虫深恶痛绝，而对那些在战斗中不怕牺牲，敢于奉献的干警，则是加倍爱护和关心。1995 年 4 月底，严打斗争拉开帷幕，宣汉县双河区派出所干警张明成与罪犯搏斗，由于年老体弱，不幸身负重伤，倒在血泊中。陈志明得知情况后，立即与政法委、公安处的领导一道驱车前往该区医院，送去慰问品，问寒问暖，叮嘱医生要尽最大的努力医好张明成的伤，鼓励张明成战胜伤病，早日康复。陈志明还号召全地区的干警向张明成学习。在学习济南交警活动中，陈志明提出了四句话，即"严格的警风，文明的执法，热情的服务，标准的动作"。在炎烈的夏天，陈志明亲自将饮料送到执勤干警的手中。他的要求，他的关怀，激励着干警忘我工作，无私奉献，为达城塑起了一道文明的风景线。

去政协履职时，为达州社会治安和社会稳定立下不朽功勋的陈志明对政法系统的领导说了一句意味深长的话：“搞社会治安综合治理，就好比逆水行舟，不能有半点松劲呀!”

二、挑一肩重担，他苦为民苦，乐为民乐

他的心中始终装着老百姓。

他常说：“老百姓的利益是最大的利益。”为了红色土地上那些含辛茹苦、耕作不息的父老乡亲，他常年奔波在第一线，哪里有困难，哪里有需要，哪里就有他的身影。

1997 年 7 月 18—19 日，宣汉县惨遭山洪肆虐，工农业生产损失严重，一些百姓的房屋被冲塌了。7 月 19 日晚，陈志明刚从中央党校学习归来，听说这事心急如焚。他来不及休整，不顾身体的疲惫，第二天一早就率队深入第一线，指挥抗洪抢险，慰问受灾群众。当时正值伏天，山洪过后的日头特别毒辣，晒得人头痛眼花。为了人民的利益，陈志明不畏酷暑翻山越岭，下村庄，查灾情，与当地干部群众一起想办法，研究抗灾自救的措施，把党和政府的温暖送到灾民的心窝窝里。东南乡一村一社部分村民的房屋被山体滑坡冲垮了，没住的地方，陈志明知道后立即前往，关切地向受灾群众嘘寒问暖，并要求县上尽快解决灾民的生存困难，保证灾民有房住，有饭吃，有衣穿。当他代表地委、行署把慰问金交到杨秀贵、杨立成、冉瑞国、冉崇永等重灾户手中时，几位硬汉子感动得热泪盈眶，连声说：“我们感谢党和政府的关怀。”

达县南外镇蔡坪村是陈志明众多的联系点之一。蔡坪村虽然离城近，城郊优势明显，但由于没有好的“领头羊”，没有好的致富门路，这里的村民抱着“金娃娃”过苦日子。陈志明看在眼里，急在心里。几年来，陈志明为蔡坪村的脱贫致富倾注了太多的心血。无论是盛夏酷暑，还是三九严冬，工作再忙、再累，他都不忘蔡坪村的乡亲们。1996 年农历 12 月 29 日，地冻天寒，雨雪纷飞，人们都忙着置办年货，陈志明心里却想着蔡坪村的乡亲们，他冒着严寒到村上给农民拜年，走东家，看西家，又是嘘寒，又是问暖，还自掏腰包为贫困户送去 200 元慰问金。联系村的村民们打心眼里感激地说：“陈书记真是心系

联系村，倾注贫困户，心里总装着我们老百姓。”经过陈志明的点拨和引导，该村在很短的时间里脱了贫，农民人均收入大增，衣食有余，生活富足，家家点电灯，社社通公路，村民还用上了卫生井、卫生厕，全村90%的人搬进了楼房，95%以上的人看上了电视，村集体纯收入一年可达15万元，不仅还清了老账，还修建了村小学、办公大楼和200平方米的农民活动中心。

在达州市市级领导干部测评中，陈志明年年被评为优秀，一颗红红的“为民心”就是其最大的玄机。陈志明常教育属下说：“人民群众的疾苦就是我们的疾苦，人民群众的幸福就是我们的幸福；我们每一个共产党员，每一个领导干部，必须牢记全心全意为人民服务的宗旨，多一些给予，少一些索取，多做一些贡献，少求一点回报。”

三、做一任清官，他浑身正气，两袖清风

他始终坚持廉洁从政，正派做人，公正做事，时时刻刻坚守三道防线：信念防线、道德防线、法纪防线，绝不以权谋私。在自己的工作岗位中不断加强自己的党性锻炼，坚定共产党员的理想信念，时时刻刻保持清正廉洁的浩然正气。

在达州的老百姓眼中，陈志明和蔼可亲，没有一点官架子，好接触，是一个平民官。但对陈志明有所求的“官场中人”则很怵他，认为他“不近人情”，不好接触。原因是陈志明除工作和看书外，没有其他爱好，不抽烟，不沾酒，唱不来歌，跳不来舞，更收不来礼。不知有多少送礼者被陈志明拒之门外，被他喝斥。这个时候，儒雅的陈志明不见了，代之的是怒目圆睁的陈志明，吓得那些送礼者个个“落荒而逃”。

陈志明为官，还以俭朴和“随便”出名。到基层调查研究，他历来是轻车简从，不带记者，不通知基层迎接。一次，他到一个县去检查工作，该县领导闻风到边界等候。陈志明见了十分生气，连车都不下，直奔调查点而去。过后，他对该县的领导说：“如果都像你们这样，地区的接送省上的，县上的接送地区的，乡上的接送县上的，一天都忙着迎来送往，究竟还有多少时间忙于经济工作，还有多少时间来办老百姓的事呢？”每次到省城开会，陈志明是一不带车，二不带工作人员，常一个人坐火车去，一个人坐火车回，有人问他为什么，他回答得很简单：“为了节约，带车去是浪费财力、物力，带工作人员去则是

浪费人力。”在生活上，更是“随便”得很，几个家常菜甚至一碗面条就能让陈志明吃好，所以基层的同志说“接待陈书记是最轻松不过的了”。在一次下乡调研的工作餐上，乡上的一位干部拿来一瓶好酒正准备打开，陈志明见了陡地沉下脸说道：“老百姓才刚刚脱贫，这么贵的酒你们喝得下去吗？”那位干部只好红着脸把酒退了回去。

陈志明下基层从不收受也不允许身边工作人员收受任何土特产。有人曾半开玩笑说，谁跟陈书记当工作人员算倒霉了。但是，从地委到政协，他的几任秘书谈起陈志明，都充满了深深的敬意。他们说，在陈书记（陈主席）身边工作，世界观、人生观、工作作风受到的感染、熏陶和教育，是终生受用不尽的财富。

四、献一片赤诚，他全神贯注，始终如一

超越是一种境界，更是一种追求。

陈志明在不断地超越中，不断地创造和实现人生的真正价值。

2000 年初，又一副沉甸甸的担子压在陈志明的肩上。他以高票当选为达州市政协首任主席。“首任”意味着更加艰辛，更加忙碌。面对这张更大的舞台，面对从零开始的新环境，陈志明信心满怀，迎难而上，带领全体政协委员们认真履行着“政治协商、民主监督、参政议政”的三大职能，创新精神贯穿始终，把政协的工作做得更加扎实。

陈志明带领市政协的同志，下农村、进工厂，访农户，深入调查研究，积极建言献策，坚持精选主题，精心组织，重点协商市委、市政府在一个时期的中心工作，向市委、市政府提出建议报告，为市委、市政府科学决策起到了重要的促进作用。如 2004 年陈志明组织政协委员们举办了“三农”专题论坛，委员们分别从乡镇机构改革、农村税费改革、产业结构调整、基层组织建设、农民工培训、农民增收等方面积极建言献策，出版发行了《心系“三农”建诤言》一书，为更好解决“三农”问题提供了思路和途径。

陈志明把加强提案督办，促进问题的落实和解决作为履行政协监督职能的一个重要方面，采取了重点提案重点督办、难点提案扭住督办、陈年老案跟踪督办、热点提案及时督办、“不满意”提案面商督办、已答复提案抽查督办等办法，由市政协领导分工负责，定期调研督查，为人民群众解决了很多实际问

题。特别是老百姓关注的重点提案，皆由陈志明亲自挂帅督办。陈志明亲自视察督办，促进了翠屏山综合开发有关问题的解决，为翠屏山综合开发营造了一个较为良好的外部环境。

陈志明认真听取群众的呼声，组织政协委员大胆对医院的医德医风、交通、公安等行政执法权力部门的工作作风进行了深入的评议，医生收红包的少了，为患者服务的多了；执法机关对群众“冷、硬、横、推”现象少了，文明执法、热情服务的多了。群众拍手称快。

陈志明十分注重加强政协自身建设，修订完善了政协主席会、常委会《工作规则》、专委会《通则》《提案工作条例》等制度和规定，制定和建立了政协委员会《工作规则》《秘书长、副秘书长工作规则》《社情民意信息工作暂行办法》等一系列制度，促进了政协工作的制度化、规范化、程序化。通过举办知识讲座、形势报告会、理论研讨会、学习会等多种形式，组织和推动广大政协委员认真学习邓小平理论和“三个代表”重要思想，进一步树立和落实科学发展观，学习统战、政协理论和国家的方针政策及有关经济、法律等知识，使政协委员的政治理论素质和参政议政能力不断提高，光荣感、责任感和使命感不断增强，履行职能的积极性、主动性和创造性不断发挥。

在短时间，陈志明就扭转了原达川地区政协工委散乱的工作作风，树立起了达州市政协的威信，开创了良好的工作局面、在全省政协系统评选出的 8 个先进单位中，达州市政协是 7 个新建市中唯一的一个，也是川东、川北片区的代表。四川省政协主席秦玉琴对达州市政协的工作给予了高度评价。

2008 年 3 月，陈志明从市政协主席、党组书记岗位上卸任后，又担任起市政协顾问，继续为达州的发展忙碌着，直到 2011 年 10 月，陈志明才从领导岗位上完全退下来。

最后，谈到家乡建设时，陈志明饱含深情地说：“我对生养我的家乡渠县，一直都十分关注。过去，无论是在地委工作，还是后来到政协任职，我都要见一见家乡的领导，询问一下县上的工作情况。我这人家乡情结很浓，除了短暂在省上工作外，其余时间都没离开过达州。我对家乡，对达州有一种很深厚的感情，每一届县上领导，我都十分关注，我对家乡如何发展，提了许多建设性意见。譬如现在的县委书记苟小莉，我过去就很熟悉。她是一个实干型、不说空话的领导人，工作态度严谨。我看到苟书记在渠县第十三次党代会上，对渠县未来的发展，提出了要‘发展大交通，培育大产业，构建大市场，建设大城市，繁荣大文化’的宏伟构想。这些都很好，很结合渠县的实际，按此思路发展，渠县很有希望，渠县的明天将更加美好。最后，代问家乡父老好！”

沧海横流，方显英雄本色；青山矗立，不堕凌云之志。为了大巴山的那份宁静，为了大巴山的那份富饶，陈志明奉献一片赤诚，日夜操劳，浩浩苍苍的大巴山，留下了他一串串坚实的脚印。

这正是：

陈义怀道荐轩辕，志洁行芳写佳篇。
明法审令正气在，好教巴蜀报平安。

坚实的足迹

——记成都市人大常委会原秘书长李果

人物档案

李果，男，1945年3月生，渠县贵福镇人。1970年，四川大学毕业，被分配到陆军50军工作。先后在150师直属连队、师政治部宣传科、军政治部宣传处任排长、代副指导员、代指导员、干事、副营职干事、副处长等职。其间被选送到北京解放军军政大学、南京政治学校学习。1986年转业，先后任成都市军转安置领导小组办公室副主任，成都市人事局办公室第一副主任(主持工作)、综合处处长、政策法规处处长、副局长、局长、党组书记，成都市委组织部副部长，成都市委、市政府机构编制办公室主任，成都市人大常委会秘书长、机关党组书记等职。2007年退休后，曾被四川省聘为首届领导干部选拔考试与测评面试考官，被推选为成都市第二届人大制度研究会副会长，成都市第三届老年协会副会长等职。

宕渠优秀儿女、成都市人大常委会原秘书长李果，如今已到发挥余热的时候了。回首走过的路，有风雨相随，有阳光相伴，留下了一串坚实的脚印，书写了一段多彩的人生。他胸怀坦荡，无愧于家乡父老，无愧于伟大时代。

一、金灿灿的理想

李果出生在渠县贵福镇文乐村。他从小就感到了家乡的贫困和落后。对他来说，读书是一件非常奢侈的事情。但他的聪明和刻苦赢得了老师和同学的赞许。通过不断的努力，小学三次跳级，高中当校学生会主席，他成为当地李氏家族的第一个大学生。

在他幼小的心灵中，早已埋下了一粒金灿灿的理想种子。1949 年冬，他四岁多的时候，解放军从他家门口路过，其中有一支二三十人的小分队来到院子里歇息。妈妈告诉他："不用怕，他们是你三叔当年参加的红军。"于是他和几个小伙伴急忙把几条"汪汪"叫的狗赶开，抬板凳让解放军休息。这些解放军自己忙着做饭，午饭后又急急忙忙地去赶大队伍。看他们戴红星帽、背背包、扛枪、打绑腿很威风，李果不经意在心中对这支人民军队产生了好感和向往。这个深藏在心底的向往，又不经意地在 1970 年他大学毕业分配时实现了。那时他在什邡军垦农场锻炼，任学生七连的文书和班长，正积极主动申请毕业分配到云南、贵州等艰苦边远地区去工作。但等到的通知却是到成都市驻军报到，他惊讶极了。因为在这之前，他一点也不知道军队要来选人的信息。很巧的是，来选大学生的部队正是李果当年见到并向往的那支部队。

来到驻成都 50 军报到后，不几天因林彪之死，李果便提前被派到一个多年先进的驻绵阳 150 师直属连队锻炼。在那里一待三年多，先从战士当起，尔后在班、排、连任职、代职，先后闯过"三关"。一是士兵关。在连队他是一个新兵，但年纪比较大，战友们称他"李老兵"，编在班上，完全按照一个普通士兵的要求，早操、军事训练、深夜紧急集合，夏练"三伏"，冬练"三九"，千里野营拉练等，他一课不缺，一项不落，强行磨掉了学生气。二是军训关。针对学生兵的特点，师里调他到教导大队实行强化训练。同参军多年、已在基层任职的干部一道，队列、射击、刺杀、器械理论和操作全面上，常常练得吃不下饭、睡不着觉，上厕所双腿都很难蹲下。考核时，他的理论和操作成绩超出了教官的预想。三是基层军事指挥关。为了提高军事指挥能力，师里多次派他参加各种集训，加大了他军事指挥员的培训，从班、排、连的攻防战术训练，到多兵种协同配合作战演习，他初步了解和掌握了一个基层指挥员的攻防合成战术的基本要领。闯过"三关"，他实现了从学生向军人的转变。

在连队里，干部战士教他学军事，他教战友们学文化，他们结下了很深的友谊。三年后，师政治部调他到宣传科工作。几个月后，军政治部正式调他到宣传处工作，一干 14 年多。被军机关多次评为先进个人，并记三等功一次；两次参加党政干部基础课自学考试，成绩都居全省首位，大军区第一；多次参加军野外多兵种协同作战演习，为日后参加中越边境自卫还击作战积累了经验。

二、轰隆隆的战炮

1979 年初，部队接到作好执行对越自卫还击作战任务准备的紧急命令，随即进入战前准备。李果在第一时间参与军在驻崇州 148 师联合进行的战前动员试点，接着他匆匆送走了几天前临时来队的爱人和不满三岁的女儿，交代了在战争中若遇有不测应如何对待等有关事宜后。作为军作战先遣组人员，随首批随军首长登上列车，昼夜兼程，开赴广西中越边境。

战斗打响后，前线指挥部让他陪同军赵副政委和林副军长深入师团加强指挥作战。从此，他随军首长靠前参战，经常只身深入到越北山区最前线了解战况。在那炮弹在身边炸，子弹在耳边飞的日日夜夜里，他穿梭在三个作战师（军 149 师奉命已在云南方向作战，在广西方向，军 148 师、150 师和 20 军 58 师编入军作战）和军直属部队，深入到最前沿战壕和猫耳洞，渴了喝一口凉开水，饿了啃一块压缩饼干，困了就在战壕里打一个盹，把最新战况及时报告给首长，将部队的英雄事迹，抓紧写成简报刊登在军作战指挥部办的《每日战报》上。强忍重伤，与敌殊死格斗，把匕首插入敌人胸膛的“战斗英雄”曾春华的英雄事迹，就是李果在其所在的侦察连得知后，将他的简要事迹首先在战报上发表的。“钢铁战士”肖家喜，从敌人重重包围中望着北斗，昼伏夜出，只身冒死“九天八夜”爬回祖国，赖以充饥的鱼腥草也是李果在他那里收集到的。鱼腥草和一整套反映作战情况的《每日战报》等，后来在时任处长的动员下，让中央慰问团代军博征集去了。

对越自卫还击作战结束后，部队撤回国内边境总结时，李果又被指定为起草军在广西方向作战政治工作总结的三人小组的成员。那时，部队正在热火朝天地讲战绩、评战功，兴高采烈地接受从中央到地方接踵而至的庆功慰问活动。李果却在郑处长的带领下，夜以继日地收集材料，在一个叫亭亮小镇的简易帐篷中，熬更守夜的草拟出军在广西方向的作战政治工作总结报告，送军党委讨论同意后上报广州军区前线指挥部。

李果心中十分怀念在战场上牺牲的战友们，在部队撤离边境的前夕，他特地先后前往在桐棉、峙浪等地临时修建的烈士陵园，悼念献身的战友。眼望一座座烈士墓，李果默哀沉思良久，感慨万千，泪湿衣襟，沉痛地向捐躯的战友们鞠躬告别。

部队归建回到成都后，军领导又让李果把部队在广西方向的作战政治工作总结和在云南方向的作战总结，整理成 50 军对越自卫还击作战政治工作总结报告，经军党委讨论同意后，上报成都军区政治部。

李果作为地方院校毕业的被分配到军队工作的大学生，虽然在野战军十分辛苦，且有危险，但他却感到很荣幸。入伍不到两个月，还不是党员的李果，师党委就安排他列席党代会。在连队的三年多里，先后在各个层次的岗位上任职。在军宣传处，他负责军首长和军机关的理论学习和参与抓部队的思想政治教育，多次受到大军区宣传部的肯定和表彰。先后送他到大军区读书班、解放军南京政校、解放军北京军政大学学习。1976 年，在军政大学学习期间，经历了唐山大地震，承受了毛主席去世的巨大悲痛，目睹了粉碎王、张、江、姚“四人帮”万众欢腾的情景，受到了党中央和军委领导的接见，还首批参加了修建毛主席纪念堂的义务劳动。1979 年参战，从战前动员试点到战后草拟作战政治工作总结，他经历全过程，在生死关头锻炼了意志，在血与火面前净化了心灵，获 50 军通报嘉奖。战后次年提升为副处长，居同期入伍的大学生之先。上世纪八十年代中期“裁军 100 万”，李果主动要求转业到地方工作，由于省市多个部门都希望接收他，他便在《军队干部转业审批报告表》上写道：“服从组织分配”。

2016 年 3 月，为了纪念我国对越自卫还击作战胜利 37 周年，李果将当年保存的《作战实地记录》整理为《南疆烽火》一书出版，全景式地再现了 50 军对越作战的全过程和英勇作战实况，受到了军内外的一致好评，后任 50 军军长康虎振亲笔题写：“你对 50 军历史立了一大功！”

三、沉甸甸的奖状

成都市人事局积极接纳了李果。他刚到人事局时虽然完全是一个生手，但局领导和同志们都欢迎他，有意培养和锻炼他。在局里的前两年半，他先后在局军转办、办公室、综合处、法规处四个处室任职，这使他始终处在全面了解的强化锻炼中；后在成都市与温江地区合并不久，局领导职数超编的情况下，经考核选拔，被任命为副局长；5 年后换届，他被选为市人事局局长，并受命作市委组织部副部长、市机构编制办公室主任。任职满一届后又继任，连任两届。

他在地方工作期间，组织人事战线的时间最长、也最累，但这也是他一生中过得最充实的阶段。在任人事局局长 10 年、编办主任的 6 年中，开展两次全国性工资制度改革、两次全国性机构改革、首次推行国家公务员制度，多次调整地方津补贴，自筹资金修建局属事业单位办公楼，解决职工住房和发放各种奖金，等等。虽然困难重重，但在上级领导的支持和全局同仁的共同努力下，都圆满地完成了。

在李果连任局长届满前夕，局办公室和人事处整理了一个他任局长以来，局集体和他个人有关方面的统计数据。

有关局集体方面的数据：一是主要业务工作的获奖情况。局（含编办）获各种奖 150 多项，其中受到国家部委办表彰 14 次，省委、省政府表彰 4 次，省级部门表彰 15 次，市委、市政府表彰 57 次。人事人才工作获多项全国先进，机构改革工作两次获全国先进，目标考核连续 10 年获市上先进，党组被市委授予“四好”班子。统计中还一一列出了获奖名称，几乎得遍了上级所设的有关人事编制工作的主要奖项。二是机关干部队伍建设情况。以处级干部晋升为例，向市委推荐，先后有 30 名正处级干部提拔为副局级干部，其中在本局及事业单位任职的 15 人，交流到市级部门任职的 9 人，享受待遇退休的 6 人，统计时也一一列出了姓名和任职名称。两届中，有这么多正处级干部得到提拔，在市级部门中是不多见的。三是固定资产增值和基础设施建设情况。固定资产方面，由 1953 年人事局成立以来累计的 111 万元增加到 3492 万元，增加约 30 倍。基础设施建设方面，筹资 1.2 亿元，其中，引进上海资金 6000 多万元，将原市军转培训中心部分场地改造成心族宾馆；筹集资金 6600 多万元，新建一座中国成都人才市场综合楼、一座市军转服务综合楼。新购职工住房 84 套，做到了当时在职和退休的职工人人有一套还余 20 多套。经审计、监察部门多次审计、检查，无一违纪违规情况。据国家人事部的领导说，成都市人事局国有资产的数量和效益在西部第一。

有关李果个人方面的数据：一是个人获奖情况。获市级以上的先进工作者、优秀党员、优秀公务员、先进组织人事编制工作者等，以及参加省和人事部、中编办开展的理论研究或工作笔谈等获得的奖项，现在保存下来的奖励证书达 50 多本。二是个人撰写并发表文稿的情况。先后撰写了数十篇工作经验体会和理论探讨文章，其中，公开发表的主要文稿有 30 篇，国家级报刊采用的有 12 篇；有 18 篇获得各种奖励，其中，国家部委奖励 2 篇，省级奖励 10 篇。多篇文稿在国际、国家、省市有关会议上交流，多篇被有关文献和汇编收入。三是接受中共中央、国务院领导的接见情况。他在参加重要会议或重大活动中，先后受到华国锋、叶剑英、杨尚昆、江泽民、李鹏、吴邦国、朱镕基、胡锦涛等领导的接见，留有照片的有 11 次。

四、乐呵呵地卸任

李果在市人事局任局长快满两届前夕，根据地方组织法的规定，他清楚自己不能再任这个职务了，便在做好当前工作的同时，还组织一班人一一处理了局里多年来，包括他在任局长以前沉积下来的人事、债务、经费等遗留问题。任职满两届时，年龄已 58 岁有余，按有关规定，一般不再提名任同级领导职务，他便主动向市委领导报告，并在组织部部长办公会上郑重表示，愿意提前退休或改为同级非领导职务。但市委领导却说："人家到龄不言退，你还没有到龄，不要再说退，到此为止。"在酝酿换届人选时，市委推荐他作市人大秘书长人选，他在组织部研究换届人选的部长办公会上说："我的身体状况恐难胜任，恳请另物色人选。"多次谢绝均未被采纳。人代会选举当场公布的投票结果，赞成他任秘书长的票达 98.6%，最高。想到组织和人民代表的信任和期待，他还有什么可说的呢？回答只有八个字："豁出去了，再干几年!"就这样，在他临近退休年龄之前，他又被从组织、人事、机构编制工作矛盾的"漩涡中"，推到了作法人代表的市人大常委及其机关日常运转的"磨心上"。

在人大工作期间，他认真当好常委会的参谋助手，确保常委会工作的顺利进行；努力做好机关管理服务工作，确保目标考核年年获取全市先进集体；切实用好《公务员条例》的政策规定，最大限度地做好机关干部的晋升、奖励等工作。此外，结合人大工作和机关建设的需要，尽其所能地做一些有益的、有长效作用的工作。任职第一年，针对当时机关处级干部还有 16 名只有中专或高中学历，不符合公务员职务晋升资格条件的实际，他把提高学历作为一件急事、要事。给时间、给经费资助，支持他们在后来两年左右的时间里陆续获得了大专及其以上文凭，提高了科学文化素质，补上了提拔任用的资格条件，绝大多数同志后来陆续得到了提拔。针对机关干部普遍不会使用电脑的实际，及时与市人事培训机构联系，分期分批地送他们免费进行电脑操作培训，有效地提高了机关工作的效率和干部职工的工作技能。任职的第二年，根据上一年度，在发放年终目标奖时，从市级部门任正职转岗来人大任专委会、工作委员会任副职的同志的标准低于正职，根据省委有关规定，建议常委会党组请示市委妥善兑现了他们（包括市政协的同类人员）待遇不变的问题，同时还解决了专委会、工作委员会领导参加市上有关会议的问题。任职的第三年，根据人大工作的需要，积极向市编委、编办反映，建议常委会党组报告市编委明确了人大办公厅的领导职数，请示市委及时配备了厅领导干部，等等。

到任职的第四年初，李果已超过了本职务规定的最高任职年龄。尽管时任人大常委会主任多次表示希望能合作到届满，但李果出于长期从事组织人事工作的职业敏感，便私下抓紧做自己卸任前的准备工作，在牵头积极筹备全市人代会，抓好当前工作的同时，抽空把存放在办公室的个人物品、书籍搬回家，腾空了办公室，还草拟好了工作移交的文本。不久，市委提出新的秘书长人选，他如释重负，按照有关规定提交辞职报告，当年召开的全市代表大会也予以通过。在新秘书长产生的当天，他愉快地移交了工作和办公室的钥匙。在人大常委会党组召开的欢送会上，李果十分感慨地说：“从此无官一身轻，回归百姓，享受生活，有何愁而不乐呢？”

在李果的心中，永远忘不了家乡的亲人。2009 年清明节，他回到阔别 23 年的老家，在父母墓前默念：在外几十年，一对得起党和国家，尽了忠；二对得起百姓，尽了力；唯有愧对父母双亲，尽孝不够！他还积极为家乡做公益事业，竭诚为在蓉的乡企、乡友服务，尽其所能地回报父老乡亲。

李果在“为人民服务”的岗位上干了近 40 年后，辞“官”卸任退休，回到了老百姓群体中。李果告诉笔者：“在所谓‘官’的岗位上时就清楚：中间当‘官’一阵子，我两头都是老百姓。时刻提醒自己：名可少，利可省，唯有老百姓不可亏！时刻告诫自己：这可忘那可忘，唯有老百姓的根、老百姓的血脉不能忘！现在退下来，过着普通老百姓的生活，感到很习惯、很自然、很满足、很平静、很踏实。”

这正是：

李家男儿真忠勇，果然军地两相宜。
好乘耳顺回归后，人更豁达情愈浓。

踏遍青山人未老

——记贵州省黄金协会会长、省老龄产业协会副会长寇森田

人物档案

寇森田，1945年9月生，渠县静边白兔乡寺岩村人。1968年毕业于昆明地质学校，地质找矿勘探专业。1968年9月至1993年2月在贵州省104地质大队工作，先后担任普查组长，技术负责，分队党总支书记、大队长等职。1993年调贵州省地矿局任计划财务处处长。1994年被原地矿部评为高级经济师。1985年参加中央党校国家机关班学习。1996年参加省委党校经济管理专业函授学习，取得本科文凭；1997年调贵州省黄金管理局任副局长，黄金集团公司副总经理，1999年8月至2001年11月任贵州省黄金管理局局长。2006年6月退休后，担任贵州省黄金协会会长，贵州省老龄产业协会副会长，贵州省达州商会荣誉会长，贵州省政府评标专家、省国土资源厅矿产专家、省经信委黄金专家组长。曾六次获省地矿局初查基地奖，主持金刚石小口径绳索取芯钻进技术在汞金矿的应用，荣获地矿部推广应用成果三等奖；滚珠式活动工作台防坠器改革应用，获原地矿部四等奖；S75-GF型绳索取芯钻具研制与应用，获原地矿部勘查技术三等奖；他领导的贵州省104地质大队被地矿部授予“找矿有重大贡献单位”，也因本人业绩突出，个人被省府工委评为“优秀领导干部”。

他不是一位传奇人物，但有着传奇的经历。

年过花甲的他，饱经风霜的脸庞刻下了他大半个世纪的风雨历程，记录下了那不同寻常的地质生活，留下了他坚实的人生轨迹。他当过钻工、坑道工；当过党总支书记和炊事员；当过分队长和办公室主任；当过金矿矿长，主持过当时国内最大的微细粒侵染型难选冶金矿的开发。在贵州省黄金局（公司）党

组领导下，负责全省黄金科学技术发展规划、黄金矿产开发审批，以及矿业秩序整顿、黄金矿山开发等工作。1999年主持编制《贵州省黄金工业“十五”规划》《贵州省“九五”黄金地质勘探计划和2010年远景规划》，组织全省黄金行业“引进国外技术，管理人才项目计划”和国外来黔进行黄金地质与勘探和开发的学术交流活动，数十次深入全省黄金矿山进行调研和检查，1987年贵州黄金产量实现了零的突破。1996年产金5.6万两，1997年突破10万两大关，现年产黄金12吨。贵州黄金产量在全国由1987年的26位上升至第9位，已成为全国重点产金省区之一。他是贵州黄金工业的开拓者、领路人，是优秀的宕渠儿女——寇森田同志，也是我们这篇文章的主人公。

一、意气风发绘蓝图

1964年8月下旬，正当三年困难时期过去不久，大巴山区南部丘陵地带正是一派葱茏和金黄交错的时节，重庆地质学校的一封录取通知书，飞过无数山山水水，传到渠县静边区的白兔乡寺岩村寇家坝寇其相家。

寇家坝沸腾了。

“寇老太爷家老五寇森田又考上重庆地质学校啰!”

羡慕！真是令人羡慕。

寇森田——这个刚刚十六岁的棒小伙自然感到十分高兴。从接到通知的那一天起，他就高兴得两三天晚上睡不着觉。他在岩峰中学就读时，算是个百里挑一的全能冠军，学习是前五名，文体活动无论是篮球、乒乓球、游泳、长跑、竞走，还是拉二胡、吹笛子，也都能拿得起，而且都取得过名次。可这个属鸡的小伙子很不安分，他全身似乎有使不完的劲儿，老是想尽快参加社会主义建设。临近中考，考什么专业呢？这时，他已作了县委宣传部副部长的二哥寇森林捎信给他说：重庆地质学校要招生，地质工作是社会主义建设的尖兵，是光荣而艰巨的事业，需要许多有志气的青年去报考。于是，寇森田也没多想就报考了重庆地质学校。他对地质队员的生活充满了热烈的憧憬。

现在，重庆地质学校录取了他，也就是说祖国需要他作一个地质工作者。那么，他那些体育、文艺上的爱好，只好暂时搁置起来了。

1964年9月，寇森田愉快地来到了重庆地质学校。由于他在初中曾担任过团支部书记和团总支副书记，到重庆地质学校后，便任了团支书和团总支组织委员。1965 年，重庆地质学校与昆明地质学校合并，寇森田又和同学来到了昆明。1968 年，他从昆明地质学校毕业后被分到了贵州省地矿局 104 地质大队，寇森田从此开始了他漫长而艰辛的地质队员的生活。

二、踏遍青山跨征鞍

他和一伙刚毕业的年轻人被分配到贵州和广西交界的从江县刚边寨子的一个寻找铜矿的普查组，先当炊事员，后当山地工。山地工，顾名思义，主要工作是挖掘探矿时需要的基槽。

理想和现实总是遥遥相望的两极，中间隔着一段很长的距离。现实，只是到达理想境界的起点，而理想是没有终点的，只有用辛勤的劳动和汗水才能在两极间划出一条不断延伸的线，使现实和理想逐渐接近。

挖基槽是一件非常艰苦的工作，完全是力气活，每天从早到晚，手握锄头，挖山不止，根本没有什么技术可言，和一个普通农民所做的工作完全没有两样，似乎也没有什么伟大和崇高之处，这不免使一些人感到失望。可寇森田却干得十分起劲，他那满腔热情和昂扬的斗志，竟像他那坚强的体魄一样，具有很强的进攻性和持久力。几个月下来，他不但很好地过了劳动关，也习惯了寂寞的野外生活，完成了强度很大的施工任务。此外，他还主动担任了坑道队的义务司务长，60 个精壮汉子的吃喝，也全担在他身上。

付出与收效几乎是对等的，付出的越多，收效也就越大。由于全体地质队员的艰苦奋斗，1969 年，他们终于在刚边山寨找到了铜矿。这年国庆，他们用这座铜矿的成果向祖国做了隆重的献礼。就在这次献礼活动中，寇森田——这个来自大巴山南麓的年轻人，也再次显示了他多方面的才能，他和同志们编排的节目，生动地表达了地质队员的心声和他们艰苦奋斗的精神，吹拉弹唱，娱人自娱。这样的年轻人是寂寞的地质队多么需要的人才啊！人们又一次把希望的目光投向了这个人人都称小寇的年轻人。

不久，地质队来到贵州与广西交界的雨田山上勘探，他们的任务仍然是挖基槽，进行地表揭露。由于工具原始，泥石土方运输工作量很大。怎样省工省时加快工作进度呢？寇森田发现附近不远处有一股山泉，淙淙泉水从小溪沟里顺山而下。思维活跃的寇森田突发奇想，水不是可以冲走泥土吗？何不把这股溪水引过来代替搬运呢？于是，他们用炸药从山岩上炸出一条斜斜的小沟，把溪水引进沟里，形成了一条流水式的皮带走廊，结果十分有效，从基槽里挖出的泥土，不用人搬就源源不断地被流动的溪水冲走了。一条真正的流水作业线，省工、省时又省力，工效提高了很多倍。这个小小的即兴奇想，赢得了全队的赞赏。人们第一次感觉到，小寇这个小伙子是个很会动脑筋的人。

这一年，寇森田荣获了“都匀市学习毛主席著作积极分子”的光荣称号，出席了黔南州的表彰大会。一颗地质战线的新星，开始在黔南州的大地上闪烁。

三、一副铁肩担大任

1983 年，寇森田已被提拔为 104 地质大队副队长。这时，黔南州内交通方便、条件较好的矿区，差不多已在 30 多年间被各个地质队勘探得差不多了，要继续找大矿，就得向更深的山区腹地深入。在都柳江下游兰尼河边的榕江县境，有一片人迹罕至之处，名叫八蒙，到处一片丛莽，周围数十里没有一条公路，而且连一条像样的人行道也没有。细瘦的都柳江，把这里切割成一条数十米深的狭窄河谷。两岸巉岩峥嵘，古树虬盘，藤萝纷披，野草蔽天，尽管已经解放 40 年，这里仍是一片荒蛮，很少有人往来。只有深谷里那绿得怕人的河面上有时划过三两只来往于三都和榕江之间的小木船。一旦这些小船在峡谷里消失，这片丛莽就又重新回到梦一般的太古的岑寂里。

这是一片未被开垦的处女地，却又是一片富饶的锑矿区。这里埋藏着国家急需的宝藏，亟待开发。1983 年 5 月，正当全国改革开放搞得热火朝天，黔南地区花红柳绿笙歌遍地的时候，寇森田带着大队一个五个人的工作组前去指导分队开工上马，他们决心要去都柳江上的八蒙地区挖掘宝藏。

一个月之后，隆隆的钻机声终于第一次划破了黔东南八蒙山区的寂静，揭开贵州又一个锑矿基地的战斗序幕拉开了。短短的两年里，他们兢兢业业，死拼硬打，创造了全省最高的钻机台月记录，顺利完成了八蒙锑矿的勘探任务，寇森田领导的 104 队四分队钻机台被评为当年贵州省唯一的地矿部部级文明机台。

1986 年，正当改革开放在全国范围内深入发展的关键时刻，他们负责的八蒙锑矿获得成功，他本人被省地矿局任命为 104 地质大队大队长。也是在这一年，地质战线进行了深入的体制改革，端掉了大锅饭，打破了铁饭碗，国家投资大量压缩，地质队实行经济承包责任制。

这个弯子转得太大了，铁饭碗变成了土饭碗，弄得不好，恐怕工资也发不上呢，很多人想不通。偏偏这个时候，寇森田上任了，这不是困难时刻压重担吗？人人都用忧虑的目光盯着他，这个全局最年轻的大队长究竟会把104地质大队往哪里引呢？他又有什么绝招能把这个断了奶的孩子引出低谷呢？

寇森田面临着一场严峻的考验。他紧紧地依靠大队党委一班人，很快做出了决策，且很快开始了行动。为了迅速找到优质矿产，104地质大队从总工程师以下的一切技术人员都紧张地行动起来了，这是一场持续的竞争和求生的拼搏。很快，继八蒙中型锑矿钻探设计完成之后，与八蒙隔河相对的摆居、摆贝两个延伸锑矿区的钻探又上马了，这使以八蒙为中心的锑矿区达到大型矿床，成为“八五”期间国家重点矿区。三都苗龙金锑砷矿、丹寨四相厂金矿、都匀桐州硅石矿、三都排带硫铁矿、龙里平山硫铁矿、都匀牛角塘锌镉矿等都圆满完成了勘探任务，好消息不断传来，全队上下绽开了笑脸。

同时，二、三产业在迅速发展。按照寇森田的说法，一业为主，多种经营嘛！劳动服务公司、地勘公司、工程地质勘测、地质技术咨询、联合开矿、机械修理、车木厂、基建队等都陆续建立起来，为地方钻探水井水源，为交通部门钻探桥基，为厂矿、机关、学校等打工程钻。为地方找矿，和地方联合开矿，为地方各项经济建设提供地质资料，为社会开展机修、商业服务等业务，集腋成裘，五年间全大队二、三产业创收527.5万元，安置职工、待业青年259人，取得了显著经济效益和社会效益，职工得到了实惠，地质队伍得到了稳定，渡过了难关。他们还加强横向联系。由于104地质大队主动积极地为地方建设服务，他们不但为国家探明了七八个大中型金矿、锑矿、硫铁矿、煤矿、铅锌矿，还在黔南州各县市探明了49处宜于地方开发的小型矿山，并提供了许多咨询服务，促进了全州经济建设的迅速发展，被黔南州委誉为“经济建设好参谋”，密切了地方和地质队的关系，得到州市政府的积极支持，有302名地质队的子女家属被地方招工、招生和参军，解决了几十户农转非，修建了一批职工宿舍，增加了一系列生产设施和设备，美化了环境，改善了职工的生活条件和工作条件，加强了基础建设。104地质大队走出大山又上了新台阶。

人们都说。寇森田是一匹矫健的千里马，是他和他的一班人，拉着104队这驾马车走出低谷，驶向康庄大道。1991年建党70周年时，寇森田被评为贵州省府工委的“优秀领导干部”。

四、淘尽黄沙始见金

1999年6月，贵州省政府为了加快黄金开发步伐，决定成立贵州省烂泥沟金矿有限责任公司，并任命时任省黄金管理局副局长、省黄金公司副总经理的寇森田担任该公司董事长（并明确规定兼职不兼薪），受省政府的委派和贞丰县人民的重托，全权负责烂泥沟金矿的开发。但这时，困难重重，一是省政府发了组建贵州省烂泥沟金矿的牌子，却给不了票子。二是探明的储量，虽达到了超特大型，但“五毒俱全”（矿石中含汞、锑、钾、铅、锌和硫），实属难提炼的矿，在国内尚无开发先例，世界上能开发的也少见。三是人才奇缺，原省黄金局的管理干部，大部分都是有理论知识、无矿山工作经验。这个时候的寇森田也是年过五十的老地质队员，几次胃出血，身体欠佳。当时又面临省直机关机构改革，人心不稳。一些处长公开表示，不愿意到该公司配合工作，担心机改后会分留到企业。在重重困难面前，怎么办呢？作为一个老共产党员，没有退却的余地了，经过反复认真、冷静的思考：他决定先组织开发技术论证，于是召集国内外黄金研究院所云集贵阳，北京矿冶研究总院、长春黄金研究院、山东黄金集团、天津地质调研所以及乌克兰、加拿大等专家都来了，共同研究制定开发的技术方案。又凭借时任副总理的朱镕基同志的批示，烂泥沟金矿属全国十大低品位、难选冶金矿同意引资开发的东风，一时间国内外知名的黄金开发公司都闻讯而来，前后就有30多家，他们经过实地考察、取样分析和进行可行性研究试验，最后都给省政府回函，宣布退出该项目。因为这个矿山属“微细粒、难选冶”矿体，工艺复杂、技术要求高、投资大，弄不好不但不能赚钱，还可能亏本。外资不愿来，咱们自己就不能干了吗？寇森田又一次表现了他敢想敢干的大无畏精神，他大胆确定了以省内开发为主体，引进外资，但不依赖外资的方针。经过国内的多次试验和论证，终于把项目确定下来，这样的项目在当时国内也无先例。同时，他根据实际情况确定了两手抓的方案，一是筹集资金引进技术，自主开发为主；二是引进国内外先进技术、资金，联合开发为辅。并把专题报告送到了省政府，省政府很快同意了他们两条腿走路的方案。

这时，国内外黄金开发投资者又闻讯而至，有全世界第一流的黄金开发公司美国的纽蒙特、加拿大的丹斯通等，他们数十次深入现场考察、取样，作了可研报告，积极参加竞争，但结果还是不如人意，在当时黄金价格低迷的情况下，最后再次宣布退出该项目。也许还是因为选冶难度太大，开发成本太高的缘故吧，资金投入太大，没有经济效益，外国人是不想干了。那么，国内的投资融资环境呢？其实，当时的国内融资也是一大难题，各大银行有明文规定，要矿山建成投产后，经过验收合格，才能发放贷款，真是不见兔子不撒鹰呀，怎么办呢？心急如焚的寇森田的头发都急白了，但他并不气馁，凡是有可能的地方，他都要去闯一闯。1999 年 9 月，他带领一班人出席了厦门的第三届中国投资贸易洽谈会，真是功夫不负有心人，通过耐心的接触和洽谈，终于和当时还并不出色的澳大利亚中国黄金公司签订了“关于合作开发贵州烂泥沟金矿的意向性协议”。在经过多方努力之后于 2001 年 4 月，中外合作开发锦丰金矿（烂泥沟金矿）的合作项目在贵阳正式签约了。按国家规定又进行了矿业权评估并报财政部核准，发改委立项，国土资源部批准，国家商务部、黄金局等相关部门认可后，才正式注册，开工建设，2007 年 4 月建成投产，通过工程质量，安全竣工验收等。终于建成了一座具有现代科学技术又环保节能的绿色矿山，而且是处理这种“低品位、微细粒、难选冶”矿山开采的第一个成功范例，解决了“微细粒、难选冶”中的一系列技术问题和难关，也为当时这一世界性难题闯出了一条成功的道路。

贵州锦丰金矿（烂泥沟金矿）公司就是采用世界先进的管理理念、工艺技术和环保安全等规范要求运作，致力于建设一座以人为本的和谐发展的绿色矿山，这已成为中国矿业发展的新模式。由该公司和北京科技大学联合开发的科研项目“复杂破碎条件下露天——地下联合高效开采关键技术”荣获 2010 年国家科技进步二等奖。2011 年 11 月中国黄金协会授予该公司“中国黄金生产十大矿山”和“十一五全国黄金行业先进集体”称号，同时又被国土资源部授予国家级第一批绿色矿山试点单位，这些成就和荣誉的取得，都凝聚着宕渠儿女寇森田的浓浓心血。寇森田不仅是一个普通的贵州黄金开拓者，而且是一个在“低品位、微细粒”黄金开发中的引路人和成功的实践者。他开辟了一个黄金开发的新领域，是黄金工作者的骄傲，也是宕渠儿女的骄傲！

但事情并没有完，退休后，他受聘于贵州省政府、省经信委、省国土厅、地矿等部门，利用自己的技术专长和知识，为这些部门和企业出谋划策做奉献，取得了良好效果。2016 年 10 月，他去昆明参加一次四川渠县联谊支乡协会云南分会成立大会时，有幸见到了家乡渠县的县委书记苟小莉。这位雄心勃勃、勤奋敬业的女书记在发言中提出：“要集全县之智、举全县之力，建设美丽幸福的新渠县”，加快构建“大交通、大产业、大市场、大城市、大文化”协同支撑的战略格局，让渠县提质增位。这使寇森田深受鼓舞，他真诚地表示，在有生之年，要为家乡发展建言献策，贡献余热。对家乡这位女书记的雄心壮志，绘制的蓝图倍加赞赏。渴望看到更加美丽幸福的新渠县。

这正是：

寇氏门第出英才，森立云贵展风采。
田野矿山献青春，好看黄金滚滚来。

渠河情深

——记重庆市人大常委会原副秘书长王浩政

人物档案

王浩政，男，汉族，1946年10月生，渠县丰乐乡人，大专学历。1968年2月入伍，1969年7月加入中国共产党。先后在吉林省、重庆市的部队服役，曾任战士、班长、宣传干事、政治协理员。转业地方工作后，曾任重庆市人大常委会机关党办主任、政治（人事）处长、办公厅副主任，机关党委副书记、书记，机关党组成员、常委会副秘书长（正厅级)。

渠县丰乐，人杰地灵。重庆市人大常委会副秘书长王浩政就是从丰乐走出的优秀宕渠儿女。他对家乡的关爱，对家乡的情意，在丰乐乡，有口皆碑。

我和王浩政可算是老朋友了。再次见到他时，他还是那样热情豁达，依然表现低调。记得2001年，我和县电视台的摄影记者一同去重庆采访他，他却执意推荐宣传别人，硬是婉言谢绝了采访。但是，他深爱着渠河，深爱着家乡，永远是宕渠的儿子。在我们俩经过多次信息交流后，他同意了我的这次访问安排。

2014年5月，我在贵州采访，接到了他发来的信息："潘主编，您好,《宕渠儿女》（第一辑）已收到，正在认真拜读，您知道我的性格，从不喜欢接受采访，但看到县委书记、县长都如此重视，不好意思再次拒绝，那就向家乡的父老乡亲报个到吧。下周可根据您的工作情况安排会面，并提醒我交付书款。

老乡，王浩政。”

王浩政出生于渠江上游的丰乐乡巴河河岸。那里，丘陵起伏，柏树葱绿，巴河水清清悠悠。小时候，他最喜欢听纤夫的号子声和滩头激流的波涛声。他说，丰乐乡虽然很偏僻，但确很美。在离丰乐镇张一庙不远的地方，有一个黎头寺，那个壮观的寺庙和里面珍贵的文物，虽然在“文革”中消失了，但是那九个大小一样的圆馒头式的小山丘，还朝朝夕夕迎送着太阳和月亮。黎头寺的地势不高，前面的地形像一把巨大的藤椅，“藤椅”背靠历史上盛产优质红橘的地方，保存完整的民间古墓掩藏在树林之中。当地人好像就在“藤椅”上，坐收房前屋后那一片土地上的丰硕果实。寺庙的后面是悬崖断壁，“一夫当关，万夫莫开”。悬崖下边，就是那弯弯流淌的巴河。站在原寺庙所在的小山丘上举目远望，可以看到丰乐、黎乐、三汇、石佛、任家、文崇、龙汇等七八个乡镇冒出的缕缕炊烟。形状相同的山丘，如此神奇，叫人流连忘返。炎黄子孙人人喜欢“九”。民间传说，有一个皇帝看中了这个地方，想在这里“建宫”，但是遣来察看地形的官员，回去禀报只看到了八个山丘，“建宫”才未实现。原来那位官员只顾欣赏美景，却把自己站立的那个山丘给计算掉了。他兴致勃勃地说：“县领导赞美渠县天地形胜，我就提供一个实例来佐证吧！”

王浩政留恋家乡美，也时刻关注着家乡的变化，希望把家乡建设得更美好。当年，家乡修建“标美”路时，他立即捐了1111元钱，并赋诗一首，期望尽快改善家乡交通，把家乡的公路修得又直又宽。他高兴地说：“在新一届县委、县政府的真抓实干下，这个宕渠儿女们的心愿正在变为现实。接到老家“父母官”提出要改变落后交通状况的号召，我与在外工作的赤子们一样，踊跃表达了自己的一份心意。据说，公路已经修到生产队的院坝边，老百姓高兴得都乐开了花，一个劲赞扬县、乡、村的好领导。”

我把话锋一转，请他聊一聊自己离开渠县近五十年的情况。他说，我出生平凡，心态平常，成长平坦，政绩平淡，缺少光鲜亮丽，没有惊天动地，“豆腐帐”就不摆了。他说，一个人的成长轨迹，除了靠个人的奋斗，主要靠党的教育、组织的关怀，群众的支持，历史的机遇。个人的力量是有限的。

王浩政始终显得那么谦虚，不愿谈自己取得的成绩。我从其他渠道了解到，王浩政在他的本职工作岗位上，兢兢业业，踏踏实实，赢得了领导的器重和同事的赞许。

王浩政始终坚持理论学习，加强党性锻炼，不断提高自身的思想政治素质。

学习时，重点在掌握理论的精髓上下工夫，在理论与实际相结合上下工夫，不断提高自己的思想政治素质和政策理论水平，不断更新自己的知识结构。通过学习，增强了立党为公、执政为民的自觉性和坚定性，同时密切联系人大的工作实际，以求真务实的精神开展好人大各项本职工作。增强责任意识，严格依法履职。开展法制宣传教育。加强以宪法为主的法律法规和人大制度宣传教育工作，增强全社会的宪法意识、人大意识和法制观念。配合上级人大开展执法检查和立法调研，促进了法律法规在本行政区域内的正确实施，扎实推进了依法治市进程。在工作中坚持以人为本、统筹兼顾，围绕市委中心工作、经济建设重点和人民群众关心的热点、难点问题，加强监督力度，促进经济和社会事业的全面协调发展。加强对执法机关监督，促进依法行政和公正司法。分别组织召开联席会，通过加强联系，互通情况，协调工作，共商有关重大事项，做到了监督与支持的有机统一。加强与代表联系。进一步拓宽代表知情知政渠道。王浩政认真实践全心全意为人民服务的宗旨，树立和落实科学的发展观和正确的政绩观，始终坚持“两个务必”的要求，大兴求真务实之风，真正做到立党为公、执政为民。在实际工作中，经常下到乡镇、村和有关部门、单位、企业，了解社情民意，注重深入基层、深入实际开展调查研究。掌握第一手材料，注意紧紧依靠代表和广大人民群众，努力做到知实情、讲实话、求实效。紧紧依靠人民群众，密切与代表的联系，自觉接受代表的监督，积极为代表履行职务提供必要的条件和帮助，加大对代表议案、建议办理工作的督办力度。十分重视人民群众的来信来访工作，依法维护公民合法权益，规范人大信访工作，完善信访办理程序，增强信访办理实效，努力为人民群众排忧解难，积极有效地维护了社会稳定。王浩政严于律己，认真落实党风廉政建设责任制。树立正确的权力观、地位观、利益观，严格执行《中国共产党领导干部廉洁从政若干准则》。做到了警钟长鸣、洁身自好。在公务活动中增强透明度，注意克勤克俭，不铺张浪费，坚决抵制用公款大吃大喝等各种奢侈浪费行为，人大接待工作严格按标准执行。个人廉洁自律方面，能够在思想上严把纪律关，没有利用职权为自己谋取私利。同时管好自己的家属和身边的工作人员，认真遵守各项规定。做到自重、自省、自警、自励。

在交谈中，王浩政对我说：“最近我抓紧拜读了《宕渠儿女》（第一辑），对老乡们取得的丰功伟绩无限敬佩。特别是读了序言和主编的后记，我的眼圈湿润了。我被家乡‘正在发生历史性巨变’震动。也为您宣传宕渠儿女不怕困难重重，发动妻室儿女、四处奔波求助，吃尽酸甜苦辣而感动。您是咱们当兵人的骄傲，也是渠县人顽强拼搏精神的缩影。我建议，多用篇幅宣传一些默默无闻、无私奉献的渠县老乡吧！人民群众是实现中国梦的中流砥柱，百万宕渠儿女是建设幸福渠县的真正英雄！”

他说话就像那巴河水一样清澈透明，但又是那样亲切、平静、谦虚、有力量。

王浩政虽然退休了，但，他心理年轻，乐观精神不减当年。我问他对家乡的建设有何建议时，他说：“我就用改编的一段歌词来表示自己的希望、来结束这次访谈吧。”

在家乡人的面前，他和着《在那桃花盛开的地方》曲子的旋律唱着经他改编的歌词——

在那黄花盛开的地方，我的心中永远不忘那美丽的渠江，江水悠悠日夜流淌，孕育着大地丰收的粮仓。啊！故乡，宕渠儿女欢聚一堂，祝福父老乡亲幸福安康，祝愿家乡就像那东升的太阳。

这正是：

王家男儿亦人雄，浩然意气贯苍穹。
政绩远闻报宕渠，好歌一曲晚霞红。

商检战线一面旗

——记达州市出入境检验检疫局原党组书记、局长王准

人物档案

王准，渠县静边镇（原花龙乡）人，1948年11月出生在一个教师家庭。1977年恢复高考后首届考入西南师范大学历史系学习，获学士学位。1982年2月大学毕业，被分配在原达县地区行署工作，历任秘书科科长、副秘书长。1991年8月调原达县商检局工作，任党组书记、局长。1991年11月任达州市出入境检验检疫局党组书记、局长。2001年调四川省商检局工作，任办公室主任，2008年退休。

一、风华正茂，为党的事业忘我工作

花龙乡位于渠县西北部，流江河东岸，距县城21公里。2004年，并入静边镇。这里山清水秀，风光如画。1948年11月，王准就出生在这里的一个教师家庭。

王准的童年和少年，与那个时代的同龄人一样，经历了无数的艰辛，务过农，当过民办教师。1977年恢复高考后，王准迎来了他人生的春天，考入西南师范大学历史系学习，获学士学位。1982年2月大学毕业，被分配在原达县地区行署工作。

王准同志在原达县地区行署工作期间，勤勤恳恳，任劳任怨。认真落实地

委、行署的中心工作，把本职工作搞得既扎扎实实又有声有色，为行署分忧不少。特别是在 1990 年 7 月 3 日襄渝铁路楼梨子园隧道发生的特大火灾事故中，眼看国家财产将遭到巨大损失，他以一个共产党员崇高的品质和强烈的责任感主动接受了地委、行署交给的他光荣而又艰巨的任务。在四川省政府的领导下，亲自组织指挥有二炮、13 集团军、预备役部队、两个铁路局、公安、武警、矿山救护队等 5000 多人参加的灭火大会战。连续 18 个日夜始终战斗在灭火最前线，会同有关部门，果断地做出了“堵洞、降氧、降温”决策，灭火抢险方案并组织实施，出色地完成了任务。使国家的损失降到了最低，充分展示了特有的组织指挥能力和顽强拼搏、吃苦耐劳的精神，表现出了一个宕渠儿女对党的无限忠诚。

1983 年随高洪恩书记深入四县对二轻、乡镇企业调研，写出“四县集体经济发展现状及前景”的调查报告，被省政府转发全省各市、地、州。

1989 年是原达县地区电力最为紧张的一年,给全区各行业的正常生产经营活动带来了诸多困难。为解燃眉之急，他主动放弃休息时间，冒着封山大雪前往万源协调电煤供应。通过他的深入调查和扎实细致的工作，终于使国家电厂 513 厂发电用煤及时得到了解决，避免了停火停电的损失。

二、与时俱进，开拓检验检疫新领域

王准于 1991 年由地区行署调达县商检局工作，工作性质、工作内容、工作对象都发生了很大的变化，这对任何人来说都是一个严峻的考验，王准坦然面对，并向领导表示:“这又是一个学习的好机会”。

达州出入境检验检疫局位于四川东部边陲，坐落在达州市凉水井街，辖区处在四川、重庆、陕西、湖北四省市结合部大巴山腹地。作为川东北涉外经济执法部门，达州商检局组建于 1991 年 8 月 1 日，1999 年机构改革“三检合一”为达州检验检疫局，隶属于四川检验检疫局。

初任局长，他就对自己约法三章，诚诚恳恳做人，踏踏实实干事，不搞特殊化。他是这样要求自己的，也是这样做的。任局长以来，修身养性，努力学习，深入钻研，总喜欢倾听职工们的意见，倾听服务对象的意见。他以坚强的党性原则和自身的人格力量赢得了全局干部职工和服务对象的敬佩。

面临一个刚刚成立的新单位，新环境，新挑战。王准知难而进，一切从头开始。工作中，他严格实行内部管理，狠抓职工思想、作风、业务三过硬建设，形成了“团结奋发、严谨求实、高效廉洁、公正准确”的十六字作风。

“建设人民质检，践行质检为民”，是质检系统的本质属性、质检工作的基本特征、质检干部职工的神圣使命。他把党基本路线教育实践的活动精神落实到质检系统，不断深化“人民质检、质检为民”的价值理念，在亲民、便民、惠民、安民上下工夫、做文章。

切实加强调查研究。顺应人民群众，迫切需要质检系统加强和改进调查研究的新诉求。他把调查研究作为密切联系群众的重要途径，深入基层开展“转变作风，转变职能，建设人民质检，完善中国特色质检工作体系”大调研，了解民情，研究市场，探索规律，不断改进工作方法和监管方式，用质检党员干部的“辛苦指数”换取人民群众的“满意指数”。

努力改进工作作风。作风问题关系质检事业发展，影响人民质检形象。他按照上级的部署和要求，广泛听取群众意见，认真查找质检系统的“突出问题”，着力解决“文山会海”“人情消费”“粗暴执法”“权钱交易”等重点问题，通过改进工作作风，树立可亲可信的人民质检形象。

面向群众，抓好民生质量。保障和改善民生，是人民质检的应尽职责，是质检为民的应有之义。他以质量考核为抓手，增强质量意识，调动广大企业抓质量的积极性，切实解决群众反映强烈的质量问题。跳出质检看质检、跳出质检谋大局，围绕“质量和效益”这个中心，加强战略研究，在服务发展中找准定位，在保障民生中明确方向，促进质检工作由注重微观产品质量向重视宏观经济质量转变，由被动应对放权向主动创新服务转变。

面向企业，做好帮扶指导。利用原产地优惠政策，加快形成出口竞争新优势。他善打“技术牌”，发挥质检的人才、设备、技术、标准等优势，建立和用好公共技术服务平台，促进产学研合作，为企业新产品、新技术研发提供科技支撑。

切实增强“办事依法、遇事找法、解决问题用法、化解矛盾靠法”的法治理念和法治思维，把对出口企业的执法监督窗口前移，把检验检疫的执法手段前移，确保了达州商检出口商品无一退货索赔发生。

提高效率，精准服务。达州局这支思想过硬、业务过硬、作风过硬的队伍，严格把关，热情服务，提高了办事效率，维护了国家利益和对外经济秩序，促进了地方经济的健康发展。为全局赢得了荣誉。他本人也赢得了上级领导的肯定和全局职工的信任。

在他任局长期间，达州出口企业由建局初的17家发展到70余家，出口额翻了三番。该局也被国家总局评为“全国执法先进单位”称号。多次被达州市党委、政府评为“先进单位”。他个人也多次评为“先进个人”“优秀共产党员”。他还是达州市第一届人民代表，第二届党代表。

三、廉洁从政，难忘故土一往情深

王准于2001年调四川检验检疫局工作。他一如既往地为党和人民工作，时刻以一个共产党员的高标准，严格要求自己，工作认真负责，多次被省局领导和同事称赞。2008年底光荣退休，现居成都。

对家乡渠县，王准无论是在行署、商检局、检验检疫局还是在成都工作，他对家乡的爱从未间断。他经常说：“我是渠县人，是渠江水哺育了我，是家乡人民给了我力量。”是渠县人就要爱自己的家乡。虽然亲戚朋友、弟兄姊妹众多，可他从不动用自己的职权和人脉给地方领导添麻烦。随时都关心着渠县的发展，总是牵挂着渠县这片故乡，总是为故乡的发展鼓与呼，爱乡之情溢于言表。

这正是：

不负王命播雅名，严以准律度平生。
凭栏好峰情怀畅，宕渠人家景祥兴。

铺架彩虹的人

——记四川永欣建筑劳务有限公司总经理宋伟贤

人物档案

宋伟贤，1954年10月12日生，渠县龙凤乡人。1965年在龙凤乡余乐村小学读书。1974年在龙凤乡中心校读初中，1976年清溪中学高中毕业。历任代课教师，村团支部书记。1995年5月至今，任四川永欣建筑劳务有限公司总经理。

2013年8月8日，阳光普照，晴空万里。在平昌县境内，一座投资两亿多元、长1122米的大桥正式通车了。在通车仪式上，乐鼓喧天，彩旗飘扬。只见一位瘦高个的穿着西装的人满脸喜悦，正在向领导和来宾致答谢词，他就是四川永欣建筑劳务有限公司总经理宋伟贤。

宋伟贤家住渠县龙凤乡踏水村。1976年高中毕业后，当了两年代课教师，后又任村团支部书记。他很小的时候父亲就去世了，家里较穷，家中生活的重担都落在宋伟贤的肩上，怎么办呢？与其在家里挨饿，还不如出去闯一闯，也许能一改家中的贫穷。1978年6月，宋伟贤在亲戚家借了100元钱，只身到新疆务工。

新疆地处祖国的西北边陲，属温带极端大陆性气候，冬季漫长严寒，夏季炎热干燥，春秋季短促而变化剧烈。其自然条件与家乡比，差了一大截。但宋伟贤不畏艰苦，始终没有放弃心中的梦想。

宋伟贤告诉我们，刚到新疆时，人生第一份职业就是当搬运工，白天扛东西，晚上还要出去拣煤炭卖，晚上 7 点多钟开始，一直到凌晨四五点钟才休息。最多也只能挣两三元钱，在新疆戈壁滩上，有时白天干活，晚上还要去帮别人守场子。有一晚吹大风，吹得双耳直痛，身上冷得打哆嗦，尽管艰苦，但他牢牢抱住一个信念，再苦再难再累，都要做一番成绩。当时，他打工的地方老板文化低，算不来账，请他记账。宋伟贤一边认真记好账目，一边当搬运工，一个月下来，也可挣一两百元钱。不久，宋伟贤开始搞土建工程，挖土石方，人员不够时，他还给家里发电报，组织本村六大队、五大队的四十位村民去新疆开挖土方。当年，这项工程赚了两三万元。心地善良的他见本村有两个大龄青年，因家中无钱修房没能结婚，又将这笔钱借给他们，回家新修了房屋，娶了媳妇。大家见此，都觉得宋伟贤这人很好，都愿意在他这里来干活。第二年，宋伟贤又组织了 120 多人，以 20 人为小组，继续开挖土石方。一次，为了一个煤矿，两公里的下水道工程，那个煤矿的领导要他与另一个老板同时干这活，先跟宋伟贤分了 500 米的土方，两家在工地上开展起了竞赛活动，比质量、比工人团结、比进度快慢。宋伟贤当即告诉员工，愿干天数的 3.5 元一天，愿干平均数的自选，完成任务的奖励一顿午饭，并专门安排两人搞后勤服务，这样干了 10 多天，宋伟贤包的这 500 米就干完了，那一方还没有结束。那位领导见宋伟贤他们干得好，质量高，进度快，又分了 500 米给宋伟贤。宋伟贤告诉我们，那些年就那样，不吃苦受累，是干不了事的。这一年，宋伟贤搞土石方就赚了 20 多万元。

那些年，万元户都很少，20 多万元简直就是天文数字，是非常不得了的一件事。“老宋发财了，有出息了”的消息传到了老家，家中母亲担心今后遭整，怕割资本主义尾巴，就叫他回老家。回到渠县后，一天，宋伟贤到渠县县城办事，见城里一单位招工，他便去应聘。1985 年 4 月，他被渠县一企业应聘为技术员，就这样一直干到 1992 年 6 月 30 日。

一次偶然的机会，宋伟贤开始步入了建桥的行列。俗话说：“宁修十条路，不架一座桥。”由此可以想象，在建筑工程领域，修桥的难度远远大于其他工程。宋伟贤是一条硬汉子，真应了那一句话：越是困难越向前。一股不服输的劲头，在他的血液里流淌。做任何事必须务实，一定要实在，特别是修桥修路，不是摆地摊，耍魔术，更要经得起历史的检验。1992 年的 10 月，宋伟贤承建了他人生中的第一座大桥——南充南新大桥。为了尽快掌握专业知识，在前进的路上不断超越自己，他专门拜师学艺，虚心向专家请教，如何看图纸，如何管控质量，如何施工等，

他还经常在工地上和工人一起干。宋伟贤讲道：那时设备落后，全靠人工干活，特别是在建这座桥的时候，打五个托盘，一个托盘就要花 16~17 个小时，没有起重设备，无搅拌设备，用人工拌和混凝土，有时手都烂了脱皮。说老实话，很累，要干成一件事，很不容易，需要付出很多艰辛的劳动。南新大桥修好后，宋伟贤一鼓作气又修了三座大桥，先后购置了架桥机，龙门吊，挖土机，焊机，吊车等机械设备。一路走来，收获颇丰，他告诉我们：“作为一个企业家，你要把职工装在心里，不能动不动就说粗话，谩骂职工，那样的话，谁还为你做事呢？”

宋伟贤告诉我们，作为一个企业家，穿山架桥，抓质量，保安全是最重要的。宋伟贤每接一个工程，一进场就确定“确保质量、安全生产、文明施工、环保节约、阳光实施”的总要求，针对每一个项目工程的特点，坚持高起点、高标准、严要求，采取一系列的管理措施。制定整个项目建设的总体思路和各项管理办法，并层层签订目标责任书，做到职责明确，责任到人，措施到位。按照“两严三讲四目的”具体要求，实行无缝隙管理理念，“两严”即严管理、严控制，“三讲”即讲信誉、讲环保、讲美观。将项目中的环保工作与质量、安全工作齐抓共管。在大桥建设中，严格按照项目要求，早安排、早部署、早开工，严格控制质量，不断促进工程进度。严格兑现合同承诺，认真规范料场管理，强化原材料试验检测，从源头上严把质量关；加大质量巡回检查力度，对存在质量隐患的，及时整改，跟踪督查抓落实。坚持检查考核，定期召开生产调度会，研究解决施工过程中出现的问题，严格奖惩制度。切实加强安全生产，注重文明施工。逐级建立安全生产责任制度，落实专职安全人员，加大安全投入，加强安全培训教育。公司制定和完善了《项目建设管理办法》《工程施工管理办法》《安全生产文明施工管理办法》《项目奖惩办法》《项目办工作人员及三大负责人考勤制度》《廉政建设管理办法》《项目办内部管理办法》等管理制度和办法。在实施过程中，项目办和监理部、经理部又不断修改完善，使项目管理更趋于规范化、合理化。为项目建设管理提供了制度保障，使整个项目的质量、安全、进度、环保、廉政建设在有效的监督、监控之中进行。

艰难困苦，玉汝于成。

平昌地处大巴山深处，与其美妙的名字太不相符了，地不平，且并不昌盛富裕。在这大山中架桥修路，的确要有相当的胆识和能力。到平昌采访宋伟贤，他正在建桥的工地上。他告诉我们，施工现场的地理条件太差了，很少有大块的平地可以使用。尽管困难重重，但他们依然一往无前。他说："工程越是艰险，就越要狠狠地抓住质量不放手，因为我们的工程要用上百年，为百年负责！为后代子孙负责！"

修桥的工人见到我们后，都争先恐后称赞宋伟贤，说他是一个优秀的企业家。在生活上十分关心他们，他们的子女升学，宋伟贤都会提供帮助。每年遇到节假日，还会发补助，买好吃的慰问大家。

在修桥建设过程中，宋伟贤遇到的困难超乎想象。面对困难，他毫不犹豫地选择了勇往直前，在一次又一次的挑战面前，顽强拼搏、无私奉献，用青春和汗水谱写了一曲曲战天斗地的华彩乐章！一座座桥梁，使千山万壑变成了坦途，一座座桥梁，被当地老百姓称为致富路和幸福桥。

功夫不负有心人，从 1992 年以来，宋伟贤先后在四川、青海、河南、山东、陕西、云南等省建大小桥 21 座。真是令人赞叹，在修桥领域，他取得了累累硕果，被人们称为"专家"。他的建桥业绩无不令人叹服。毫不夸张地说，宋伟贤在修桥方面取得的成绩，真可谓"宕渠第一人"。

宋伟贤这位家乡人民眼中的优秀儿子，和许多的企业家一样，不忘故土。十分热爱自己的家乡，先后捐款 30 多万元给村上修桥铺路。不仅如此，宋伟贤每年回老家过春节，都要给年老的老人送上几百元，嘘寒问暖，并经常询问家乡的情况，十分关心家乡的发展。采访时，他对家乡如何发展，怎样才能让人民群众过上幸福美满的生活，提出了许多好的建议。他还说道：我生在农村，是一个苦孩子出身，从我们这个年代走过来的人，非常不易。我小时候吃过麻角、糠巴巴、干苕叶、白泥巴（又名神仙泥），喝碗稀饭多是清澈见底，米粒不多，人们还笑称一碗稀饭两人抢着喝（水影子）。那时的渠县，虽被人们戏称为稀饭县，不得不承认，那也是对渠县人民生活的真实写照。正因为如此，我们在外边工作、做事都非常努力。以前我们在外边，人家只要问是渠县人，第一反应就是稀饭县的人，听起来我们自己都感觉不舒服。所以我们干任何事，愿吃苦，愿受累，一是想尽快摆脱贫困，二是做出成绩，为家乡人民争光。宋总呷了口茶，继续说道："我经常回渠县，现在的渠县发生了翻天覆地的变化，人民安居乐业，日子过得也非常幸福。我们渠县人有个特点，茶余饭后，或者在酒桌上，几杯酒下肚，喜欢谈论谈论渠县，说得最多的还是称赞渠县好。县委、县政府四大家领导紧密团结，一心一意谋划渠县的未来，把心思放在建设渠县上，现在把渠县建设得这么好，大家心里都乐开了花。”

他又说道，县委书记苟小莉同志，工作勤奋，勤政廉洁，讲党性，严要求，真情实意为民，踏踏实实做事。事事做榜样，起好了模范带头作用，真正做到了为官一任，造福一方。从内心讲，我们为渠县有这么好的领导而骄傲。同时，我也为自己是一个渠县人而感到幸福。前不久回到渠县，听说新一届县委、县政府要为渠县人民办 10 件大事，我听后很振奋，也很激动。我们非常期待，我们渠县人更有盼头了。最后，祈盼家乡的明天更加繁荣昌盛，更加幸福美好。

这正是：

宋氏儿郎更传神，伟德雅才大义人。

贤业架桥通南北，好评如珠赛金银。

睿智的思想者

——记四川省省直工委原常务副书记贾松青

人物档案

贾松青，1955年冬生，渠县涌兴镇涌南村人。1976年2月至1978年7月，在四川省渠县涌兴小学任教；1978年7月至1982年7月，在四川师范大学中文系学习；1982年7月至1989年7月，在达县地区劳动人事局工作；1989年7月至1991年8月，在四川省人事厅工作；1991年8月至1996年10月，任四川省邻水县委副书记、县长、县委书记；1996年10月至1999年3月，任四川省人事厅专家管理处处长（其间1996年9月至1998年5月在中国社会科学院研究生课程班学习）；1999年3月至2002年4月，任四川省广元市政府副市长；2002年4月至2004年1月，任中共广元市委常委、组织部部长；2004年1月至2005年3月，任中共广元市委副书记；2005年3月，任四川省社会科学院党委书记;2011年9月27日，始任四川省直机关工委委员、常务副书记、省委省直机关党校校长(兼)；四川省第十次党代会代表。

认识贾松青，是在2001年7月的一天，笔者到广元采访，联系贾松青。当时，贾松青正在基层粮站调研，晚上10点后才回到市上。有道是老乡见老乡，格外亲切，到宾馆后，我们无话不谈，谈工作，谈人生，谈我们的家乡。不知不觉间已是凌晨1点多了，秘书提醒他明天还要到基层，我们才分手道别。后来，我到全国各地采访，本想最后再找他摆一摆，但经打听他已调离广元市到省社科院任党委书记去了。后我忙着出版《宕渠儿女》（第一辑）有关事宜，再次采访他就一直拖到2016年，彼时他已转任四川省省直机关工委任常务副书记兼任省直工委党校校长。老朋友了，在他办公室相见，他非常热情，经过两次采访，印象最深刻的还是他是一个很有思想的人。

一、一个点子救活一个厂

贾松青是一个非常有见地、有思想、有头脑的人。他到邻水任县长时，一个“点子”救活了一个企业。

1993 年 8 月 7 日上午,停产 4 个多月的邻水县石永酒厂又传出了《红高粱》的插曲。时任县长的贾松青格外高兴，他在热烈的掌声和鞭炮声中为新成立的中兴酒业有限公司剪彩。其他领导也给县长敬上一杯高粱白酒，感谢他出了个好点子，救活了石永酒厂。

石永酒厂是邻水县的骨干乡镇企业之一，建厂 10 多年来，一直是当地的纳税大户。由于经营和管理不善，累计欠下债务 30 多万元。1993 年 4 月终因资不抵债，被迫停产。县长贾松青在下乡调研了解到此情况后，及时赶到厂里实地调查，经过一番了解，他认为石永酒厂处于困境但并非绝境，希望与困难并存。如果让石永酒厂就此垮掉，县里不仅少了一个纳税大户，而且债权单位的 30 多万元债务就此泡汤。怎样救活这个年创利税 10 多万元的酒厂呢?

贾松青再三思索，想出了一个好点子，那就是把债务转为股份，搞股份合作制企业。这样既能救活酒厂，又能收回债务。于是，几个债权单位的负责人经过商议很快组建了董事会，并聘请了县计委干部出任新建中兴酒业有限公司经理。8 月 24 日，石永酒厂恢复生产，由债务转股份在邻水变为现实，救活了已倒闭的石永酒厂，开了当地企业转换经营机制的先例。

二、廉政三章赢得民心

贾松青到邻水县担任县委副书记一年半后，在邻水县第十三届人代会第一次会议上当选为邻水县人民政府县长。邻水人民的热情与信任将这个挂职锻炼干部继续留在了邻水。他默默起誓，一定不辜负 85 万人民的重托。

“为政之要，廉洁为先。”新一届政府 6 位正副县长，有 4 位是新当选的。就职之初，他针对邻水的热点问题，与 5 位副县长共同约法三章以自律：不准插手基建工程，不准调动亲属工作，不准收受红包。在人代会上，贾县长的讲话赢得了全场的掌声。他的这“三不准”纪律，被人大代表称为“廉政三章”。当时，有人说不过是“新官上任三把火”，或许是走走形式吧！可是，贾松青和他的班子始终不渝地奉行这条纪律，在全县人民面前，表现出了新一届政府的廉政形象。为了规范全县建筑市场。县政府组织有关部门研究制定了一整套工程承包管理办法，对全县工程建设实行公开招标，公平竞争，杜绝不正之风。县政府领导无一人插手基建，连县政府要修建一个车库，也是带头执行规定，公开招聘建筑队。同时，县政府6位领导的家属，有的工作不理想，但没有一人调换岗位。

作为县长，贾松青带头廉洁自律。他经常深入区乡或企业调查研究工作，坚决抵制“上面来人一包好烟一顿饭”的不良风气。他每走一处，一律拒收香烟。吃饭也是工作餐，并且自己交钱。有一次，一位大学同学办事路过邻水，知道同学在这里当县长，想见识这位85万人民的“父母官”有多体面，但没想到的是，二人在县政府招待所吃了顿晚餐，两菜一汤，仅10元钱，贾县长当场交钱后才离开，这令同学既惊讶又钦佩。

还是在当县委副书记时，贾松青为一单位跑项目，争取资金，单位为感谢他，给他送烟酒，甚至送“信封”，他统统交给了县委办公室。春节回乡探亲时，没带一包烟一瓶酒。当县长后，有人千方百计打听他成都家的地址。趁他不在成都，悄悄送去名烟名酒和几百元钱，贾县长知道后，原封不动地把酒和钱带回交给了政府办公室，并对家属说：“凡是来送礼的，一律拒之门外。”此后，再无人敢去送礼了。

“吏不畏吾严而畏吾廉，民不服能，而服吾公。”贾松青信奉这句名言，就是凭着这种廉洁奉公、开拓进取的精神，营造了邻水的廉政环境。树立了政府的廉洁形象。

三、集中精力做好三件事

贾松青担任省直机关工委常务副书记、省直机关党校校长时，依然像在基层那样，脚踏实地，真抓实干。他认识到，机关“庸懒散浮拖”问题是危害事业、阻碍发展的顽症，非抓不可，还要常抓不懈。因此，面对“不作为、慢作为、无作为”“不在状态、不敢担当”“耍滑头、办事踢皮球”的乱象，贾松青要求，进一步把从严治党、从严治吏的抽象论述转化为实际行动。克服和纠正“与己无关论、盲目自满论、法不责众论、整治一阵风论”的倾向，真正把注意力集中到“治庸提能、治懒正气、治散聚力、治浮定神、治拖增效”上来。贾松青公开发文要求本单位干部职工，做好找准症状、对症下药、药到病除不反弹三件事。一是分析好，要全面深入查找问题。专项整治的第一个阶段就是查摆问题，只有把问题找准找具体，整治工作的基础才牢、抓手才实。这里的“参照系”，就是中央巡视组的反馈意见，以及群众路线教育实践活动查摆出来的问题。在梳理“庸懒散浮拖”在班子运行、组织纪律、机关效能、日常行为等方面的具体表现时，必须克服就事论事、浮于表面的思维，真正从思想认识、精神状态、工作作风等方面深挖根源，并为问题列出清单，写好时间表、任务书。二是纠处好，要猛药去疴解决问题。畏缩的情绪不能有，护短的想法不能有，对“庸懒散浮拖”的顽症重症、典型问题，要用“猛药”、出“重拳”，予以坚决有力地整治。这一点，党员干部在认识上必须“从一而终”。要对照整改清单，拿出具体有效的措施，该纠正的纠正，该禁止的禁止，逐条逐项整治解决到位。要高压正风，集中力量攻坚突破，配套开展包括领导干部收受红包礼金问题在内的“五项专项整治”，以零容忍的态度向“四风”和“庸懒散浮拖”问题亮剑。三是巩固好，要举一反三防范问题。解决“庸懒散浮拖”问题，不可能毕其功于一役。

通过教育实践活动，干部作风转变收到了较好成效。

四、研究国学思考未来

贾松青从基层一步步走到厅级岗位，无论是当办事员、县长、县委书记，还是在省市任职，都善动脑、勤动手。一双脚走基层，每一步都以党员领导干部的标准要求自己，从不公权私用，从不贪赃枉法，多次被上级部门评为先进个人、优秀共产党员。他的先进事迹先后多次在《达州日报》《四川日报》《四川党的建设》等省市报刊台刊播。他在基层工作受到大家好评，在县上工作，被干部职工称为好县长、好书记。一路走来，好评如潮，堪称宕渠儿女的楷模。

此外，贾松青对国学还颇有研究。翻开由中共中央党校主办的 1733 期旬刊第 22 页，由贾松青撰写的《国学与当代中国文化建设》一文，看后不由肃然起敬，他对国学研究之深，剖析之透，令笔者赞叹。

贾松青认为，积极健康地开展国学研究，推进国学现代化，对于承续中国文化命脉，弘扬民族优秀文化传统，构建和谐社会，加快中国发展，具有重要意义。而科学全面地评估国学的价值，是国学研究的重要内容，也是推进国学现代化，合理充分地开发利用国学资源的基本前提。

贾松青站在 21 世纪的时代高度，以历史与现实、当今与未来、中国与世界的视野来审视和评估“国学的四重价值”。他认为，国学具有普世价值、历史价值、现代价值、后现代价值。并分析指出，儒学应该现代化，整个国学都应该现代化。而现代化的国学则构成当代中国文化建设的深厚基础。

贾松青精辟地论述了当代中国文化建设的三维格局与发展趋向。他认为，重建文化，再造国魂，是近百年中国的光荣梦想和一大主题。“五四”及其以后，马克思主义在中国的传播和发展，现代新儒家对民族传统文化的“返本开新”，自由主义的输入和流行，都各自以不同分量，从不同层面和不同途径，对中国新文化建设贡献了重要的思想资源，此正所谓“天下一致而百虑，同归而殊途”。迄今为止，马克思主义、现代新儒家、自由主义仍然是中国具有重要影响力的三大文化思潮，这也是有其历史必然性和合理性的。立足于此，坚持三大文化思潮的圆融会通、良性互动，进行科学的整合创新，应是当代中国先进文化建设的正确方向。应以马克思主义为主导，以民族传统文化（亦即以儒学为主干的国学）为根基，以西方文化为补充；同时推进马克思主义的当代化，民族传统文化的现代化，西方文化的本土化。民族传统文化是当代中国先进文化建设之根基。面向现代化，中国先进文化需要民族传统文化，民族传统文化同样需要现代化。文化不是一潭静止不动的死水，而是一条日夜奔腾生生不息的河流，它永远向着未来开放。民族传统文化应跟随时代的步伐不断进行自我扬弃和自我更新，与现代生活契合，与现代精神接轨，与现代文明交融，实现自身的现代化。

贾松青认为，西方文化是当代中国先进文化之补充。相对中国传统文化，西方文化是一种异质文化，它在思维方式、人文旨趣、治国方略等诸多方面与中国传统文化恰成鲜明对照，因而二者具有很强的互补性。对西方文化实行“拿来主义”，不是照抄照搬，更不是全盘西化，而是要辩证取舍，择善而从为我所用，使之适合中国国情，适合中国现代化需要，即使之本土化。本土化是吸收和借鉴西方文化“现代性”的前提和基础，西方文化“现代性”的基因只有深深融入中华文化的血液之中，深深扎根在中国的地上，才能枝繁叶茂，开花结果。

贾松青认为，马克思主义是当代中国先进文化之主导。当代化是马克思主义在今天仍然具有强大生命力之本源。什么是马克思主义的当代化？简言之，就是赋予马克思主义以当代内涵和当代特征，就是复归并发展马克思主义体系中能解决当代人类困境，照亮人类生活前程的思想精髓。以马克思、恩格斯关于人的全面而自由发展的思想为内核，辩证综合民族传统文化和西方文化，就能构建出一种熔传统与现代于一炉、集中西文化之长于一身、连现实与未来于一体的新的先进文化。这种新的先进文化，代表着人类文化发展的最高形态，是人类文明史上最辉煌的成果，它在给中国带来光明和希望的同时，也给世界带来光明和希望。

这正是：

贾氏男儿志不凡，松心竹节故凛然。
青春勃发生浩气，好挥鸿笔书奇篇。

忠孝双全

——记中国化工集团装备总公司总经济师张康全

人物档案

张康全，男，1957年5月生，渠县望溪乡人。本科学历，1976年2月参军，任47集团军高炮团司令部警卫排战士。1977年6月加入中国共产党，1978年8月任47集团军高炮团（后改旅）司令部排长，1981年10月任该团后勤处副连职助理，1984年9月任47集团军后勤部正连职助理，1985年10月随部队开赴云南前线接替友军对越实施自卫轮战打击，1986年5月任原兰州军区后勤部工厂管理局营职助理，1990年5月任原兰州军区后勤部工厂管理局经济师，1993年5月任原兰州军区工厂管理局计划处副处长，1996年6月任原兰州军区工厂管理局计划处处长，1999年隶属原兰州军区装备部管理。2002年转业到中国化工集团公司工作至今，现任中国化工集团装备总公司总经济师。在部队工作26年间，因各方面工作完成出色，先后4次荣立三等功，并受到总后勤部、原兰州军区和集团军多次通令表彰奖励。

常言道，自古忠孝难两全。写下这个标题，也许有的人会在心中打一个问号。是的，这只是人们的一种惯性思维罢了。本文的主人公一身英气，忠孝两全，颠覆了世俗的偏见。他就是中国化工集团装备总公司总经济师张康全。笔者在北京采访、在渠县望溪乡包山村座谈时，只要一提起此人，大家都会不约而同地称赞他是一位忠孝两全的汉子。忠，说他为了党和人民的事业，兢兢业业，一丝不苟。孝，说他孝敬父母，情满家乡，将自己养老的50万元钱捐给村上修路，使家乡人民摆脱了贫穷落后的面貌。

一、大忠于国，好男儿志在伟业

2001 年 9 月，中国化工集团公司按照党中央、国务院的要求接收了军队 35 家保障性企业的资产、人员及管理，集团公司考虑到管理军队企业缺乏经验，经集团公司商请、兰州军区同意，在部队工作了 20 多年，管理军队企业多年,有着丰富经验的、多次立功受奖的张康全受命担此重任。张康全于 2002 年 1 月转业到北京集团总部工作，主管中国化工装备总公司经济运行、安全生产、改革改制、资产管理、大宗物资战略采购等工作。面对新的战斗岗位，张康全积极转换角色，大胆开展工作，很快适应了由军队到地方工作的环境。他为人正直，勤奋敬业，尊重领导，团结同志，做事认真，敢于负责，勇于担当，遵循先做人、后做事的原则，要求别人做的事自己首先做到，有较强的奉献精神，雷厉风行的工作作风，追求一流的工作态度，始终以饱满的工作热情投入到工作之中。

斗转星移，春华秋实，张康全从军队转业到中国化工工作 11 年来，努力学习，积极工作，克服困难，转变观念，主动将自己融入到中国化工文化中，使自己尽快成为化工集团的合格管理者。在工作上注重团结团队，勇于拼搏、不断创新、大胆改革、敢于担责，各项工作均取得了较好业绩，曾获得集团“五一”劳动奖彰、3 次特别嘉奖令、总公司优秀共产党员和多次嘉奖。

二、完善机制，他下活一盘棋

作为曾经的军人，血液里始终流淌着认真负责的激情和永不服输的斗志。面对新的困难，张康全迎难而上，冲锋在前。在其有效的经营思路及指导方针的引领下，集团实现了生产经营持续稳定增长。

在他主管中国化工装备总公司经济运行期间，始终把完成经营任务作为第一要务来对待和落实，在思想上高度重视，行动上雷厉风行，执行力上必须坚决、果断、到位。面对当初原军队企业多数是一无产品、二无技术、三无人才、包袱沉重等困难重重的局面，一是带领工作团队对这些企业现状进行摸底，认真分析，深入研究，分门别类实施指导与管理，有效地推进了企业生产经营工作的开展；二是加强管理，向管理要效益。企业间虽然业务不同，工艺流程不同，但管理上是相通的。张康全提出了成本管理倒推法，从细节入手，量化企业各个生产工序、要素、环节的成本指标，严格考核，收到了较好效果；三是实施目标管理、过程控制的考核办法。年初他根据各企业生产经营情况，提出当年生产经营各项考核指标建议值，充分与各企业主要领导深入沟通交流、商议求同，达成一致意见后，确定科学的经营计划指标，下达给企业执行。不同时期提出不同的完成指标要求，针对企业完成进度提出不同的进展要求，本着以激励为主、处罚为辅的经营思路，采取灵活的经营机制，按照考核办法及时进行奖惩兑现，有效地调动了企业领导班子的积极性和员工的创造性，装备总公司的效益实现了持续稳定健康发展，连续多年无亏损企业。中国化工集团公司按照国务院国资委的考核方法对装备总公司实施考核，经营业绩一年比一年好，年年步入新台阶，其中 2006 年为 D 级，2007 年为 C 级，2008 至 2009 两年均为 B 级，2010 至 2011 年连续两年为 A 级，并名列集团公司中各专业公司前茅。2012 年在国内外大的经济环境低迷、特别是化工企业产能过剩、效益出现严重下滑的情况下，装备总公司的经营业绩仍保持了 B 级较好水平。

三、大力改革，他撑起一片天

张康全知道，要使企业焕发新机，必须大胆改革，只有改革，才有出路，只有改革，才会有更加灿烂的明天。于是，他大力实施企业改革改制，成效显著。

中车集团是接收原军队 35 家保障性企业，并在 2005 年与中国化工装备总公司重组形成的。面对多数企业无产品、无技术，且规模小、又分散、冗员多等现状，张康全作为主管总公司改革工作的组织者，他针对企业实际，结合集团公司发展主业的战略要求，加上国家推行主辅分离辅业改制的政策，对所属企业进行了认真分析、梳理，采取了“一厂一策”的办法，实施积极的改革改制和结构调整思路，制定了改制方案，提出了七种具体操作细则。即：一是对部分企业实施产权转让，整体退出国有经济，对职工实施经济补偿；二是盘活部分企业存量资产，获取资金，对职工进行补偿安置；三是对部分企业以净资产量化职工国有身份，职工持股、国有参股，形成股权多元化；四是对有发展潜力的企业引进战略投资者，增资扩股经营，形成多元化的股权结构；五是对资不抵债，停产多年的企业实施政策性破产，在国家政策允许的情况下，积极稳妥地安置好职工；六是采取实际措施控制企业承接资产、负债，对企业实施工商注销；七是采取吸收合并再注销方式，彻底解决问题。在张康全的组织下，他和他的团队按照上述工作思路，用了6~7年时间，完成企业整体改制、破产等近20家，组织完成了64家企业的清理注销，累计减少1万余人。

上述措施，不仅大大地优化了中国化工装备总公司企业结构、资产结构和人员结构，而且亏损企业由当初十余家变成了无亏损企业，将集团最困难的专业公司改造成了最好的公司，经济效益增长了近4倍，同时还为集团获得数十亿元的收益，成效十分显著。据了解，凡改制出去的企业，由于改变了体制，转变了经营机制，企业均得到了较好的发展，效益得以提高，员工收入得到大幅提升。

四、确保稳定，他奉献一腔情

稳定是发展的基石，只有稳定，才能更好更快的发展。

张康全深深明白这个道理。为此，他加大力度推进企业破产工作，认真组织，做好破产工作中的各个环节，确保职工安置稳定，推动了企业的健康发展。

在中国化工装备总公司企业中，有两家资不抵债、停产多年的企业，经报请国家批准实施政策性破产。由于这两家企业均属原军队企业，历史悠久、情况复杂，加之政策性破产政策性很强，对其实施破产涉及2000多名职工的利益及安置问题。对此，总公司高度重视，组成了一个强有力的团队，总公司主要领导亲自挂帅，具体由张康全担任清算组常务副组长，在现场牵头组织实施。他组织工作团队一是学习国家及地方政府有关政策性破产文件，吃透文件精神，把握好政策水平，为正式实施破产打下基础。二是摸清企业员工情况，做好深入细致的思想政治工作，让职工理解、支持破产工作。三是制定了切合企业实际的政策性破产方案，对职工的一些诉求和想法，在不违背政策原则情况下尽可能纳入方案之中，为职代会讨论通过安置方案和顺利实施打下了坚实基础。四是按照国家批准的实施方案不折不扣地组织实施，集中精力、人力、财力，在做好各方面充分准备的基础上，用了2~3天时间终止了大多数职工的劳动关系，实施了经济补偿，办理了相关手续，顺利地完成了近千名在册职工的安置。五是积极与当地政府联系，组织办理两厂职工社保、医保的转移和接续。同时积极与当地政府协商，将千余名离、退休职工进行妥善安置，移交当地政府管理。六是组织召开好债权人大会，重点做好债权人工作，特别是对个别年龄较大的债权人采取个别紧盯，配备医务人员护理，防止突发情况发生。同时做好当地政府及法院协调沟通工作，维护好会场秩序，确保债权人会议顺利召开，确保债权人同意零清偿方案。七是组织对破产资产的不动产进行评估、确认，移交当地政府收储，办理移交手续。同时组织产权交易所对破产设备和材料实施公开拍卖，将处置资产统一入账。八是组织中介机构对职工的历史拖欠集资款、工资及生活费等进行集中清理兑现，稳定了职工队伍。九是做好财政部工作，及时汇报和沟通，争取中央财政支持，共争取到职工安置资金和离退休人员医保补助 3333 万元。十是加大工作力度，集中时间，集中优势兵力将破产企业的工商登记、税务登记、银行账户实施了注销。

两家企业的注销标志着两厂政策性破产工作全面彻底的完成。张康全为集团公司消灭了两家长期亏损企业，职工也得到妥善的安置，2 个多亿债务得到零清偿，同时还为集团公司实现了数亿元的收益。

五、大孝于家，真汉子情满宕渠

浓浓乡情感天动地。

采访时，张康全说道："我非常热爱家乡，热爱渠江水，热爱渠县秀美山川，我对家乡的一草一木是那么的熟悉，她们是那么可亲、那么可爱。我坚持每年都回家乡看一看，抓住机会就支持家乡的发展。我非常赞赏县委县政府提出'建设好渠县的宏伟蓝图，为家乡人民办 10 件大事'，期盼早日实现这一奋斗目标，让家乡人民真正幸福。"

笔者北京采访结束回到渠县后，约见了张康全老家包山村党支部书记欧平全。他一见我就说："张康全非常有孝心，他每年必回家几次，对 80 多岁的老母亲十分孝敬，为老人搓背，洗脚，端洗脸水等。"欧平全说，张康全每次从北京回来，还要带着老母亲在渠城住两天，带母亲看看病，看看城市的发展变化，了解更多的外面的世界。每当张康全搀扶着母亲行走在渠县县城的大街上时，都会引来无数赞许的眼光。人们被这浓浓的孝心所打动，无不赞叹道，有这样有孝心的儿子，真是老人家的福气呀。

张康全不仅在孝敬老人方面为当地老百姓做了榜样，而且还十分热爱家乡，为家乡的发展出钱出力，受到家乡人民的交口称赞。

欧平全向我们讲道：包山村是望溪乡最偏远的一个村，村里有3公里机耕道，由于以前无钱维修，实际上就是一条泥巴路，非常烂。一到下雨天，车辆（包括摩托车）都进不去，到乡政府赶集要走2~3个小时，本村和堰湾村的群众到广安的肖溪、恒升、白市等地买卖东西都要走这条路。欧平全讲，记得2010年他刚去该村参加选举时，先是坐了一段路的车，然后走了两个多小时的路才到该村。天晴时，这条路也只能坐摩托，没有固定的客船，只能坐打鱼船赶集，很不安全。遇到涨大水，群众一个多月也赶不了集，山货、经济作物运不出去。

这件事张康全看在眼里，急在心里。2011年4月20日，张康全回家后，当即表态，将自己平时省吃俭用的50万元钱，捐给村上修路。他说到做到。他回北京后，5月16日就将前期资金30万元打到村里的账上。村里5月20日破土动工，6月20日开始硬化，7月20日完工。张康全又将20万元一分不少的寄了回来，并一再叮嘱村上领导，绝不让群众出一分钱。

这段路修好了，包山村人民实现了百年梦想。

包山村村道公路竣工的时候，全村鼓乐喧天，人声鼎沸，四处洋溢着热闹的气氛。走在硬化的村道公路上，洁白的公路就像玉带铺在翡翠般的田野上，每一个村民的嘴角眉梢都挂满了笑意。

欧书记讲："张总捐款50万元修的这条路，不仅是一条便民路，更是一条致富路。"修路前，包山村的胭脂萝卜只能到广安的肖溪镇卖，还要过河，现在就不一样，还可到琅琊、望溪、前锋等地销售，以前6~7角一斤，现在翻了几番，可卖到2~3元一斤。群众收入提高了，他们得到了实惠，十分感动，自愿将这条路命名为"康全致富路"。

提起张康全捐资修路的事，渠县望溪乡乡长杨正文赞不绝口。他说道："像张康全这种省吃俭用，把养老的钱捐助家乡修路的优秀事迹感动的不是一代人，而是几代人。更可喜的是圆了家乡群众的百年梦想。他的这种义举，不仅仅是修一条路，而是心中装满了浓浓的乡情。他的这种精神，更值得我们学习，我们望溪人将永远感激他。"

到包山村采访，这里的群众委托我们向张总说声谢谢！

50万元，对于一些企业家来说也许是小菜一盘。但张康全这位从渠江河畔走出去的宕渠人，时刻不忘家乡，自己平时节俭，香烟都舍不得买一包抽，到市场买菜还反复讨价还价。如此节约的人，为了家乡，为了当地的老百姓，却将自己养老的钱慷慨捐给村上修路。这事迹实在让人感动，真是难得。他的义举感天动地，家乡人民将永远记住他，永远向他学习。欧支书最后让我们转告张康全，请他常回家看看。

那段蕴藏着无限深情的路，那段通往外面世界的路，那段平坦阳光的路，一端连接着家乡父老，一端连接着远方游子。

是啊！愿所有的宕渠儿女，愿天下所有的人，沿着从家门出发远行的那条路，在路的那一端，再回转身来，常回家看看。

这正是：

张郎忠孝感天地，康庄阔步树佳绩。
全德千载留史册，好教后生学先师。

好医生蒲康宁

——记渠县康宁医院院长蒲康宁的事迹

人物档案

蒲康宁，男，汉族，1957年9月生，渠县岩峰人。中共党员，成都中医大学毕业。曾任中国科联研究员、四川省东方文化科技研究院研究员、副主任中医师。先后在《中医杂志》《中华医药杂志》《四川中医》《浙江中医》等国家级、省级医学刊物上发表了医改、医学论文多篇。且多项论文获国家实用技术推广项目，有些被《人民日报》等多家刊物转载及收录。

他，出身于中医世家，自小酷爱医学。他，上初中时就能把脉开方。他，曾经创造了一个又一个医学奇迹，只为心中的梦想。他，就是被人们誉为好医生的渠县康宁医院院长蒲康宁。

蒲康宁从医35年。他认真总结出了一套切实可行的适用于临床的理、法、方、药，特别是对甲、乙型肝炎，肝硬化腹水，重症肝炎，亚急性肝坏死，胃病综合症，胃炎，中风，肝胆结石和肾病系列疾病，在诊断和治疗上有着独到的见解。

作为一名医生，他数十年如一日，心系患者，“急病人之所急，想病人之所想”，把无限的激情倾注在医学事业中。凡熟悉蒲康宁的人都知道，他有两大爱好：看病不乏，钻研医学书籍不倦。

“火车跑得快，全靠车头带。”2001年，蒲康宁担任康宁医院院长之初，就把“靠党性严于律己、用人格影响他人、凭作风带好队伍”作为立身做人的原则，建起了一支理论功底深、政治品质高、业务能力强、群众基础好的专业技术人才队伍。同时，组织全院医疗骨干逢集深入村镇下乡义诊宣传，足迹遍布全县各个地方。在他的带领下，医院各项工作迅速步入了发展快车道。截至目前，医院接诊达40 000人次，住院病人13 500床次，开展各类手术450例。

思路决定出路。在医院生存与发展的各个阶段，蒲康宁总是善于把医学创新摆在首位。在医院管理中，他坚持以人为本，提出科技兴院、文明办院、制度建院、诚信立院的建院宗旨，使医院逐步迈入了科学化、规范化、制度化的发展轨道。目前，医院内科系列对肝炎、肝硬化、早期肝癌、胃炎、胃下垂、食道癌、直肠癌、胆结石、肾病、肾病综合症、伤寒、瘟疫病等用中医中药治疗，具有独特的治疗效果。

2002年3月，渠县鲜渡镇发生地方瘟疫性疾病，每天150多人发高烧，持续了三个多月，一时引起了人们的恐慌。在众多患者到多家医院治疗无果的情况下，蒲康宁献方当地，通过两个多月的治疗，上千人得到了医治。2003年“非典”时期，蒲康宁潜研献方国家卫生部，得到卫生部及中医药管理局来信致谢！经国家卫生部中医药管理局组织专家研究后，被收入非典数据库。特别是2008年，他撰写的中医治疗乙肝“三部曲”经组织专家研究用于临床后，效果很好，获得了江泽民主席题词的“华佗杯”金奖。蒲康宁的义举得到了省、市、县政府部门的高度赞扬。同时，患有乙肝、肝硬化腹水、重症肝炎、亚急性肝坏死、肾病综合症的患者，凡是通过他的治疗，绝大多数都得到痊愈。在渠县康宁医院采访时，有庆一患者在2楼15床治病，蒲院长告诉我们，那位患者刚从外地一医院转回，刚到医院时，无尿排解，经诊断为重症肝炎，亚急性肝坏死，肝性肾病。通过老蒲半个月的精心治疗，已脱离危险。

近年来，蒲康宁结合临床经验，在工作之余，还积极撰写中医论文。据了解，他所写的论文先后有多篇在中央，省、市级刊物发表，特别是《浅谈自拟胆康宁汤的临床效果》《中医益气行水解毒治疗急性肾功能衰竭》等论文被评为中华医学优秀学术论文。他的论文有多篇还被《中国当代名医名药大典》《中国跨世纪名专科名医大典》收录，可谓是成绩显著。

面对累累硕果，他淡然处之。面对美好未来，特别是谈到渠县近年的发展变化时，他道出了心声。

蒲康宁说："就拿我们卫生战线来说，全县的卫生环境与过去相比，可以说是有了翻天覆地的变化，从过去一个脏乱差的城市变成一个干净整洁的城市，我们全县人民没有哪个不真心赞叹。有很多的病员和亲朋好友在我们这里看病，都说渠县的变化太大了，太快了，太好了。我记得今年春节的时候，我有个外地朋友来看我，他到渠县广场就迷路了，不知道怎么走，跟我打电话说，'老同学你在哪里？'我说，'我在医院里'，他说，'我现在迷路了没有办法'。再就新型农村合作医疗来说，我们比邻近的县都办得好，报账比例比他们都高，而且直接搞的直通车，在哪个医院看病就在哪个医院报账。特别是现在我们的卫生城市，我在渠县工作了20多年没有见过现在这样干净、这样整洁的。走在街上，到处都很干净，说心里话，心情都舒畅一些。据我不完全统计，从最近几年看，传染病明显减少了，咳嗽、喘气、肠炎痢疾明显减少了，为什么呢？这跟地方环境卫生有关。卫生好了，传染病就少了。还有就是新一届县委、县政府要为我们渠县人民办10件大事，如果办成了，那我们渠县变化就更大了。"

这正是：

蒲龙艾虎尚风俗，康济医治有妙方。
宁岁悬壶除顽疾，好日盛世享繁昌。

“大孝”司令

——记甘肃省嘉峪关军分区原司令员何良平

人物档案

何良平，1959年4月生，渠县安北乡平桥村人。研究生学历，中共党员。1978年12月应征入伍，在甘肃省军区边防某部服役。1980年元月加入中国共产党。1981年9月在西安陆军学院学习。1982年6月提干。历任战士、班长、文书、司务长、指导员、参谋、科长、副处长、处长。2005年3月至2013年3月，任甘肃省临夏军分区、金昌军分区参谋长和省军区后勤部副部长。2013年4月至2016年9月，任甘肃省嘉峪关军分区司令员，中共嘉峪关市委常委、大校军衔。先后荣立两次三等功，多次被评为“优秀共产党员”和荣获“全军优秀廉政领导干部”等荣誉。

一、从小立志从戎

1959年4月，何良平出生于渠县安北乡平桥村。

安北乡位于渠县北部，距县城36.5公里。在清朝时期，这里曾出了一位守台名将王万邦。王万邦从小熟读兵书，苦练武艺，乾隆四十八年（1783）中武举，道光元年（1821）以参将衔调漳化协镇，守护台湾。

何良平在小的时候就无数次听大人们谈起守台名将王万邦。从少年起，何良平就将长大从戎、报效祖国的理想种子埋在心中。

何良平虽然家住农村，但学习十分刻苦。从小学到高中毕业，学习成绩十分优异，一直任班长。中学时期担任校团委副书记。高中毕业那年，就考上了代课教师，但他在启蒙教育曾孟碧老师的教育引导和帮助支持下，1978年12

月报名参军。

二、事业尽忠尽职

他说："那时我是一个农村娃娃，没有坐过汽车，没有去过渠县城，更谈不上乘火车了。"到部队后，任边防某部战士。采访时，何良平讲："人的一生，无论是做人、做事都必须认真做到对党的忠诚矢志不移，对党的事业尽忠尽职，严谨细致。对人真诚，那样，大家才会喜欢你，才会和你交朋友。"

1990年腊月30的那天，部队任命何良平为边防某连指导员，大家都劝他春节过后去报到，可他接到命令后，当天就去连队了。这个连是该部的后进连队，他上任后，以身作则，严格要求，狠抓连队的全面建设，思想政治工作。一是高度重视官兵的学习教育，制定了一系列规章。二是高度重视军事行政工作，抓边防执勤，晚上亲自带队巡逻，然后发送信号，回营进行检查。哨位管理过去松散，执勤不规范。通过整顿，面貌迅速改变。有一件事更是对大家震动很大。何司令说，1990年亚运会，由于前沿哨所不能收看开幕式，他集合部队，说明情况，让前沿战士回营房收看，他说道："愿意和我一起到哨所的请报名"，他挑选了几名党员骨干到前沿观察哨把一线的士兵换下来，这件事，对大家触动很大。三是高度重视连队文体活动。亲自带领战士在戈壁滩上建起了篮球、排球、羽毛球和足球场各一个，把连队的文化生活搞得有声有色。在他和连队党支部一班人的带领下，这个边防连队后进变先进，各项工作走在前头，受到了上级两级军区的表彰，荣获"全国民族团结进步先进集体"。

何良平是一个言行一致的人。所以，无论是在省军区军分区机关，还是在边防部队，大家都称赞他是一个好人，更是一个好党员。因此，他每次提升，无记名投票都是第一名。他严于律己，苦练军事本领，做任何事都要做好，因此当兵37年，从没有一封告状信，只要提起他，官兵都伸大拇指，对他赞赏有加。特别是他在1999年至2005年任副处长、处长期间，上对将军、下对列兵，以及面对职工，他都认真负责，做每件事，从不让首长和士兵、职工失望。

何良平深入基层，处处做出了好样子。他在省军区机关工作期间，跑遍了全省80多个县人武部，经常带队参加省军区组织的班子和干部考核、安全检查、财务审计、征兵等多项工作。他数十次参加甘肃省委、省政府和省军区联合召开的各种会议的组织筹备工作，每项工作都一丝不苟、兢兢业业，深受领导和同志们的好评。

他任省军区后勤部副部长和省军区纪委副书记 8 年多，配合 4 位部长工作，还分管劳动人事、财务审计、物资采购、交通运输等工作。每项工作都走在前头，特别是职工移交工作更是走在全国前列，在部队保障社会化中，做了大量工作，两次受到解放军四总部的表彰。

何良平常说：“我是一位农民的儿子，是这个社会普通的一员，更要严格要求自己。”从一个普通士兵到大校司令员，一路走来，他靠坚强的党性抒写了一位军人的职责。

三、积极开拓创新

2013 年 4 月，何良平被任命为嘉峪关军分区司令员、嘉峪关市委常委。

在任军分区司令员期间，他深入学习贯彻落实党在新形势下的强军目标，着眼有效履行使命任务，紧贴部队建设实际，不断加强官兵思想政治建设，努力推进强军目标和双拥工作，嘉峪关市荣获全省“双拥模范城”八连冠和全国“双拥模范城”六连冠佳绩。积极开拓创新，坚决执行习主席提出的“听党指挥、能打胜仗、作风优良”的强军目标，积极推进国防后备力量建设质量，高标准、严要求，不断提高部队民兵预备役遂行多样化任务的能力，保一方平安，为服务地方经济社会发展做出了显著贡献。牢固树立大局意识，扎实开展国防教育，着力加强战略训练，全面做好部队后勤保障。他任司令员以来，主动投身于“双联”行动、植树造林、“双拥”共建等工作。嘉峪关军分区是全国、全军四个下辖现役武装部的军分区之[illegible]。他积极主动作为，联合嘉峪关市委、市政府研究出台了在新形势下进一步加强民兵预备役工作、国防动员工作、兵役征集工作，全民国防教育和专武干部队伍建设等一系列法规政策，极大地促进和加强了该市的国防后备力量建设。

四、大孝尊亲爱老

当兵几十年了，何良平司令父亲大人丢失至今没找到这件事，给他留下了一生的痛。

事情经过是，1988 年 8 月 19 日，他送父母亲回渠县，在成都火车站还没出站，父亲提着皮箱出站走失。他在甘肃、陕西、四川三省火车沿途各站的城市找了一个多月，都没见着父亲。为了寻找父亲，他在《四川日报》《中国法制报》等报刊刊登寻人启事，至今近30年了，也不见父亲的任何消息，这使他非常心痛。吃苦受累、教子有方的父亲对他影响很大。有道是，父爱如山，每年父亲走丢的那一日，他都伤心难过。为了纪念父亲，他把父亲走丢的这一天作为忌日，以此缅怀父亲。父亲走丢后，他把母亲接到部队和自己一起住，每天回到家，都会关心母亲的衣食心情。母亲回老家居住后，每年生日，他都要请假回乡为母亲祝寿，即使部队工作离不开，他也要请人为母亲祝寿。母亲晚年生活在农村，医疗条件较差，他就和乡村医生结交，托他常年治疗照顾老人。就这样，直到他母亲93岁含笑过世。何良平感到：自己能做到忠孝两全，不仅得益于组织的教育培养，更是有爱妻费义霞的关心支持。

五、永葆军人本色

笔者从嘉峪关采访归来，到安北乡座谈了解，村支书何刚永说道，何良平这人有感情，有一颗感恩之心。每次回家探亲，对大家都非常热情，与大家打招呼，到他老师家中看望，邀请大家到他家去耍，摆龙门阵。不仅如此，还特别关注家乡，每次回来，都要询问家乡变化情况。他经常说，生养他的是父母，他是喝家乡水长大的。2009年9月，家乡修村道，他还捐款5000元。一位农家子弟，从普通士兵成长为大校军官，何良平从不骄傲自满，始终严要求，讲党性，讲奉献。无论是汶川地震，还是舟曲泥石流的抗灾抢险中，他都冲在最前面，彰显了一位革命军人的本色。

谈到自己的家乡渠县，何司令员激动万分。他说，过去我们家在农村，家里很穷。那时，想的是如何好好读书，好好创造条件，为实现人生抱负而奋斗。他常说，我是渠县人，我的根在渠县，我对渠县的发展变化很关注。据了解，新一届县委班子非常好，老百姓称赞苟小莉同志是一位好书记。新一届县委、县政府为渠县人民要办10件大事，这将为渠县人民带来很多实实在在的好处，也将永载史册。总之一句话，希望家乡好，真诚地希望家乡100多万人民，在县委、县政府的领导下，团结一心，攻坚克难，渠县的明天更加美好。

这正是：

何家男儿从戎去，良骥千里创伟绩。
平心持正尽大孝，好学不倦卫国旗。

用自强闯出一条希望大道

——记贵州省肢残人协会副主席、六盘水市残疾人联合会副主任严新明

人物档案

严新明，1959年6月1日生，祖籍渠县清溪镇。1980年开始创业，1994年创办一小型炼铁厂，1996年初，成立了"六盘水市自强经贸有限公司"，开办"经梦园美食娱乐城"。1997年至1998年，被六盘水市人民政府评为"六盘水非公有制经济先进个人"，当选六盘水市光彩促进会常务理事，1999年起担任民建六盘水市直支部主任，2002年当选六盘水市政协委员、常委，2003年当选贵州省政协九届委员会委员，2003年被选举为贵州省残疾人联合会主席团委员、贵州省肢残人协会副主席，六盘水市残疾人联合会副主席、六盘水肢残人协会主席。

有哲人说过，人生最美的不是强健的身躯，而是高尚的灵魂。高尚的灵魂是世间最美好的风景。

是的，这最美好的风景，不是人人都有的。他属于最勇敢的人、最有创造精神的人、最有爱心的人。贵州省政协九届委员会委员、贵州省肢残人协会副主席、六盘水市残疾人联合会副主席、六盘水肢残人协会主席严新明，就是这样的人。他，身残志不残，历尽千辛万苦，走出了一条残疾人奋发图强的成功创业之路。他自强自立的精神，受到各级领导的肯定；他扶残助残的美德，在社会上广为传颂。

一

1959年6月1日，严新明出生在贵阳矿山机械厂一个普通矿工的家里。与天下儿童欢庆的节日——国际“六一儿童节”同天，本应快乐幸福的人生，却因一场小儿麻痹症，一条腿严重致残。他的人生之路，从此走得比常人更加艰难。

命运之手瞬间把严新明打成残疾人，他慢慢知道了自己与别人的“不同之处”。

“妈妈，我怎么跑不动了？”一次小新明瞪着大眼睛这样问妈妈。

妈妈一听眼泪夺眶而出：“儿子，跑不了不怕，你可以慢慢地走。你还有眼睛可以看见路，还有手可以拿东西，还有聪明的脑袋可以想问题……”

严新明记住了妈妈的这些话。这些话成了严新明未来人生最坚固的基石和最强劲的动力。

刚满13岁的时候,严新明就在学校附近的一个钟表修理店悄悄地学技术。一年不到的时间，他学到的手艺就超过了师傅用三年的时间带出来的徒弟。

他告诉笔者：“当我知道高中毕业以后即使考上大学也不得读的时候，我就在为自己长大以后的出路思考。我总不能一辈子靠父母养着，我要自食其力。”

1980年，因为家境窘迫，他没有资金在城市开店。于是把目光投向偏远的农村，向父亲的朋友借了60元，购买了修理工具，他每天走街串户，风餐露宿，过起了为农民修理钟表的流动生活，身带残疾的腿脚踏遍了云贵两省交界处的山山水水。

严新明说，每次赶场他都要起个大早。因为腿不方便，别人可以睡到早上八点，他六点就得起来，慢慢赶到场坝上去抢摊位，吃尽了苦头。

三年以后，严新明积攒了一定的资金，他又回到了故乡六盘水。

严新明用积蓄在水城场坝重新开了一个像样的修理店，还开起了第一家“新明寄卖典当”，生意日渐好了起来。

1984年，随着经济不断发展，文化生活日渐繁荣。善抓商机的严新明开始在边远厂矿和郊区乡村经营录像放映，几年的收益使严新明的生活逐渐改善。1988年，严新明跨进了水城县第一批“万元户”行列，上了光荣榜，成了当地小有名气的人物。

二

走上了富裕之路的严新明并没有满足于现状，他深感一个男人的事业不能只局限于一个钟表店和几个录像放映点，而应该有更大的目标。他在心里萌发了一个念头，要开办一个有一定规模的企业，把事业做大，解决更多人的就业问题。

1992 年，严新明应聘到一家企业工作，这正为他学习现代企业管理知识提供了机会。他在工作中一边实践一边学习，从经营理念到管理方式和手段。经过两年的工作实践，严新明凭着聪明的头脑掌握了扎实的现代化管理知识，这为他以后开创新的领域打下了坚实的基础。

1994 年，严新明在钟山区办起了一个小型炼铁厂，他将自己所学应用于企业的运作之中，从原材料的购进到生产管理再到产品经营，都融入了自己的智慧和心血。短短一年的时间，这一座小型炼铁厂就给他带来了 50 万元的资产积累。

1995 年，严新明又向事业的另一高峰攀登。他说，要进一步扩大事业，为更多残疾的“兄弟姐妹们”服务，带动更多残疾人致富。

他决心要用亲手创造出来的幸福去滋润一块块干涸的心田。

“残疾人如果没有事业，就像一个人少了一只胳膊。其实我们残疾人的需求比正常人还多，正常人需要的我们也需要，他们不需要的，我们更需要。我也是从困境中走过来的，深知无助和绝望时的滋味，我要担当起这个责任，引导、帮助残疾朋友们。”

为此，严新明产生了一个念头：在六盘水成立一个“残疾人之家”，让更多生活困难者摆脱贫穷！那一瞬，在严新明身上磅礴着经历过磨难而升华出来的生命体悟：过了河，别忘向河那头伸出手。

于是，严新明经过多方奔走，1995 年，六盘水市第一个“残疾人之家”成立，严新明被推荐任会长。他把自己的住房腾出来设办公地点和活动场所，一个个残疾人走进了这个充满爱心的大家庭里。

“残疾人之家”办起来以后，严新明组织开展学习和培训。300 名残疾人在这里学习了时事政治、法律法规、市场经营等方面知识，大大提高了思想素质。

残疾人在社会上属于弱势群体，身体上的缺陷导致创业上的艰辛，生活质量低下，这种差距使他们对社会的一些现象产生了不满。作为一家之长，严新明分别找他们谈心，了解他们的思想和生活状况，向他们传授个人发展的一些经验，帮助寻找发展的思路，鼓励他们振作起来，找对路子，走自强自立之路。

在严新明的开导和资助下，一个个残疾人挺起腰板寻求自己的发展之路：有 134 人购买了三轮摩托跑营运，16 人办起了糖烟酒店，3 人办起了家用电器修理店。

1996 年初，严新明为帮助更多残疾人就业，决定将事业做大做强。成立了“六盘水市自强经贸有限公司”，并结合残疾人的实际情况，开创了一个服务性的实体——经梦园美食娱乐城。他和残疾人“弟兄”们一起，起早贪黑，风里来雨里去，经营着属于自己的实体，使之成为当时市中心区响当当的一块牌子。先后不仅解决了 160 多名残疾人的就业，还每年向国家纳税 10 多万元。

“通过引导和带动，越来越多的弟兄们靠着勤劳的双手在各自的领域里走出一片新天地，同时经过几年的打拼，有的还成了百万、千万富翁。我深深感到自己当初付出的心血和努力没有白费。”严新明自豪地说。

三

严新明富而思进，不断开拓进取；富而思源，积极回报社会。他告诉笔者，没有共产党和政府，就没有我的企业，就没有我的今天，为社会作贡献，我责无旁贷。严新明经营的是残疾人企业，但他从来没有向政府申请资金补助特殊要求，也从来没有要求按政策规定减免税收。他说：“纳税是公民应尽的义务，更是企业应尽的义务，我要做一个合格的企业家，更要做一个合格的健全的公民。”

据了解，从 1996 年至 2002 年，严新明共向国家缴税 60 多万元；向社会捐赠、资助、救济、慰问 200 余人次，金额达 12 万元；捐赠见义勇为基金、助残资金 20 余万元，解决残疾人就业 300 余人，解决下岗职工再就业 800 余人，还长期为 28 名残疾人提供基本生活费用。

严新明不仅在经营上对残疾的兄弟姐妹给予指导，在经济上给予资助外，还经常与他们促膝谈心，排忧解难，化解矛盾，为维护当地的社会稳定做了大量工作。六盘水市的残疾兄弟姐妹都信任他，称他为残疾人的领头雁。

四

1997 年至 1998 年，严新明被六盘水市人民政府评为“六盘水非公有制经济先进个人”，当选六盘水市光彩促进会常务理事，1999 年起担任民建六盘水市直支部主任，2002 年当选六盘水市政协委员、常委，2003 年当选贵州省政协九届委员会委员，2003 年被选举为贵州省残疾人联合会主席团委员、贵州省肢残人协会副主席；六盘水市残疾人联合会副会长、六盘水肢残人协会主席。

严新明投资 5 亿元在六盘水市水城一字河建设生态避暑庄园，投资 5 亿元建设红山汽车文化主题公园，还投资 5 亿元创办安顺贵安新区贵州福达国际汽车城、六盘水育亨投资有限公司、六盘水点石旧车交易市场。

在成功和荣誉面前，严新明并没有陶醉。他说：“上级领导在政治上给予我很高荣誉，对我的事业发展是个鞭策和鼓舞，六盘水市有 15 万残疾人兄弟姐妹，我理应为他们做更多的事，也希望社会为他们做更多。”

五

进入知天命之年后，严新明没有再继续事业的打拼，同时他逐步辞掉了大部分的社会兼职。目前，他把精力投入到刚刚起步的“严氏家族”发展寻根问祖这一事业上。

严新明说，一个家族是社会的一分子，也是社会一个大的细胞。我把严氏家族的事情做好了，让这个大家族团结、和睦、进取，逐步发展和兴旺，也就是为社会的稳定和繁荣做贡献。

2009 年，严新明牵头创办了“庄严家族宗亲理事会”，并担任理事会理事长，在调解家庭矛盾、促进和谐、资助贫困家庭子女上大学等方面做了大量工作。

严新明的祖籍在渠县。他的父母都是为支援贵州“三线建设”从四川调过去的。父母被安排在水城县粮食部门工作。

2010 年清明节，严新明组织了六盘水严氏宗亲代表一百余人到四川渠县举办祭祖活动，当天还有 500 多人自发参加祭祖活动。参加活动的一位严氏族人当场说出他家里保存有严氏谱牒。谱牒中较具体记载了渠县严氏来源于湖南安化县温塘，且和江西省分宜县介桥严氏同支。

2010 年，严氏家族中有 17 名学生考起了大学，“理事会”拿出奖励基金四万多元，按照一、二、三等次来奖励每一个学子。严新明亲自率人挨家挨户上门慰问，送上奖励基金，使学生家长和学生都深受感动。学子们都纷纷表示：一定要努力学习，不辜负长辈的期望，将来做有用之人。为国家的繁荣富强、为家族的壮大和发展做贡献。

学子们的一番话让严新明感到由衷地欣慰，也为他从事另一份事业增添了信心和决心。

水城的严氏家族有一万多人，贫困人口占 85%。严新明说，下一步要实施对贫困家庭帮扶计划，用自己的成功经验去带动他们早日脱贫致富。

采访结束时，严新明总结他曲折坎坷人生时说道：“三十岁以前，不幸就像魔鬼一样，与我纠缠不休，苦难也与我形影不离。才两岁多就落下残疾，上小学时，有些不懂事的孩子拿我取乐，笑我是‘瘸子’。别的同学上完初中升高中，上完高中上大学、参军……我却因为身体条件的限制，健康人迈向生活的必由之路对我来说行不通。人的一生中遭受到一两次的重大打击，就够难以忍受的了，更何况是接二连三、连续不断的打击呢？那些时候我仿佛走到了悬崖峭壁的边沿，面对的是深不可测的黑幽幽的深渊。幸而我没有被击垮，挺着胸膛一步一步地走了过来，最后真是应验了那句‘天无绝人之路’的话。”

是的，天无绝人之路。这路只留给勇往直前的人，只留给不断开拓进取的人。

这正是：

严慈教诲倍感亲，新意砥砺有精神。
明辉灿灿立大业，好教后生仰昆仑。

为人师表 笃行不倦

——记西华师范大学教育学院院长、二级教授冯文全

人物档案

冯文全，男，1960 年 3 月生，渠县鹤林乡人。1969 年 9 月至1974年6月在鹤林乡龙滩村小学学习；1974年7月至1975 年 8 月小学毕业回村务农；1975 年 9 月至 1977 年 6 月在鹤林乡中心小学附中学习；1977 年 7 月至 1978 年 8 月初中毕业回村务农；1978 年 9 月以优异成绩考入渠县师范学校英语班学习；1981 年以优异成绩从师范学校毕业到渠县静边中学任教；1990 年 9 月以第一名的优异成绩一次性考取西南师范大学（现西南大学）教育系教育学原理专业，攻读硕士研究生；1993 年 7 月毕业获教育学硕士学位，到四川师范学院（现西华师范大学）工作。现任西华师范大学教育学院院长、四川省教育发展研究中心主任、二级教授、教育学一级学科硕士点领衔导师，以及自主申报获批的“德育原理”硕士点负责导师，西南大学博士生导师兼任中国教育经济学会常务理事、四川省教育学会常务理事、四川省教育经济学专业委员会常务副理事长、四川省教育学专业委员会副理事长兼秘书长、四川省德育学会副理事长、四川省高校教师职务评审委员会委员、四川省教育发展研究中心学术委员、四川省教师教育研究中心学术委员，系国家级特色专业“教育学”负责人、四川省本科高校“教育学”优秀教学团队负责人、四川省本科高校精品课程《德育原理》负责人、四川省高等学校“教育学专业综合改革试点”项目负责人以及西华师范大学“教育学原理”重点学科负责人和“德育原理科研创新团队”负责人，2014 年 12 月获“国务院特殊津贴专家”称号。

一、不负春光勤奋发

渠县鹤林，这个充满诗情画意的地方，曾让无数人神往。这个传说仙鹤曾光顾过的地方，真是山清水秀，放眼望去，一片勃勃生机。每当云雾缭绕，白鹤飞翔，松柏吐翠的时候，真如仙境一般美丽。

鹤林乡位于县境西部，流江河西岸，距县城 20.8 公里。

1960 年 3 月，冯文全就出生在这块地杰人灵的地方。地杰人灵的地方就该是人才辈出。但冯文全出生的那个年代，正值国家遭遇三年自然灾害，人们平常的生活尚且困难，许多人眼前的事还顾不过来，谁还愿意过多地去想往后的事情呢？冯文全的父母却想得更远，他们想让襁褓中的孩子将来要文才全能，为家乡、为国家作更大的贡献。于是，他们为孩子取了这个有深刻寓意的名字。

冯文全没有辜负父母的一片希望，从小就聪颖过人，酷爱学习。但因为“文化大革命”，冯文全满九岁的时候才上小学，小学毕业后就回家务农了。冯文全至今仍对在鹤林乡龙滩村小学学习的情形，记忆犹新。一年后，1975 年 9 月又回到了学校，在鹤林乡中心小学附中学习。1977 年 7 月至 1978 年 8 月初中毕业回村务农，1978 年 9 月以优异成绩考入渠县师范学校英语班学习。

读书—务农—再读书—再务农—又读书。冯文全的成长之路布满了荆棘，前进的道路总是曲曲折折，这诸多困难没有难住这个七尺男儿。他学习更加刻苦，1981 年以优异成绩从师范学校毕业到渠县静边中学任教。

有道是十年磨一剑。这话用在冯文全身上，一点不假。冯文全在中学任教将近十年，这十年让他感悟到了更多的人生道理，他有一千个理由、一万个理由，要向更高的山峰攀登。

1990 年 9 月，他以第一名的优异成绩一次性考取西南师范大学（现西南大学）教育系教育学原理专业，攻读硕士研究生，1993 年 7 月毕业获教育学硕士学位，到四川师范学院（现西华师范大学）工作。现任西华师范大学教育学院院长、四川省教育发展研究中心主任、二级教授、教育学一级学科硕士点领衔导师以及自主申报获批的“德育原理”硕士点负责导师，兼任中国教育经济学会常务理事、四川省教育学会常务理事、四川省教育经济学专业委员会常务副理事长、四川省教育学专业委员会副理事长兼秘书长、四川省德育学会副理事长、四川省高校教师职务评审委员会委员、四川省教育发展研究中心学术委员、四川省教师教育研究中心学术委员，系国家级特色专业“教育学”负责人、四川省本科高校“教育学”优秀教学团队负责人、四川省本科高校精品课程《德育原理》负责人、四川省高等学校“教育学专业综合改革试点”项目负责人以及西华师范大学“教育学原理”重点学科负责人和“德育原理科研创新团队”负责人。

功夫不负有心人。如果说在静边中学任教的十年是冯文全事业的一个春天的话，在西华师范大学教育学院任院长，则是冯文全事业的第二个春天。

二、授业传道成典范

俗话说，一分耕耘一分收获。冯文全在人生道路上比别人付出了更多的辛劳。天道酬勤，同样他也得到了更多的收获。

冯文全教授长期从事教育学的教学和科研工作，主要承担本科生及研究生“教育学”“逻辑学”“教育原理”“教育哲学”“德育原理”“教育专业英语”“经济伦理学”“基础教育改革研究”等课程的教学工作，因其讲课知识广博、理论深刻、思维具有批判性、观点新颖、语言表达流畅、教学方法灵活生动，深受广大学生的喜爱和好评。其主讲的本科课程“德育原理”被评为省级精品课程，主持的教育学本科专业被评为国家级特色专业。作为教育学一级学科硕士点领衔导师，以及教育经济与管理、教育学原理、德育原理、课程与教学论等专业硕士生导师以及教育管理、小学教育等专业学位导师，共指导研究生 10 余届，共 200 余人，其中提前毕业 8 人，10 余人考入华东师范大学、西南大学、华中师范大学、西南科技大学等重点高校攻读博士研究生。其学生遍及北京、江苏、山东、陕西、辽宁、河南、重庆、四川等省市的高校及政府部门，其中有些学生以其优异的成绩、扎实的专业理论知识基础、较强的科研创新意识与能力深受许多用人单位的青睐，现指导在读全日制硕士研究生 40 余人，在读教育硕士生 20 余人。

冯文全教授在教育基本理论、教育哲学、德育原理、教育经济与管理、课程与教学论、比较教育学、教育史等领域有非常广泛而深入的研究，科研成果数量多，质量高，尤其是教育基本理论、教育哲学、德育原理等方面的研究成果，在国内学术界具有重大影响。据南京大学发布的《中国教育研究领域学者论著影响力报告》（载《复旦教育论坛》2009 年 2 期）显示，在学者学术影响力报告栏中，冯文全教授位列中国教育学前50强学者第20位，是西部十二省区唯一进入前50强的教育学专家。

近年来，冯文全主持教育部人文社会科学研究一般项目“西部地区城乡教师合理流动与利益补偿机制研究”（12YJA880023）、四川省哲学社会科学“十二五”重点规划课题“四川省城乡教师合理流动与利益补偿机制研究”(SC11A008)、四川省哲学社会科学“十一五”规划课题“四川省义务教育均衡发展研究”(SC08Z13)等省部级以上科研课题7项，主研全国教育科学“十五”规划重点课题“农村职业教育与农业产业化、农村城镇化、农村现代化互动研究”、四川省哲社“九五”重点课题“人的本质、素质与素质教育”等省部级以上科研课题3项。

三、著作等身为人先

冯文全在事业的道路上不断攀登高峰。他的思想，他的见解，将人们带到了一个新的高度，他一个又一个学术成果更是让同行惊讶不已。

冯文全教授著述丰富，先后在四川人民出版社、人民教育出版社、北京师范大学出版社等出版《现代德育理论与实践研究》《德育原理》《道德教育原理》《现代教育学新论》《现代教育学》等著作10余部。《现代德育理论与实践研究》专著由于反思性、理论性、实践性和现实针对性较强，我国著名教育学家北京师范大学教授、博士生导师孙喜亭先生为此欣然作序，给予高度评价。孙喜亭先生认为，该书“对我国当代的德育理论与实践进行了较为深入的反思与研究”，并“围绕基础教育改革与发展中比较突出的学校德育问题，从理论层面进行了深入的研究，又从实践层面进行了全面反思”“以巨大的理论勇气，在论述中对我国比较权威的德育论专家和德育学著作提出了质疑，并阐述了自己颇为新颖的见解”“作者大量地引用了马克思主义经典作家、中国古代德育思想家、古希腊哲学家和伦理思想家以近现代西方道德教育家等关于德育的一些观点和言论，并作了十分深入的理论分析。同时，作者还运用哲学、逻辑学、词源学等跨学科的知识与理论分析德育的一系列重要概念，使德育理论研究中关于概念的分析上升到科学与规范的高度”，全书“逻辑严谨”“语言表达生动明快，从容自如，明晰畅达”“给人以清风拂面的感觉”“这些，无不显示出作者较好的学术功底、宽泛而扎实的理论基础以及跨学科的知识结构。”北京师范大学教授、博士生导师毛亚庆先生也为此在《教育科学研究》杂志 2005 年第 8 期上刊发了《德育研究的探索与思考——读冯文全专著〈现代德育理论与实践研究〉有感》的书评文章，阐述了该论著的诸多理论创新与特色，国内部分博士生培养单位还把此书列为博士生必读学术著作。

冯文全教授在教育学研究领域孜孜以求，勇于探索，在国家级和省部级重要学术刊物上发表高水平的学术论文 300 余篇。其中，在国家权威刊物《教育研究》《高等教育研究》《比较教育研究》《教师教育研究》《中国教育学刊》《教育与经济》等 CSSCI 收录期刊上发表论文 60 余篇，其他中文核心期刊 70 余篇，被国家权威刊物《新华文摘》《民主》《高等学校文科学术文摘》、中国人民大学复印报刊资料《教育学》《中小学教育》《高等教育》以及《全国报刊索引》《教育文摘周报》《小学德育》《师资建设》《现代班集体研究》《道德教育研究》等理论刊物重点介绍、点评、全文转载、摘登或收录 60 余篇。其德育方向的系列研究成果分别被人大复印资料《教育学》2006 年第 3 期《人大复印报刊资料:〈教育学〉2005 年年度综述》（全国共点评文章 80 篇，德育方面共点评 8 篇，而冯文全教授全文转载的 3 篇文章中有 2 篇被点评）和《教育研究》2007 年第 3 期《2006 中国教育研究前沿与热点问题年度报告》、2009 年第 4 期《2008 中国教育研究前沿与热点问题年度报告》、2010 年第 2 期《2009 中国教育研究前沿与热点问题年度报告》重点介绍与点评（每年年度报告点评的全国教育科研成果约 80~100 项），在全国教育学界产生了广泛的学术影响。个人科研成果总排名在 2005—2013 年的九年中，五年位居西华师范大学文科教授第一名，受到学校的隆重表彰与重奖。

个人专著《现代德育理论与实践研究》于 2007 年获四川省人民政府第十二次哲学社会科学优秀成果二等奖。系列论文《以人为本理念下关于生活德育的反思与重构》于 2011 年获四川省人民政府第十四次哲学社会科学优秀科研成果二等奖，并荣获全国第四届教育科学优秀科研成果三等奖。系列论文《从和谐社会视角看德育与社会的和谐共生》于 2009 年获四川省人民政府第十三次哲学社会科学优秀成果三等奖。教学成果“教师教育核心课程教育学课程内容体系改革实践探索”于 2009 年获四川省人民政府第六届高等教育教学优秀成果三等奖。教学成果“教育学本科专业德育原理课程内容改革的实践探索”于 2013 年获四川省人民政府第七届高等教育教学优秀成果三等奖。此外，还获得了四川省教育厅第七届人文社科优秀科研成果二等奖一项（全省二等奖仅

3 项）、四川省教育厅第十三次优秀教育科研成果二等奖一项、四川省教育厅第十二次优秀教育科研成果三等奖一项、南充市政府哲学社会科学优秀成果一等奖一项、三等奖一项以及南充市政府科技进步二等奖一项。

由于冯文全教授在教学及科研方面取得的成就突出，个人先后获得“全国首届教育硕士优秀教师”“四川省学术和技术带头人”“四川省教学名师”“四川省优秀共产党员”，以及西华师范大学“首席教授”“科研十佳”“教学名师”“教学标兵”“师德标兵”“优秀教育管理干部”等荣誉称号。个人先进业绩先后被《中华成功人才大辞典》和《中国专家人才库》收录，并被《教师》杂志、《南充日报》《南充晚报》、南充电视台等媒体采访报道。

四、未忘故土寄深情

古人云：“羁鸟恋旧林，池鱼思故渊。”

在冯文全的心中，家乡是最美丽的地方，是最温馨的地方，是最值得挂念的地方。他说：“作为在外工作的渠县人，无不为家乡取得的成就感到鼓舞，无不为家乡发展的巨大变化感到欣慰；作为在外工作的渠县人，始终心系家乡，关注家乡。”他表示，今后将不遗余力地为家乡的发展出谋献策，牵线搭桥，愿家乡建设得更亮丽，家乡人民生活得更幸福！

这正是：

冯公授业书豪篇，文章等身追先贤。
全仗执著秉大志，好教桃李尽春妍。

踏平坎坷成大道

——记青海省西宁金鑫建筑劳务有限公司董事长张勇

人物档案

张勇，1961年7月生，渠县龙凤乡人。1967年在龙凤乡中心校念小学，1973年在龙凤中心校念初中，1978年在清溪场中学高中毕业，当过乡村医生（赤脚医生），2001年到青海务工。现任青海省金鑫劳务有限公司董事长。其所承建的工程多次被评为“精品工程”，张勇先后多次受到有关部门的表彰。

渠县龙凤，始建于宋代。清嘉庆二十五年（1820）建场，1950年设龙凤乡，1958年改公社，1984年复乡，是渠县的西大门。东与清溪场镇相连接，南与拱市乡、宋家乡接壤，西与营山县七涧乡、西桥镇相连，北与鹤林乡、营山四喜乡相邻。乡政府所在地距县城36公里，是离县城较远的一个乡镇。因左有龙行沟之地形、右有紫凤山之山峰而得名龙凤。此地自古以来，就被人们视为风水宝地。物华天宝，人杰地灵。

1961年7月24日，张勇就降生于此龙行之地。父母对他寄予厚望，希望他长大成才，做一个有勇、有谋、有担当的男人。从小就有远大理想的他，讲究做事一丝不苟，因而被当地群众称为“龙凤骄子”。

俗话说：“一招鲜，吃遍天。”张勇年幼的时候，他的父母见他聪明伶俐，学习上进，特别希望他能学一门好手艺，不用再脸朝黄土背朝天。为此，当张勇高中毕业后，父母让他拜清溪场镇陈良华为师学习医术。从小乖巧懂事的他，深知如果不好好学医，家中六姊妹及父母的生活就没着落，所以他刻苦学习，不懂就问，为了钻研医疗技术，夜以继日，通宵达旦。

俗话说，“技多不压身。” 张勇告诉笔者：“我能有今天，多多少少传承了父亲的精神。”张勇的父亲有一手编织草帽的绝活，经常走村串户，挑到 20 公里远的地方去卖。张勇利用空闲时间，又跟父母一起学习编织草帽技术，收半成品草编，然后用缝纫机加工成草帽，挑起到清溪、广安等地卖。

在那个时候，张勇就显露出了洞察市场的独特眼光，卖草帽的同时，他还注意收集市场信息。通过走访，张勇了解到农村那时草帽需求量相当大，于是，他决定办一个草帽厂。但是，“当时，由于技术落后，编织草帽还是土办法，为什么别人的草帽那么白，我们做出的草帽质量就不达标呢？”张勇通过产品对比，找到差距，决定到外地去拜师学艺，引进更加先进的编织技术。1986 年 8 月，他从重庆歇马镇一草帽厂学成归来后，贷款 10 万元办起草帽厂，添置了锅炉、烤干机、草帽机生产草帽。年生产草帽高达 40 多万顶。不仅如此，张勇还为本地的群众供应草帽的原材料。他的草帽销向整个长江沿岸，生意十分红火。

在生意场上，要走一步看两步，联系实际，要有超前思维。不然，就会原地踏步，止步不前。1995 年，张勇敏锐地洞察到，随着农村改革的不断深入，城镇化建设的到来，离乡进城的人越来越多，草帽的前景不容乐观，不能再做大了。他盘算着改行，做别的生意。正在此时，一朋友来找他，叫他投资 100 万元修高速路，利益共享，风险共担。

这正是踏破铁鞋无觅处，得来全不费工夫。张勇与朋友一合计，便达成共识。开始转向新的产业，从事建筑工程。这又是一门新学问，但难不倒这个胸怀大志的宕渠男儿。很快，张勇的建筑工程便红火起来，既修高楼，又建公路。登门的客户也越来越多。1998 年正月，张勇又承建了湖北十堰到漫川关的 5 公里高速公路。2001 年，张勇通过竞标，获得了西宁到库尔勒的 53 公里高速路，总投资 7000 万元，当年 4 月进场，10 月通过验收合格。紧接着，张勇以公司良好的信誉、实力、业绩又竞标了 200 公里高速路。采访时，办公室主任对笔者讲道：“张总现在的工程遍布整个青海的果乐、玉树、海东、海西、海北等六个县、州。”张勇说道：“我现在有六个项目，六个在建施工项目、两个监理工程项目。”

有人说，一个工程可以成为一个城市的代名词，一份努力可以成为一段感人的故事。张勇的成功让人感动，张勇一路走来的艰辛同样让人感动。张勇说道："开始时我也不会修高速路，只能踏实做事，不停地学习，每当夜深人静时，我一人还在灯下学习路桥知识。包括如何灌注水泥、开挖混凝土以及路基、路面，如何搭建桥梁等。"他说："刚到西宁时，由于没有到过这个地方，更不熟悉当地的风土人情及周边环境。我在承建柴达木盆地一高速路时，整个扬西线没有一颗铁钉，没有一个熟人，资金又短缺，自然环境恶劣，挖下去几米没有生物植被，全是一片盐碱地。住三个月只发现了一只老鼠，淡水还要到100多公里地用车拉。那时，什么都不重要，重要的是粮食和淡水。一次，由于外出拉淡水的车坏了，淡水没有按时运回来，我和我的员工饿了两天两夜，当时艰苦的情形就可想而知了。"

艰苦创业，奋斗不息。张勇用自己的实际行动，开拓出轰轰烈烈的事业，抒写出了美丽的人生。

十年打拼下来，张勇感触颇多。

是的，苦难，也是一种经历，它能带给人坚强和信心，能带给人成功和快乐。生活是自己的，只要明确了要追求的东西，为它拼搏进取，就一定能在风雨兼程中，体会其中的精彩。张勇的精彩让人感动，更让家乡人民骄傲。

2013年6月，龙凤乡踏水村党支部书记专程来县城约见笔者，一再邀请笔者到青海去采访张勇。并说："张总对我们家乡贡献比较大。"家乡的领导力荐他，我想家乡人民都很喜欢他，说明张勇有过人之处。采访后才知道，张勇是一个知恩图报，积极回报桑梓的优秀宕渠人。

一个人的成就，不在于其拥有什么，而在于其对社会有多少帮助，当一个人对社会做出贡献的时候，他是幸福和快乐的。敬天爱人，利他则久。为商必先为人，常怀大爱之心，必为社会带来美好。在艰难的创业环境中成长起来的张勇，正是这样，常怀一颗感恩之心，秉承了中华民族传统的优秀品德，秉承了宕渠儿女的优良传统。家乡修路，他捐款近50万元，汶川地震他捐款10多万元。张勇说："一个成功的企业家，千万不要忘本，更不能抱着一分钱滚几座山，那样的话活着就没多大意思了。要时刻记住每赚一分钱都是与脚下的土地，都是与自己家乡的山水养育分不开的。"张总还说："一个企业家，要勇于担当，要努力承担起社会责任，说老实话，我现在不干也可以了，但是一个人不能只想到自己，要不停地奋斗，不停地为社会做贡献。更要为实现伟大中国梦贡献自己的一切力量。假如我现在不干了，手下那1000多个家庭怎么办，作为男人，除干好事业外，还要多关心职工，多为他们着想。要做一个有良心的企业家。”

不仅如此，张勇还在自己的建筑工地建起了多处卡拉 OK，丰富职工文化生活。建起了 80 多处夫妻房，解决夫妻分居问题。他被职工誉为“我们的贴心人”。我们在采访时，张勇乐意帮助他人的事更是有口皆碑。2012 年 9 月 8 日，西宁一社会人员名叫南香加乡，桃生湖村的儿子醉酒骑摩托发生事故，生命垂危，如果不及时抢救，就有生命危险。张勇知道这一情况后，安排专车送他到当地最好的医院治疗。还为他花费 4.5 万元，由于此人家里较困难，临别时，张勇还送他 2000 元路费，此人逢人便说：“如果不是张总，我早就没命了。”

从渠县到青海，漫漫创业路上，铺满了张勇的智慧和才华。在张勇公司的办公室，主任韩江平告诉笔者：“张总生意做得很大，仅玉树的高速公路投资就是 4 亿多元，现在建项目 10 多亿元，特别是在修玉树的高速公路时，玉树的灾情发生后，所有的车辆必须经过此地，张总亲自组织施工人员，每天 24 小时不停地排除险情，并设立便民服务点，向灾民及过往车辆无偿地赠送方便面和矿泉水，受到大家的好评。张总做得这么好，主要是靠他的诚信和为人。他选择西宁，非常有战略眼光，事实证明此决定非常正确。张总在实际工作中，与当地的干部群众关系融洽，生意场上信誉又好。”韩主任还说：“张总十分爱惜人才，实行人性化管理，以人为本管理企业，多方聘用高管人才，做到了招好人，用好人，这才是张总企业成功之源泉。通过在该公司工作的这些年，我深深地感到，张总是我们这代人学习的榜样。”

坐在张勇办公室的沙发上，我们聊起了家乡渠县，聊起了龙凤乡那充满无限美好的传说。这一切，对张勇来说是那么熟悉，那么亲切。他说：“我每时每刻都想念自己的家乡，有时夜间做梦我都在自己的家乡龙凤，感谢家乡父老一直以来对我的关心、帮助，因此，我衷心祝愿家乡的明天更加美好，祝愿家乡人民的生活蒸蒸日上。”

采访结束，站在美丽的西宁明珠塔上，遥望青藏高原，我在内心深处默默地祝福他，希望他的事业像他的名字一样，张开飞翔的翅膀，朝着理想的目标，再接再厉，勇往直前。

这正是：

张展鹏翅向昆仑，勇立峰顶写雄文。
好将山川巧打扮，人赞风光满目新。

男儿志在担当时

——记四川省绵阳军分区原政治委员唐炼

人物档案

唐炼，1961年11月11日生，渠县天星镇合力社区人。渠县第二中学高77级毕业。1978年12月入伍，1979年11月入党，1981年12月提干。历任西藏军区52师156团战士，50军148师442团战士、文书、班长、排长、营部书记，团政治处干事，148师政治部干事、师指挥连副指导员、50军政治部干事、原成都军区政治部干事、13集团军炮兵旅指导员、宣传科长、组织科长、政治部副主任、主任，四川省泸州军分区政治部主任，四川省绵阳军分区政治委员、党委书记，中共绵阳市委常委，四川省十二届人大代表，大校军衔。先后就读于50军教导大队、南京政治学校、成都陆军学校、昆明陆军学院、西安政治学院、南京陆军指挥学院，并参加北京大学社会系研究生课程班学习。先后荣立三等战功、二等战功各1次，三等功6次，受到军以上表彰15次。

翻开四川省绵阳军分区政委唐炼的个人简历，从清晰记录的一连串数字中我们看到：他是一个一步一个脚印走到今天的军人。从军35年，参加实战2次，曾履职军事指挥机关5级，住读军事指挥院校5所，多次参加和组织指挥“5·12”汶川特大地震抗震救灾等非战争军事行动；荣立两次战功、6次三等功、15个军以上荣誉称号。

金灿灿的奖章，沉甸甸的责任。2013年8月的一天，笔者走进了唐炼的办公室，询访他的军旅足迹。唐炼热情地和我们握手致意，他炯炯的眼神里无时不透露着军人特有的刚毅、执着与果敢。当谈及他的军旅生涯时，他说：“自从我选择了从军路，就始终不敢忘记‘责任担当’四个字。当兵打仗、带兵打仗是军人永恒的使命和责任。”

一、保卫边疆，他有两次英勇实战的战斗磨砺

1978 年 12 月，在渠县城东二小当代课教师的唐炼怀着对绿色军营的无限向往，参军入伍，部队驻地在西藏。谁知，新兵训练不久，祖国南方边境就有了战事。一纸命令，他被调入参战部队，开赴广西边境参加对越自卫反击作战。一个刚满 17 岁的青年，一个训练还不到两个月的新兵，在生与死的考验面前，他坦然面对，慷慨奔赴沙场。在夺取一无名高地的战斗中，他冲锋在前，英勇杀敌。在班长牺牲，身边战友不断倒下的情况下，他和一名战友首先攻占了无名高地。在连长重伤急需护送的情况下，他又与另一名战友冒着枪林弹雨将受伤的连长背下阵地，连长因伤势过重牺牲了，他把悲痛的眼泪咽进肚子里，把对敌人的仇恨印在脑子里，与战友们一道打退了敌人的多次反攻，坚守住了阵地。就是在那次战斗中，他因出色完成战斗任务，荣立三等战功一次。也因为这次参战和表现，1981 年他作为战斗骨干被保送入教导大队学习深造，当年 12 月经成都军区批准，提升为步兵连排长，那时他刚满 20 岁。

时隔 9 年后的 1987 年 11 月，云南边境防御作战任务又历史地落到了唐炼所在的部队。刚从院校毕业的他，没有选择留在机关，而是到战斗连队当指导员。经过 3 个多月战前训练，他所在连队奉命被配置在防御作战一线。这次战斗，虽不如 9 年前进攻战斗那样惨烈，但敌我厮杀也常有，生死考验始终存在。同时，战场环境尤其恶劣，除战斗外，战士们还时时受到毒蛇、蚂蝗、蚊蝇叮咬的困扰。就是在这种环境下，在历时两年的防御作战中，他和连长带领全连官兵克服重重困难，服从命令、听从指挥、坚守阵地，取得了全歼敌炮兵 1 个连，重创敌 2 个炮兵连，摧毁敌若干工事，杀伤一批敌人的突出战绩。战斗结束后，上级为他所在连及他本人荣记二等战功一次，同时表彰他为“老山战区优秀政工干部”。

二、履职尽责，他将责任融入军人的神圣使命

身边的战友说，唐炼身上有一股子永不服输的闯劲、锲而不舍的钻劲，他

是一个见红旗就扛、见第一就争的人。他常说的一句话就是：凭素质立身，靠实绩进步。从战士、班长、排长，到指导员、科长、政治部主任，再到军分区政治委员，从基层干部到院校学员，再到各级领导机关，从普通士兵到师职领导干部，唐炼一步步从实践中走来，不断在实干中进步，逐渐成长为部队合格的指挥军官和优秀的政治工作者。

参军入伍后前26年，唐炼都是在作战部队度过的。担任排长、连队指导员，他热爱基层，与士兵打成一片。他常说，基层干部就是“领头羊”，无论军政训练，还是遵章守纪，要敢说一句话“看我的”，要把一个单位带得有朝气、有生气，有凝聚力、有战斗力。1982年，他当排长不到一年，因为工作表现突出，被调到团政治处组织股工作，之后半年又被调到师政治部组织科工作。1988年底，在云南老山一线阵地参战一年的唐炼接到调回成都到战区领导机关工作的通知，这对于多数人来说都是梦寐以求的事，那时，他新婚的妻子也在成都，但是唐炼没有走，他留下来同战友们一道坚守阵地，直到一年后部队胜利回撤。

担任部队三级机关干事、科长直至师级单位政治部主任，他积极适应角色转变，努力给党委和首长当好参谋。他深入实际，蹲连住班，探索部队思想政治建设的特点和规律，总结了许多经验，这些经验并被上级机关转发。担任科长时，分层次组织官兵政治理论学习、有序发展士兵入党等经验做法，受到总部肯定，被编入部队思想政治工作教材，个人被集团军表彰为“机关干部标兵”“优秀党委工作者”。1998年，不满36岁的唐炼担任了旅政治部主任这个重要的领导职务。他从严要求自己，每年到基层蹲点，跟随部队演习拉练都在3个月以上。他秉公用权，在管理入团入党、立功受奖、士兵入学提干、干部晋职晋衔等敏感问题上，坚持原则、身体力行。他善于学习，勤于思考，亲力亲为，把部队思想政治工作组织得井井有条，深受上级党委首长信任和基层官兵的欢迎。战区许多重大政治教育和主题教育，他那里都是“试验区”，是总部、各级首长检查的“常去地”。2000年，他组织总结的部队学习邓小平理论的经验做法，走进人民大会堂在全国青年学习邓小平理论大会上进行交流。2002年，在正团职岗位上荣立三等功，集团军党委首长经研究将他确定为优秀后备干部。

2004年，唐炼军旅生涯出现了一次大的转折。这年7月，他被提任到四川省泸州军分区任政治部主任，从作战部队到了省军区系统。采访唐炼时，他直言不讳给我们说："虽然职务提升了，但没有喜悦的心情。近30年都是当兵打仗、带兵打仗，一下子去搞后备力量建设真还有些不情愿。"但他还是没有犹豫，命令下来一周就到了新的单位报到。唐炼说："离开作战部队时，集团军主要首长亲自找我谈话，提希望提要求，全旅两千多名官兵夹道欢送我，这是给我压担子啊！"到了军分区，唐炼从头学起，依他的话说是"从零开始"。国防后备力量建设、民兵预备役工作、党管武装制度，他把相关法规知识熟记于心，指导抓工作一丝不苟。军分区双重领导的政治制度安排，唐炼也兼了不少地方职务，他谦虚谨慎，对地方领导甚至乡镇专武干部，尊重有加，对地方社会和经济发展倾心尽力。2007年，泸州红军"四渡赤水"战役遗址的保护和利用，"百万民兵建功长征路"活动取得显著成效，军分区政治部被表彰为"全国民兵预备役政治工作先进单位"，唐炼被中宣部等部委表彰为"全国国防教育先进个人"，并在四川省、成都军区纪念红军长征胜利70周年大会上代表解放军发言。在建军80周年之际，唐炼作为唯一师级干部被四川省11家主流媒体集中宣传。2010年，唐炼再次收获了他军旅生涯的荣耀，被提升任四川省绵阳军分区政治委员。绵阳作为中国唯一科技城、四川省第二大城市，唐炼深知肩上的责任重大，没有懈怠，一心扑在工作上。作为党委书记，他团结带领"一班人"，抓住灾后重建机遇，奋力实现了军分区正规化建设、基层武装部规范化建设达标，内陆军分区正规化建设、地方兼军职领导干部"军事日"和地方机关主要领导干部军事训练等工作受到上级领导机关的肯定。2012年，唐炼被四川省表彰为"四川省国防教育'十杰人物'"。2013年和2015年两次受到军委习主席的亲切接见。

三、牢记宗旨，他在非战争军事行动中再立新功

在一本记录抗震救灾的书中，我们读到了一篇《再向北川行》的文章，这是唐炼写的他的亲身经历与感受，让我们了解了他作为军人的大爱释然。1993年9月，唐炼在13集团军某部政治部任组织科长，在部队演习中，曾宿营北川县城。那时北川县城山清水秀，古老的羌族人民是那样的热情好客。似乎命运就安排了唐炼与北川的再次拥抱，可这个拥抱却让人辛酸和悲痛。2008年"5·12"汶川特大地震，举世震惊。5月13日，时任泸州军分区政治部主任的唐炼奉命带领1060名官兵和民兵紧急驰援北川灾区。进入满目疮痍的北川，

唐炼和战友们冒着余震和房屋垮塌的危险，不顾一切地投入生命大营救。在没有任何机械支援的情况下，用手刨、用镐挖、用肩扛，想尽一切能想的办法，抢救幸存者。连续8个昼夜的施救，虽然只救出了4名幸存者，但也给了他和战友不少安慰。之后又相继转点安县、游仙等地，从抢运物资到抢修基础设施，从消洗防疫到过渡安置，从帮扶贫困到维护稳定，唐炼和他的战友在灾区奋战了94天。2010年，命运的再次安排，中央军委提升唐炼任绵阳军分区政治委员。上任第二天，唐炼到了北川老县城，在掩埋有三千多名遇难同胞的祭奠碑前，他鞠躬献花。在文中唐炼写道："在自然灾害面前，人都是渺小的。既然有幸在这块土地上工作，就要牢记宗旨，尽心尽能，以告慰那些不幸的罹难者。"

多少年来，无论哪一次抢险救灾，身为部队领导的他，始终身体力行，冲锋在前。1999年夏，成都崇州市羊马河决堤，威胁下游10多个乡镇和近10万群众生命财产安全，部队奉命抢险，唐炼和6个营的部队，通宵达旦奋战了3个昼夜直到险情排除。2007年7月，泸州市泸县濑溪河河水暴涨，嘉明镇一片汪洋，成都军区、四川省领导现场指挥抢险，唐炼率近千名民兵和预备役人员连续奋战7天7夜。2013年7月，绵阳市遭遇百年不遇的特大暴雨和洪水袭击，江油盘江大桥垮塌造成重大人员伤亡；安县3个乡镇道路中断，中铁19局130人被困深山；北川8个乡镇与外界失去联系……作为绵阳军分区政委的唐炼，迅速组织民兵、协调驻军抢险救灾。在最危急的时候，他步行7个多小时亲临安县千佛镇组织指挥，连续半个多月一直奔赴在抢险一线。

雄关漫道真如铁，而今迈步从头越。已年过半百的唐炼仍精神饱满、干劲不减。他说："看来当兵是一辈子的事了。任职有尽头，奋斗无止境。在绵阳这块热土上，我受到了胡锦涛主席、习近平主席的亲切接见，对于一名军人，这是无上荣光的事。我要百倍努力工作，为实现新形势下的强军目标再立新功。"多么朴实的心迹，多么豪迈的担当。这就是我们宕渠的儿女！

回到宾馆，我躺在床上翻来覆去睡不着，男儿志在担当时，回顾采访唐炼的经历，感佩不已。推开房间的那扇窗，皓月当空，洁白如昼。遥望深邃的夜空，繁星点点，我不禁想到，古老的渠江养育了无数优秀的宕渠儿女，唐炼不就是那其中的一份子吗？曾经作为一名战士的我，对首长的敬佩不仅仅是一个庄严的军礼，而且还要默默祝愿他在今后的军旅生涯中，在保家卫国的军人使命中，勇往直前，再奏凯歌。

宕渠兒女

德为立宝
心作良田
梦在前方
路在脚下

唐炳
二〇一二年十一月

“绿叶”情怀

——记原第三军医大学政治部副主任寇晋

人物档案

寇晋，1962年3月生，四川渠县白兔乡人。1979年9月考入解放军重庆通信学院并入伍，中共党员。先后就读于渠县静边中学、重庆通信学院、南京政治学院、西南师范大学；历任重庆通信学院教务参谋、政治教员，第三军医大学西南医院政工干事、校政治部宣传处长、护理系政委、大坪医院政治部主任等职。2007年12月被授予大校军衔，现任第三军医大学政治部副主任。

军人是神圣的。

按常理而言，与军人结缘的是枪。而对于寇晋这位军人来说，与他结缘的却是笔。

出身于渠县白兔乡的寇晋，他从政治理论教员、宣传干事、宣传处副处长、处长、护理系政委、大坪医院政治部主任到大学政治部分管宣传的副主任，中国人民解放军大校军官。一路走来，他说自己从来没有离开过“宣传”这个行当。

“做宣传的就是一片绿叶，无私地托起红花，默默地为红花奉献能量，陪衬红花。人们欣赏和赞美红花时，往往会忽视或忘却绿叶奉献。这是现实，我从不后悔。”

他的军旅人生有过许多精彩，点亮过许多心灵的明灯。寇晋这片“绿叶”，有着独特的情愫，这独特情愫铸就了他那堂堂正正的脊梁。

一、起　程

1962 年，寇晋出生在渠县白兔乡。关于家庭出身，用当时的话说是“根正苗红”，父母都是中共党员、基层干部，正直善良、乐于助人，在当地颇有影响。乡村环境的熏陶和严格的家庭教育，使寇晋从小就有正义感和对社会对人生充满了美好的向往。

1979 年，寇晋考上了地处重庆歌乐山的解放军重庆通信学院师训班，这开启了他的绿色军旅之梦。临行前一天，乡政府格外热闹，头发斑白的乡党委书记寇仁康自己掏钱，请乡干部和工作人员欢聚一堂，庆祝寇晋考上军校，成为国家恢复高考后该乡第一个军校大学生。

那一年，对越自卫反击的战事已经打响，每天耳闻英雄事迹，理想的色彩笼罩着每一个胸怀军旅梦的年轻人。入校后，学校对这批“文革”后招收的第一届地方高中毕业生特别重视，入伍入学教育安排很紧凑，学校、大队、中队领导轮番上课，新学员第一次近距离见到了老红军、老八路、战斗英雄这些故事中的人物，听到了“党对军队绝对领导”“三大民主”“官兵一致”这些新鲜名词。最让寇晋难忘的是队干部对学员关怀备至，严中有爱。队长苏世荣、教导员朱荣令等领导特有亲和力，苏队长亲自教大家唱军旅歌曲、教学习方法、讲《三大条令》。朱教导员毕业于解放军政治学院，是红军后代、烈士遗孤，由于父母在长征中牺牲的原因一度没有查清，“文化大革命”中饱受冲击仍志向不改，他对学员们关怀有加的同时，也把红色传统也传给了大家。一次早餐后，朱教导员看到这些十六七岁的学员用肩膀将一袋袋粮食扛回学员队食堂，担心沉重的米袋影响这些少年的身体发育，担心做这些繁重的体力活会影响大家的功课，就招呼大家停下来回教室看书，并严厉批评带队干部“没有长心子”、不懂得照顾年幼的学生，然后亲自带队干部去搬粮食。寇晋多次回忆说：“那时的教育真管用，身教胜于言教，所有领导讲的道理我们真信、深信。几十年过去了，我们没走过弯路、更没走过邪路，我们师训队 100 多名同学没有人犯过大错、没有人受过刑事处罚，且事业上人人有建树，这与当时的教育是分不开的。”

通信学院有很多老红军、老八路，他们经常讲起长征路上的经历，打鬼子、保家园的豪迈，以及奋勇杀敌迎解放的光辉故事，军人的荣誉与使命在寇晋的心中越来越清晰。那时，他最大的幸福是“可以看很多的书”，熄灯了，就躲在被窝里，打起手电筒看；他最大的乐事是每周可以看上一场电影，而不必像小时候那样追了一村又一店。看书多，思考多，想法就多，他特别喜欢和同学围绕一个观点进行激烈辩论，也每每胜出，人送绰号“寇铁嘴”。

毕业留校，寇晋的分配命令是学校训练部新成立的电教中心，哪知被调整到训练部教务科，开始了“爬格子”的生涯。干一行爱一行，在教务科撰写文字材料，他竟也琢磨出许多门道来，由他撰写的关于创新教学方法的简报，被总参《军训通信》转发。

为了充实自己，寇晋自学法学，掌握了扎实的法学基础。在1986年的普法教育中，他被调到政治理论教研室，担任了全校法学基础知识的授课任务。站上讲台的他，凭着一股善学习、敢担当、负责任的劲头，苦学苦练，当教员仅仅一年时间，就获得了“学院优秀教师”这样的肯定和荣誉。

每一个年轻人都有自己的青春小调，而进取则是青年寇晋不二的主旋律。1987年，当了教师的寇晋，先是在西南政法大学进行为时三个月的进修。接着，又开始进军南京政治学院政工专业本科。接到学校让其报考南政的通知，距入校考试只有20天时间，要考5门课程。他每天学习至深夜，感到身上有用不完的劲。“军队政治工作学”这门课程他从未学过，就硬着头皮、抱着碰运气的心态借了一本教材自学，时逢《新时期军队政治工作决定》颁发，他看了两遍、记住要点，结果不但高分过关，“军队政治工作学”课程比同时参考的几名“政治工作学”专业教员考分还高。考入南京政治学院，“我最大的幸事是眼界宽了，政治学院的课程都是自己最喜爱的课程，圆了我的大学文科梦；政工专业的同学都是干部学员，来自全军的青年才俊，见识很广，成就了我的‘战友缘’。与‘独臂英雄’丁晓兵、全军学雷锋标兵丁红军成了同学。老师的教诲，同学的熏染，让我的思想豁然开朗。”寇晋如是说。在南京政治学院第二学历本科班读了两年，耳濡目染，眼界宽了，国家民族、军人使命在心中的分量更重了，同时也铸就了寇晋善于独立思考、富有批判精神的秉性。1989年7月，学成归来的寇晋重新出现在通信学院的师生面前，这次，他为大家奉上的是精彩的时事课“东欧剧变原因及影响”，那堂课从始至终都有赞许的掌声，而寇晋的掌心里则全是冷汗。

二、打　磨

1989 年底，寇晋从“歌乐山上”调到“歌乐山下”发展，“山下”是一个正军级单位第三军医大学所属的第一附属医院，老百姓都习惯叫西南医院。

西南医院历史悠久，专家众多，平台更高，天地更宽。寇晋在医院政治部宣传办公室工作，理论教育、医德医风建设、文化体育活动、新闻报道、文字材料样样都要抓、要亲自干，院部领导、科室主任、医生护士、战士职工、病员及家属，每个层面的人都要接触。每天的工作挤得满满当当，干得风风火火，他感到知识有了用武之地，心中升腾着希望和力量，感到有了实现自我价值与社会价值相统一的平台。

在西南医院，寇晋与知识分子打交道最重要的秘诀是“尊重和服务”，他广交医生护士，马不停蹄地跑科室，夜以继日地干事业，真心实意为基层排忧解难，凡事都亲力亲为，尽量少打电话、发文件，面对面与专家教授、科主任和护士长沟通，这位年轻的小干事很快就得到了大家认可。“知识分子很可敬，为专家教授服务，最重要的是尊重人、理解人，最关键的是要把大家爱医院、爱岗位的热情调动起来，这样宣传工作就有作为、有地位。”“双学一创（学习雷锋、白求恩，创人民信任医院）”活动、“三级甲等医院评审”“重大典型宣传”，他始终站在一线忘我投入工作。他以宣传人的视觉去挖掘西南医院的文化精神、西南医院的亮点及专家教授的特质，第一次把地方新闻媒体请到医院来召开新闻发布会，第一次参与组织对该院烧伤科抢救“救火英雄”梁强的全程进行报道，第一次作为一名干事登台为专家教授讲时事政治课，第一次在医院开展灯会游园活动、趣味运动会、征文比赛、春联创作赛，真正把医院宣传工作搞“活”了。他一手组建的“西南医院博士生合唱团”，唱响了三医大，成了重要领导来校视察或重大庆典的保留节目，成了精品节目，展示了医院文化风采，更展示了学科人才实力。他撰写的多篇医院管理、医德医风建设文章，也开始出现在《中国医院管理》《医德医风建设》等杂志上；他设计的西南医院形象宣传词——“西南医院为你托起健康的蓝天”，一直沿用至今，体现出一种文化价值和品味。

西南医院工作的头几年是寇晋人生中较为艰苦的日子。事业刚刚起步，家庭却遭遇了一连串打击。父亲病故，高昂的治疗费把家庭拖到了贫困的边沿；

老家在白兔乡街道的一间老房子因邻居家起火几乎全部受损。夫妻分居两地，年幼的女儿该上幼儿园确无正规幼儿园可上，他只好把年迈的母亲和年幼的女儿接到重庆来照顾。寇晋在战胜困难的同时，更加勤奋学习。完成了数十万字的文字材料，完成了在职读硕士学位的论文并获得西南师范大学教育学硕士学位，完成了《军队政治工作必读书导读》的编写并正式出版。为了不影响母亲和女儿休息，有时深夜他就躲进厨房里看书写作，一张靠背木椅当书桌，一把小凳子当座椅，一干就是七八个小时。那时，他只有一个信念：好日子谁都会过，只有把苦日子过出滋味才算真汉子。他的勤奋和付出，受到了全院干部职工的认可，赢得了重庆市学习雷锋白求恩先进个人、第三军医大学优秀教育工作者、优秀党务工作者等荣誉，并荣立个人三等功，提前晋职。

三、爬　坡

从渠县大山深处走来的寇晋，具有山的品质——坚韧朴实，也有山的性格——沉稳倔犟。

正当他在西南医院履行宣传科长职责、工作顺风顺水之时，学校宣传处想调他去当干事的消息惊动了医院领导，领导劝他说："医院福利待遇好，发展空间也不比学校差，且联系社会广泛，即使今后转业也好安置，留下来吧！"朋友也说："学校机关竞争更激烈，你又不是去当领导，何苦呢？"倔犟的寇晋却说："我喜欢爬坡，想站在高处看风景！"1997年，寇晋调第三军医大学宣传处任理论教育干事，1999年以副处长身份主持工作，2000年担任了该处处长。他感到干事业的舞台更宽、担子更重，他认为宣传工作就是要坚持正面教育、引领思想、包容个性、繁荣文化、塑造亮点。他以爬坡上坎的姿态、与宣传处的战友一道推动三医大宣传工作不断取得新进步。

他把抓领导干部和党委中心组理论学习作为宣传工作首要任务，年年举办领导干部读书班，开展理论学习集中交流和中心组学习笔记检查评比，调动了领导干部学理论、信理论、用理论的积极性。

他建立学校新闻工作通讯员队伍，召开新闻线索分析会，搞重大典型新闻会战，设立新闻工作专项经费，学校新闻年度发稿数量从500多篇上升至2000多篇。

他大胆革新广播室的管理，率先采用了"自动播号机"，实现了"手动"

到“自动”的转变；把广播室交给热情洋溢的青年学生去管理，由干部指导把关。学生换了一茬又一茬，广播“校园之声”始终充满着鲜活的内容，成了大学生展示才华的平台，至今运转良好。

他筹建电视宣传中心，拓展了宣传资源。2002 年至今，三医大电视宣传中心制作了大量的电视节目，摄制了抗击非典、抗震救灾、援利抗埃等重大历史事件及老院士、老专家的珍贵影像资料。每年都有数条新闻上中央电视台《新闻联播》。

他大力推进校园文化建设，点燃了校园文化氛围。《三级以上专家教授风采录》《院士传记》陆续出版；一批自编、自演带着兵味、土味的文艺节目出现在三医大舞台上。大批文艺宣传骨干脱颖而出。寇晋还自己动手撰写理论文章，研究校园文化建设，研究创新理论传播等问题，发表在总政《政治工作研究》、总后《后勤政治工作》等内部刊物上。2004 年，他被评为总后勤部“学习实践‘三个代表’重要思想先进个人”。

四、担　当

2005 年 5 月，一次出差途中，一位管干部工作的领导问寇晋：“护理学院要配一名品德端正、群众信任、敢担责任的政委，你认为谁去合适？”寇晋立马推荐了另一位干部，领导没吱声。没想到，2005 年 7 月，寇晋被任命为护理学院政委、党委书记。南丁格尔提灯的塑像、一队队青春洋溢的女兵和营区里那栋矗立了半个多世纪的白色护理教学楼，让他深深爱上了护理事业，心甘情愿成为一名“园丁”。他认为，护理事业就是“爱”的事业，只有爱岗位、爱事业、爱学生，才能传递爱心，给学生插上爱的翅膀。当时，他的搭档朱京慈院长是位优秀的护理专家。两人一拍即合，抓政治建设、教学科研、学科人才、学员管理，配合默契，不分彼此。

严管理。寇晋带着一身正气抓管理、以身作则正作风，在学员队推行“严宽相济、育导结合”的管理理念，对厌学逃学的学生、考试成绩多门不合格的学生，严格按《学籍管理制度》规定，经教育仍不改正就上报退学请示。要求教师要当学生灵魂的导师，以模范行动“走进学生、言传身教”。要求学员队干部要当学生 24 小时的“导师”，做到“知兵爱兵会带兵、善谋能干有作为”。重新修订管理规定，经常检查，定期讲评，凡重要工作，都亲临一线督导，发现问题敢抓敢管。

树正气。寇晋利用自己当过教员和理论教育干事的功底，亲自备课上课，抓干部和学生思想教育，涵养正气。正气升腾，邪气自然被压了下去，学生中找关系请假外出的少了，炫耀家庭富有讲吃穿享乐的少了，讲学习重荣誉的多了。

强学科。他和朱院长带领“一班人”上下求索，把护理学科建设作为党委工作的中心任务，多次外请国内知名专家开展学科论证，对学科方向、学科特色逐一会诊把关。积极争取上级支持，努力把护理学科融入到大学学科体系来建设，使之成为国内首批护理学一级学科博士学位授权点，首个自主设置创伤护理学博士二级学科，军队“2110工程”建设项目，重庆市重点学科，重庆市首批专科护士培训基地。

抓师资。他和朱院长积极支持青年教员报考硕士、博士学位，宁愿教学工作过几年紧日子、也不耽误教师培养工作，甚至千方百计选送优秀教师到国外、境外留学。打造了一支专家引领、骨干支撑、专业融合、结构优良的师资队伍。

建文化。寇晋和战友们一道精心打造“玉兰书屋”“走廊文化”“护理荣誉室”。同时，在他倡导下，还开展了“护理之星”评比活动。

凭着感动、理解和热爱，寇晋还与院长朱京慈、段军军、张艳等“一班人”总结提炼出了护理学院“自强、勤奋、求实、博爱”的院风、“坚韧执着、荣誉至上”的院训，征集设计了能集中表述办学理念、传统精神和办学特色的院徽，组建了西南地区唯一一支女子军乐队——第三军医大学红色军医女子军乐队，创作了护理学院院歌。

——青春像白玉兰静静绽放，校园里散发着阵阵幽香。绿色掩映出我们绰约的风采，烛光中升起圣洁的梦想，圣洁的梦想。是南丁格尔精神点燃，点燃我们心中的希望，是那亲爱的老师为我们插上，插上天使的翅膀。是南丁格尔精神赋予，赋予我们爱心和力量，戴上洁白的燕帽，我们行走在生命的两旁。啦……自强、勤奋、求实、博爱，求实、博爱，青春像玉兰花儿争相开放。青春像玉兰花儿争相开放。啊！啊！

——青春像白玉兰静静绽放，姑娘们的心儿在轻轻歌唱。教室关不住我们琅琅的书声，书本捧起年轻的太阳，年轻的太阳。是南丁格尔精神点燃，点燃我们心中的希望，是那亲爱的老师为我们插上，插上天使的翅膀。是南丁格尔精神赋予，赋予我们爱心和力量，戴上洁白的燕帽，我们行走在生命的两旁。

啦……天使的摇篮，玉兰的故乡，我们在这里学习成长，学习成长。自强、勤奋、求实、博爱，求实、博爱，青春像玉兰花儿争相开放。青春像玉兰花儿争相开放。啊！啊！

这首歌由寇晋、朱京慈作词，张烈作曲，2008年拍摄完成MTV，在2009年荣获第七届全军战士文艺奖创作二等奖。2012年再次创作拍摄，2013年荣获总后第四届DV创作三等奖。整首歌富有朝气，激情澎湃，旋律优美，流畅动听，格调高雅，富有节奏感、时代感，便于传唱，反映了护理学院人人充满朝气、乐观向上、努力争做新时代南丁格尔传人的信心和决心。

作为学校传统仪规文化，护士授帽仪式于2004年5月第一次举办，寇晋担任政委后，坚持把它做好做精，每年在纪念“5·12”国际护士节前举行，成为极具护理特色的文化品牌。

2012年7月，在第三军医大学承办的总后先进军事文化建设现场观摩活动中，护理学院向总后刘源政委一行展示了独具护理特色的授帽仪式。

在护理系的5年时间，寇晋发表了20多篇研究文章，其中有一篇系统阐释“南丁格尔精神”的文章在《解放军护理杂志》上发表，这对于一个非护理专业的人来说，是极为不易的。作为班子“好搭档”，朱京慈是这样评价寇晋的：“通过他，我才知道什么是真正的政治工作，什么是真正的以德育人。”

五、血　性

血性是军人应有的品质，而和平时期，军人的血性往往体现在非战争军事行动中，表现在圆满完成重大任务上。

2008年“5·12”汶川大地震发生，寇晋与院长朱京慈提出“我们要专门组建一个心理救援队，到抗震救灾最前线，专业地、系统地、深层次地开展心理救援工作”的想法。

那时，重庆受灾最严重的梁平区，有两所小学在大地震中倒塌，并有学生死亡。5月17号一大早，寇晋就带着教研室的一个教授和两个硕士研究生出发了。一路打听一路找，硬是沿着山路找到了在地震中严重受损的文化镇小学。他们找到了灾后停课的和那些受了伤正在县医院接受治疗的孩子们，和这些孩子在一起整整待了两天。功夫不负有心人。经过他们几次耐心的心理辅导，孩子们的脸上终于又出现开心的笑容。在文化镇小学，他们甚至还为一些遇难孩子的家长做了心理辅导。当他们准备离开的时候，老师们不停地问他们，下次什么时候再去给他们做疏导。

两天的心理救援工作，卓有成效。从梁平区一回来，寇晋连夜写报告，把他们开展工作的情况向学校领导做了汇报，同时向学校提出了组建心理救援队，奔赴四川灾区开展心理救援工作的请求。这次，他们的请求得到了批准。

5 月 21 号上午，由护理系心理专业教授、讲师、队干部和研究生组成的“第三军医大学心理救援队”，在寇晋的带领下，带着自编的 15 000 册心理救援手册，带着各自的迷彩背囊，沿着成渝高速公路，向着四川灾区一路飞驰而去！

德阳，汉旺，都江堰，映秀，理县，汶川，一路走来，寇晋和他的队友们遇到了多次余震、泥石流、道路塌陷等险情，他们凭着机智和勇敢，在确保安全的前提下，心理救援队走遍了第三军医大学医疗队所在的每一个地方，而每一个接受过三医大医疗救援的地方，也都受到了心灵的救援。

他们在一线灾区实施心理救援 24 天，行程 3500 多公里，发放心理救援手册 15 000 余册，举办各种讲座 27 场，团队辅导群众及官兵 3500 余人，为灾区群众和伤病员开展个别辅导 1200 余人次，其中重点干预 73 人。心理救援队的事迹被多家国内外媒体报道。

重庆天源化工厂氯气爆炸后组织教职员工疏散，“非典”爆发时接待从疫区来的人员，组织赴小汤山抗非典医疗队，赴芦山抗震救灾医疗队，援助利比亚抗击埃博拉医疗队等急难险重任务中，始终能第一时间见到寇晋的身影，他始终坚守在第一线履行组织群众宣传群众的使命。宣传工作因“奉献”而精彩、越是艰险越需要宣传工作、三医大的任务在哪里宣传工作就跟进到哪里，这些词汇集融入到了他的血液中。他说，这是宣传干部的职责，更是当代军人的担当。

有人说，和平时期很难见到有血性的军人，我分明看到了寇晋身上的军人血性，他知道家事国事孰轻孰重，他能够在人民需要时挺身而出。

六、真　情

一个人对事业感情有多深，付出的心血和精力就有多大。寇晋对军队政治工作特别是宣传工作有真情，对单位、对同学战友、对家乡父老有深情，他付出并快乐着。

2010年8月，寇晋调任第三军医大学大坪医院政治部主任。在此期间，他带着真情做工作，手把手教干事写材料、办会议，大胆创新政治工作方式方法，在大坪广场开展“金秋故事会”，身边人讲身边事，开展老党员“入党历程回顾”，把教职员工书画作品、专业钢琴伴奏搬进病房楼大厅，凸显医院文化风采，提升了精气神。职称考评工作公平公正，得到专家教授一致认可。抢占先机招聘合同制医生护士，并力主提升他们的福利待遇，真心实意为知识分子和老干部服务，登门拜访了数十位专家教授，与他们成了朋友。大力宣传战创伤医学开拓者王正国院士、卫勤专家李曙光等先进典型，积极推动“爱助童心”活动的开展和宣传，为医院拓展特色品牌做出了贡献。寇晋在班子里也起到了“秘书长”的作用，主动维护班子的团结和威信，“有思想、有能力、不争功、不诿过”，是大家对他较为一致的评价。总部调他回学校政治部工作的命令到达后，他仍请假一周在医院牵头起草并完成了医院党代会报告这项颇费心血的工作，他说：“调走不能留下困难，能为医院多做点事是我的荣幸。”

2011年底，靠着数年来出色的业绩和有口皆碑的人品，寇晋再次回到第三军医大学政治部，担任了分管宣传和保卫工作的副主任，并向组织交出了一份份令人满意的“成绩单”：2012年，成功承办了总后先进军事文化建设现场观摩活动，向总后刘源政委等领导展示了独具特色的红色军医文化，受到首长高度褒奖；2013年7月，他到总后武汉后方基地华阴仓库当兵锻炼，并作为总后驻京外单位的唯一代表到北京总后机关大会上交流当兵体会；2014年，带领学校宣传处与第二附属医院一起，筹办了肖颖彬先进事迹报告会，报告会在人民大会堂举行，这是三医大合校60年来的第一次。在校党委首长的领导下，处理棘手复杂问题，参与隐蔽战线斗争，事干一件成一件。

游子千里，乡音不改。虽然走出家乡已经30多年，寇晋却从来都不曾忘记宕渠这片红色的土地，父老乡亲是他心中永远的牵挂。他的孝顺，在家乡有口皆碑，从1992年开始，他把母亲接到身边，已共同生活了23年，每次母亲生病住院，他总是跑前跑后、百般呵护，为孩子做了极好的榜样。他没有显赫的权势和富贵，却总是在自己力所能及的范围内表达对父老乡亲的深情厚谊——家乡的孩子考上大学，他知道了就要给红包祝贺、出车费；每次回到家乡，遇到有困难的乡亲，他总是给一些慰问金；在医院工作时，他帮助过数百位到重庆看病的家乡人，总是有求必应，从不推脱。

有人说，寇晋脾气倔犟，不好沟通；有人说，寇晋“文人自重”，总是坚持自己的观点；也有人说，寇晋是个包容的人，那么多年，那么多挫折和委屈，却从不向人提及。评价很多，有一句很中肯，那是一位曾经与寇晋因为工作而意见相左的同事，多年后在一次聚会上讲的："寇晋是个有风骨的'宣传人'！"

这正是：

寇氏男儿从军威，晋阶励志沐春辉。
好笔如椽胜钢枪，人中俊杰赢口碑。

妙手超然　良医厚德

——记四川省中西医结合医院院长、党委书记王超

人物档案

王超，男，汉族，生于1963年5月，渠县青龙乡人，中共党员，医学学士、经济学硕士、管理学博士，博士生导师，主任中医师（专业技术二级岗位），现任四川省中医药科学院副院长，四川省中西医结合医院院长、党委书记，政协成都市武侯区委员。四川省名中医，四川省卫生计生首席专家，享受政府特殊津贴专家，四川省学术和技术带头人，四川省亚健康临床医学研究中心学科带头人，国家中医药临床重点学科“中医预防医学”学术带头人、国家中医药管理局中医药临床重点专科“预防保健科”学科带头人。担任世界中医药学会联合会亚健康专业委员会副会长，中华中医药学会亚健康分会副主任委员，四川省亚健康专委会主任委员，中华中医药学会医院管理分会常委，中国研究型医院学会第一届理事会理事，中国中医药研究促进会医用红外热像科学研究院副院长，中国中医药研究促进会医院科学管理专业委员会委员，中国民族医药学会慢病管理分会副会长，中国老年保健医学研究会中医保健技术分会常委，中华中医药学会健康服务工作委员会常委，中华中医药学会神志病分会第二届委员会委员，中国中医药信息研究会理事；四川省中医药学会副会长，成都中医药学会理事会副会长，四川省老年医学学会副会长，四川省中医药信息学会副会长，四川省针灸学会康复专委会副主任委员，四川省中西医结合学会痛证专委会副主任委员，四川省医学会物理医学与康复专委会常务理事，四川省中医药学会络病专业委员会副主任委员；四川省灾后重建专家服务团顾问，四川省人民政府专家评议（审）委员，四川省委组织部创新人才评审专家，四川省人社厅专家评审专家，四川省中医药管理局高级职称评审专家；全国老中医药专家学术经验继承工作指导老师，成都中医药大学、西南医科大学硕士生导师、博士生导师。

王超出生在渠县的农村家庭，从小聪颖好学。1986 年 7 月，毕业于成都中医药大学中医学专业，分配到达州市中西医结合医院（达州市第二人民医院）工作 12 年，主要从事临床及管理工作，历经中医师、主治中医师、副主任中医师、破格晋升主任中医师； 历任病区住院医师、副主任、主任；1998 年 6 月任四川省达州市中西医结合医院业务副院长。2003 年 8 月，经公选调任四川省中西医结合医院副院长，分管医疗业务、科研教学工作。期间，完成中共四川省委党校区域经济专业硕士研究生班学习和四川大学企业管理专业博士学习，取得管理学博士学历学位。2010 年 8 月，任四川省中医药科学院中医药基础理论研究所所长（正处级）兼任四川省中西医结合医院副院长。2011 年 9 月至今，任四川省中西医结合医院院长、党委书记。

一、勇于担当，推动事业发展

王超上任后，大刀阔斧，进行改革。首先是健全组织，充分发挥党组织的领导作用。经过精心筹备，于 2012 年 5 月 28 日成功召开第一次医院党员大会，产生医院第一届党委委员、纪委委员；随后成立 9 个支部；2014 年建立医院团委。圆满完成了改建党委、建立纪委、成立团委的历史使命，实现了医院职工多年来共同的期盼，在医院发展史上具有里程碑意义。

创建“三级甲等”医院是几代人的梦想。在王超的领导下，全院职工众志成城，团结一心，奋战 200 天，于 2012 年 7 月 19 日顺利通过国家中医药管理局“三级甲等”中西医结合医院的评审。

“政治路线确定之后，干部就是决定的因素”。王超重视干部队伍建设，坚持用好的作风选人、选作风好的人，注重在实践中考察和识别干部，把德才兼备、成绩突出和群众公认的人及时选拔到领导岗位上来。干部管理是事业的核心，在选人用人方面，王超常说“用什么样的人，就是倡导什么样价值观的风向标”；“一定要让能干事、干实事的干部看到希望，事业才有希望”，他坚持“用一贤人，则群贤毕至”，树立“凭实绩说话、靠本事晋升”的干事创业环境，积极为干部锻炼搭建平台、提供舞台，强化实践锻炼。比如 2013 年医院选拔聘用了 14 名中层干部，他们平均年龄 38.5 岁，硕博士以上学历占比达 48%，优化提升了中层管理团队，在民主测评和考察谈话环节中，所有新聘干部均得到 96%以上的认同率。

结合管理干部年轻实际，王超创立蹲点联系制度，把临床一线和“目标考核”等工作作为培养锻炼干部的主战场，及时有效解决一线的临床实际问题，让干部在实践中经受磨练、砥砺品质、锤炼作风、增长才干。他创新的蹲点联系制度比省卫生计生委“四项服务”早实施两年。

为提高干部队伍的管理水平和研究能力，他倡导用科研思维进行管理。创新设置《医院可持续发展管理专项》，选择涉及医院发展的前瞻性和现实性的关键问题，广纳谏言，集思广益，四年公开招标七批《医院可持续发展管理专项课题》，形成 51 项可持续发展战略专题报告，提出了 210 余项科学化、建设性的意见和建议，60%以上建议得到院方采纳和应用。通过近四年磨练，成功培养了一批想干事、能干事、干成事的干部队伍。

王超注重强化行风建设，规范医疗服务行为，建立健全了医疗“质量、安全、服务、费用”等各项规章制度，重视从源头上预防和治理不正之风。强化对领导干部的监督，着重加强对院领导班子成员和人事、财务、基建、设备和药品采购等重点岗位负责人的监督，从爱护、保护干部、维护医院整体利益和形象出发，对党员干部严格要求、严格教育、严格管理、严格监督。同时，搞好行风监督。多年来，医院未出现过违法违纪的人和事，没有发生班子成员及其配偶、子女违规情况。着力营造良好的社会形象与和谐的医患关系，杜绝损害群众利益的问题发生，医护人员自觉抵制拜金主义，主动退还患者的馈赠，无收受、索要“红包”或“回扣”现象发生，病人对医院医德医风满意率达 96%以上。

王超作为院长、党委书记，团结班子，凝聚职工，风清气正，彰显正能量，取得优良成绩，医院先后荣获“全国中医药系统创先争优活动先进集体”，省直机关中国梦主题教育活动“先进集体”，四川省卫生厅“先进基层党组织”，四川省医药卫生系统先进集体，连续五年被评为四川省卫生厅创“四好”活动“先进班子”等荣誉。王超个人先后荣获“四川省医药卫生系统先进个人”、“四川省中医药工作先进个人”，”中共四川省直属机关工作委员会优秀党务工作者”，“四川省卫生厅优秀共产党员”，“四川省中医药管理局优秀个人”等称号。

二、推陈出新，创新办院模式

王超上任之初，开创性提出“全生命周期健康服务”办院模式。从生老病死的生理变化，按照不同的维度将全生命周期划分为五种状态：即健康、亚健康、疾病、衰老、死亡。医院紧紧围绕 5 个方面进行了一些有益探索与实践，取得了很好的建设和发展成果。

针对医改问题，提出“供给侧”改革：调结构、转方式，提档升级，医院要提供更丰富、更有效的健康服务，保基本、抓两头，提供全周期健康服务；针对中医药发展新规划，提出“两降一升”目标：降医疗服务总量、降医疗业务收入、升职工福利待遇，创特色、找优势，坚持多元化发展道路；针对全面取消药品加成，鼓励社会办医，允许多点执业，推行分级诊疗，建设医联体，改革人事薪酬制度、医疗费用危机等新形势下的新问题，提出医院由治病转变为全方位健康参与。坚持以疾病 → 病人 → 健康 → 生命为中心，围绕健康、亚健康、疾病、衰老和死亡状态，提供全方位、全生命、全周期的健康服务。

在健康状态维护方面，构建中医元素的体检中心、健康数据管理中心，打造区域联动健康管理平台，开展数字化健康维护管理，实现全面健康维护。

在亚健康状态调理方面，未病先防，科研带动临床，占领中西医学战略高地。创建国内首家“亚健康防治中心”、起草国内首个亚健康中医临床指南、率先创建亚健康中医临床“三维”评价模式、顶层设计中国亚健康科技产业孵化园、创新亚健康服务体系，参与亚健康保健品孵化，为企业提供亚健康临床研究依托，培养海内外亚健康专业人才，建成国内首个亚健康医学重点实验室（甲级），打造中医药特色睡眠主题馆，获批四川省科技厅第一批临床医学研究中心。

在疾病状态治疗方面，采取中西融合，全面提升综合救治能力。以急危重症为基础，发挥西医主导作用；以重点专科为主线，发挥中医特色优势；衷中参西，建设优势特色学科群；打造综合服务功能，满足临床各层次需求。

在衰老状态调护方面，秉承“为党和政府分忧，替天下儿女尽孝”的宗旨，建设中医药健康服务医养结合中心示范区，突出颐养功能，延伸医疗服务，形成动态的闭环式服务模式，安全养老；并设立 22 个可持续发展研究专项项目，形成一套可复制、可推广的示范性建设标准方案。

在死亡状态照料方面，依托老年康复科和深切治疗室，开设临终关怀病房，提供居家式服务，实现以治愈为主的治疗转变为以对症为主的照料，努力提高临终患者生命质量。

2017 年 10 月，香港艾力彼医院管理研究中心联合发布中国医院竞争力医养结合机构 50 强，医院颐养中心排名公立三甲中医全国第二，四川第一。

至此，在不同生命状态开展“全生命周期健康服务”模式，走在行业的前列，符合新时代、新形势的要求，得到同行认可和第三方高度认可和评价。

三、锐意进取，开辟一院四区格局

王超上任后，锐意进取，开拓创新，采取行之有效的措施，医院取得了快速稳步发展，但同时面临着业务用房严重不够的瓶颈，面临着医院原址重建不确定的两难选择——如果重建，医院将面临过渡院区的选择；如果不重建，势必造成医院就医环境差、持续发展乏力的问题，将严重影响医院事业发展。

针对如何破解医院业务用房瓶颈难题，他提出“步步为营”策略：充分挖掘院内空间，改变房屋用途；老病区内部整改，扩容病房；行政办公区让位，改为病区；统筹门诊业务用房，增设专科门诊，这些措施使业务用房问题在短期内得到了缓解。为了从根本上破解业务用房瓶颈，王超带队先后深入到天府新区、郊县、城区东南西北、街头小巷看地找房；为探索医院拓展模式，先后到华西医院、四川省人民医院、成都市中西医结合医院、成都市第三人民医院进行深度访谈调研；组织医院各界现场考察，反复调研，确立选址意向，形成一致共识；引入律师事务所、评估事务所、会计师事务所等中介机构，参与专项工作；为了确保医院利益，规范选址流程、决策流程、谈判流程等各项流程；谈判前，思考可能出现的若干场景，进行利弊分析，设想应对策略；谈判中，遭遇了若干个难以想象的变数。决策中，遭遇到了很多不知晓的背景、不熟悉的行业、不了解的知识、不可理喻的措辞及新常态下的环境，压力之大，常人难以理解，千针万线都要过他这个针眼，他独自承受，因而常常为此通宵失眠。整个过程充满酸甜苦辣，院外的亲戚、朋友、哥们、同学都好言劝他不要做，但为了省中西医结合医院的梦想，他坚持挺过来了。

通过设置规范工作流程、委托中介机构参与、院内专题讨论、民主决策，召开专题分析会议 56 次，各类大中小型会议征求意见 21 次，深度沟通 126 人次，磋商谈判 258 人次，现场调研考察 268 人次，各种方式咨询专家 53 人次，各类文本、报告、会议纪录 252 次，一座具有三甲医院规模、占地 15 亩、床位 400 张、配套设施全、设备合乎三甲需求的医院落户北区。北区的开设，不仅成功破解了医院业务发展瓶颈，而且拓展了中西医结合服务区域和辐射半径；不仅满足了医院人才培养、完善学科、扩大发展的需求，而且带动了当地经济的快速发展；不仅是三甲优质医疗资源下沉到北改片区，而且使中西医结合服务延伸到当地百姓，让更多群众得到中西医结合诊疗的便捷和实惠。

近几年来，王超带领医院干部职工艰难拓展、爬坡上坎、攻坚克难、砥砺前行。目前，一院四区格局基本形成，南院区（火车南站）、北院区（火车北站）、东院区（火车东站）、高新院区（新川创新科技园筹备中）。

四、培养人才，狠抓学科建设

王超常说："重视人才，就是对医院的未来负责"。在人才管理方面，他重点突出"找、管、培、用、留"五个方面。（一）在"找"人方面，质量并重：根据学科建设和工作需要，设立"伯乐奖"，鼓励职工推荐、引进高级职称专家和急需骨干人才，助推医院事业发展；制定优惠政策，吸引返聘人员留院、院外人员加盟医院。（二）在"管"人方面，优化结构：摸索分类管理机制，将全院职工分为临床医护人员、行政工勤人员、外聘返聘人员、各类培训人员等几类，并对培训人员细分为开放式培训、储备式培训、规范化培训、急需（特殊）专业培训等，逐步建立起动态、灵活的用人机制。（三）在"培"人方面,提升水平：按人员类别，分类培养新进人员；鼓励在职学历教育，提高干部职工的专业技术和管理水平。倡导职工积极参加学术活动，及时更新专业技术知识；派遣多批次业务骨干前往北京、上海、广州等地具有优势学科特色及影响力的医院进修学习，攀高师，当名医，择高亲，提高进修层次，掌握先进技术；开展学术经验传承，充分发挥老专家传、帮、带的作用，积极促进骨干人才的教育成长。经过几年的实践，中青年人才迅速成长，成为新一批医疗中坚力量，使医院人才的学科分布和年龄梯队更趋合理。（四）在"用"人方面，人尽其才：积极搭建平台，大胆启用年轻人才，不拘一格，让人才尽情施展才华，做到人岗相宜、人尽其才。（五）在"留"人方面，努力营造"识才、惜才、聚才、留才"的用人环境，让人才招得来、留得住、用得上。实施待遇留人，医院在编职工与招聘职工同工同酬；事业留人，构建人才成长机制、搭建人才成长平台，使想干事的人有机会，能干事的人有舞台；感情留人，让广大职工充分享受到医院事业发展的成果，努力提高职工的幸福指数。

在他上任后，狠抓机遇、整合资源、积极申报，成功实现国家级重点学科零的突破，现有国家级重点学科 2 个（中医预防医学和中医肿瘤医学）；国家级重点专科 5 个（中医预防保健科、肿瘤科、肛肠科、妇科和耳鼻咽喉科），省级重点专科（专病）7 个（肿瘤科、肛肠科、脾胃病科、中医骨伤科、中医皮肤科、颈部不适专病、高血压病），急危重症科等院级重点专科 8 个，初步形成了国家级重点学科——国家级重点专科-——省级重点专科——院级重点专科群。联合申报，全面参与 10 个国家重点专病协作组工作，其中，中医预防保健科承担了亚健康态失眠协作组组长单位的任务。按照重点专科的建设标准，以提高临床疗效为核心目标，围绕人才培养基础设施建设、学术水平建设和医疗质量的建设开展工作，并取得显著成效。

五、大院思维，组建战略联盟

王超具有大院思维，在他看来，中医、西医、中西医结合三架马车并驾齐驱，四川省中西医结合医院作为省中西医结合医院的龙头，需要发挥好省级医疗机构的指导作用。落实省卫计委分级诊疗制度，采用“挂牌合作、对口支援、局市合作”等项目形式，与属地武侯区卫生局管辖的 12 个社区卫生服务中心，以及属地成华区中医院开展了对口合作拓展工作，使中西医结合走进社区、服务百姓；先后在德阳市、绵竹市、内江市、乐至县、武胜县、浦江县、阿坝县等地挂牌分院，伸腿东西南北中，组建战略联盟，使医疗资源下沉和医院功能互补；先后与海南省三亚市中医院、新疆伊犁、广西中医药大学等地开展合作；联合国内 20 家三甲医院开展国家重点专病协作研究；借助省“双向转诊”机遇，主动出击，已与省内 225 家医疗机构签署双向转诊协议，并进一步规范转诊程序、建立绿色通道、优化诊疗流程、畅通转诊渠道，建起“四川省中西医结合医疗协作联盟”；搭建省内 31 家二级以上医院科研创新合作平台，组织开展省、局级中医药科研项目申报工作，签订长期科研战略合作协议，实现了省中西医结合科研战略合作平台落地，实现了科研项目为抓手，驱动上下双向联动，提升省内外影响力。

六、勇当先锋，奔赴救灾一线

在“5·12”汶川地震关键时刻，王超勇当先锋，亲任医院抗震救灾总指挥，夜以继日奋战在一线，有序有力有效地开展抗震救灾工作，带领全院职工紧急有效疏散，第一个组织专业救援队伍奔赴灾区；亲临重灾区都江堰、绵阳、什邡、映秀等，昼夜兼程，救治和转送灾区病人；组织安全转移院内236名住院病人，积极接收并诊疗灾区病人，为他们腾出病房、抽调业务骨干、提供优质后勤保障、解决灾区病人及陪伴的伙食供应；运用中西医结合救治85名灾区住院伤病员，效果良好，无一例死亡，无一人截肢；先后派出“120”救护车281次，医护人员出诊2142人次，救治灾区病人398人次，收治灾区住院病员85人，手术病人34台次，为灾区病人赠送预防肠道疾病汤药4000余袋。“4·20”芦山地震发生后，他第一时间组建医疗队赶赴灾区，派出各型车辆16车次，安全行驶6000余公里，受到中央电视台、四川电视台等众多媒体报道，特别是《中国中医药报》第一时间报道了医院勇救坠崖官兵，此后连续一周都有医院的新闻和图片报道。青海玉树地震后，他组织医护人员迅速赶往成都双流国际机场转运第一批地震伤员，共转运6批伤员至华西医院、四川省人民医院。

甲型H1N1流感疫情发生后，他反应迅速，有效应对，加强监测，在门诊设置体温监测处监测异常发热患者；及时上报监测数据；向职工及患者发放预防流感的药品和预防甲流知识宣传资料。三聚氰胺毒奶粉突发事件中，他积极完成上级主管部门指派工作，组织医护人员对婴幼儿免费检查。毒胶囊突发事件中，他在第一时间对毒胶囊清查及安全保卫工作作出部署，连夜对医院药房所有胶囊药进行全面清查，并按要求上报省卫生厅。

在医院应急管理中，他从危机管理理论角度，第一个提出了医疗服务伤害危机的概念并进行实证研究，得到社会良好反响，对医院处理服务伤害事件和突发事件具有现实的指导价值。从医院发展战略上，他提出“以急危重症一体化建设为基础，重点学科建设为主线，打造医院优势特色学科群，完善综合服务功能，满足患者各层次需求”的发展思路。在应急措施中，他牵头制定《医疗服务伤害危机发生后的应对思路及管理方案》，提出了一、二、三级应对处置预案和特殊应对处置预案流程，制定出各种应急对策与措施。在“120”应急管理中，他突出120绿色通道的畅通，使医院应急能力和水平显著提高。

由于成绩显著，他受到了世界卫生组织总干事陈冯富珍的亲切接见和高度好评，荣获“四川省卫生厅抗震救灾先进个人”和“全国中医药应急工作先进个人”。

七、中西结合，走向国际舞台

王超具有国际视野，积极开展国际交流合作。国际中医药大会是我省中医药现代化窗口，王超主动争取、争分夺秒、积极筹备，使该院首次作为秘书长单位，承办国际中医药大会第七分会，与会代表 118 名。院士领衔，哈佛参与，成功举办，得到了省科技厅和与会专家的一致好评，打开省中西医结合走向国际化的窗口。

作为国家级重点学科亚健康失眠协作组组长单位，推动与美国哈佛大学雷生理医学非线性动态研究所合作，开展亚健康失眠科研合作事项达成合作协议，在医院亚健康中心筹建四川省睡眠检测中心，并作为四川省唯一中心，负责指导和推动省内合作。长期开展与美国西雅图巴斯迪尔医科大学、友三大学的学术交流合作，接收留学生来我院开展中医肿瘤理论与临床技能学习培训。先后接收美国康涅狄格大学(University of Connecticut)、英国布拉福德大学(University of Bradford)夏令营团等国外医学生参观考察，不仅展示了医院浓厚的中医氛围，也向外国医学生传播了中医药文化，促进了中西医文化交流，让他们开阔眼界，感受中医药理论和中医技术的神奇。

选派人员赴韩国参加国际学术交流。选派医务人员赴安哥拉、几内亚比绍等国执行医疗援外任务，受到国务院总理李克强同志的亲切接见。

积极融入“一带一路”建设。与世界卫生组织国际传统医学部建立合作，积极参与“一带一路”国家的中医诊疗技术的推广与应用。与成都中医药大学国际学院合作，通过交换生及留学生作为载体，了解当地中医药情况，对当地中医诊疗项目进行扶持。与台湾地区医疗部门合作，进行中医药多领域交流。深化与韩国原辰美容整形医院合作，双方互相邀请学者访问交流。与澳大利亚、缅甸、柬埔寨、越南等国家的医疗卫生单位，建立合作关系。加大对留学生培养力度，拓宽培养范围，增加培养业务，争取更多国家留学生到医院学习交流。

八、妙手济生，结出丰硕成果

王超作为四川省名中医，他长期工作在临床一线，心里时时装有病人，常年坚持专家门诊，采用针灸、推拿、理疗等综合手段诊治颈、肩、腰腿痛、中风后遗症等疑难杂症，对亚健康态睡眠障碍有独特的见解，运用红外热成像技术对人体健康状况进行评估，临床疗效显著。个人年接诊患者3800多人次，年均创收80多万元。多次参加省内外会诊，在省内外有很大知名度，业绩得到同行和社会认可。

作为四川省学术和技术带头人、全国知名亚健康专家、世界中医药联合会亚健康分会副会长、中华中医药学会亚健康分会副主任委员、四川省亚健康专委会主任委员，王超在亚健康领域开创了多项全国第一，填补了多项国内外空白，做出了突出贡献。创建四川省亚健康防治中心，在国内第一个取得执业医疗许可并设为一级科室，成为国家级重点学科、专科、省级重点专病建设单位，还带动国内100多所医院亚健康中心的开设。执笔中华中医药学会《亚健康中医临床指南》，为亚健康中医临床提供了纲领性文件，为中医、中西医结合与相关学科研究及干预亚健康状态提供参考。开设亚健康临床诊疗科目，为亚健康中医临床提供了纲领性文件；建立了医用红外摄像环境标准，填补了该领域在国内外的空白，促进红外技术在医学领域的广泛应用。首次将红外技术引入亚健康临床科研领域，解决了国内外亚健康临床诊疗、决策中“关键证据缺失”的核心技术问题，突破了以寻找亚健康态功能表征的红外可视化为核心的一系列关键技术节点，丰富亚健康“功能”的科学内涵。首次创建以红外技术为核心的功能-症状-生活质量的亚健康态中医临床三维评价模式，为中医优势亚健康态筛选、证据分析、诊断决策、方案确立、指导干预、疗效评价提供符合现代医学要求的评价模式。依托亚健康中心，开展中医治未病工程，将特色疗法通过严格设计、规范实施和报告的临床研究，符合现代医学要求，独创了以“凰”字工间操（该操已申请国家版权保护）为核心的亚健康态颈部疲劳综合中医干预方案，为推广应用、二次创新提供科学依据，有利于发挥传统中医的比较优势，促进我国医学自主创新发展。领军我省亚健康产业，组建中国亚健康产业科技孵化园基地，占领国内亚健康新兴产业战略高地。

王超作为科研项目负责人，承担国家863、973专项，国家中医药管理局、省科技厅、省中医药管理局等科研、基金项目资助30项1000余万元。国家重点学科建设项目——国家中医药管理局“十二·五”中医药重点学科中医预防医学建设；国家级行业专项科研项目——面向农村的5种常见病中医药成果集成转化研究与平台建设；国家自然科学基金项目——基于CSNB大鼠新型亚健康态失眠模型的视觉信号传递机制研究；四川省科技厅科研项目——医院重点专科中医药特色制剂联合研发创新平台建设；四川省人社厅科研项目——三种传统特色疗法干预入睡障碍亚健康的临床优势评价研究；四川省中医药管理局科研项目——网络条件下中医院数据仓库的亚健康人睡延迟诊疗方式优势综合评价等。他的科研成果《基于红外可视化的亚健康中医临床三维评价新模式创建与应用》获四川省人民政府科技进步三等奖，《鹿角四虫胶囊治疗颈椎病的临床研究》和《通络胶囊治疗腰腿痛的临床研究》分别获达州市人民政府科技进步二、三等奖各 1 项。出版《亚健康学》、《亚健康专业系列教材：亚健康学基础》、《人体健康密码解读》、《未病与亚健康》、《医疗服务伤害危机理论与对策》等独著及合著专著 10 部，发表《亚健康态的中医调摄原则》、《亚健康态的中医理论基础》、《亚健康态颈部不适的红外热图特征探讨》、《医疗服务危机概念的提出及意义探讨》等论文 50 余篇。

翻开成长日历，王超表现突出，屡获殊荣。1991 年被授予“新长征突击手”；1993 年被授予“达川地区十佳杰出青年”；1995 年被四川省中医管理局授予“四川省首届 20 名杰出青年中医”；2003 年被达州市人民政府授予“科技拔尖人才”，同年被授予为“达州市名中医”；2004 年被授予“四川省中医药研究院学术技术带头人”；2005 年被授予“四川省中医药管理局学术和技术带头人后备人选”，同年被授予“四川省中医药研究院名中医”；2006 年被授予“四川省中医药学术和技术带头人”；2008 年被四川省卫生厅评选为“四川省抗震救灾先进个人”；2009 年被四川省人事厅、省中医药管理局等评选为“四川省名中医”，同年被授予“四川省学术技术带头人后备人选”；2010 年被授予“四川省学术技术带头人后备人选”；2011 年被四川省卫生厅评选为“首届四川省卫生厅有突出贡献中青年专家”；2012 年被国家中医药管理局评选为“全国中医药应急工作先进个人”；2013 年被四川省人民政府评选为“四川省学术和技术带头人”，同年荣获“四川省医药卫生系统先进个人”。2014 年 5-8 月，由四川省委组织部选送参加“四川省第二期优秀干部和人才递进培养高端领军人才班”研修学习，成绩优秀。2015 年，被中共四川省直属机关工作委员会授予“优秀党务工作者”，被政协成都市武侯区委员会评为“2015 年度提案工作先进工作者”；2016 年被评选为“享受政府特殊津贴专家”；2017 年被评选为“四川省卫生计生首席专家”和“全国老中医药专家学术经验继承工作指导老师”，被新任命为四川省中医药科学院副院长。

这正是：

王家儿郎成名医，超越拼搏创奇迹。
好施妙手除沉疴，人人敬重夸神技。

艰辛创业　大爱无疆

——记贵州省达州商会会长文学强

人物档案

文学强，男，1963年4月9日生，渠县有庆镇平滩村人。大专学历，先后多次被贵州省、贵阳市等地评为先进个人。现任贵州省强臣房地产开发公司董事长、贵州省达州商会首任会长。

北风呼啸，天寒地冻。2015年12月12日下午2点，贵阳国际会议中心的会议室却如春天般温馨，荡漾着欢快热烈的气氛。贵州省强臣房地产开发公司董事长文学强获全票当选为贵州省达州商会会长。文学强的脸上露出了欣悦的微笑。这是他人生征途上的又一个里程碑。

晚饭后，应笔者邀请，文学强讲述了他坎坷不平、勇于拼搏的奋斗经历。

一、坎坷不平，自强不息

文学强家住渠县有庆镇平滩村。该镇位于渠县南部，距县城17公里，国道318线横贯境内，是川东北通向川中腹地的南大门。农副产品以水稻、小麦、玉米、红苕为主，经济作物以黄花、油菜、生姜、青麻、白芍等为主。建有蔬菜、水果、养鱼、畜禽基地，素有“巴渠粮仓”美誉。地下蕴藏着丰富的石油、天然气资源，地上有大量的青石建筑材料。平滩河水资源丰富，可常年发电。旅游资源丰富，风景怡人，环境幽雅。

在上世纪六七十年代，文学强的童年记忆留下更多的却是那些不堪回首的酸楚和记忆犹新的拼搏追求。

文学强家中四姊妹，他是老大，由于家庭贫困，他 12 岁的时候就在五龙村的河里抓鱼卖。早上 3 点钟，天还没有亮，就起床走路到李渡乡赶场，把在河里抓的鱼拿去卖。然后将卖鱼的钱，买盐巴，打煤油等。他母亲在生下妹妹后结扎，因手术留下后遗症，处于半瘫痪状态，干不了农活。家庭成分不好，家里的顶梁柱——父亲经常挨斗，蹲学习班。

文学强还是一个十一二岁的娃娃，而那副沉甸甸的生活重担就已落在了他柔弱的肩上。文学强小小年纪就学会了吃苦耐劳。父亲给他取名“学强”，希望他好好学习，使家庭强盛起来。然而，对于文学强来说，学习，在那一刻，简直是一个不敢奢望的美梦，他无法在教室里从容地从书本上去获取知识，只能从生活中去学习生活、生产的技能。16 岁那年，文学强跟同村的熊长华学木匠，远走他乡，到陕西做木工，他们走村串户，吃的是酸菜、苞谷糊糊等，生活相当的艰苦。在陕西的宁山县，为了找活路儿，常常一家一家地去问，给人家做房屋檩子、窗户。文学强告诉笔者，那时很苦，忙活一年却挣不到钱，一双胶鞋穿一年，也没钱买新的。第二年，文学强又拜另一师傅学木匠，到处找活干，找活儿的艰辛不是一般人所能想象的。文学强说，那时，他从一朋友处借了 10 多元钱，从陕西的一个县城坐汽车到安康，从宝鸡到西宁，从西宁坐车到青海省的河南县。去后，还是没活干，一天只吃一个馒头，钱用完了，水也没得喝，几天没吃没喝。没有钱，坐火车混票到渠县后，走路回家，饿得不成样子。回到家休息几天后，又到渠县城内做木活。后来，认识了一位朋友，经他介绍到县政府做木活，这样到 1982 年，又没活干了。赚的几个钱，都拿回去跟妈妈医病。1983 年 3 月，他在一亲戚家借了 30 元钱，坐火车到贵阳白云区。那时，没有身份证，在贵阳做活还要开证明，由于刚去，没有经验，给一家做家具，说好了的做一套家具 80 元钱，干了一个半月，老板见他是外地人，加上人又老实，只给了他 2 元钱。没有办法，怎么办呢，旁边一位姓黄的老乡差木匠干活，就叫文学强去干，主要是修门窗。就这样，条件稍好些，一个月可以挣 100 多元钱。第一个月挣了 120 元钱，文学强抑制住内心的激动，急忙跟家里寄了 70 元，剩下的钱买了双布鞋和一件衣服。文学强从早到晚，不停地干活，每晚都要干到 12 点，一天只睡五六个小时。有活儿干，日子逐渐好起来了。这样一直干到 1984 年。1985 年经朋友介绍，文学强开始学当包工头，为贵州白云区铝厂修堡坎，刷油漆，刷白灰，打混凝土。没日没夜地干，赚了点钱。1986 年下半年，一个朋友介绍文学强垫资建厂，他钱没赚着还血本无归，吃饭都成为问题，老婆只好去卖米粉，一天几块钱维持生活，那时还有两个娃儿，生活十分艰难。1987 年初，一次偶然的机会，文学强想方设法到贵阳车辆厂包了两幢房子修，总造价 80 万元，就这样步入了房地产这个行业。

二、抓住机遇，奋力拼搏

有名人说过："我们必须接受失望，因为它是有限的，但千万不可失去希望，因为它是无穷的。""在这个世界上取得成就的人，都努力去寻找他们想要的机会，如果找不到机会，他们便自己创造机会。"

文学强的人生路上，一直是崎岖的羊肠小道，在旁人看来，似乎前面的路越来越窄。但文学强心中始终有一个信念，只要是凭自己的双手劳作，坚持不懈，相信一定会有走上星光大道的那一天。有一句话叫"天道酬勤"。只要坚持一个"勤"字，何必时时惦记着结果呢？功到自然成。

文学强正是在这样的精神支撑下，一步一个脚印地向目标迈进。因为他相信未来，相信"种豆一定得豆，种瓜一定得瓜"。

文学强在房地产领域拼搏。到 1990 年，已经修了七八幢房子，那时赚了 100 多万元，文学强就把钱拿到遵义去搞房产。几年时间，钱没赚着，又把所有钱用完了。在他有钱的时候，跟父母就拿了 10 万元，没办法，文学强又去父母那里拿了 5 万元修房子。当时，文学强只有一个念头，一定要干好，他买材料，修机器，20 几个晚上没有睡觉，实在累了，小睡一会又开始干，当时包的 8 层楼的房子，由于多方面的原因，又赔了。没办法，只好送两个娃娃回老家去念书。1996 年，心有不甘的文学强又包了一幢房子，由于没钱，只得去跟朋友求情，赊材料，费了九牛二虎之力，最终把这个项目拿下来了，这时，已经是 1996 年下半年了。

文学强的创业路荆棘丛生，怎样才能闯过去呢？文学强不禁思索起来。他猛然想起了他那熟悉得不能再熟悉的名字，想起了他的父亲。"学强""学强"，只有学习，才能强大。于是，文学强在他的生活中，又多了一项工作，就是学习，他要把被命运耽搁的课程补起来。为此，他买来了专业书籍，像一个饥渴的孩子捧着甘甜的泉水，咕咕地喝了一个够。

有了知识的武装，文学强的事业开始出现了转机。

文学强大胆推进企业管理基础工作的制度化、规范化。强化成本、资金和质量管理，建立成本否决制，把成本指标分解落实到每个工序，每个产品，每个人，与个人收入挂钩，把成本降到最低限度。严把质量关，落实全员、全过程、全面的质量管理责任制，完善企业的标准化、计量、技术监督工作与质量检测手段，提高采用《质量管理与质量管理体系》标准的水平。加强资金财务管理，建账监督、资金支出审查稽核制度和收支两条线制度。通过建立健全企业各项规章制度，规范了企业经营行为，使企业各项经营活动都有条不紊。不断加强企业项目管理，重合同、守信用，重塑企业良好的经营形象。以良好的企业形象，营造出一个较好的经济发展环境。加强考核和监督检查，建立有效的激励和考核机制。加强企业文化建设，全力打造企业文化。文学强认为在当今新的形势、新的任务、新的机遇、新的挑战面前，要想实现创新发展，就必须树立“用文化管企业”“以文化兴企业”的理念。因此，文学强把企业文化建设作为企业管理的一项重要内容来抓，努力用先进的企业文化推动企业的改革发展，提高企业创新力、形象力和核心竞争力。

此时的文学强，提升了思想境界，开阔了眼界，明确了方向，办起事来，得心应手。他说，1990 年以前都是当包工头，1996 年才开始搞房地产。1997 年初，文学强合作开发了 27 亩地的一个工程修房子，整个工程四周都建成两层商铺，中间还有个农贸市场，这个地方的房子一下子就火起来了，卖到五百多元一个平米，商铺四千多元一个平米，当年日子就好起来了，成交金额最多的一天有 3000 多万元，整个工程干完，文学强一算，赚了 1000 多万元。这就是文学强事业上的第一桶金，趁热打铁，文学强于 1998 年注册 800 多万元，成立了贵州省强臣房地产开发公司。这样一直干到 2001 年，那时，文学强在当地出名了，他被选为贵州省青年联合会常委，当选为贵州省青年企业家协会副会长，企业效益成倍增长，还当选为白云区政协委员，白云区工商联副会长。

三、慷慨解囊，大爱无疆

奉献是神圣的，伟大的祖国需要奉献；火热的生活需要奉献；千百双渴求的眼睛需要奉献。奉献是赤诚的奉献，无私的奉献，崇高的奉献，奉献就像火把，是无怨无悔的燃烧，是至死不渝的真情。奉献像一泓清泉常年不断地流淌，是不计名利的付出。奉献更像一首经久不息的颂歌，永远回荡在广袤的神州大地。

文学强成功了，文学强富有了。文学强对富有有不一样的解释，他说，个人富不算富，只有大家富才算富。

崇高的思想境界决定崇高的创举。文学强告诉笔者，从2001年到2008年，他拿出2700多万元做公益事业，赞助贫困大学生，修公路、修学校、回报社会。为老家修路捐款加起来就有100多万元。文学强说："我是一个农民的孩子，钱取之于民，用之于民。"他说仅开阳县，为当地修广场，修学校等就花了300多万元。在白云区为失学儿童无偿花费300多万元修学校。在绥阳县捐了100多万元，另外修了一条路，花费700多万元。同时，在2002年，贵州省团委搞了一个春晖行动，连续5年，包了3架飞机把一些贫困地区成绩好的学生送去北京参观天安门、故宫，这笔开支就花费100多万元。汶川地震捐款120多万元。2005年，为乌当区无偿修了一座医院，投入1000多万元。文学强的名气越来越大，从2004年至2007年，先后获得了团中央、国务院颁发的个人创业先进个人；2004年12月，被共青团中央、劳动和社会保障部评为中国青年创业行动先进个人；2005年6月，被评为首届贵州省50家诚信民营企业；2006年8月，被贵阳市委、市政府评为优秀中国特色社会主义建设者；2007年被团中央、公安部、文化部等13部委评为第五届全国进城务工青年工作先进集体；先后30多次被中央、省、市表彰。2004年还被赫章县财神镇聘为名誉镇长。

采访时，文学强告诉笔者，一次他到赫章县财神镇等地的一些学校，看到三个班只有30多平米一间房，里边有几十个学生，只有两个窗子，玻璃都没有。穷孩子长大的他，看到那种情形顿时就流出了泪水，他当即表态要捐献巨资改善那里的教学环境。之后，文学强出钱在那里修了4所学校，还跟学校的每一位学生买了校服、书包。

曾经有人以"小木匠的大事业"为题，将文学强的事迹以报告文学的形式予以刊载，中央电视台，贵阳电视台，白云区、贵阳市、贵州省电视台及报纸杂志以文学强的人生为题，也多次做过刊播，文学强还被贵州的一些大学邀请去讲人生，讲创业，讲如何吃苦，奋力拼搏，很受大家欢迎。

在采访时，文学强说过去的辉煌只能说明过去，不能代表将来。而且他要以过去的成就作为动力，在今后前进道路上不断激励自己，鞭策自己。人，无论在何时，都要有理想，要有信心，要振作、进取，作为企业家要知道自己肩上的责任，这是金钱不能衡量的。

文学强取得过辉煌，遇到过挫折。他的事迹告诉人们，只要诚实、勤劳，没有办不好的事。是的，人要有一种锲而不舍、勇往直前的精神。文学强身上闪耀的那些精神，令我们感动，值得我们学习，这就是笔者三到贵州采访文学强的缘由。

目前，文学强的企业处于转型的关键时期，遇到了一些困难，但他对笔者讲，世上无难事，只要肯登攀。过了这道坎，企业将步入更美好的明天。文学强还说道，一个人遇到困难不可怕，怕的是趴下了，没有爬起来。多么朴实真诚的话语啊！也许这些话不只是说给笔者一个人听的，更是说给广大在创业路上的人的。

合上采访本，我从内心祝愿他的事业兴旺，企业更加灿烂辉煌。

这正是：

文章草就赞榜样，学养高雅爱无疆。
强者自有天道酬，好酒再祝创辉煌。

愿将此生长报国

——访原总装备部某基地技术部政治部主任洪安

人物档案

洪安，男，1963年9月1日生，渠县三板乡人。1981年10月入伍，1985年9月入党，硕士研究生学历。入伍32年来，历任战士、排长、代理指导员、团（站）政治处组织股干事、试验技术部政治部保卫科干事、基地纪委办公室干事、基地政治部纪检处干事，研究所组织科副科长、科长，研究室政委、研究所政治部副主任、基地政治部宣传处处长，技术部政治部主任，大校军衔。先后2次荣立三等功，6次受到嘉奖，曾被四川省人民政府、原总装备部授予“拥政爱民”先进个人、基地优秀党务工作者、基地新闻报道先进个人。先后组织“科技创新模范”刘政崇、“时代先锋”王勋年典型宣传、抗震救灾新闻宣传等多项重大新闻宣传报道，在军内外各类刊物发表文章300余篇。

悠悠渠江，是滋养他的生命之源；巍巍巴山，是支撑他的伟岸之躯。

无论是坚守在茫茫无际的戈壁荒漠，驰骋在风雷滚滚的江河大川，还是挺立在抗震救灾的前沿，他的血里，都始终流淌着宕渠儿女的赤诚。他的情怀，都始终激荡着宕渠儿女的坚毅。他就是宕渠儿女的优秀代表——洪安。

从一个农村娃成长为肩扛大校军衔的共和国军官，洪安在30余载戎马生涯中，用忠诚和奋斗奏出了一曲兴装强军的奉献之歌。

一、“乡村医生”军旅梦圆

渠县之于洪安，如同山宗水源，不断用丰厚的底蕴滋养着少年洪安茁壮成长。

渠县地处大巴山区，是川陕苏区的重要门户，革命传统源远流长，渠江之滨巍然屹立的营渠战役纪念碑，就是渠县作为保卫川陕苏区主战场的历史见证，徐向前、李先念、许世友等红军将帅都在渠县的山水之间留下了战斗的足迹。这里浓厚的红色文化氛围，深深熏陶着洪安，他就是听着红军的故事和歌谣长大的，懵懂之间，少年洪安的心中播下了一颗从军报国、积极向上的种子。

1977 年，他作为优秀学生，被推荐进入高中读书，成为人人羡慕的知识分子。高中毕业后，他回到了家中，受父亲影响，他子承父业当上了一名乡村医生，开始学习各类医学书籍和常见病的诊断知识。

当时，渠县山区交通不便，偏远农村距离乡镇卫生院几十公里远，缺医少药，山村里的群众看病难问题十分突出。怀着对人民群众朴素的阶级感情，洪安十分理解乡亲们的苦衷，他发誓：干就要干出个名堂，好好学习医疗技能，为乡亲们排忧解难。得益于他兢兢业业、深钻细研的优秀品质，短短一年多时间，他就掌握了感冒发烧、头痛胃痛等各类常见病的治疗方法，硬是在毫不起眼的赤脚医生岗位上干出了一番名堂，成为十里八村知名的青年郎中。

尽管从医之路看似一片光明，但从军的梦想种子却始终埋在洪安心中，并且悄然发芽、枝繁叶茂。他多么希望能出去看看外面的世界，让自己的人生在更广阔的天地间结出更辉煌的硕果。

乡村医生与革命战士，看似没有任何关联。但乡村医生的职责是救死扶伤、服务群众，革命战士的宗旨同样是报效祖国、服务人民，二者在洪安身上实现了交集。1981 年，他终于迎来了人生中的重要转折点。那年秋天，他与全县 300 多名优秀青年一道，走进了军营的大门。这条路，一走就是 30 多年，他把人生最美好的青春毫无保留地奉献给了人民军队。

从青山绿水掩映之下的川东小县城，来到戈壁深处荒凉贫瘠的酒泉航天城，那种反差让第一次离家的洪安至今记忆犹新。他深知，渠江美在心底，沙漠美在奉献，只有兢兢业业踏踏实实干好自己的工作，才能在军旅大熔炉里奋斗成才。

人们常说，干一行爱一行，是金子到哪都会发光。新兵训练结束后，他被分配到通信总站当了一名通信兵。没多久，又被调到偏远的28号哨点，主要从事载波通信工作。就像是电视连续剧《士兵突击》里主人公许三多当新兵时所在的草原靶场一样，28号哨点几乎是荒无人烟，连地图上都没有标注名称。惆怅过后，洪安很快就振作起来，他知道，越是苦地方，越是干事业的好地方；工作越是苦，越是容易出成绩。在接下来的日子里，无论是外出巡线，还是排除故障，他都冲锋在前，很快崭露头角，当年就受到嘉奖。同时，他还坚持边工作边学习，当兵第三年顺利考取了国防科工委工程设计所工兵排长第一期培训班，历经半年培训和三个月考察，1984年12月31日，洪安从战士成为军官。这一天，他一生铭记。

以此为起点，他一步步艰辛跋涉，在军旅人生中不断成长。一开始，他被任命为特种工程维护营排长，刚上任就被安排去参加接兵。也正是在这次一名新兵的退兵过程中，他充分展示了处理棘手问题的能力和扎实的文字功底，为以后岗位变更做好了铺垫。没多久，他就被调到勤务站政治处组干股当干事，负责基层建设和纪律检查工作。经过团级政治机关两年的锻炼，1987年，他又来到基地纪检处工作，负责党风廉政建设，正式升级成为军级政治机关的一员，并最终选定了自己为之呕心沥血的人生道路——军队政治工作。

二、心念渠江转战风洞

甘肃酒泉之于四川渠县，尽管山高水长，但渠县的山、渠县的水令他魂牵梦萦，从未忘怀。

1995年年初，已过而立之年的洪安面对妻儿的牵挂，选择了从西北大漠调回地处川西北深山长谷的风洞群，从一名航天战士变为风洞卫士。

对于洪安来说，环境变了，从戈壁荒漠回到了熟悉的青山绿水；任务变了，从航天发射的战场转移到风洞试验的战场。可工作性质没变，都是从事政治工作，都是为武器装备建设提供不竭动力；作风没变，还是那股雷厉风行、钻研思考的劲头，还是那种勇于担当、冲锋在前的做派。

说是回家了，可离家还是有好几百公里，实际上仍然是两地分居的生活，孩子教育、孝敬老人等家里大大小小的事几乎都照应不上。再加上初来乍到，需要尽快熟悉工作特点，于是他又把新单位当作自己的新家，没日没夜加班加点，只愿能早日融入气动人这个大家庭，早点为风洞群贡献自己的一份力。

如果说，航天发射场的历练让他摸到了政治工作的门道，那么风洞群的洗礼就让他找到了如鱼得水的感觉。很快，他凭借优异的成绩脱颖而出，成长为政治工作的行家里手。

担任组织科长，他把自己当成党委的好帮手积极出谋划策，推动部队正规化建设水平不断提升。制定抓基层“双五抓”措施，对班子、人才、支部、两个经常等各项建设进行全面统筹；结合研究所实际，制定“双争”评比细则，为考核基层建设提供了切实可行的依据。坚持“抓基层首先抓支部，抓支部首先抓班子，抓班子首先抓主官”的支部建设思路，编印《政工干部必读》《党支部成员必读》，采取座谈讨论、疑难会诊、授课辅导等形式培训党支部书记、委员近百人次，授课30余讲，对30余名团支部书记进行培训，把基层党支部建设成了坚强有力的科研试验“桥头堡”。同时，坚持“弘扬主旋律、典型振军心”的方针，通过开展“科研之星”“十佳青年”“学习成才标兵”“优秀科技干部”等各类评选，树立和推广了一批总装（科工委）、基地和研究所层面的先进典型，并努力做好典型宣传工作，积极动手写稿投稿，进一步增强了典型的生命力，扩大了典型的影响力。

担任研究室政委，他用“保姆”一样的热心服务换来了科技干部的信赖和支持，获得了集体一等功、二等功等多项殊荣。刚到研究室报到，洪安就开始认真思考如何当好政委这个全新的角色。经过沟通了解，他认识到，研究室不同于机关，科技干部都是高学历、高层次人才，长年累月坚守在科研试验一线，政委作为党支部书记，不仅要做好思想政治工作，更要当好科技干部的“勤务员”。于是，他结合科技干部工作任务重、家庭照顾少的实际，大胆融思想政治工作与管理服务工作为一体，总结提出了家人生病探望到家、个人困难服务到家、思想疑惑沟通到家等“十到家”经验方法，在研究室营造了万众归心、团结奋斗的和谐氛围，为科研试验任务圆满完成提供了有力支撑。在他的带领下，研究室党支部多次被上级表彰为先进党支部，研究室也连年被评为基层建设标兵单位，并先后荣立集体二等功、一等功，研究室全面建设呈现出蓬勃发展的良好态势。

2005年，洪安被从研究所政治部副主任调任基地宣传处长，这对于长年从事组织工作的他来讲，称得上是一次全新的挑战。宣传处的工作点多面广，不仅要分管思想政治教育，还有抓新闻宣传、军营文化建设以及科学教育等。面对头绪众多、任务繁重的实际，洪安积极寻找突破口，抓住关键任务以点带面，形成了百花齐放的良好局面。抓政治教育，他主动求变，打破以往以大呼隆、大课堂为特征的“填鸭式”灌输教育，探索建立分课题集中备课巡讲制度，大大提高了新时期政治工作的针对性、有效性；抓新闻宣传工作，他善于运用典型示范效应，激励官兵强军斗志，先后推出了“科技创新模范”刘政崇、“时代先锋”王勋年、“全国十大女杰”刘长秀等全国重大典型，在部队上下营造了“学英模事迹、当强军先锋”的浓厚氛围。2008 年“5·12”汶川特大地震再次把他推向风口浪尖，如何全方位展示部队抗震救灾的英勇事迹，成为他认真思索的重大课题。灾难面前，他冒着余震危险，带领前来采访的各方媒体记者冲锋在前，克服重重障碍，第一批抵达北川核心灾区开展宣传报道，并发出全军第一幅抗震救灾题材的新闻图片。抓军营文化建设，他深入挖掘风雷精神内涵，积极构建独具单位特色的风雷文化体系，编辑出版风雷文化系列丛书，组织一系列“风雷杯”文体活动竞赛，邀请组织航天员大队与基地官兵职工面对面交流，把军营文化建设推向新的高峰。

抗震救灾刚刚告一段落，他临危受命，被调往总体技术部任政治部主任，领导总体技术部抗震救灾中的政治工作。命令一宣布，他深知自己肩上担子沉重。掰开手指一算，党的建设、风气建设、人才建设、文化培育、营造拴心留人环境……好家伙，光是他负责分管的工作就有十几项。“越是任务重，越是思路清”，这句话用在洪安身上可谓是再恰当不过了，组织技术部“十大功勋专家”“十大杰出专家”评选颁奖，创作《技术部之歌》并广为传颂，打造了丰富多彩的计算文化体系。与此同时，他作为研究所常委，还主动为资源整合和建设新型总体技术部出谋划策，树立了一个想干事、能干事、善谋事的领导干部形象。

三、笑谈奉献无怨无悔

翻开洪安的履历，战士、排长、干事……从普通一兵到大校军官，从青春飞扬到华发初生，他把人生最美好的 30 多年奉献给了他热爱的人民军队。对此，他毫无怨言，他深知：橄榄绿军装、八一红军旗，已经成为镌刻在他心底的深深烙印，甚至是他生命中最绚烂的篇章。

他信念坚定，历久弥坚。军人和军队政治工作者的双重身份，造就了他无比坚定的信仰。洪安从事政治工作这些年来，从基层团站的组织干事起家，在锤炼中打下了坚实的根基；长期担任纪检干事，铸就了他固若金汤的坚强党性；在宣传战线的日夜奋战，充分展示了他全面过硬的能力素质。早在上世纪九十年代初就读于西安政治学院时，他敏锐地思考分析苏联东欧剧变的各方原因，围绕共产主义道德与党员修养撰写论文，荣获学研成果二等奖；工作中他更是经常立足实际，深入思考研究加强科技干部思想政治教育的措施方法，大胆提出借助心理学知识开展思想政治工作，并在工作中付诸实施，收到良好成效。此外，他与别人合作编著《法律文书写作指南》，为依法开展政治工作提供了启蒙。

他作风过硬，堪当大任。洪安看上去文质彬彬，骨子里却有一种超乎常人的雷厉风行、敢作敢当。只要有他在，每逢急难险重任务，他都带头亲力亲为，树立了领导干部的良好形象；2004 年，在纪念江主席提出“四个教育”十周年之际，洪安作为研究所政治部副主任，主动带领工作组深入基层一线调研座谈，了解掌握一大批素材，完了又带头研究、推敲材料，上报的经验材料以高质量赢得上级称赞，并在全军政研刊物发表。2008 年，“5·12”汶川特大地震后，他毫不畏惧，沉着冷静地带领各路媒体记者前往核心灾区采访，余震、滚石、堰塞湖，都无法阻挡他的脚步，指导新闻骨干起草发表了大量优秀稿件。然而，当任务完成后论功行赏时，他却一个劲往后躲，积极把年轻人推向前台。

他情怀真挚，感天动地。作为一名农民的儿子，洪安对人民群众始终怀有真切、朴素的感情，把拥政、爱民、助民作为自己的一项工作，尽心尽力做实做好。视驻地人民为亲人，十多年来，他坚持扶助茶坪小学、北川小坝小学和北川通口小学不断线，每逢六一节，带着孩子们的期待，悄悄帮扶孩子们继续上学。还发动官兵职工为叶树元爱心基金捐款捐物，把部队官兵的爱洒向了大凉山深处的孩子们。一日痛饮渠江，终生心归渠江。渠县，在洪安心中是不可替代的心灵圣殿，家乡有困难，说什么都要帮。那年，村里计划修一条 2.5 公里长的道路，洪安闻讯后立刻多方奔走，积极争取县里支持，还慷慨解囊为道路建设捐款。

做这样的事，让洪安感到踏实、心安。

回首往事，充满自豪；放眼未来，满怀憧憬。回顾 30 余年戎马生涯，洪安深知，正是由于自己积极进取的拼劲和知足常乐的心态，才换来了今天的成绩和品格。

“一个民族的梦，一条攀登的路……”采访临近结束，洪安哼唱起了一首慷慨激昂的创业之歌。展望新时期强军目标，我们清晰地看到，洪安这位老兵，已经蓄满力量，正继续保持着革命战士的冲锋姿态，向着世界一流的宏伟蓝图迈进。

这正是：

洪威军旅铸伟业，安德国防建功勋。

好教山河金瓯固，人民幸福享天伦。

（此文采访于2013年8月，洪安已于2014年7月转业，现任成都市机关事务管理局副巡视员）

巾帼英豪　绽放光彩

——记安顺市人民政府副市长罗晓红

人物档案

罗晓红，女，土家族，1963 年 9 月生，四川渠县八庙乡人。1986 年 5 月加入中国共产党，1986 年 8 月参加工作。大学学历，工程硕士。2012 年 3 月至今，任贵州省安顺市人民政府党组成员、市人民政府副市长。

安顺市历史悠久，源远流长。当我第一次踏上贵州省安顺市这块风水宝地时，我便被这里秀美的山水、勤劳的人们所吸引。安顺市是一个五方杂处、多民族杂居的城市，汉族人口占大多数，布依族次之，苗族人口居第三位，除此之外，还有回族、侗族、彝族等 20 多个少数民族。少数民族人口占全市总人口的 39%。安顺是中国优秀旅游城市，全国甲类旅游开放城市，世界喀斯特风光旅游优选地区，全国六大黄金旅游热线之一和贵州西部旅游中心。安顺境内有国家级、省级、市、县级文物保护单位 115 处。

面对黄果树、龙宫、夜郎洞、格凸河、红枫湖 5 个国家级重点风景名胜区的诱惑，我也无暇顾及。我要尽快地完成这次安顺行的最大使命——采访贵州省安顺市人民政府党组成员、市人民政府副市长罗晓红。

一

初次见面，罗晓红给我的印象是，性格热情开朗，待人友好，为人诚实谦虚。工作勤奋，认真负责，能吃苦耐劳，尽职尽责，有耐心。具有亲和力，平易近人，善于与人沟通。

罗晓红出生于1963年9月，土家族。1982年9月至1986年8月，在贵州民族学院中文系汉语言文学专业学习。1986年8月至1995年2月，任贵州省安顺市民委科员。其间，她到关岭自治县配合贵州省监察厅查办有关案件；还到安顺市人大工委选举办公室工作一年。1995年2月至1995年9月，被调任贵州省安顺市政协工委办公室秘书科科员。1995年9月至1996年6月，任贵州省安顺市政协工委办公室秘书科副科长。1996年6月至2001年4月，任贵州省安顺市科协副主席、党组成员。其间，她参加了在贵州省委党校的中青班学习；参加地直赴紫云县党建扶贫工作队，任队长，挂职任县委常委、宗地乡党委副书记；在原安顺市大西桥镇、七眼桥镇任"农业科技示范工作队队长"；挂职任原安顺市七眼桥镇党委副书记；任市委"三讲""三个代表"学习活动督察组副组长、组长。2001年4月至2005年1月，调任贵州省安顺市人民政府副秘书长、政府办公室党组成员。其间，她参加过武汉大学第一期安顺县级干部及后备干部综合知识培训班学习；参加过中组部、国家民委组织的西部少数民族妇女领导干部培训班。2005年1月至2005年11月，任贵州省西秀区委副书记、区纪委书记。2005年11月至2006年11月，任贵州省西秀区委副书记、区纪委书记（正县级）。2006年11月至2007年5月，任贵州省安顺市纪委副书记、西秀区委专职副书记、区纪委书记。2007年4月至2010年2月，任贵州省安顺市纪委副书记。2010年2月至2010年5月，任贵州省安顺市纪委副书记、贵州省安顺市广播电视电影局党组书记、局长。2010年5月至2011年2月，任贵州省安顺市广播电视电影局党组书记、局长。2011年2月至2011年12月，任贵州省安顺市人民政府党组成员、市人民政府秘书长、市人民政府办公室党组成员。2011年12月至2012年3月，任贵州省安顺市人民政府党组成员、市人民政府副市长、市人民政府秘书长、市人民政府办公室党组成员。2012年3月至今，任贵州省安顺市人民政府党组成员、市人民政府副市长。

罗晓红有充沛的精力，刻苦钻研的精神，积极的工作态度，良好的文化素质。从一个走出大学校门的学生，到如今胜任安顺市副市长，这期间，她付出了多少辛劳，虽然她没有说，但我们依然能够想到。

二

罗晓红按照市政府班子分工，主要负责审计、卫生、计划生育、住房公积金、外事侨务、国防教育、电子政务、台湾事务、史志等工作，代管旅游、体育等工作，联系统战、对台、党史研究、侨联、台联、工会、共青团、妇联等工作。

我们刚刚落座，罗晓红的电话又响了。她笑着对我说，对不起，事多，清静不下来。之后，她递给我一份她 2013 年的述职述廉报告。

这份述职述廉报告，记录了这一年她的工作轨迹。

这一年来，她面对 2012 年全市人口计生工作综合排名全省挂末的严峻形势，多次深入部门、基层调查研究，认真分析原因，有针对性地对问题单位进行调研，尤其对工作作风、廉政建设、反腐败建设等方面存在的问题进行深入分析，严肃纪律，对查摆出的问题做到绝不姑息、严惩不贷。坚持“求实、求准、求新、求公”，以“户户排查、村村过关”和“双诚信、双承诺”为主要抓手，竭尽全力地推进了全市人口计生工作。

她扎实推进医药卫生工作，开展医药价格重点检查，着力解决乱加价、乱收费等问题；配合做好医药购销中虚开、假造发票等违法行为及其背后隐藏的商业贿赂和不正之风，对医务人员以各种名目开单提成、收受“红包”案件进行查处；加强医疗机构的建设，实现了全市新型农村合作医疗全覆盖；实施以平坝区为试点的公立医院改革，鼓励社会办医也取得了明显成效。

她全面加强景区旅游基础工作，完成了黄果树—龙宫生态度假旅游综合体建设规划初审工作，编印了安顺首张《旅游交通地图》，制定实施了《安顺市培育航线促进旅游业发展扶持奖励办法》、实现了腾讯 So So360 度地图安顺智慧旅游体验平台上线；顺利完成了镇宁黄果树国际半程马拉松赛、2013 年中国安顺坝陵河大桥跳伞国际邀请赛等体育赛事活动。

她加强对党政主要领导干部和国有企业领导人员经济责任审计、民生领域投入和“三公”经费审计，充分发挥审计“免疫”功能，有效维护了公共财政资金安全，保障了安顺市重大项目的有序推进。

住房公积金缴存额、贷款额、增值收益等均提前超额完成全年目标任务；推出“自主归集”模式和“网银付款”方式等住房公积金管理新举措，推广“委托逐月提取还贷”业务，实现“账户集中”管理等；重点强化业务信息系统管理，加强和完善了住房公积金“门户网站”、语音查询、“12329”热线电话以及手机短信提醒等多种形式服务平台建设；始终注重风险防范管理工作，全面提升公积金资金管理水平。

有效推进政府门户网站的改版升级工作，网站开通了市政府门户网站政务微博，增添了网站“在线调查”和“在线征集”栏目，建成了政民互动交流的重要平台；对市县级政府门户网站的建设、栏目设置、信息更新等进行了指导，促进了各级政府门户网站建设管理各项工作的提高。

积极推进外事侨务工作，先后接待外国代表团、考察团等 15 批 210 余人次；共受理并审核申报了全市因公出国（境）团组或个人 81 批 236 人次；积极开展安顺市“友城”工作，推动安顺市与加拿大尼亚加拉瀑布市结好工作，并积极对接与美国水牛城建立友好城市的前期工作。

稳步推进了安顺市国防教育工作；完成了《安顺革命遗址简介》《安顺年鉴》（2012 卷）等地方志的出版发行工作；全面开展了对台宣传交流等工作。

党风廉政建设方面，她在日常工作中，始终坚持党的基本理论和基本路线不动摇，在政治原则、政治立场、政治观点和路线、方针、政策上同党中央保持高度一致，抓住各种有利时机，采取集中学习和个人自学相结合，比较系统地学习了科学发展观，党的十八大报告、十八届中央纪委二次全会和十一届省纪委二次全会、十八届三中全会精神、习近平总书记系列讲话精神、《中国共产党领导干部廉洁从政若干准则》《党内监督条例》、中央八项规定和省委十项规定精神，以及安顺市关于廉政建设的有关规定，提高了自己的思想政治素质，从而进一步提高了贯彻党的路线、方针、政策和落实党风廉政建设目标责任制的自觉性，增强了执行党的政治纪律、组织纪律、经济工作纪律和群众工作纪律的主动性，在思想上筑起了坚强的反腐倡廉精神道德防线，为做好各项工作打下了坚实的基础。

加强督促检查，确保分管部门领导干部廉洁从政。她对分管部门干部职工学习党章、《廉政准则》、十八届中央纪委二次全会、十一届省纪委二次全会等学习情况及中央八项规定、省委十项规定和“四风”问题对照情况进行督促指导，要求分管部门认真学习廉洁从政方面的会议精神和相关读本，加强廉政教育，树立廉洁从政意识；深入基层、走近群众，倾听群众呼声，为基层群众解困难、谋发展；认真落实《干部任用条例》和四项监督制度，严肃党风党纪，严厉抵制用人上的各种不正之风。

切实转变作风，实现为民务实清廉。她在平时工作和生活中，坚持发挥好表率作用，自觉接受和服从监督，堂堂正正做人，清清白白为政，摆正个人与集体的关系，从大局出发，凡事以大局为重，严格按照《党员领导干部廉洁从政若干准则规定》来规范自己行为，始终坚持“违法三章”，即不该得的利益丝毫不得，违反原则的事坚决不做，有损党和政府形象的事自觉抵制。在日常工作中坚持原则，秉公办事，不谋私利，不徇私情，任何时候都不利用职权和职务上的便利为自己及亲友谋取不正当的利益；在各项经济活动和各种公务活动中，能严格按照党的路线、方针、政策和国家的法律、法规办事，从不参与任何形式的营利性活动；在生活上从不讲排场，不比阔气，轻车简从，厉行节约，为分管部门执行廉政建设和各项规定起到了模范带头作用。在管好自己的同时，经常教育和管理亲属、身边工作人员自重自爱，奉公守法，不搞特殊化。

三

在采访中，罗晓红谈的最多的是对父母的感恩及对家乡的眷恋。

罗晓红说：“我们家五姊妹全部是女孩，但父亲从来不嫌弃我们，把我们几姊妹当心肝宝贝似的，全力培养我们。几姊妹全都大学毕业。”

她说：“我父亲是很大气的一个人，哪怕要跟妈妈姓都可以的，我幺妹就是跟妈妈姓。”

“父亲对几个子女的培养都是非常严格的。父亲的教育对我们影响非常大。他对家乡的感情始终无法割舍。每次轮流带我们几姊妹回渠县老家去。坐火车经重庆到广安，坐车到渠县，再转车到静边，岩峰，八庙，最后到罗家嘴。”

“父亲对家乡的热爱，对工作的执着，对我们几姊妹有着积极的影响。”

“1990 年，我父亲脑溢血突发，倒在工作岗位上，抢救了三个月。当时昏迷中还念着工作上的事情。当时，我的一个妹妹在国外留学。老父亲醒来过后就说，‘国家花了这么多钱培养一个大学生不容易，应该留到中国。’我妹完全可以留到那边，当时那里的条件比国内好一点。因为父亲的一句话，她时间一到马上就回来了。”

“我母亲非常伟大，我父亲生病 18 年，我母亲就照顾了 18 年。2008 年，她被评为开阳的感动开阳十大人物之一，那时候中宣部评道德模范，我母亲就是，我妹妹也是十大人物之一，我家庭是贵州省五好文明家庭，我四妹就是贵阳市十大孝女之一。所以我感觉这种家风、家庭的教育都和父亲的影响有关，我们的根还是在渠县，是渠江之水养育了我们。”

“现在渠县县城变化很大，我们老家那里算是边远贫困地方了，母亲要求我们一定要回去。特别是现在，贵州在后发赶超，工作上大家白加黑，5+2，每天工作特别忙。母亲已经 70 多岁了，还要回到渠县去给祖先上坟，她说她只要走得动都要回家去。所以我觉得好感人。在母亲的影响下，我们有空都要回去，时刻关注家乡的建设变化。”

“听到‘渠县’两个字都特别亲切。我们这有个渠县的年轻人，每次见到都感觉很亲热。我们对这些年轻人都很关注。我觉得有种感情在这里面。虽然第一次见面，但我感觉有种亲切感，有种见到亲人的感觉。”

走遍千山万水，永远割舍不下的是那奔流不息的渠江水。

四

在谈到今后的努力方向时，罗晓红非常谦虚地说，她要按照“照镜子、正衣冠、洗洗澡、治治病”的总要求，通过认真对照检查和分析，增强注重学习、改进作风、廉洁自律、提高修养的动力。增强学习的实践性。坚持理论联系实际，树立与时俱进的创新思维，立足当前、着眼长远，实事求是、解放思想，提高运用科学理论解决实际问题的能力。改进工作方式，增强宗旨意识。真正把全心全意为人民服务的宗旨转化为实际行动，时刻用群众观点要求自己，多为基层想问题、谋发展，多为群众做实事、办好事、解难事。深入调查研究，增进鱼水情。深入了解基层和群众的实际困难和问题，认真倾听群众呼声，改进沟通交流的方式方法，不光要看“门面”和“窗口”，还要看“后院”和“角落”。要勇于冲破思想观念的障碍，打破因循守旧的思维定式，改进工作方法和转变工作作风，科学推进各项分管工作。始终保持锐意进取的冲劲、拼搏求胜的干劲、奋发向上的闯劲，加强领导力和执行力相结合，以时不我待、只争朝夕的竞争意识，按照细致、精致、极致的要求狠抓工作落实，把握安顺经济社会发展的大好机遇。增强遵纪守法意识，做到廉洁奉公。自重、自省、自警、自励，警钟长鸣。始终以坚定的党性原则要求自己，牢固树立正确的权力观和事业观，切实筑牢廉洁从政的思想基础，主动接受群众监督，让权力在阳光下运行。权为民赋，确保权为民用。

这就是宕渠儿女的风采，这就是宕渠儿女的情怀，让人感动，让人钦佩。

这正是：

罗家姑娘胜儿男，晓事裕德本清妍。
红尘一笑报国门，好挥神椽写佳篇。

走向辉煌

——访深圳市磊鑫建材有限公司董事长王荣凯

人物档案

王荣凯，1964年8月15日生，渠县蔡和乡人。高中文化，1982年当兵，历任战士、班长。1984年11月退伍后，被安排到达州钢铁厂工作。1996年辞职下海到深圳创业，现任深圳市磊鑫建材有限公司董事长。

人怀壮志江山秀，蛇报新春世纪新。

2013年春节，渠县支乡协会广州分会副会长，广州新发物业公司董事长杨兴彬先生打电话告诉我，深圳有位老乡王荣凯，不但为人很好，而且石材生意做得不错，邀请我去深圳采访他。当时，由于《宕渠儿女》（第一辑）刚出版，事情较多，加上春节后连续跑云南、贵州、北京、成都等地，采访王荣凯的事就一直拖着，当年8月，杨总又打电话问我何时去。为此，我立即订了机票飞到深圳，见到了老乡王荣凯，他非常热情，谦逊地说道："我是一个小人物，老乡间摆一下龙门阵可以，采访就算了。"吃完午饭，王总邀请我们去他家，在他家的客厅里，应我的再三邀请，我们一边喝着茶，我一边听王总讲他的创业史。

那是1996年3月的一天，王荣凯坐在办公室里看着外边的世界，柳绿桃红，春色盎然。王荣凯的心中也荡漾着一片属于自己的春色。王荣凯 1984 年退伍后被安排到达州钢铁厂工作，屈指一算，也快过去十个年头了，除了青春的流失外，儿时的梦想依然还是一个遥不可及的梦想。为了创造属于自己的人生，王荣凯毅然扔掉铁饭碗，辞职下海。在达州火车站旁开了一家歌舞厅，取名杜鹃，希望自己的生意像杜鹃花一样红红火火。然而，天不遂人愿，歌厅连连亏损，不得已倒闭。1997 年 10 月，王荣凯毅然决然，怀揣 800 元钱，只身南下深圳，独自去闯世界。

有首歌唱到，外面的世界很精彩，外面的世界很无奈。怀揣梦想的王荣凯，穿着西装，打着领带，在深圳这个充满生机和诱惑的世界里徜徉，寻找属于他的那一草一木。住了几晚宾馆后，所带的钱就用得差不多了，只好去住便宜的旅馆，钱用完了，他戴着口罩为老板打扫男女厕所，来换取工钱当住宿费。采访时，王荣凯告诉我，钱用完了，最后只有走人。有道是，不吃苦中苦，哪有甜中甜。他不断鼓励自己：“我要融入深圳，深圳要融入我的理念。”他说，当时整个深南路是深圳市最标准的一条马路，这条路每隔几米就有一个广告牌，深南路的广告牌有多少个，他一清二楚。没有钱，开始是一天吃一个馒头，买一瓶矿泉水。实在没钱了，一天就只能吃一个馒头，睡马路，蹲屋檐下面。他风趣地说，深圳的蚊子特别大，叮在人身上起疙瘩。那时，由于没有暂住证，有时还被警察抓。为了生活，他把自己身上唯一值钱的一台 BP 机卖了 250 元，用这钱去拜师学艺，在深圳市福田区上海宾馆门口卖烧烤，除去成本，每晚上还可赚 100 多元钱。这样做到 40 天的时候，被一保安踢掉摊子。没办法，他只好将所赚的 3000 元钱请这位保安吃饭唱歌，付款后只剩了 5 元钱。这位保安被感动了，借了 300 元钱给王荣凯，介绍他到福田区一个石材专业市场门口摆烧烤摊。

福田区的这个石材专业市场人来人往，十分热闹。王荣凯来到这里，开始了他新的营生。他比以前更加勤奋。每天除去成本，可净赚 200 多元钱。一天晚上，已是深夜两点钟，山东一老板夫妇来吃烧烤，见王荣凯穿着西装，打着领带，身上透出一股不服输的锐气，一看就是一个能做生意的好坯子。于是对他说：“你不是做这行的，今晚把烧烤烤完，明天来我公司上班吧！”临别时，飞起一脚踢掉他的烧烤摊。

第二天，王荣凯早早地到那个山东老板的公司上班了。就这样，王总开始与石材打交道了。他打趣地说道：“漫漫石材路，有苦也有甜。”他说：“那时为这位老板打工，每天只有 10 元钱，还不包括盒饭和交通费，做成一单生意，提成 10%。”偌大的一个深圳市，没有一个熟人，更没有亲朋好友。他一人每天跑工地，天亮出发，半夜才回到出租屋，直累得精疲力竭。但他硬是咬着牙挺过来了。一天，他的诚心打动了一位客商。这位客商与他签了 500 万元的订单，钱收回后，他的老板却只给了他 7000 元的提成，与当初的约定相去甚远。一位老工人见此愤愤不平地对他说道，“这老板心也太黑了”，并劝王荣凯自己干。

是男人就得干一番事业。经过一段时间的历练，在纷纭繁复的世界里，王荣凯终于找到了属于自己的那一个坐标。他辞去原来的那份工作，自己开始创业。王荣凯租了一间约 20 平米的门市，把各种石材切割成 600 公分长 300 公分宽装饰在门店里面作为样板，给人别具一格、耳目一新的感觉。他的门店成了整个石材市场的亮点，客人到他这里看后纷纷订货，当时，每位顾客交定金 30%，他就用这笔钱作为本金进货，在哪里进货就在哪里加工，一个月最低收入都在 60 万到 70 万元，就这样，王荣凯生意越做越大。尽管如此，王荣凯还是不辞辛劳，经常跑建筑工地，订合同，签订单，有时忙到深夜才吃晚饭。

俗话说，天道酬勤。成功眷顾勤劳的人。王荣凯事业成功了，可他还是继续发扬渠县人特别能吃苦、特别能战斗的精神，将自己的事业做得更好。

王荣凯呷了口茶，继续说道：“那时，石材市场的多数老板占着自己有矿山的优势，石材品种单一，构思单调，不巧妙。可我就不是那样，黑白黄绿，要啥有啥，品种齐全，做工巧妙。”他说：“这还不算，做生意最重要的还是诚信，只要别人信得过你，相信你，在生意场上你就会得心应手。”

2007 年 7 月，王荣凯注册成立了一家磊鑫石材有限公司。公司成立后，王荣凯生意更好，前来请他做生意的络绎不绝，趁热打铁，王荣凯购买了石材加工等全套设备，干得热火朝天。一时间，王荣凯在深圳市石材市场成了响当当最忙碌的人，他忙碌的身影不但在深圳市到处可见，西部大桥、联检大楼、青少年宫，就连世界 500 强企业之一的深圳大中华国际交易市场等地的石材都是王荣凯供应的，而且还遍布丹东、河南、江西、天津等地。王荣凯笑着说：“我的生意还没有到四川，最近到了四川一趟，准备兼并购买石矿。那时，就可为四川的父老服务了。”

一块毛石既可做成一朵美丽的鲜花，又可绘出一条奇异的彩虹。一个酒店高不高档，看起来舒不舒服，取决于石材。石材只是一种普通的材料，但通过人们的智慧和辛劳，经过巧妙的设计和深层次的加工，就可变成一种高档商品。石材是一种艺术，通过打造，可融入多种文化，装饰室内外，让人们的居家更温馨。石头是有灵性的，每一块美好的石头都钟情于爱他的人们。只要我们石材人不停地追求，不停地摸索，就能给人们带来美的享受。谈起石材，王荣凯总是津津乐道。

王荣凯在创业立业的整个过程中，始终坚持不懈地抓优质服务，把树立受人称道的金字招牌作为重要经营目标之一。坚持把质量第一作为提升企业核心竞争力的重要条件。在市场竞争形势十分严峻复杂的情况下，王荣凯的事业保持了健康稳定的发展势头。

10多年打拼下来，王荣凯颇有成就感。吃晚饭时，有一位李总对我讲，他是来请王总做生意的，他说："王荣凯在深圳很讲诚信，说一不二，非常义气。而且还十分注重产品质量，我们的生意都主动找他做，我们相信他。"吃完饭，李总主动付钱，并说："好好宣传一下王总，好好写下你们这位家乡人。"

王荣凯从步入石材那天起，每年工厂都十分忙碌，生意红红火火。王总告诉我，他将在北京、广东、成都等地组成一个销售团队，进一步把企业做大做强，绝不为家乡人丢脸。

说到自己的家乡渠县，王荣凯总是满脸欣喜，他说："渠县是我的家，是渠县的山水养育我长大，我无时无刻不关注自己的家乡。现在，我们正在与家乡商谈，准备回渠县投资10多亿元，建一个农副产品加工周转的物流基地。如果谈成了，可解决家乡近6000人就业。"一心想着渠县，牵挂着渠县，这就是优秀的宕渠儿女王荣凯。

机会总是光顾那些有准备的人，成功永远属于那些勤奋的人。王荣凯的优秀事迹令人感动，更令人振奋。他告诉我们，只有锲而不舍地追求，不停地奋斗才能取得丰硕的成果。

采访结束，内心感慨万千，心里总还想对他说点什么。合上采访本，我想了想，衷心祝愿王荣凯的事业更强，生意更大。我握着他的手，并请他常回家乡看看。

这正是：

王家男儿商海遨，荣志豪气干云霄。

凯歌频频创佳绩，好伴奇石共风骚。

踏着时代的脉搏前行

——记成都万琪工程项目管理有限公司董事长罗渠峰

人物档案

罗渠峰，男，1965年2月生，渠县大峡乡宕渠村人。大专文化，高级工程师。1985年8月在渠县二轻局印制二厂工作，先后任供销科长、副厂长。1990年辞职下海从事建材经营行业，成立渠县宏达建材经营公司，任总经理。1993年6月任渠县村镇建设总公司常务副总经理，技术负责人。2003年7月，改制为四川三和恒生建筑工程有限责任公司，任副总经理,技术负责人。2008年，任泛华建设集团西南区总经理。现任成都万琪工程项目管理有限公司董事长，先后获得省、市、县先进建设工作者，所建设的项目曾被上级表彰为民众最放心工程，2006年9月被建设部表彰为全国优秀装饰项目经理。

渠县物华天宝，地杰人灵。在这方热土上的热血男儿所拥有的那种宕渠儿女精神，让人敬仰，让人钦佩。他们或扎根本土、或奔走他方，身上所表现出的那种宕渠儿女独有的气质，感染着他人，征服着他人。他们在自己的工作岗位上，干出了一番令人赞叹的事业。成都万琪工程项目管理有限公司董事长罗渠峰，就是其中的一位。他，正如他的名字所表述的那样：罗家男儿无论在哪里，都像宕渠那挺拔的山峰。

一、初出茅庐，任劳任怨

1965年2月，罗渠峰出生在渠县大峡乡宕渠村。

那是一个被打上了阶级烙印的年代。罗渠峰由于家庭出身成分不好，从小在外公家里长大，当地不让他读书。直到7岁才启蒙读小学。读小学前还是由妈妈教读书识字。

在这样的环境中成长的人，更懂得知识的宝贵。罗渠峰聪颖过人，发奋学习，成绩一直名列年级前茅。后考入临巴中学读高中，任班长、学生会主席。那个时期，对于大山的孩子来说，要跳出“农”门，只有高考一条路。而这条路又是何等的艰难哟。因为高考要考外语，而当地的乡村中学，当时还没有开设这门课。该死的外语，把多少农家孩子挡在了大学的门外。1984年，高中毕业后，罗渠峰在渠中复读了一年，终因英语成绩较差，高考落榜，未考上大学。1985年8月，逢县上招工，罗渠峰到县二轻局印制二厂工作，那时每月工资才38.5元。参工第一年春节腊月三十天，外面放鞭炮，罗渠峰还在车间上班做铅字排版，一个版要做几个小时，一直干到正月初二深夜两点才回家。只有这样，其他工人初六来才有活儿做。因罗渠峰任劳任怨，不计较个人得失，埋头认真干工作，逐步得到领导的认可。后来，罗渠峰的工作从排字工到办公室主任、供销科长、分管经营副厂长。那时，罗渠峰率先在厂里推行了目标责任制，让有能力、有本事的职工打破大锅饭的模式，让大家同工同酬，多劳多得，极大地激发了职工的生产积极性。工厂那几年效益也非常好，集体经济壮大了。厂的管理者和职工通过自己辛勤的劳动，收益也很好。以前他自己在单位几十平米的厂房里居住，后通过省吃俭用，征地在县委党校附近修建了一楼一底的住房。

罗渠峰经常到重庆、成都等地出差。走出小县城，看到了外面的大世界，接触到了更多新的理念，罗渠峰的思想开始转变了。在工厂这些年，他也懂得要做一有作为的宕渠儿女，必须要与时俱进，脚踏实地，艰苦创业，只有不断地踏踏实实工作，只有自己辛勤付出，认认真真做事，努力完成上级领导交给的任务，才会得到领导的认可，才会在事业上取得成就。

二、抓住商机，出手不凡

商业机会不是等来的，凭的是敏锐的政治嗅觉和对市场走向的正确判断。

这一点，罗渠峰比当时身边的人更胜一筹。

1990年，罗渠峰在印制二厂做经营厂长期间，由于工作之外也在做印刷上的生意，经常和一些生意人打交道，但还无从下手跨界转行。

踏破铁鞋无觅处，得来全不费工夫。

罗渠峰回忆到，县人代会政府工作报告里的一句话引起了他的注意。报告说，在未来三年渠县要实现村村通电。

罗渠峰马上意识到，新的商机来了。那个年代，乡村百分之七十以上的农户没通电，他们基本上都点煤油灯。“我当时就想，要从现在没电的状况到村村通电，需要电杆、金具瓷瓶、电线电缆、变压器等设备材料，其需求量该有多大呀。”

机不可失，时不再来。

意识到这是一个商机后，罗渠峰立马在后溪街租了一个约60平米的铺面，组建了渠县宏达建材经营公司，从事建材、与农村安装电相关的配套经营。

为此，罗渠峰收购了广安当地一家经营不佳的电杆厂，又去了周边的达县、大竹、开江、广安、广汉、重庆等地，找到当地的金具、电线、瓷瓶、灯泡、变压器等生产商，一个一个去谈合作，希望自己能成为他们在渠县的唯一指定代理商。经过努力，罗渠峰很快与渠县和广安两家电杆厂签订了包销合作协议。然后，和达县电力局电线厂签订了合作协议书，和大竹的陶瓷厂也签订了瓷瓶供应，和广汉的灯泡、重庆变压厂，开江、万州、合川的金具厂家也签订了材料供应合同。这些经销商都被他纳入了合作范围内。

罗渠峰的准备工作比政府的农电村村通工程提前了半年。罗渠峰手里掌握了大量的独家供货资源。当农电改网工程开始以后，这些资源很快就发挥了作用。罗渠峰回忆道：“凡是乡镇改建需要的设备材料，我这里都有。电杆啊、电线啊、变压器啊，你要啥我有啥，并且数量充足。”让罗渠峰最自豪的是，当时县物资局里面的库存都不如他。“物资局有时候没有的货，我这里都有。”

农电改网工程耗时三年，那也是罗渠峰忙碌的三年。有时候，从早上一直忙到下午四五点钟，才有空吃饭，虽然很累，但是很快乐。因为他忙的主要是找供货商保证物资供应，完全不担心销售的问题。这期间，不少人看到了这里面的商机，也想参与进来分一杯羹。由于罗渠峰已经提前找周边的厂商签订了协议，后来者想绕过他拿货根本不可能，望着罗渠峰的背影，只有羡慕的份了。

三、开阔眼界，大展宏图

一位哲人说过：“不要在乎一城一地的得失，我们要的是整个世界。”

得一城易，得天下难。罗渠峰深知其中的奥秘。人不能以得一城而骄傲自满，裹足不前，而应该把眼光放到更远的地方，这样才能看到更美的风景。

罗渠峰一边经营建材，一边经营与建筑工地有关的水泥、瓷砖、电线电缆，涂料等。在这期间，罗渠峰接触到了建筑界的诸多精英人才，这推动他从供应商过渡到了承包商。

眼界越宽，越觉得自己知识不足。罗渠峰感到在建筑行业有广阔的市场，要在这个市场中掌握主动权，没有渊博的知识，无法走得更远。俗话说，磨刀不误砍柴工。1991 年，罗渠峰放下了手中赚钱的生意，到重庆建筑学院函授学习深造（专科），充实自己。1993 年，拿到了建筑工程师资格证。同时还参加了四川省在万州举办的全国项目经理半年脱产学习，当时还有工程，他都拜托他人代为管理，自己全身心充电学习。学到了专业知识，通过自己以前做建材积累的资金，利用天时地利人和的机会，罗渠峰很快就在县内的建筑市场上有了自己的一席之地。1996 年，他积极参与县委、县政府提出的旧城改造，参与了胜利街、南大街、北大街等改造工程。先后承建了渠江镇北大街家属院，县种子公司综合楼、图书馆综合楼、新华书店、渠江二小教学楼、稽征所办公楼等工程建设。先后被市、县评为工程管理先进个人，南大街安居工程还被评为达州市民众最放心工程。罗渠峰在工程中保质量、讲诚信，赢得了业界的好评。

2003 年，渠县工人俱乐部因年久失修，成为危房，县委政府决定对其进行改造。由于信誉好，讲求质量，罗渠峰在众多竞标者中一举中标。工人俱乐部总共十三层，4 万多平米，全框架工程。那时在渠县县内算是大型综合建筑体。

2004 年，在修建工人俱乐部时，他已经与四川电力系统有业务往来，搞起了输变电和电力系统的相关工程。经过打拼，罗渠峰分析了当时的经济发展形势，决定把工作重心放在成都及周边地市州。先后与中粮、中建、中铁、国电等央企广泛合作，建造了许多精品工程。

2011 年，罗渠峰注册成立了成都万琪工程项目管理有限公司，2012 年注册成立了成都汉森酒店用品有限公司，2013 年注资并担任东方天呈信息产业集团有限公司董事。

四、与时俱进，勇立潮头

与时俱进，是一种奋发向上的精神状态，是生命潜能的充分迸发，是脚踏实地的不懈追求。在瞬息万变的商海中，只有不断进取，与时俱进，才能站在时代的前列，才能立于不败之地。罗渠峰怀着这种追求，捧着这颗恒心，带着这股力量，不断向着新的目标破浪前进。

与时俱进，2013 年，罗渠峰投资了一项跟建筑业毫无关系的行业——互联网，监管食品安全，搞起了电子商务和大数据。

罗渠峰告诉笔者："进入这个跨界项目，还是偶然跟几个朋友在饭桌上聊出来的。"那原本只是一次普通的聚会，几个朋友边吃边聊。服务员把菜肴端上桌，很自然地我们把话题扯到当时最关注的地沟油的案子上去了。"我记得那段时间，新闻里天天都在说地沟油啊，食品卫生安全啊，国家机关机构的管控措施啊。我们就讨论怎样控制监管才可能更有效上去了。"

食品安全是近年的热门话题，大家都觉得不好办，最难的问题是食品安全监督。监督不到位，安全就得不到保证。按一般的惯例，就是食品药品监督管理机构抽调专人到现场走访调查，这样是顶起磨盘耍狮子，费时费力，还收不到好的效果。如果企业听到风声，提前转移，还可以避免被查处。突击检查倒是有效，但治标不治本。聊着聊着，做建筑的罗渠峰猛然发觉，这种情形跟自己下去检查看工地的过程极其相似。

那个时候，罗渠峰已经在自己的建筑工程工地上安装了一整套的安监设备：在工地安装多点位的摄像头，把项目的所有场景实时传递到罗渠峰的手机上和办公室的电脑上，方便他随时随地调取各个工地的信息，还能旁听项目组开会，一个上午就可以把所有的项目工程看一遍，而这在以前是不可想象的。以前把所有的项目工程看一遍，要花半个月甚至更久的时间。"如果没这套东西，我去看工地，一上午看一个就不错了，万一工地上有人说，罗总今天要来，注意一下，那去了还是看不到真实的东西。现在不一样啊，很方便。"

罗渠峰从中得到启发：能不能在厨房也设计一套类似的设备，连接成网络，让人能清晰看到厨房，看到整个隐蔽在后厨的工作实况。如果加一组摄像头，弄一块显示屏，能清晰展现厨房工人的工作，可以看他们是否按规定生熟分开加工，有没有保证工作中的清洁，可以进行食材溯源与查询，使食品废弃物的处理透明公开，等等。显示屏可以放在店里显眼位置，让就餐的顾客看到后厨的操作，数据还可以传送到企业总部以及相关监管机构，确保后厨操作全部进入监督的范围。

几个朋友听罗渠峰这么一说，都觉得这个想法不错，是一个很有前途的项目。

罗渠峰说干就干，很快行动起来。他投资入股成立了东方天呈信息产业集团有限公司，总投资几十个亿，和华为合作，拥有自己的大数据库。国家、省科技部门也给予了大力支持。这是一家集新媒体、电子商务、大数据经营于一体的综合型企业，致力于打造一个全程监管、透明可追溯的食品安全监管体系，创造惠及社会、多方共赢的消费渠道生态系统。主要涵盖媒体、软硬件开发、大数据采集分析、供应链、电子商务、专业咨询、金融等业务，针对集团战略落地，进行全方位地行业创新。2013 年，东方天呈信息产业集团有限公司开展的“明厨亮灶”开放日活动,有效地增强了餐饮服务单位食品安全责任意识，促使其提升管理水平，树立诚信经营理念。2015 年引进市场化运作模式，为全国 30 000 多家大、中型餐饮单位后厨关键岗位安装视频设施，营业场所显著位置配备显示屏，推进了立体化、电子化“明厨亮灶”建设。360 度镜头旋转，食品、菜油、肉等从哪里买的，是否有地沟油，餐厨如何处理等，消费者对厨房的情形一目了然。率先实现了厨房八个透明，即厨房透明、证照透明、人员透明、源头透明、检测透明、加工透明、监管透明、废弃物透明，成为各省市“明厨亮灶”优先解决方案。

这个叫“明厨亮灶”的工程，在全国范围内很快推广开来。到现在，包括北上广深一线城市，成都、重庆、西安、郑州、昆明、三亚等二线城市，乃至更多三线城市，总共超过二百多个城市都开始安装这套系统。“明厨亮灶”工程成了中国食品安全的守护者，为确保 2015 上合峰会及广大市民餐饮的安全，东方天呈协助郑东食药局在上合峰会接待酒店及辖区一百多家餐饮单位安装了“明厨亮灶”系统，实现智慧监管，再次证明了东方天呈“明厨亮灶”解决方案在智慧监管和食品安全保障方面的突出优势。

五、热忱奉献，一片爱心

爱是世界上最纯洁的，也是最温暖的。爱是无限的，爱是不朽的。甘愿给社会付出真情和爱的人，是幸福的，因为幸福总是偏爱那些热爱生活而乐于奉献的善良的人。

罗渠峰十分关注家乡的发展。他和渠县商会的其他伙伴一起，积极参与家乡的建设，资助了一些渠县籍的贫困优秀的孩子读大学，给他们一定的资费，作为他们生活学习的费用。去年在渠县凤凰孵化工程中，罗渠峰资助了几个贫困大学生，捐款 10 万元。同时，还筹资捐款 10 多万元在老家宕渠村修建了三公里水泥路。解决了两个生产队农民进出交通难的问题。以前卖粮食靠背，现在车子进出很方便。当地的父老乡亲房子大多修建在公路边，没公路粮食运输成本较大，现在方便了，水泥板也好运，路通后，很多砖木结构房都改建成了楼房。

“5·12”汶川地震及芦山地震后，罗渠峰积极捐款捐物，参与灾后重建工作，先后捐款共计 8 万元，并向灾区输送了价值 2 万元的饮用矿泉水。

在成都会展中心的茶楼里，罗总谈到自己的家乡渠县，颇感荣光。他说：“一个人无论走到哪里，按当今时髦的话讲，就是操得再好，也不能忘了自己的根，不能忘了自己的家乡。我们的根始终在渠县，是渠县人就不应该忘了渠县。在成都的渠县人，都特别团结，大家都热爱自己的家乡。”

在谈到家乡建议时，“我们渠县现在非常好，有中国汉阙之乡，中国黄花之乡，中国竹编艺术之乡，中国诗歌之乡等全国名片，要千方百计打好‘四乡’之牌，提升渠县在全国乃至全世界的知名度，同时抓好‘四个瓶瓶’‘一朵花’的培育打造工作，要把汉碑白酒、蒙山白酒、三汇特醋、广柑酒及黄花等知名品牌做响亮。我每年再忙，都要回渠县几次。每次回渠县，都能听到亲戚朋友对渠县‘四大班子’团结务实的赞誉，特别是县委、县政府主要领导身体力行，勤政为民，一心一意为渠县谋发展。县委书记苟小莉同志从任县长到任县委书记以来，带领一班人聚精会神抓发展，落实责任求实效，赢得了好口碑，得到了全县人民的拥护，这是我们渠县人应该感到欣慰的。因此，今后只要家乡有需要，我们将义不容辞，为家乡发展添砖加瓦，为建设美丽富饶的新渠县做出一个渠县人应有的贡献。

罗渠峰说家乡这几年发展变化大，希望家乡能进一步改善投资环境。在外的渠县人都爱家乡，愿意为建设家乡出一把力。

展望未来，罗渠峰表示，东方天垦信息产业集团有限公司将通过大数据平台，成立与食品相关的配送中心，为全国餐饮服务，并利用手机 APP 终端，使消费者以后可以在手机上查阅全国知名餐饮的经营状况。罗渠峰正在尝试进入养老产业及旅游开发行业，这是他的一个新梦想。他已与稻城县签订海子山旅游开发协议，预计三年建成，对外开放。同时还在华阳与朋友合作购买了几十亩地，打算建立医疗养老中心。

奋斗成就梦想，奋斗光耀人生。罗渠峰在奋斗的路上，向新的高峰又发起了冲锋。

这正是：

罗家儿郎创大业，渠江两岸传连捷。
峰顶又见旌旗立，好风助阵任跨越。

辉煌人生歌辉煌

——记四川煌歌集团有限公司董事长黄昌武

人物档案

黄昌武，1965年9月生，渠县流溪乡石柱村人。研究生学历。1990年12月至1991年6月任达川地区供销贸易公司家电部经理；1991年6月至1991年12月任达川地区外贸机械公司家电部经理；1991年12月至1993年8月任达川地区家用电器公司经理；1993年8月至1994年8月任达川地区外贸昌隆总公司总经理；1994年8月至2002年12月任达州外贸电子公司总经理；2002年12月至今任四川煌歌房地产开发有限公司董事长；1998年至今任四川煌歌集团有限公司董事长。

2013年金秋时节，竹城分外美丽。

在四川成都煌歌集团房地产开发有限公司董事长的办公室，笔者有幸采访了公司董事长黄昌武。这位出生于渠县流溪乡的宕渠儿女，精明能干，身上透着一股坚毅的气质。

一

四川煌歌集团有限公司成立于1998年，由达州市外贸电子有限公司、虹美电器集团川东电视机厂、达州市煌歌视像有限公司、江苏无锡华昌电子有限公司、新疆乌鲁木齐市国邦实业有限公司、四川煌歌房地产开发有限公司联合组建而成，是集科、工、贸、房地产开发为一体的集团企业。公司位于达州市荷叶街 9 号，法人代表黄昌武。现主营资产经营、股权投资、房地产开发、物业管理、高科技农业、园林绿化、电子、视像监视、网络工程、室内外装修等业务。

公司现拥有总资产 12 亿元，管理人员 130 人，其中大学以上文化程度 56 人，各类高级专业人才配备齐全，在本地区的同行业一直处于先进行列。

在黄昌武的带领下，一路走来，煌歌已由一个年轻的企业发展成了一个具有较高知名度和影响力的国家二级资质开发企业。公司连续多年被评定为“AA”信用级企业；先后被中国工程建设协会授予“全国重质量、守诚信、讲信誉百家优秀房地产企业”；被四川省房地产业协会授予“副会长单位”；被中华当代文学学会等授予“发扬企业文化全国先进单位”;被四川省教育厅、四川日报社授予“尊师重教先进集体”。此外，还有“消费者首选楼盘”“2007 年达州专业、诚信、实力优秀房地产开发企业”的称号，以及公司“煌歌商业广场项目”被四川维权防伪服务中心授予“2013 年 3・15 四川用户满意楼盘”等二十多项荣誉称号。

公司坚持了正确的企业经营理念，培养配备了各类专业人才，职工队伍整体素质不断提高。公司坚持诚信经营，企业得到了快速发展。公司近几年在成都、达州及大竹县从事的房地产开发取得了辉煌业绩，开发建设了成都龙泉 7303 厂综合楼，航天工业学校商住楼，成都市区航天 719 的“新禧苑”、永安佳居、龙心苑、煌歌小区、龙泉区房管局安置房和 719 厂在龙泉的新厂、老厂开发等项目。目前公司正在大竹县开发建设“煌歌・城市之星”旧城改造项目，在达州市达一中西外新校区周边开发建设“书香雅筑”项目，在原达师校区与华欣房产等联合开发建设“华欣・御景上城”项目，总开发面积近 200 万平方米，总投资约 50 亿元。特别是“华欣・御景上城”项目，位于达州市西外版块门户地段，占地面积 4.5 万平方米，总建筑面积 25 万平方米。项目东临南北干道，南至朝阳西路，交通极为便利，是出入达州的交通要道。项目中庭广场占地 3000 平方米，打造了优美的人居环境。多种户型设计，布局合理，建筑风格素雅，匠心缔造“中国气都”封面建筑。

近年来，煌歌集团经过多年的发展，公司先后与多家企业达成合作伙伴关系。(一)金融方面：与天津银行、达州商业银行、恒丰银行、四川信托、四川商投金控等达成了战略合作关系，为公司在各领域的发展提供多方面的金融和资金支持。（二）在房地产开发领域，公司与四川省三大民营教育集团之一的四川师大一中（香港博骏教育集团实际控制人）一致达成战略合作协议，双方在联合办学、房地产开发等领域进行全面合作。（三）与兰州中和集团达成战略合作伙伴关系，准备共同在甘肃、西藏等地进行房地产、工程建设领域等进行全方位合作。中和集团已与碧桂园在甘肃白银，定西等地合作了多个房地产开发项目。（四）其他投资、投资 1.2 亿元参加由达州市政府支持、达州市总商会发起设立的"四川秦巴山区股权投资母基金"。2010 年公司投资大竹农商行，成为股东。

二

黄昌武给煌歌注入了生机与活力。一次次突破，一项项成果，一个个奇迹，作为领军人物的黄昌武，引起了房地产业界的极大关注！

公司成立之际，正是中国改革向纵深发展的时节。中国正处于由农业大国向城市化迈进的初始阶段。这恰恰是房地产行业发展的黄金时期。董事长黄昌武认真分析了当时的形势，他觉得千载难逢的好机会就在眼前。机不可失，时不再来。为此，他认真地思索着中国的未来，思索着还在襁褓中的企业的未来。他觉得肩上的担子陡然沉重了许多。经过一番调查分析后，黄昌武的"三板斧"让公司所有的人眼前一亮。

他的第一"板斧"是聚拢人才、凝聚人心。通过企业文化建设对内创造团结和谐、奋发向上、艰苦创业的工作氛围；对外塑造煌歌形象，以诚实做人、诚信做事的工作原则争取多方信任与支持，为公司尽快走上正轨创造条件。公司自成立以来，以"立足西部，夯实基础，面向全国，运营城市未来"为发展战略，以"以人为本，诚信至上，锐意进取，创造价值，回报社会"为企业经营理念。各类专业人才配备齐全，职工队伍整体素质较高，具有较强的上进心和开拓进取、努力拼博的团队精神。在董事长黄昌武的带领下，公司诚信经营，科学发展，他们视品牌质量如生命，企业得到了快速发展。

他的第二"板斧"是审时度势，根据发展状况实施公司的多个规划。黄昌武以客观、积极负责任的态度，积极稳妥地解决了拆迁、工程、营销等各方面难题，排除了制约公司发展的诸多不利因素。

他的第三"板斧"是，为使公司快速步入正常发展轨道，黄昌武一方面不断加强企业管理，建立健全公司的管理制度，做到各项工作有法可依，有章可循；另一方面狠抓制度落实。他以身作则，处处严格要求自己，切实做到了要求别人做到的自己首先做到，要求别人不做的自己首先不做。“率先垂范，层层严格要求”使煌歌公司逐步形成了“用制度管人，按制度办事”的良好风气。黄昌武十分注重团队建设，在他的带领下，公司铸就了一支能打硬仗、敢拼能赢的优秀团队。

公司所有工程经建设、安全、质监等部门验收全部合格并达到优质工程，受到用户的一致好评。在本地区同行业内公司一直处于先进行列。

黄昌武谈到取得的这些成绩时，眉宇间透着胜利者的喜悦。黄昌武话锋一转，又谈到目前公司在建项目：大竹县“煌歌商业广场”商住项目。他说，2003年9月29日公司通过竞拍获得了大竹县国土局对北门至游乐园片区（2003—拍—07号）国有土地使用权和开发权，面积共127 547平方米（191.31亩）。

该项目是大竹最大的旧城改造项目，涉及的北门片区拆迁旧房总户数为1400余户，拆迁总面积为15.51万平方米。该地块广场道路建设用地面积约45 336平方米，建筑用地约80 004平方米，可建商业用房和住宅76万平方米，总工期约5~10年，总投资约20亿元。项目建成后，将成为竹城标识性建筑群和商业、娱乐、休闲中心，会大大提升竹城城市形象。目前，家乐福、国美电器、德克士、太平洋影院等众多百货、餐饮、娱乐、服装等知名品牌已入驻。

在瞬息万变的当今社会，机遇和挑战并存。黄昌武的公司凭借自身强大的实力和卓越的信誉，经过不懈的努力，迎来了一个大好的发展局面，并正以迅猛的态势夺取区域和行业新的制高点，谱写企业发展史上新的篇章。

三

“创造价值，关注民生，回报社会”是煌歌集团的核心价值观。多年来，公司一直尽企业应尽之责回报社会。

公司从2004年起，连续3年奖励、资助大竹县高考文理科状元和项目片区内的贫困学生共20万元；2006年4月在蓉城召开的达州市籍企业家座谈会上10万元资助达州市贫困大学生；出资10万余元举办大竹县“煌歌杯”中小学生运动会、中小学生体操、书画比赛等。

在关注教育的同时，公司也时时刻刻关注着竹乡的发展，积极参与各种社会公益和文体活动。公司出资 100 万余元先后举办了“煌歌之春”“煌歌之夏”“劳动飞歌”等系列大型文艺演出；举办了“为了明天——未成年人思想道德暨家庭教育王志刚专题报告会”，竹城近 2 万市民听取了报告；邀请中国残疾人艺术团来竹举办了“让爱飞翔”大型文艺晚会，震撼了竹城市民；举办了庆国庆“煌歌杯”千人广场乒乓球大赛、“煌歌杯”乒乓球邀请赛、围棋邀请赛、象棋比赛等；成功举办了四川省“娇子杯”十运会（青少年组）“煌歌杯”网球赛。2007 年、2008 年连续两年出资协办大竹县“百场文化下乡”文艺演出活动。此外，公司还出资赞助了大竹县诗词楹联协会、钓鱼协会、象棋协会和摄影家协会等，为大竹县文化事业的发展做出了积极贡献。

“创造价值，为的就是更好的回报社会！”2007 年，公司为遭受洪灾的渠县流溪乡捐款 20 万元，用于灾后重建和乡村道路建设，被传为佳话；为达县清宁乡山体滑坡受灾群众捐款 20 万元，受到市领导的高度评价。2008 年捐资 10 余万元修建渠县流溪乡燕（岩）石（柱）村水泥公路；10 月，公司斥资 4.3 万元采购了 7 万株花椒树苗送予家乡石柱村，扶持家乡种植业的发展。2009 年又再次捐资 280 万元，修建祥（兴）石（柱）通村水泥公路，2014 年在流溪乡为贫困学生捐资助学 25 万元，好评如潮。2015 年投资 40 多万元为石柱村户户通公路，尽己所能，全面畅通石柱村通往场镇的交通，真正让乡亲们实现“交通致富”的梦想，力促家乡经济发展。

“5·12” 汶川大地震，牵动亿万中国人的心，董事长黄昌武心急如焚。在他的组织安排下，公司迅速行动起来，为抗震救灾奉献企业的爱心。这年的 5 月 14 日，公司向灾区捐赠救灾款 31 万元；出资 6 万余元租用挖掘机一台和 2 名操作人员赶赴灾区抗震救灾。5 月 15 日，公司组织员工踊跃捐款 4.37 万余元，及时将爱心传递到灾区。5 月 31 日，董事长又亲自带队，冒着滑坡、滚石、余震和泥石流的威胁，亲自将 10 万斤大米和 8 间活动板房交到平武灾区和江油市房管局。

“像黄昌武这样的在外企业家，不但积极回报社会，而且在老家基本上没有亲人住的情况下，依然出资出力为家乡的发展做贡献，按理他完全可以不这么做，不忘乡情，不忘养育他的宕渠大地，这是难能可贵的，特别是他的大爱情怀和对家乡的浓情厚意，家乡人民是永远不会忘记的。不仅如此，黄昌武的优秀事迹更是值得县内外的渠县人学习。在今后的漫漫长路中，我们衷心祝愿他的事业更加辉煌灿烂。”

采访黄昌武，我们强烈地感受到了他那浓浓的乡情，黄昌武谈他个人的成绩很少，谈及家乡的事情较多。希望家乡好，这句话常挂在他嘴边，希望渠县百万人民在县委、县政府的领导下，团结一心，齐心协力，为实现伟大中国梦，构建幸福渠县多做贡献。

是啊，家乡人民幸福生活是每位在外宕渠儿女的共同心愿。请代问家乡父老好，黄昌武说道："感谢各级领导和家乡人民的关心、帮助和支持。"握着黄昌武的手，站在美丽的大竹煌歌广场，我们祝愿他的事业再上一层楼。在实现伟大中国梦的历史篇章中，再创佳绩，再抒华章。

回忆往昔，硕果累累惹人醉；展望未来，任重道远再扬鞭。2015 年 6 月，黄昌武的集团公司总部已迁址成都。而今，煌歌集团在黄昌武的领导下，正以时不我待的责任感和励精图治的豪迈热情，积极投身城市建设。明天的城市，一座座摩天大楼又将拔地而起，一轮燃烧着激情的朝阳又将喷薄而出！

这正是：

黄金台上聚英豪，昌达手中勤创造。
武略文韬绘蓝图，好建高楼更妖娆。

大医精诚

——记渠县人民医院内科主任医师、原党委书记、院长李健

人物档案

李健，1965年10月5日生，渠县和乐乡人。大学本科学历、中共党员。1986年7月，达县卫校医士专业中专毕业，被分配到渠县人民医院工作。1989年9月至1991年7月，四川省卫生干部管理学院医院管理专业大专毕业。1997年9月至1999年12月，中共四川省委党校经济管理大学本科毕业。2002年9月至2005年6月，四川川北医学院临床医学大学本科毕业。1986年8月至1991年10月，渠县人民医院内科、传染科医师。1991年10月至1995年12月，渠县人民医院医教科、监察审计科、科教信息科等任科主任，兼任院团委书记、临床医师。1995年12月至1998年9月，渠县人民医院副院长、主治医师。1998年10月至2011年3月，渠县人民医院院长、党委副书记、副主任医师、川北医学院兼职副教授。2011年3月，渠县人民医院院长、党委书记、副主任医师、川北医学院兼职副教授。2000年5月至2005年5月，中共渠县县委宣传部副部长（兼任），渠县第十五届、十六届、十七届人大常委会委员；达州市第二届、第三届人大代表，中共四川省第十次党代会党代表。历年被中共渠县县委、渠县人民政府授予"先进工作者"；2000年3月，被中共达州市委授予"达州市十杰青年岗位能手"；2003年10月，被达州市委、市政府授予"第五届达州市有突出贡献的中青年科技拔尖人才"；2005年11月，被四川省卫生协会授予"县级医院优秀院长"；2003年6月，被国家人事部、卫生部、国家中医药管理局联合授予"全国卫生系统先进工作者"，享受省部级劳动模范待遇；2011年10月，被中国卫生协会授予"全国医院文化先进个人"荣誉称号。

古语云，"医者父母心"，意思是说，医生对待病人要像父母对待子女那

样充满爱心。正所谓悬壶济世，治病救人。唐代名医孙思邈更树下“大医精诚”之理念，就是说为医者须医术精湛，医德高尚。渠县人民医院院长、党委书记李健正是践行此“大医”理念的楚楚俊彦。李健从医数十年如一日，给患者带去医者的大爱和真情。1998 年 10 月，有多年丰富临床经验和副院长经历的李健同志被上级组织任命为渠县人民医院院长后，团结和带领全院干部职工不负众望，破冰前行，坚持以医改为突破口，求实创新。在他的带领下，十多年来，医院面积扩大近一倍，占地面积已近 70 004 平方米，建筑面积近 8 万平方米；床位增加一倍多，已达 800 张；一线工作人员增加一倍多，达 920 余人；年门诊达 40 万人次，年住院人次 2.5 万人，手术台次近万台，床位使用率达 157.4%。业务收入增加 10 余倍，近 2.5 亿元，主要指标均创历史最高纪录。医院的经济效益、社会效益和社会影响力不断提升，成了川东北有名的县级医院。

一、破冰改革谱新篇

渠县是一个人口超百万的大县。由于历史原因，医院规模较小，医疗设备落后，技术力量薄弱，病人流失现象较为突出。在这种背景下，李健接下了这副沉甸甸的担子。李健知道，要尽快扭转落后局面、推动医院崛起，必须坚持改革，走现代医疗的新路子。为此，李健履新后，迅速理清工作思路，放开手脚大干，通过多种渠道与干部职工谈心交心，让全院干部职工知道医院现状和未来发展规划，提出解决困难和实现发展的具体措施，振奋了全院职工的精神，鼓舞了大家的信心。

李健坚持把工作当成“生命第一要素”，时刻正视医院困难，逐一化解羁绊医院发展与生存的各种难题，着重在提高医疗技术水平和医疗服务质量上下工夫。一是为了改善就医环境，加大投入，增加了大量的软、硬件设施。投入 400 万元积极打造信息化建设平台，另投入 200 万元开发医技检验等系统软件，分三期 6 批对全院操作人员进行系统培训。特别是医院成功开展的电子信息化办公、门诊电子自动分诊叫号等服务，更是大大方便了病人就诊，已走在了达州市同级医院的前列。通过实施信息化建设，优化了病人就医流程，降低了医务人员工作量，提高了医院工作效率。二是以医护质量为核心，拓展优质卫生资源，开展优质服务活动。通过听取汇报、查看资料、到相关科室实地检查、与医务人员及病员进行针对性的走访、调查、测评后，医院不断推进临床路径管理，每季度召开临床路径领导小组会议，分析总结前期临床路径工作实施效果，对存在的问题和不足提出改进意见，并实施临床路径管理制度，规范了医院医疗行为，提高了医院管理水平。为了减少门诊病人的等候时间，解决患者看病找不到专家和专科医生的问题，医院首先在门诊内科推出了预约诊疗服务和门诊叫号系统。门诊叫号系统是医院信息化建设的重要组成部分，目前在医院一门诊已普遍开展。相比于传统的看病程序，候诊者能够清楚自己的就诊序号，方便了病人选择医生，避免了看病排队，和不必要的医疗纠纷等矛盾。为使患者看病更方便更快捷。医院还制定了详细的门诊医生公示栏，增加专家门诊人次，全面推行“无假日门诊”，提前作息时间，最大限度地满足了门诊患者就医的需求。使病人能够准确、及时、满意的就医。

二、抓好党建促发展

在市场经济发展和社会大转型期抓医院发展是一项艰巨的任务，没有机遇意识就容易掉队。超前的发展必须要有超前的意识，只有超前的意识才能指挥超前的行动。超前的战略眼光和忧患意识是市场经济条件下生存发展的关键，而优秀的领导就是这关键中的关键。李健就是这样一位具有超前智慧而又踏实肯干的优秀领导。他用超凡的人格魅力和超常的素质能力影响和带领医院一班人，抢抓发展机遇，不断进取而又追求卓越。用长远的战略思维谋划着医院的发展，用求真务实的行动践行诺言，带领渠县人民医院改写了历史，创造了一个又一个新辉煌，实现了一个又一个新跨越。

作为医院党委书记的李健，不仅是医疗业务行政管理的专家，更是抓组织工作、以党建促发展的行家里手。

他的组织工作理念是，“一个党员一面旗！一个组织一个堡垒”。他充分发挥了基层党组织在行政工作中的核心领导作用。特别是在近两年的“创先争优”活动中，围绕“先进党组织上水平、一般党组织上台阶、后进党组织换新貌”的目标要求，牵头制定了医院党组织“三分类三升级”等党建工作规划方案，并付诸实施。把看似平凡的基层党建工作抓得有声有色。一是调整组织设置。结合各党支部党员人数变化，从实际工作需要出发，调整组织机构设置。将原来的4个党支部调整为7个党支部。根据实际情况和医护岗位专业性强的特点，召开党委会、支部会等，专门研究并形成调整党支部设置方案，工作制度，全面开展党建活动，形成了强有力的战斗堡垒。二是创新定级标准。确立政治思想工作的量化标准。将党员先锋模范作用和党支部战斗堡垒作用发挥的主要情况，以及门诊人次、住院人次、手术台次、灾区扶贫效果、医德医风建设、群众满意度等十项业务工作量化指标纳入百分制计分体系，建立覆盖面广、操作性强、颇具创意的量化定级标准，极具代表性和指导意义。三是公开党员承诺。在科室（病区）及医院的网站、院报上分别设置党员公开承诺专栏 9 个，每名党员公开承诺坚决贯彻落实党的十八大和县第十二届二次党代会精神，认真践行县委“十字”要求、争做“五个表率”，坚决做到不开大处方、不收受红包、不接受商业贿赂，坚决实现医德医风好、服务质量好，全力提升群众满意率。四是重视干部培养。明确领导干部党建和业务的原则，纠正少部分医护职工轻党建、重业务的错误观念。在经济待遇上，党建干部与业务干部同等对待；在评先选优时，必须征求党支部书记、副书记的意见；在关键岗位聘用干部时，优先考虑党支部书记、副书记和同时从事党建工作的业务干部，确保党建干部在经济上有想头、在政治上有奔头，在医院形成了一种尊重党建干部、争当党建干部的良好氛围。五是激励先进典型。以“千名干部下基层”活动中被县委表彰的 4 名党员医护职工为榜样，开展“星级护士”评选和先进人物评选，结合“五个好”先进党支部和“五带头”优秀党员的基本条件，通过党员联名推荐、党支部评议、院党委审定，表彰了一批先进党支部和优秀党员，在全院营造了“学、比、赶、超”的良好氛围。同时，还强化阵地建设。配备专兼职工作人员，强化了活动保障。专门落实活动领导小组办公室 2 间、党支部书记和副书记办公室 7 间，共 180 余平方米。强化经费保障。每个党支部的预算办公经费由原来的 260 元每月增加到 900 元每月，实行按月报销、专款专用。每个党员的年活动经费预算由原来的 20 元增加到 40 元，由各党支部掌握使用。强化激励机制。分别为党支部书记、副书记、委员发放党建工作岗位津贴，这在机制上为医院党建工作提供了保证。经过以上的一系列措施，医院党组织活力不断增强、党建工作机制不断完善、党建工作水平也不断迈上新台阶。

作为一名基层党员干部，他不仅抓班子队伍建设，更是以共产党员的标准，按照“五个表率”“五个好”“五带头”严格要求自己，坚持“书记抓、抓书记”原则，以身作则，带头搞党建工作。医院党建工作成绩显著，影响力巨大。在他这面旗帜的带领下，医院业务工作不仅有飞跃，党建工作也上台阶、上水平，促进了医院的全面发展。医院党建工作的先进经验在全市卫生系统得到推广。

三、人才战略强实力

历史和实践反复验证着“人才资源是第一资源，是企业核心竞争力之所在”的论断。当前全方位升级的企业竞争、行业竞争，归根到底，其核心是人才的竞争。李健是一位智慧超群而又追求卓越的优秀领导干部。他深深地明白这一点，人才，竞争之本也。为此，他从上任以来，一直致力于人才的培养，大力实施人才战略，加快推进医院发展。首先，建立健全了考核激励机制，激发全院干部职工的工作热情。医院先后开展“星级护士”评选、“五个好党支部”评选和“五带头优秀党员”评选等系列活动，既营造了“学、比、赶、超”良好氛围，又焕发了全体干部职工的工作激情。并且大力实施“科技兴院”战略，增强医院竞争实力。采取委托培养和积极引进人才等方式，培养技术人才，积蓄人才队伍。目前，全院正副高级职称 57 人，中级职称 212 人，优秀的人才队伍撑起了医院生存与发展的坚强力量。2012 年，邀请专家举办学术讲座 27 次，到三甲医院进修 22 人，联系医学院选拔人才，与 15 名优秀毕业生签订了就业合同。同时，医院不惜重金添置光学生物测量仪、超声乳化仪、四维彩超、DRX 射线机、呼吸机等一流设备设施 522 台件，先后完成市、县科技项目 32 项，获市政府科技进步奖 7 项，县政府科技进步奖 9 项。人才的培养，为医院的发展赢得了先机。医院在成功争取挂牌泸州医学院、川北医学院“教学医院”、三军医大大坪医院、重庆医科大学附属儿童医院重庆医科大学附一医院“技术指导医院”和四川大学华西医院“网络医院”后，开设专业达到 38 个。其中，骨科专业是达州市批准挂牌的重点专科，脑血管、心血管专业是达州市特色专科。目前，医院常规医疗设备齐全，现有大、中、小型医疗设备 1600 余台件，总价值 1800 多万元。同时，医院优化调整医疗布局，合并 120、急诊科，新增呼吸内科、肿瘤病房、胃肠外科、皮肤医学美容科病房等，方便和满足了群众治病的需求。新开展双腔气管插管、可视喉镜麻醉、经皮肾镜碎石取石术、经输尿管镜碎石取石术、白内障超声乳化摘除术、二期悬吊晶体植入术、可视人流术、胎儿三维四维成像和前列腺特异性抗原检测等 15 项新技术、新项目。圆满完成了鼻内窥镜临床应用、脑白质病 MRI 研究和 PICC 在静脉输液治疗中的临床应用研究等 5 个科研项目立项，并且都取得突破性进展。在开展“健康列车”医疗活动中，免费筛查白内障患者 1500 人次，免费手术 105 台次，伤残鉴定 700 余人。目前，医院质量品牌获得社会公认，竞争力不断增强。

四、一腔热血铸大爱

李健始终忠实地履行着“信守生命，在乎所托”的信条，不仅带领全院医护人员用精湛的医术和优质的服务拯救了一个又一个患者的生命，更用一腔大爱情怀，为无数的人们送去了关爱和温暖，奏响了一曲曲感人至深的大爱之歌。

2011 年，渠县发生了有水文纪录以来最大的一次洪灾，全县 60 个乡镇全面受灾。医院也变成了一片汪洋，在这紧急关头，李健临危不惧，身先士卒，组织全院干部职工投入到抗洪抢险的战斗中。他和全院职工经过四天四夜的战斗，保住了医院的大型设备，保证了住院病人的安全，把损失降低到最小，取得了抗洪抢险的全面胜利。但和他的职工们一样，几天没回家，几夜没合眼，吃的是自备干粮。这体现了他们人民利益至上的崇高情怀。

在医院严重受灾正在全面自救的情况下，他坚决响应县委“千名干部下基层”的号召，派出了 30 名党员骨干和医疗技术人员，奔赴重灾区渠南乡、青龙乡、李渡乡、三汇镇、文丛镇等一线阵地，为灾民防疫消杀，为群众义诊，送医送药上门，与群众同吃同住同劳动，帮助受灾群众恢复生产，重建家园。在这期间，他先后 10 多次深入灾区看望职工，并和他们一道参加劳动，支持灾后重建。同时，他还号召全院党员干部和医务工作者积极捐款捐物，向灾区人民伸出援手，先后 3 次组织个人捐款达 8 万多元，向灾区人民送上最诚挚的爱心。并主动向组织提出，投入 40 余万元对口支援受灾最严重的文崇镇医院，帮助他们灾后重建。除此之外，还先后向受灾的协作医疗机构送去了 5 万元现金、20 万元的医疗设备和医药物资。向青龙乡灾区人民送去了 1.5 万元救灾物资以及 1.5 万元建立蔬菜基地的帮扶基金。

2013 年 6 月 21 日早上 6 点 35 分，渠县人民医院“120”急救中心接到渠县火车站打来的求救电话称：由西安铁路局客运段开出的西安至重庆 1003 次列车上有乘务人员受伤，现在伤势严重，急需抢救。伤情就是命令。渠县人民医院党委书记、院长李健得此消息后立即安排医生护士组成抢救组，第一时间赶赴现场救治伤员，并指示医院急诊科、神经心胸外科，耳鼻咽喉科、手术室、麻醉科、外科重症监护室等相关科室和部门做好接收病人的准备，全面开启抢救生命的绿色通道，全力以赴抢救伤员。当受伤患者进入医院时，由于失血较多，已处于创伤性休克，生命危在旦夕。早已等候多时的医生护士，立即对伤者实施救治。经检查发现：伤者多处颅骨骨折、颅底骨折、脑挫伤、颅内血肿、左眼眉弓破裂伤等。时间就是生命，现场医生很快确定了抢救方案，并第一时间将病人推入手术室进行开颅手术。在抢救病人过程中，李健亲临手术室指挥抢救，查看伤情，并再三叮嘱在场的医生、护士要千方百计保住伤者生命。经过全体医护人员三个多小时的奋力抢救，患者伤势稳定了下来。伤者所在的西安铁路客运段 1003 次列车长冯世信眼含激动的泪水，对参加抢救的医生、护士连声道谢："感谢渠县人民医院的大力抢救和无私帮助！如果没有医院领导高度重视和各科医生护士的全力救治，后果不堪设想。太谢谢你们了!"

作为一名党员干部，他不仅在关键时刻发挥党员干部的先锋模范作用和积极带头作用，还把真情大爱洒向社会需要的每一个角落。2012 年国庆节来临之际，他走进警营，捐款捐物，为武警官兵送去大爱；在"六一"儿童节来临之际，他走进学校看望留守儿童，送去 4 万元的书籍等学习用品，为贫困学生送去关怀；8 月，他带领医务人员走进农家，专程去往涌兴镇涌北村 4 社，探访出院病人赵立杰老人，为老百姓义诊看病，不仅送医送药上门，还送去了价值 5000 元的治疗药品及营养慰问品。

李健时刻牢记人大代表的职责，时刻不忘党和人民的信任和期望，将本职工作、兼职工作和人大代表的职责有机地结合了起来。从 2007 年当选为县人大代表以来，他积极走访选民，倾听各方面意见，视察调研 30 余次，先后提出了关于药品零差价、乡镇保留公立医院、新农合管理、乡镇卫生院建设、乡村医生的培养和待遇以及百姓的看病就医等难点问题的议案 20 多份，并送交审议。他的建议引起县委政府的高度关注，且绝大多数问题都得到了妥善解决。2013 年"两会"期间，他仍然多次深入基层，走向民众，深入调查研究，继续为表达基层民众的诉求而四处奔走。

春华秋实，硕果累累。在辉煌的成绩面前，李健总是谦逊地告诫自己："继续坚持改革创新的方向，当好实现'中国梦'的参与者、实践者，为实现人民群众'健康梦'再尽一份绵薄之力。目前，医院正在向创建 "达州前列、四川一流、全国有名"的三级乙等综合县级医院的目标挺进。我们有理由相信，李健脚下的路充满了阳光，李健心中的"中国梦""健康梦"将会更加辉煌灿烂……

这正是：

李氏儿郎壮志酬，健身强体施妙手。
好教病魔无踪影，人赞仁医竞风流。

（此文采访于2014年6月，李健已任渠县卫生和计划生育局党组副书记、副局长）

把青春和热血献给祖国西部军营

——记绵阳军分区副司令员徐进渝

人物档案

徐进渝，男，汉族，1965年10月19日生，渠县三汇汇东人。1983年10月入伍，1986年4月入党，研究生学历。曾就读于汽车管理学院、军事交通学院、西安政治学院、首都师范大学。在新疆军区工作期间，历任连队文书、军校学员、汽车排长、连长、师政治部组织干事、运输油料处副处长，曾任某联勤分部物资油料处处长和南疆军区司训练大队大队长、军事交通运输处处长、后勤部副部长，现任四川省绵阳军分区副司令员，大校军衔。参加过“西部-94、99、10”演习、新疆“7·5”维稳、巴仁乡平暴、“9·11”中阿边境封控、中印“98·6”行动、援助阿富汗等国军援等非战争军事行动。先后荣立三等功两次，被总部评为全军援外工作先进个人。

渠江，是嘉陵江左岸最大的支流，发源于米仓山、大巴山南麓，由巴河与洲河在渠县三汇镇徐家湾南汇合而成渠江，注入嘉陵江，流进渝都（重庆），流到长江，奔向大海。

徐进渝出生在依山傍水、三江汇合的三汇镇徐家湾的一个中医家庭，其父亲徐相廷自幼学医，医术精湛，是达州市有名的中医，主任中医师。父亲对徐进渝的最大希望是背汤头、写处方、制药引，救死扶伤、承接衣钵；然而，从小就胸怀报国大志的徐进渝在18岁那年违背双亲的意愿，投笔从戎，报名参军。年轻的徐进渝认为，一名医生只能帮助病人清除疾病恢复健康，一名军人能御外稳内，保家卫国，使国家更加富强，民族更加昌盛。从此，他带着一腔热血和激情，踏上了西部军旅之路。摸爬滚打，爬冰卧雪，驰骋昆仑，奉献边疆，一干就是 30 载。从一位战士走到了四川省绵阳军分区副司令员的岗位上，多次荣立战功，成为家乡人民的骄傲。

一、磨炼是他人生的最好财富

列夫·托尔斯泰说过，理想是指路明灯。没有理想，就没有坚定的方向；没有方向，就没有生活。徐进渝从小就胸怀大志，决心要做一个有理想、有血性、有道德、有灵魂、有作为的人。

1983 年 10 月，徐进渝从四川渠县三汇汇东燕窝坪应征入伍，奔赴祖国军营这所大学校，去的地方是条件十分艰苦的新疆与西藏交界的西部边防。当兵进疆时，坐了火车坐汽车，再坐毛驴车，经过三番五次转车，历时半个月的颠簸，他才和新战友们到达部队。翻开地图，他第一次看到了自己所在的位置：祖国的西部边陲，那里与 7 个国家接壤，与西藏、青海相邻。“风吹石头跑，氧气吃不饱，四季穿棉袄”，自然环境、生活条件极差。“远、高、苦、大”就是这里的生活写照。远离首都北京 5000 多公里，位于祖国的最西部。高，部队驻地平均海拔 3500 米；苦，氧气稀薄，空气含氧量仅为平原地区的一半，紫外线也特别强烈。高寒缺氧，一个人徒步行军相当于在平原地区负重 20 公斤。大，保障面积约占全国内陆面积的 1/10。他多次深入到全军海拔最高的“神仙湾钢铁哨卡”“喀喇昆仑模范医疗站”和“西陲第一哨”斯姆哈拉边防连，喀喇昆仑山、帕米尔高原、戈壁沙漠，3000 多公里的边防线上处处留下了他的足迹。

徐进渝曾战斗生活的地方在新疆塔里木盆地南缘，喀喇昆仑山下，高原寒区作战训练、边境管控、平暴制乱等问题非常突出，一旦保障不到位，车辆就得“趴窝”，执行边防任务的官兵就只能挨饿受冻，甚至可能发生冻伤、冻残、冻死的惨剧。他坚持创新抓保障，克服老套路、老经验、老方法。和战友们怀揣馕饼（一种维吾尔族同志制作的干粮），饿了，啃一口馕饼；噎了，含一口冰水；翻过一座座达坂（有海拔 6000 多米的冰川达坂），涉过一道道冰河，一次次强烈的高原反应使他头疼欲裂，脸颊青紫。他从不畏惧，从不退缩。“宝剑锋从磨砺出，梅花香自苦寒来。”他带领战友在苦难中开展工作调研，摸索总结，为边防部队解决了 20 多个保障难题。

采访期间，徐进渝同志告诉我们：部队的学习、生活、工作秩序，为他们提供了最佳成才方案，为提升个人能力素质搭建了平台。在没有硝烟的战场上，部队各级领导严谨的学习态度，扎实的知识功底，丰富的实践经验，规范的智能评价，灵活的管理模式，打开了他个人实现理想的大门。他从战士、文书、军校学员一路走来，逐渐被培养为中国人民解放军军官，从排长、连长一路干起，逐渐成长为军队师职领导干部。他说，一辈子都要感谢党的培养，感谢首长的关怀，感谢火热军营的锤炼。

二、刻苦学习教他如何做人

近现代大学者王国维在《人间词话》中对人生有一段精辟的论述："古今之成大事业、大学问者，必须经过三种境界：'昨夜西风凋碧树，独上高楼，望尽天涯路，此第一境也。''衣带渐宽终不悔，为伊消得人憔悴。此乃第二境也。''众里寻他千百度，蓦然回首，那人却在，灯火阑珊处。此为第三境也。'"

是的，不经历风雨怎能见彩虹，不经过努力怎么能成功。徐进渝深深明白这个道理，部队让他理解和感悟到了"人生之三境界"，第一种境界是说人生要有大志，要耐得住寂寞，要苦苦追寻人生梦想；第二种境界是说人生要勇于付出，要坚持，要矢志不渝；第三种境界是说只要付出了艰辛的努力，成功就会悄然而至。在徐进渝人生的字典里，最醒目的两个词组，就是矢志不渝的坚守、付出艰辛的努力。

徐进渝同志说，部队的锻炼让他在成长中完成了升华思想、沟通感情、传承美德、弘扬传统、印证发展的历程，是部队教会了他和战友们如何相处，怎样做人；是部队教会了他如何学习、怎样带兵打仗，提高保障打赢的能力，一步步使他实现个人的梦想。古人言："工欲善其事，必先利其器。"大量事实和实践告诉他，一个人能力素质的强弱，主要是学习上的差异造成的。在部队，他始终把学习作为一件快乐的事对待。工作之余，学校图书馆、连队图书室经常留下了他的足迹。完成训练、操课之余，他把大量的时间都用在了学习上。"八小时之外"，一条长凳、一本大部头，就是一片浩瀚的海洋，他可以独自遨游一天。曾有多次被同事从七彩的世界里唤回："明天再看吧。"他涉猎的书籍里，有毛泽东军事思想、邓小平理论、科学发展观、新时代中国特色社会主义、《孙子兵法》等，也有解放战争、抗美援朝、海湾战争军交运输保障成功战例，还有金庸的武侠小说、柯南道尔的刑侦推理、巴尔扎克的《人间喜剧》……时间长了，未被他读过的书少了，他的个人世界也从此变得丰富多彩了。因为学习，他发现了自己的渺小；因为阅读，他探索了军事科技领域的真理，这为他后来走上各个岗位特别是领导岗位准备了厚实的理论积淀。

刻苦学习，他的思辨能力也得到了很大锻炼，干工作有板有眼，做事有头有尾，他的人格魅力在同事和战友中有目共睹。学以致用，知道了：遇事不是看“过去怎么办”，而是思考“现在应该怎么办”，不是看“别人怎么办”，而是思考“自己该怎么办”。他为人实诚、宽容，也乐于助人。用“非淡泊无以明志，非宁静无以致远”的古训批驳“有权不用，过期作废”的谬论。刻苦学习使他的人生观、世界观和价值观都得到了改善。

他说，能从一名边防战士成长为一名副师职干部，离不开组织的培养和同志们的帮助，要珍惜来之不易的工作岗位，珍惜在部队工作的宝贵时光，珍惜组织和官兵的信任，保持平常之心，消除非分之想。做人做事诚实守信、谦虚谨慎、慎独慎微、勤政廉洁，对自己、对家庭、对部队、对社会负责。生活情趣要崇尚高雅，要自我教育、自我监督、自我约束，清白为官，踏实干事，老实做人，保持为官做人的正确方向，时刻保持部队领导干部的良好形象。

三、奉献军营让他实现梦想

有一篇叫《三只兔子不可追》的文章，作者以自己的亲身经历对人生不同阶段需注意的事情进行了形象的描述：“人生有三只兔子不可追。少儿时代，教室之外的嬉戏玩耍是一只诱人的兔子，你若去追赶它，它就给你荒废的一生；青年时代，校园之外的名利宝贝是一只诱人的兔子，你若去追赶它，它就给你虚荣的一生；中年时代，社会上的酒绿灯红是一只诱人的兔子，你若去追赶它，它就给你堕落的一生。所以，当你要赶路时，不要被草丛中窜来窜去的兔子弄得眼花缭乱，偏离了方向，记着自己是在赶路，唯一要干的是：看脚下，看前方。”

徐进渝没有被那名利宝贝的兔子所诱惑。在部队这个大熔炉里，他始终坚持严格要求自己，沿着选择的道路，披荆斩棘，有泪水，也有鲜花，他不犹豫，不退缩，不趾高气扬、停停走走，而是一步一个脚印，一直在前行，走向事业的春天。

徐进渝同志干工作的一贯作风是将学习成果转化为谋划工作的思路、促进工作的措施、领导工作的本领、解决问题的能力。在司训大队工作时，单位刚组建不久，各种设施设备都还不完善，他带领官兵自力更生，艰苦创业。苦心人，天不负。以前的大漠戈壁，今天的花园式营区，现代化营具一应俱全，看得见的工作成绩使他和战友们感到无比快慰。他知道汽车驾驶员训练质量的好坏，关系到部队运输保障任务的完成，关系到“训为战，保为战”目标的顺利实现，积极探索汽车司机基地化训练的路子，经常深入一线，对训练的效果、进度、安全保障进行不间断地跟踪检查，督促训练时间、内容的落实。经过几年的努力，他所带的部队，从硬件设施到软件制度，都越来越正规，训练质量、教育管理水平也逐年提高，在全军同行业中都叫得响顶呱呱！

在北方，军事训练不是在烈日炎炎的盛夏，就是在寒风凛冽的寒冬进行；驾驶室里面不是冷得像冰窖，就是温度高得像火炉；每年都会有被冻伤耳朵或被强烈的紫外线灼伤脸和手的士兵。因为辛苦，车辆防卫、勤务训练，部队都不爱训，骨干也不想教，就糊里糊涂过关。他深知：平时训练骗得了上级、同事、部属，战时却骗不了敌人。汽车部队如果光有驾驶技术，而不能组织防卫，一旦发生战事，车辆就可能开不动、物资就运不上、伤员就送不下，不但保障不了部队，自身安全都得不到保障。为此，在车辆防卫、勤务训练中他从不打折扣，还要求增训高原戈壁沙漠地区战时汽车集结，快速维修重难点科目，部队快速反应能力和驾驭新装备的硬功直线上升。

走上副部长和副司令员的领导岗位后，面对新时代、新形势、新任务、新要求、新挑战、新征程，他深感肩上担子的分量重、责任大。他常怀本领恐慌和能力危机感，不断加强理论学习，思考和研究部队科学发展、战斗力生成模式转变、军事训练转型、科学管理等现实问题。为更好地履行军人“能打胜仗”的天职，为确保部队有任务时一声令下，能拉得出、用得上、起作用。着眼部队完成多样化使命任务实际，他搜集研究了当地军事地理、民族宗教、历史文化、气象水文、自然灾害等方面的资料。深研有关军事行动以及基于信息系统体系作战能力建设等作战理论，坚持每天阅读军内外刊物，及时掌握军内外军事变革发展趋势，了解部队信息化建设的特点和要求，优化自身知识结构，打牢谋划指导和组织指挥的理论根基。

“忠诚敬业、艰苦创业、实干兴业”，这是部队这所大学校遵循的训诫。

他说，只要当一天兵，就要围绕“听党指挥、能打胜仗、作风优良”总目标，努力在思维层次上有突破，在自身素质上有进步，在开展工作上有作为，成为一名“召之即来、来之能战、战之必胜”的指挥员和战斗员，为实现强国梦、强军梦和中华民族的伟大复兴做出自己应有的贡献！回顾成长的历程，徐进渝同志始终坚持了“学习上刻苦，工作上不怕辛苦，生活上不怕吃苦”的“三苦”精神。这三个主题词涵括了他军旅的全部，也让他的人生丰盈充实。

采访结束，我蓦然想起了诗人郭小川在抒情诗《团泊洼的秋天》讴歌战士的诗句：“战士自有战士的抱负：永远改造，从零出发。”这激情飞扬的诗句是对每一个革命战士所应具备的高贵品质的高度概括和深情赞美。面对眼前这位英姿飒爽的军人，我的心中顿时升腾起无穷的敬意。是的，在徐进渝的身上，我看到了祖国挺拔的脊梁，看到了民族未来的希望。

这正是：

徐家男儿远从戎，进疆戍边建奇功。
渝水汤汤歌英豪，好天良夜咏高风。

情系世界第一大峡谷

——记西藏军区某部原主任、珞渝文化学者罗洪忠

人物档案

罗洪忠，1966年7月8日生，四川渠县望江乡人。曾在西藏军区某工兵团、拉萨军分区宣传科、西藏军区后勤部政治部宣传科、《战旗报》社驻西藏记者站、解放军文艺出版社等单位工作。2008年3月自主择业，如今在《拉萨晚报》从事编辑工作。中国作家协会会员，中国散文学会会员，四川达州市文化发展研究会副秘书长，宕渠文化研究中心常务副主任兼秘书长。目前已出版散文集《賨人故里》《边陲墨脱》，报告文学集《人文雅鲁藏布大峡谷》（3卷）。目前已完稿正待出版的图书有：《雪域红飘带》《仓央嘉措故里》《莲花遗梦》（上、下两卷）。其中，《人文雅鲁藏布大峡谷》（3卷）获2012年度国家出版基金资助项目；入选教育部社科司、光明日报图书出版部推荐的2013年8月榜单；获得第三届中国大学出版社优秀图书一等奖，获得国家新闻出版广电总局、国家民委举办的第二届向全国推荐百种优秀民族图书。他在中国珞渝文化研究领域成就突出，被评为西藏60年来有重要文化贡献的人物，其事迹被纳入《拉萨文学》（60年卷）一书。

一、艰辛的民族文化考察之路

罗洪忠，1966年7月8日出生于四川渠县望江乡梅乐村一个偏僻的小山沟。他从小成绩优秀，曾在小学五年级清溪区统考时获得第三名，初中毕业时考入渠中，可因家境贫寒，只能选择条件较差的清溪中学就读，高中两年没住过一

次校，无论刮风下雪，每天往返 20 多公里上学，也算是班内最贫困的一名学生。

1986 年 10 月，罗洪忠参军进藏，分在拉萨某部道路二连；1987 年 4 月参加带有实战背景的“874”军事演习，走向中印边境前沿；1988 年 9 月考入长沙工程兵学院（今国防科技大学工程学院），1991 年 7 月毕业后分回拉萨某部道路六连，1994 年 8 月调入拉萨军分区政治部宣传科从事新闻工作，开始接触珞巴、门巴两个民族的文化，同时从事报告文学的创作。

1994 年 9 月，罗洪忠在拉萨军分区当新闻干事，初次接触到影响他一生的人——原十八军老战士冀文正老先生。冀文正离休后曾 3 次进入极端艰险的墨脱搜集珞巴族、门巴族民间文学素材的事迹深深地感染着罗洪忠，他一气呵成写下了 4000 多字的通讯《探索珞渝文化第一人》，没想到新华社对外发通稿，《人民日报》海外版也刊登了这篇文章。从此他同冀老成了无话不谈的忘年交，冀老给他讲述墨脱“野人”的故事，以及高山“天湖”里有海洋性动物“河马”“鳄鱼”的传闻，这些更是引起了罗洪忠极大兴趣。他连续撰写了《神奇的雅鲁藏布江大峡谷》《神湖奇谜谁来破译》《喜马拉雅山“雪人”探秘》等通讯，先后被《晚报文萃》等多家媒体刊载，在社会上引起较大影响。

面对墨脱莲花圣地的诱惑，罗洪忠多次利用休假时间到雅鲁藏布大峡谷流域的原始部落搜集人文资料，采访当年战斗生活在这里的墨脱军人、干部和群众，挖掘珞巴族、门巴族的第一手素材。1997 年 3 月，他凭着对墨脱那片热土的感悟，写出 25 万字的文化散文《亲近墨脱》，后来改为《边陲墨脱》出版，并入选上海世纪出版集团推出的人文华夏系列丛书，成为我国第一部全景式展示世界第一大峡谷自然风光、人文风情和奇景奇谜的图书。

“机缘巧合，让我爱上这片神秘的莲花圣地。我写墨脱县的文章越多，对这块土地就爱得越深。”罗洪忠如是说。从这那以后，他曾先后 3 次进入极端艰险的雅鲁藏布大峡谷流域作田野考察，采访曾在雅鲁藏布大峡谷工作生活的地方群众、部队官兵以及从事人文研究的专家学者 120 余人，整理口述资料 150 余万字，查阅文献资料 220 余万字，先后到北京、郑州、陕西向有关专家、学者请教，积累了第一手写作素材。

罗洪忠积累大量素材后，投入到艰苦的写作中，完成了《人文雅鲁藏布大峡谷》前三卷：《峡谷风云》《莲花圣地》和《深峡淘金》，开创了这个人文领域的三项第一：第一本全面展示大峡谷人文历史的专著，第一本系统展示大峡谷人文风情的专著，第一本真实展示大峡谷人文科考成果的专著，获得了2012年国家出版基金项目资助。面向世界158个国家发行的《中国西藏》杂志在介绍该丛书时称赞：“这三卷书，可以说是一部气势恢宏的珞渝人文画卷，是研究雅鲁藏布大峡谷文化的经典之作，里面丰富的史料和行云流水的文笔，是可以打动读者的精品图书。”对此，罗洪忠很淡定：“其实对我来说，我笔下的人文历史、风情和科考，都是我很感兴趣和熟悉的内容，将自己喜爱的人文故事一个个串起来，同大家分享是件很幸福的事”。

对罗洪忠来说，田野调查是一项既寂寞又艰苦的工作。要想深入雅鲁藏布大峡谷腹地获取第一手人文资料，必须翻越喜马拉雅山脊，从北坡进入南坡，穿越人迹罕至的原始森林，越激流、跨深涧、斗虫蛇，其路途之艰险可谓世所罕见。他曾是一名军事记者，怀揣着自己的梦想，利用各种机会一次次往雅鲁藏布大峡谷流域的原始森林跑，其中的艰辛是常人无法想象的。

“1996年10月，川藏线通麦大塌方段依旧暴雨如注，去波密的车困在那里6天6夜，一包康师傅方便面竟卖到10元。当路修通后，驾驶员说：‘这段路太险，任何人不能坐在车里，万一不测，我好弃车保人，即使死，也就一人。’无奈，我们只好步行。滑坡、泥石流从上百米高处直袭川藏公路，地表被剥蚀得连路基也没有了。滑坡、泥石流不断，路基就这样一次次被抬高，惨烈地挂在山崖间，汽车在半山腰盘绕，紧贴崖边七弯八拐，忽上忽下，像蝼蚁般慢慢爬行。行走其间，可以说是对人们心脏的考验。”对于这次经历，他刻骨铭心：“脚下是汹涌澎湃的帕隆藏布江水，我们仿佛就飘在半山腰，随时都有可能‘飞’下去。我在拐弯处看到，这窄溜溜的车道，是在陡峭崖壁上用胳膊粗的木桩层层交错垒叠，再填土而成的‘栈道’。我们行进途中，山上不时有飞石坠落，飞石砸在人身上，非死即伤。当我正小心翼翼地过一道险路时，一块石头砸中前边一人，那人当场休克。”

墨脱县有8个多月的封山期，可罗洪忠的假期只有3个月，若贸然闯入这个陆地“孤岛”，等待他的将是漫长的封山期。当时墨脱不通电话，若一名军人“消失”5个月，等待他的将是非常可怕的后果。当他赶往波密时，通往墨脱的公路已被大雪封了，只好打道回林芝。可他没有就此止步，在八一镇他先后采访50余名曾在墨脱工作的汉族、珞巴族和门巴族干部群众，记录了厚厚的5本日记。正是这次大峡谷之旅，激发了他的写作激情，1997年8月，他仅用8个月就已完成了25万字的《亲近墨脱》书稿。

二、珞渝文化领域的著名学者

罗洪忠一次次往雅鲁藏布大峡谷深处走去，让他看到人世间最美的风景：背崩风景如画的田园风光，德尔功寺的跳神超度，吊脚楼里飘出的情歌，德兴神秘的招魂歌咒，等等。他努力探寻莲花圣地不为人知的神秘，详细记录墨脱的生活习俗、宗教信仰和民间文化，立体地呈现了墨脱的人文风情。翻开罗洪忠的《人文雅鲁藏布大峡谷》(3 卷)，唯美的文字映入眼帘："墨脱县诡云谲波、风光万千，这里有世界上'最高的绿洲'，有郁郁葱葱的原始林海，云遮雾涌，有金色的油菜地、绿油油的青稞田，有门巴族、珞巴族风情和独特的大峡谷文化，有清溪、急流、瀑布、跌水，点缀着古朴的寺庙。"

2001 年 9 月，罗洪忠到解放军文艺出版社帮助工作，亲耳聆听著名报告文学作家王宗仁谈创作青藏线系列报告文学的感悟，有幸聆听 5 次获得鲁迅文学奖的著名作家李鸣生谈纪实文学《寻找北京人》的创作过程，这些学者型作家用轻松的笔调，独特的审美视角，记录一个国家的文明和发展，作品中透出作者深厚的文化功底。在写作之前，他还有意识地阅读了大量报告文学和文化散文书籍，诸如李鸣生的《走出地球村》，王宗仁的《日出昆仑》，邓贤的《流浪金三角》、余秋雨的《文化苦旅》等，这些作品与时下流行的快餐文化不同，总是吸引着他的阅读视线，具有很强的知识性，让读者体验到了文学和艺术的双重魅力，这无疑奠定了他的人文学术专著文学化写作之路。

罗洪忠在写作《人文雅鲁藏布大峡谷》三卷丛书时，有意识地选择纪实散文手法，用浅显易懂的语言，改变人文专著大都一副严肃的学术面孔，把珞巴族、门巴族民间文化、民俗风情和宗教信仰等属于人文领域的研究课题，轻松有趣地传达给读者，让墨脱独具特色的民俗及人物跃然纸上，让读者领略到雅鲁藏布大峡谷流域独特的人文魅力，让读者感受到传统古韵的民居、鳞次栉比的村落、弯弯曲曲的山路、奔腾流淌的小溪所带来的审美情趣。

有人将罗洪忠目前已出版的 5 本书定位为人文专著，可这样的语言明显同国内传统学术专著相悖，学术界认为这是典型的报告文学，这也许是他作品的独特之处。谈起这些，罗洪忠却说："我们国人做人文论著，大都就像盖一栋'大宅'，先在四周砌起高高的围墙，然后在里面做出一个个院子。外表富丽堂皇，但走进去，除了墙、梁柱之外，却并无长物。许多人文学者写数十万字的一本书，也许是太长于逻辑思维的缘故，将其做成一篇大论文。而外国人，不管是上千字的人文论文，还是数十万字的人文大作，都是在讲一个个故事和事例，将这些故事和事例讲完，他们的结论也就出来了。当读完全书，不仅记住了这些事例，认同作者的观点，还会有自己的心得。结果，自然是愉悦，满心欢喜，这就是阅读外国人文论著的乐趣。”

《人文雅鲁藏布大峡谷》（3 卷）自 2012 年 5 月出版后，引起了较大的社会反响，包括《工人日报》《中国出版报》《中国民族报》《西藏文学》《全国新书目》等在内的全国 30 多家媒体，均用一定篇幅刊登了专家学者的书评文章和对作者的采访报道，西藏发行量最大的报纸《西藏商报》，也先后拿出五个版面来解读这套丛书的部分内容、报道作者的事迹。这套丛书出版后，作者担任了西藏林芝市旅游局民俗顾问，江南大学设计学院编写《中国少数民族设计全集》（珞巴卷、门巴卷）的民俗指导。《中国科学探险》杂志同大众途锐搞门巴族地域探险活动，他特地为参与报道的 35 家媒体记者和探险成员讲授门巴族的相关知识。目前，北京航空航天大学、四川大学、西南民族大学、西藏民族学院等高等院校的近百名教授、博士生、研究生等专程来到拉萨，向他请教珞巴族、门巴族方面的知识。

如今，罗洪忠已完成反映西藏军区文工团建团 60 年纪实文学作品《雪域红飘带》，全面展示门巴族情歌王子仓央嘉措故乡人文历史、民俗风情和民间文化的人文图书《仓央嘉措故里》，这些图书已与相关出版社达成合作出版协议。2015 年，罗洪忠还推出了 56 万字反映墨脱文化的图书《莲花遗梦》（上、下卷），该作品以珞渝民间文艺家冀文止 58 年的所见所闻为背景，用口述历史的方式及独特的文化视觉解读墨脱县的人文生态环境，这无疑将为研究我国墨脱县珞巴族、门巴族近代社会史、宗教史、民俗学、社会学、人类学提供一份真实可靠的历史记录，也必将随着两个民族文化的纷纷变迁而愈发显现出珍贵的文史价值来。

三、开采賨人文化的“金矿”

1600 年前的《华阳国志》，记载了许多賨人的历史功绩和賨人风情。让人疑惑不解的是，賨人风情缘何被当今渠县所保留？賨人文化靠什么来传承？罗洪忠从曾在中国历史星空有过辉煌一页的賨人入手，探究这一古民族消亡的历史及其文化根源，破译了许多专家、学者如今仍争论不休的賨人文化“密码”。

在一次文化交流会上，四川省达州市文化发展研究会常务副会长龚兢业，对罗洪忠无不感慨地说：“达州市文化的根脉，很大可能是賨人文化，我因公务缠身，没有精力去考证。眼下达州人非常困惑，同重庆市争‘中国巴人故里’，明显底气不足，我们何不换一种思维，重新定位达州市文化？”

战国时，賨人将国都建在四川省渠县土溪镇城坝村；汉阙是中国现存最早的建筑，渠县汉阙是古代賨人的墓地，共有六处七尊，占全国汉阙的四分之一，被国家文物局评为中国汉阙之乡；渠县賨人谷，目前是川东地区发现的规模最大、档次最高的古人洞窟部落遗址。賨人曾是一个有着数十万人的部族，怎么可能在短期里从人间蒸发？……罗洪忠作为一名渠县人，怎能不感触万端？

罗洪忠受到这样的启发，一会儿奔走四川省社会科学院，一会儿又扎进渠县图书馆……大量搜集有关賨人方面的文章，仔细研读出版的《阙乡风采》《渠县民族民间文化集萃》《巴渠文化资源整合与产业发展论》《土家族风情录》《土家族》，查阅清朝康熙、乾隆、嘉庆、同治和民国时期编的《渠县志》，以及《后汉书》《三国志》《晋书》《华阳国志》等古典史籍。

为了获得第一手材料、亲身感受当地独特的人文风情，罗洪忠四次回老家渠县，想方设法同一些地方民俗、民间文艺专家探讨和交流。罗洪忠的爱人在拉萨上班，小孩在成都上学，由他来照管。他来回往渠县跑，小孩上学只能托人管，爱人非常生气，竟将小孩从成都市武侯区最好的锦里小学，转学到拉萨市实验小学，家里交的两万元异地择校费打了水漂。最让罗洪忠愧疚的莫过于拉萨的教学质量远不如成都，觉得欠小孩太多。

2010 年 10 月，罗洪忠在西藏写这本书，可考虑到该书需配大量图片，又专程从拉萨飞回成都，再回到渠县，光拉萨至成都之间的往返机票费就高达 3400 元。为了写好这本书，罗洪忠既花费了大量时间，也花费了不少金钱，几乎到了不顾一切的地步。可他却说：“渠县是生我养我的地方，给家乡做点奉献，这些付出又算得了什么？”

在进出达州城市的主要路口，“中国巴人故里”巨幅标牌赫然醒目，因为达州人一向以巴人自居。罗洪忠却在《賨人故里》一书里明确提出，包括达州市在内的川东北人祖先为賨人，而非巴人；賨人和巴人是完全不同的两个古民族；被众多专家学者认定的罗家坝巴人文化遗址，应是一处典型的賨人文化遗址。

賨人的消失一直是个谜，文史专家、学者们各持己见。罗洪忠通过大量史料分析后认为，賨人在东晋末的賨僚战争中，大量外迁到鄂、渝、湘、黔四地，同先秦时期到达这里的巴人融合，逐渐演变成为今天的土家族。如今的賨人故里渠县，九成以上称自己是湖广填川移民的后裔，罗洪忠却认为移民人数不到七成，而且大都被賨人文化所同化。他还建议将达州市更名为“中国賨人故里”，将宣汉县“巴人文化研究会”更名为“賨人文化研究会”。

在古代賨人生活区域，即四川达州、广安、南充、巴中，重庆城口等地，人们普遍关心一个问题，现在这里是否还有賨人文化在传承呢？《賨人故里》一书中，罗洪忠第一次将土家族文化同賨人故里渠县文化结合起来，通过大量的史料研究，他认为土家族祖先就是1600年前消失的賨人。

渠县人到重庆黔江、湖北恩施，陕西汉中、安康，湖南吉首、张家界等地方后，感到特别惊讶，那里的方言、习俗同渠县没有多大区别，有一种回家的感觉。罗洪忠正是找到了渠县文化同土家族文化、陕西汉中、安康文化相近的血缘关系，证明那些地区都曾是賨人生活的地域，首次破译了这种独特的文化现象。

罗洪忠将《賨人故里》初稿写成后，四川出版界资深编辑张问渔老师，对书稿的结构、篇章提出了许多建设性的意见，并进行了润色和加工，经过两个多月的精心编辑，《賨人故里》的最后定稿，如愿以偿付梓发行。

随着研究賨人文化越深，罗洪忠便萌生了借助賨人文化这张牌，在渠县文峰山上集中展示賨人文化微景观的想法，其间还经历了一个思想转变的过程。早在2010年3月17日，罗洪忠面对渠县籍香港企业家李宗原在偏僻的达县诗人梁上泉家乡北山乡投资一个亿打造旅游文化产业，心里便萌生了渠县借助厚重的诗歌文化打造渠县旅游文化产业的想法。随后，他在蒙山论坛发帖《渠县：中国“西部诗歌重镇”（征求意见稿）》，里面谈到渠县借助诗歌重镇打造文化景点的想法，引发论坛网友的热议。3月31日，罗洪忠与蒙山论坛几位文化网友一道，同达州市文化发展研究会副会长龚兢业会面，共商将渠县命名为“中国西南诗歌重镇”，以此打造渠县旅游文化产业的问题，李宗源应邀出席讨论会。

第二天，罗洪忠回到渠县后，花8天时间大力宣传把渠县命名为“中国西南诗歌重镇”的意义，引发渠县社会各界的广泛争议；4月6日，罗洪忠倡议将渠县命名为“中国西南诗歌重镇”，亲自将这个建议送到政协主席许平、宣传部部长陈运英手里。4 月 14 日，龚兢业专程到成都同罗洪忠商讨借渠县成都首届联谊会之际，大力宣传将渠县命名为“中国西南诗歌重镇”对渠县旅游文化经济的重要意义，两人提出了更为明确的目标。

4 月 28 日，罗洪忠随同渠县籍企业家李宗源一起到广州，参加四川省招商引资局举办的四川—广东产业合作对接会，亲自聆听广东省省长黄华华、四川省省长蒋巨峰讲话，迅速调整原有的借诗歌重镇打造渠县旅游文化产业思路，以渠县举办首届賨人文化节为契机，在做足做够做活賨人文化上下工夫，同李宗源一道提出了建立“中国賨人文化遗址园”的思路。

罗洪忠的一片热心，感动了渠县籍在外文化人。2010 年 5 月 1 日，达州市文化发展研究会在成都组织渠县籍在蓉知名作家、文化学者杨牧、李学明、周啸天、戴文渠等，就如何挖掘厚重的渠县历史文化、打造渠县文化产业、振兴旅游文化经济等进行了热烈讨论。罗洪忠对会议做了纪要，花一周时间起草了《关于把渠县打造成“中国汉阙之都”的座谈会纪要》，提出打造“两馆两园”的设计。罗洪忠结合大家的建议，提出将文峰山作为渠县打造“中国汉阙之都”的首选基地。

后来面对来势汹涌的房地产经济时，罗洪忠等渠县籍文化人的建议显得苍白无力。罗洪忠没有气馁，作为一名研究珞渝文化卓有成就的文化学者，他多次往返成都和渠县，倡导成立宕渠文化研究中心。2010 年 6 月 19 日，在杨牧、李学明、周啸天、戴文渠等渠县籍文化前辈的热心支持下，宕渠文化研究中心在成都金牛宾馆召开了成立大会，罗洪忠担任宕渠文化研究中心的常务副主任兼秘书长。罗洪忠再次将自己撰写的《关于把渠县打造成“中国汉阙之都”的建议》和《渠县马鞍山城市生态公园建设应加进文化元素》两项建议复印 8 份，体现了一名在外渠县游子对家乡的一片深情。

“羊有跪乳之恩，鸦有反哺之义”，罗洪忠从贫困的渠县山村走出来，没有忘记自己的家乡，如今已拿出 4 万余元用于家乡文化建设，包括出版印刷《賨人故里》图书 2600 册，为家乡旅游文化建设鼓与呼等的开销，这点钱对于一些渠县籍企业家来说，实在是微不足道，可对于一名工薪阶层而言，却不是一笔小钱。如今，达州市政府将渠县定位为“中国賨人故里”，渠县政府举办了賨人文化节，修建了賨人文化陈列馆，拍摄了賨人文化专题宣传片。家乡如此重视賨人文化建设，罗洪忠感慨地说：“古賨族是一个勤劳的民族、厚道的民族、深沉的民族、欢乐的民族，賨人文化大有潜力可挖。只要家乡有需要，我随时将所学的文化人类学知识，用于家乡的文化建设中。”

这正是：

罗纸满满尽华章，洪论段段皆榜样。
忠劳故土情意重，好评如潮远名扬。

精彩人生

——记重庆力佳商贸有限公司总经理李忠益

人物档案

李忠益，男，汉族，1968年1月生，渠县涌兴镇人。大专文化，执业营销师，重庆力佳商贸有限公司总经理，重庆市养生健康协会副秘书长、重庆渠县商会执行秘书长、渠县联谊支乡协会重庆分会执行秘书长、《渠县人在渝群英谱》执行主编及总摄影、《渠县人》报刊编辑图片负责人。

一、南下立大志

日夜奔流的渠江水，不停地流向大海，不停地召唤着渠江儿女勇往直前。

在渠江边长大的李忠益，有着渠江一样的性格和灵性。

1989年9月，李忠益正式参加工作，平淡的工作及生活似乎没有给他带来太多的激情与收获；两年后，他不甘寂寞毅然辞职，冥冥之中他觉得，必须走出去，到更广阔的舞台去，才能实现自己的理想壮志；没有一点犹豫，他果断决定外出谋发展，远离家乡到广东、深圳谋生。

一位哲人说过："给生命一个微笑，用微笑面对人生。就如苍鹰自信地去搏击长空，就如河流欢快着去融入大海，我们的生活将因微笑而美丽，人生将因微笑而成功。”

是的，李忠益用微笑去直面生活，直面未来，怀揣一腔热情和梦想，来到举目无亲的异地，困难之大是可以想象的。没有资金、没有技术，往后的路该怎样走？李忠益没有退缩，他知道，万丈高楼平地起，要当将军得从士兵干起，千里之行始于足下。他南下的第一份工作是在广深铁路建设工地上做杂工，干些重苦活，挑石子、抬枕木，南方的暴雨说来就来，空旷的工地无处躲避，整个人被倾盆大雨淋得像落汤鸡，还得继续干活；南方的六、七月，天气十分炎热，太阳烤在人的身上，有一种火辣辣的感觉，衣服常被汗水湿透，经常能看到衣服上的白色汗斑、经常能品到汗水交融着雨水的味道，晚上住在牛毛毡工棚里的通铺硬板床上，无风扇，蚊子还多，想起来真是十分辛苦；当然这也练就了自己不怕苦不怕累、坚韧不屈的顽强精神。他如是说。

有人说过：“人生是一段旅程，走过的路，就是你编织的生活，我们无法预知以后的路途，但是，我们能把握现在的自己，珍惜身边的一切，脚踏实地的走，走好自己的路，不要在生命里给自己留下遗憾的风景。生活一直都很简单，但是我们也一直都忍不住要把它变得很复杂。”

李忠益坚持自己的路，一步一个脚印。在对深圳这个城市有了一点了解后，他便有了新的打算。几月后，他来到了一家制衣厂做学工，从包装工到烫工、车工到质检，勤学苦练，什么都干，深得老板赏识。有一天，老板把他叫到办公室说：“有批库存衣服，你放在厂门口马路边板车上去卖，超出规定价格卖的钱归你自己所有。”就这样，李忠益开始学做生意，也开始了他人生“身份”的转变，由一个“下力人”变成一个“生意人”。在马路边叫卖，天天嘴都说干，嗓子都喊痛，一月后终于卖完了厂里的旧款库存，完成了老板交代的任务，也得到了老板的肯定，更重要的是这一月的收入相当于以前好多个月的收入，这使他尝到了做生意的甜头，激发了他做生意的兴趣。对于一直爱上进、爱学习的他，知道做生意必须要懂得销售知识。所以，他报读了中国科技大学市场营销专业，系统学习了推销学、经济合同法、商业谈判技巧、市场营销技术、大众消费心理、企业竞争战略、广告学等。随后去了台资企业三荣家用电器有限公司，专门从事市场销售工作，从业务员到区域主管、销售部经理，直到副总经理，负责全国销售，一步一个脚印，在大江南北都留下了足迹，并分别获得该公司“年度最佳奖”及“销售冠军奖”；同时也考取了国家职业资格认证的营销师。

二、倾力行大孝

深圳这片改革的热土，这片创业的热土，成就了无数人的梦想。

正当李忠益在深圳干得如鱼得水、事业如火如荼的时候，突然收到家里急电——母亲病危。李忠益当时焦急万分，自从在外工作后，一年才回家看望母亲一次，母亲的身体难以顾及，现在母亲病重，自己是既悔又痛。古人曰：百善孝为先，行孝不能等，他当即决定："放下工作，立即回家"。李忠益在第一时间赶回家把母亲送到离家最近的大城市重庆治病，分别在重庆医科大学附一院、第三军医大学西南医院等进行检查，并在重医一院就诊治疗半年多，听医生讲："你妈体质很差，最好进补"，在完全自费医治且已花掉大部分积蓄又不富裕的情况下，李忠益毫不吝惜地专门赶去成都，当时算是花"巨资"买了两斤多上等"虫草"给母亲打粉食用。母亲治病期间，不分昼夜，悉心照料母亲，其艰辛与孝心感动了该病房的老护士长，她说道："我很少看到如此有孝心的儿子，许多有钱人也做不到"。李忠益家里兄弟姊妹虽多，但经济都比较拮据，所以母亲和父亲治病及后事等所有费用，李忠益一人独自承担，没让他们分摊一分一厘，并对兄弟姊妹的孩子来重庆读书、工作等鼎力相助，所做一切至今无怨无悔；后来有朋友问李忠益如何来到重庆，他说"行孝来重庆"。

林语堂先生说过，一个天生自然的人爱他的孩子，一个有教养的人定爱他的父母。这句话意味深长。好人品是人生的桂冠和荣耀。它是一个人最宝贵的财产，它构成了人的地位和身份，它是一个人信誉方面的全部财产。孝比天大。孝是最好的人品。

三、励志创大业

人生的意义不在于拿一手好牌，而在于打好一手烂牌。

当时，由于给母亲治病，李忠益无法回到深圳，就安心留在重庆重新创业。凭着多年的工作经验，他把自己以前经营的小家电产品引进重庆，在当时垄断性商场——重百大楼和新世纪商场及其分店进行销售。

李忠益慢慢地创建了公司——重庆力佳商贸有限公司。他给公司取名"力佳"，就是鼓励和鞭策自己，一定要力求做得更好。公司主要经营小家电代理批零，有家用和酒店用电器产品，公司秉承“诚信”“务实”“敬业”的价值观，在市场营运代理、销售及售后服务的工作中，先后获得多个厂家颁发的“优秀代理商”及工商局颁发的“重合同守信誉”单位；公司提倡：“物美价廉、完美售后”；始终为客户提供具有竞争性、保障性的优质产品，以顾客百分百满意为宗旨，以实事求是的态度、脚踏实地的服务去开拓市场、赢取市场。

李忠益知道，商场的服务管理，不仅仅要建立健全服务体系和制度，更重要的是把思想、原则和方法落实到每一个员工身上，以提高员工的积极性和主动性，提高员工的综合技能和素养，增强员工的责任感和执行力，对员工进行有效激励，给予员工特别是一线员工更多权限，让他们有权立即处理售中售后的一切问题；只有达到一流服务，才能获得更多业绩，公司销售理念是“销售就是服务，服务就是销售”。

公司蒸蒸日上，生意越来越好，这与李忠益的精准管理和热情为人、诚实立信、厚道为本的处世分不开。员工家中有需要帮助的，李忠益都是有求必应，都是当自己的事来办，把员工当兄弟姊妹来看。有次一位员工的父亲得了急性病，而这位员工当时休假在外，李忠益知道后，立即送医、垫钱医治，该员工甚为感动。李忠益常说“做事先做人、做人先诚信”。

四、感恩献大爱

大爱无疆，上善若水。

中国有句古话：“天下兴亡，匹夫有责。”这句话讲的是每个人都应该对国家和社会有一种责任感。作为社会的一员，要对国家和社会负责，也要对自己负责、对家庭负责、对工作负责、对企业负责。企业承担社会责任会获得社会认同，会产生更强的持续发展能力。

李忠益面对生活、感恩生活、感恩社会、回报家乡。勇敢地肩负起家庭责任和社会责任，在自身发展的同时，没有忘记回馈社会、回馈家乡。

法国著名诗人彭沙尔的名言一直铭刻在李忠益的心中：“爱别人，也被别人爱，这就是一切，这就是宇宙的法则。为了爱，我们才存在，有爱慰藉的人，无惧于任何事物、任何人。”

2008 年 5 月 12 日 14 时 28 分，四川汶川发生 8.0 级强烈地震，短短 80 秒，数百万人民受灾。灾情就是命令，灾情就是召唤。李忠益立刻放下手中的工作，迅速投身到抗灾第一线。在单位、在社区、在街道等地，白天晚上都有他组织捐款捐物而忙碌的身影。他深深地明白：灾难虽然给生活带来重创和巨大损失，但灾难也淬炼出这个民族坚韧不屈、积极向上的精神。在这次抗灾捐献中，李忠益带头组织捐款捐物共计近 100 万元。2013 年 4 月 20 日 8 时 2 分在四川省雅安市芦山县发生强烈地震，当时重庆也有十分明显的震感，地震发生后，李忠益积极倡议商会领导及会员捐款捐物数十万元。

2011 年，渠县发生“9·18”洪灾，汹涌的洪水咆哮而至，吞噬着家乡的农田、村庄。昔日的青山绿水，瞬间变得满目疮痍。李忠益得知家乡遭受洪灾的消息后，立刻联络组织商会会员及乡友捐款捐物，共计 30 多万元。并利用国庆假期，带领重庆市级医疗专家及瑞尔嘉医药公司人员，到受灾区青龙乡、土溪镇，为广大灾民免费义诊，送医送药。

2012 年 8 月 20 日，李忠益得知家乡渠县李渡乡等几户贫困家庭的学子考上大学，但家庭无力支付高昂学费时，便立即为这几位大学生捐款及组织会员捐款，李忠益从重庆专门来到渠县李渡乡，给考上北京大学的王婷、中南大学的陈中源、石油大学的陈蔚三名大学生送去了爱心捐款，并祝贺他们考上了自己理想的大学，同时，祝愿他们继续加倍好好学习，早日成才，为祖国、为家乡、为人民做出贡献。这几位大学生手捧资助款，激动得热泪盈眶。

2013 年 7 月，乡友阎小红患白血病住院，李忠益积极组织乡友会员捐款，并到医院看望慰问。

会员企业有困难，李忠益想方设法义务地为其担保融资贷款数百万元。在乡友中、朋友里，谁有困难，看病的、住院的、读书的、升学的、就业的、贷款的、牵线搭桥的，他都会倾力相助。

李忠益的善举，得到人们的广泛赞誉。

李忠益告诉笔者：“乐善好施、乐于助人是我本性，今后将更好的为社会、为家乡、为人民，跑好路、服好务，更好的发挥自己的纽带作用。”

有人用“马拉松”比喻人生，说道：如果人生是百米赛跑，那么只要别人早跑两秒钟，输赢就定了。但是人生不是百米赛跑，而是无穷无尽的马拉松。马拉松只要抓住两点就能取胜，第一，永远在向前走，决不停下来；第二，在可能的情况下，稍微加快步伐，轻松地超越对手，成功就在眼前了。

李忠益在事业的征程上，正大步流星，走向未来

这正是:

李家男儿真铁汉，忠孝两全挟义胆。
益国利民有担当，好马扬鞭更向前。

画坛圣手

——记中国书画院山水画委员会主任陈清泉

人物档案

陈清泉，1968年生，渠县三汇镇人。中国著名画家，现任中国国际书画研究院副院长、中国书画院山水画艺委会主任、中国书画家协会理事、国际美术家联合会理事、《中国企业报》书画院艺术顾问等职。其作品被人民大会堂、中华人民共和国商务部、中国人民解放军三军仪仗队、中国人民大学、银川美术馆、中国文物爱护基金会等单位收藏。其国画在1996年中国书画精品展中获金奖、1999年他的巨幅国画《气壮山河》在第三届世界华人艺术大展中获特别金奖、第五届国际书画大展获银奖等等，事迹被《人民日报》《中国日报》《光明日报》《中国贸易报》等数十家媒体报道。成就被录入《世界名人录》《中国当代名人录》《世界书画名录》等辞书。

一、博采百家的艺术之路

渠县三汇镇坐落在纵横千里的大巴山与逶迤磅礴的华蓥山的接壤处。渠江发源之地，秦巴南、渝西、川东北水系汇集于此，形成三江六码头，上承千里巴山，下接万里长江。江水奔流，千回百转，气势宏伟。三汇镇钟灵毓秀，地灵人杰，物华天宝。自古便是四川四大经济重镇之一。该镇始建于北宋，号称“小重庆”。

1968 年，中国著名画家陈清泉，就诞生在这个风景如画的千古名镇的一户平常百姓家里。

陈清泉自幼聪颖好学，酷爱绘画，少年时就在当时具有代表性的书画家名下拜师学艺，后又进京和北京多位著名画家研习中国画艺术。

陈清泉在中国画的治学中始终倡导有宗无派，博百家之长，研天下之道，师法于自然的人文精神，思想自由、兼容并包的博大胸怀，注重人品与画品的修养，画面构图融合东西方之美学，创作时运笔挥洒自如，构图再现唐宋之大气，用独立的思想，独特的画风创作出气势磅礴、独具风格的陈家山水画作品。

陈清泉的博大胸怀造就了他气势磅礴的山水画境界，脚踏实地的治学理念使他得到了高深的技艺。陈清泉老师在艺术上取得了非凡成就。

他的作品已在世界部分重要场所巡回展出，其独有的学术修养、人格魅力在国际文化界及收藏界受到一致好评。曾多次应邀出席全国部分高校的学术报告、讲学等，其国画还被中央国家机关、省部级单位、美术馆、博物馆等单位及世界各地的政界、商界、文化界的高端人士所珍藏。

二、作品走进人民大会堂

2011 年的春天刚刚来临，从北京的人民大会堂就传来喜报，中国书画院山水画艺委会主任、著名画家陈清泉先生的巨幅国画《气壮山河》被人民大会堂收藏。

一位画家，其作品能被人民大会堂收藏，是其画艺臻于相当高度的重要标志，被视为很高的荣誉。雄伟庄严的人民大会堂是中国最重要的政治、文化、外交活动的中心场所，在大会堂的各个厅室和走廊的两侧悬挂着不同时代、不同风格书画大师们的精品力作，其中有傅抱石、关山月、齐白石、潘天寿、李苦禅、刘海粟等。人民大会堂对书画作品的收藏非常严格，半个世纪才收藏了一千多件作品，不少画家因为作品在人民大会堂一挂而扬名。陈清泉创作的国画《气壮山河》能被收藏，也算是对他艺术成就的一大肯定。陈清泉也算是迄今为人民大会堂创作作品的中国最年轻的画家之一。

陈清泉很多年前就居住在北京，经常和京城的文化名流进行学术交流，出席各种公益活动，每年都会捐出部分作品支持慈善事业，时刻关心着家乡的经济和文化艺术的建设。他的作品大气磅礴，用笔雄健，用墨浑厚，全景式的画面清新雅逸，巧妙错落运笔，张弛有度。其开放包容的胸襟，高超的艺术成就，引起了国内书画界的广泛关注。

《气壮山河》如巴山蜀水的山川风貌，在人民大会堂向世人展示。在人民大会堂书画藏品宝库中，也终于可见宕渠画家的精品力作。陈清泉为宕渠人民争得了荣誉，为家乡的文化艺术建设做出了应有贡献。

人民大会堂真可谓名家名作荟萃，艺术流派纷呈。国画大师傅抱石和关山月合作的巨幅中国画《江山如此多娇》鸿篇巨作，齐白石的《子孙万代》大度拙朴，刘海粟的《黄山狮子林》笔锋雄劲，吴作人的《牦牛》笔墨老辣，等等。新中国不同时期画坛大家的力作收藏其中，如此丰富多彩的书画藏品，足可反映出现当代中国画坛的基本风貌。无论是坚持在民族艺术传统基础上的创新还是探索中西合璧的艺术道路，都在这里有成功的展示。这是一批宝贵的精神财富和巨大的物质财富。

三、佳作连轴创辉煌成就

陈清泉在为人民大会堂创作巨幅国画《气壮山河》的同时，也为天安门城楼创作《紫气壮山河》、中华人民共和国商务部创作《长城万里图》、中国人民大学创作《江山如画》、三军仪仗队创作《十里瀑布声》、银川美术馆创作《蜀道人家》、中国文物保护基金会创作《气壮山河》等创作国画作品。 其人其事经常被央视、《人民日报》《中国日报》《光明日报》《中国老年报》《中国贸易报》、中国网、中国文明网、《中国美术》杂志、《经济导报》《神州诗书画报》《收藏报》《新农村商报》《重庆晨报》《书画拍卖导报》《书画名家报》《山东新闻》《达州晚报》《黄山日报》《中国城市旅游》杂志、凤凰网等数百家媒体报道。

他的许多作品参加中国嘉德、匡时国际、朵云轩、北京中博、中都国际、远方国际等拍卖公司组织的拍卖会，成就被录入《世界名人录》《中国当代名人录》《中国专家大辞典》《世界书画名录》《世界文学艺术界名人录》等辞书。

他 1998 年被世界 16 家权威艺术机构联合评审授予“世界书画名人”荣誉称号、第 26 届国际科学与和平周中国组委会荣誉委员、第二届全国青少年美术摄影大赛总决赛评委。荣登 2004 年度中国艺术品市场最具影响力画家排名榜。

陈清泉创作的巨大成功，得到了专家们的高度评价。中国收藏家协会会长闫振堂先生说："陈先生的作品把传统与时代完善结合起来，构图新颖，个性突出。"故宫博物院副院长杨新先生说："陈老师的山水画南北结合，有南方的秀丽又有北方的阳刚之美，其成就非常卓越。"著名书画鉴赏家单国强说："陈先生的国画构图严谨、笔墨浑厚、气势磅礴，总给人一种霸气的感觉。"鲁迅博物馆馆长孙毅道："陈清泉的中国画很有个性，很有感染力，是人格的写真，的确是好画。"联合国文化大使陈锦芳大师道："陈老师国画很传统，但也很有新意，借鉴古今中外的文化元素，并很好地表达在画里。"

四、辛勤忙碌的文化使者

陈清泉不仅是中国画坛文化的创造者，也是中国画坛文化的传播者。他积极参加有益于社会的各种公益活动。

2013 年，在陈清泉牵线搭桥的作用下，西班牙艺术大师胡安·里波列斯在中华世纪坛举行了第一场大型画展，此后在上海、济南、武汉、南京又举行了巡回展出，在中国文艺界引起了巨大的影响。2014 年 5 月，胡安·里波列斯艺术大师第三次来中国文化访问，陈清泉在中华世纪坛盛情接待。在这期间两位艺术家建立起了友情，双方互赠作品表达艺术家深厚的友谊。双方还共同对中西方文化，中西两国友谊展开对话。并对日后两国文化艺术交流活动进行了深入的研讨。就好像上世纪国画大师张大千赴欧造访毕加索，成中西文化交流千古佳话流传至今。

2014 年 5 月 11 日，陈清泉应邀出席海外文化艺术交流活动，搭乘中国最快的京沪高铁，踏上中国最大的邮轮"海娜号"驶入太平洋，开启中国艺术家东南亚文化之旅。

2014 年 11 月 23 日，联合国国际科学与和平周 26 周年纪念活动在全国政协大礼堂隆重举行。陈清泉应邀出席开幕式，并被聘为国际科学与和平周中国组委会荣誉委员。

2015 年 9 月 7 日，由亚洲中国、联合国合唱团、世界和平艺术家协会、丝绸之路集团主办的"联合国八项千禧年暨亚洲艺术回顾展"在北京盛大开幕。陈清泉应邀出席开幕式。与会代表有二十多国艺术家及爱好和平艺术者，联合国各机构官员，各国驻中机构。参展艺术家本次展出意大利、法国、美国、中国、联合国的和平艺术作品及推荐作品三十多幅。

陈清泉对老一辈无产阶级革命家无比崇敬，怀有深厚的感情。

2013 年 7 月，纪念习仲勋同志 100 周年诞辰，部长将军名家书画笔会在北京金台艺术馆隆重举行。多位部长、将军和书画名家等出席了纪念活动。画家陈清泉应邀出席该活动，并在现场激情创作了四尺国画作品《东方红》来表达对革命先烈的无限敬仰。生动形象地表现了老一辈革命家给我们留下的宝贵精神财富。

2014 年 10 月，应“点亮人间”文化活动组委会的邀请，陈清泉前往百岁老红军王定国（中共五老之一谢觉哉的夫人）家看望老革命，并接收王定国老人家为活动题写的书法作品；这已是陈清泉第二次看望王定国老人了。王定国老人是四川营山县人，营山县与渠县乡邻。真是老乡见面，分外亲热。

陈清泉充满爱心，关心灾区人民的冷暖。2014 年 8 月 16 日，陈清泉应邀出席由中国城乡小康发展促进中心、中国文化艺术集团有限公司主办的“情系鲁甸”——为云南地震灾区奉献爱心、北京书画家义捐书法绘画作品活动。

陈清泉一直关心中国慈善公益事业的发展，每年都会捐出国画作品支持中国慈善事业。多年来，曾向中国社会工作协会、中华慈善总会、中华社会救助基金会、北京红十字、黄山市红十字、滕州市慈善总会、大连市残联、汶川大地震、玉树地震等众多慈善单位及灾区捐赠作品，为中国的慈善公益事业奉献爱心。

2014 年，陈清泉接到中国少年儿童文化艺术基金会邀请，捐出国画作品参加“中国当代书画名家救助农村留守儿童作品展暨慈善拍卖会”，为广大书画家搭建通往慈善救助的桥梁，将拍卖资金用于救助农村贫困留守儿童。援助一张画，改变一个个留守儿童的命运；一份关怀，点滴爱心，帮助一个个贫困儿童重新点燃生活的希望。“守望相助，大爱无言。”为了孩子的未来，伸出援手，拿起画笔，为这些农村贫困地区留守孩子描绘出一个个希望的明天。

陈清泉被中国少年儿童文化艺术基金会授予“慈善爱心人物”荣誉称号。

人们常想：一名 60 后的中青年画家，实现了很多艺术家一生都难以企及的梦想，陈清泉的作品凭什么能在中国的政治、文化中心人民大会堂，商务部等国家重点场所展示。只要我们欣赏到陈清泉的气势磅礴、雅俗共赏、集古今中外新画风于一体的中国画作品，以及通过与他的交谈就会有所感悟。他是一个脚踏实地的人，一个默默无闻追求理想的人，是少数拥有特殊智慧，品质高尚，艺术涵养深厚的人。

陈清泉的中国画引起了艺术界的高度关注，其独有的艺术风格更是学者们研究的课题。在当代中国画颇受争议的时代里，极少数“陈清泉式”实力派画家正用艺术风采，谱写当代中国书画艺术的新辉煌。在我们这个最佳的时代出英雄的年代，最具代表中国文化的中国画艺术家、未来的大师，正在路上，他们不久将在世界的东方逐步登场。在世界多元的文化里，中国元素将长期发出万丈光芒。

这正是：

陈美讽恶泼浓墨，清悟博通绘粹和。
泉韵山光来笔端，好画连轴惊万国。

情满故乡

——记西藏贵福实业集团有限公司董事长高卫权

人物档案

高卫权，渠县贵福镇人，生于1969年6月。1976年在贵福念小学，1982年从黄泥小学初中毕业，1986年3月参工在贵福小学工作，1996年到西藏务工。现任西藏贵福实业集团有限公司董事长、西藏四川商会副会长、四川西藏商会副会长，多次被西藏自治区拉萨市评为“优秀企业法人”。

2017年7月的一天，笔者到贵福镇座谈，了解在外人员情况，镇党委书记李赞扬热情地接待了我，并把该镇在外人员情况做了详细介绍。他重点谈到在外办企业的高卫权，称赞此人乡情浓郁，积极支持家乡的发展，希望我们好好宣传一下高卫权。我在李书记办公室要了高卫权的电话。当日回渠后，即给高卫权发去信息，把要采访他的想法告知了他。

高卫权当时正在渠县，晚饭后，我们相约在渠县万兴大酒店见。见面后，采访刚进入主题，高卫权由于还有其他事急需处理，便匆匆告别。高卫权希望笔者去西藏他的企业看看，当天晚上我们相约西藏见。

高卫权非常忙，第二次见到他，是在他刚开完集团公司半年工作总结会后，我们在茶楼里，畅谈乡情，他给我叙述了他在商海的打拼历程。

一、独闯西藏

1996 年 2 月，高卫权在贵福小学工作。在乡镇，特别是在那个年代，他应该算是不错的，因为端上了被人们羡慕的铁饭碗。可高卫权向往外面的世界，总想出去闯一闯，做出业绩，更好回报家乡。为此，他告别家人，毅然投奔在西藏工作的一位亲戚。

西藏位于中国青藏高原西南部，以其雄伟壮观、神奇瑰丽的自然风光闻名。它地域辽阔，地貌壮观，资源丰富。自古以来，这片土地上的人们创造了丰富灿烂的民族文化。

西藏的气候，由于地形、地貌和大气环流的影响，独特而复杂多样。随着海拔增高、气压降低、空气密度减小，每立方米空气中的氧气含量逐渐减少。海拔 3000 米时，空气中的含氧量相当于海平面的 73%上下，4000 米时约为 62%～65.4%。作为在低海拔地区生活习惯了的人，到高海拔地区去生活工作，肯定会遇到许多困难。而高卫权要去的地方是西藏的日喀则。日喀则是西藏自治区下辖地级市，位于西南边陲，与尼泊尔、不丹、印度等国接壤，平均海拔 4000 米以上。

一位名人说过，人在身处逆境时，适应环境的能力实在惊人。人可以忍受不幸，也可以战胜不幸，因为人有着惊人的潜力，只要立志发挥它，就一定能渡过难关。

高卫权想到了困难，但他没有退缩。坐火车到日喀则后，来不及休息，第二天就到一建筑钢窗厂上班。在亲戚的关照下，老板安排他煮饭，打扫卫生，同时兼任钢窗厂仓库保管员的工作。他积极向上，一有时间就逐个熟悉整个工厂的运行流程，并虚心向师傅请教，很快就适应了厂里的工作，短短三年时间，高卫权在厂里站稳了脚跟，成了该厂的行家里手。由于他肯吃苦、肯钻研，这个厂的所有工作他都能上手。

二、抓住机遇

世间唯一最可证明的因果：你付出多少努力，就必有多少收获。机遇往往钟情于勤奋踏实的人。一位哲人说过，一个明智的人总是抓住机遇，把它变成美好的未来。

1999 年下半年，该厂老板另谋发展，要将钢窗厂卖掉。几天几夜，高卫权都在想，自己该不该把厂买下来，难道就这样打一辈子工吗？他反复问自己，并多次思考该厂的出路和前景，经过深思熟后，他在亲戚朋友处借了一部分资金，老板以三年为期，总价 130 万元卖给了他。在商海，无论你做什么，一定要周密分析、研究市场，千万不要心血来潮，一定要踏实办企业。高卫权告诉笔者，由于他亲力亲为，对内狠抓企业管理，以制度管人，自己首先带头，脏活、累活自己亲自干。对外加强感情投入，多方联系洽谈业务。树立产品过硬、质量第一的办厂思路，很多商家都相信他，纷纷前来购买产品。说来也怪，自从他经手此厂后，企业蒸蒸日上，产品供不应求。当年就把买厂的钱全部赚回，他说重点是国家对西藏的政策规定倾斜，他紧紧抓住了这一发展机遇。在工厂，厂里每一个环节，每一个流程，他都率先垂范，亲自带头，大到设计图纸、采购材料，小到当电焊工等，无论是到兰州，还是青海，他都亲自去进货送货。俗话说：不吃苦中苦，难为世上人。他觉得非常累，但他始终坚持在第一线，绝不当甩手掌柜。

三、壮大发展

人在创业时，都是非常累的。有的人会一直坚守，有的人会中途溜号，吃不得苦就将一事无成。高卫权不但事业做得好，对朋友也十分真诚。在渠县地税局工作的李刚向我讲道：“高卫权身上有一种毅力特别值得人们学习，在 2003 年外出洽谈生意时，遭遇车祸，在西藏军区住院治疗。为治疗肩伤，医院给他右肩上了一根钢针，他出院后来不及休息，忍着伤痛继续到第一线工作，指挥生产，坚持把产品做完，按时交给了供货方才休息。”李刚继续说道：“高卫权并不缺钱，他完全可以多住几天院，把身体养好再上班，但他这个人做任何事都十分执着，他肩上那根钢针，医生多次劝他取出，他都忙于工作没到医院，有时穿衣服都疼。这样，一直坚持到 2005 年，在家人一再劝说下，才到医院将钢针取出。”身教胜于言教，在高卫权的带领下，全厂职工上下团结一心，企业越办越火红。

一路走来，高卫权始终把做人放在首位，高调做事，低调做人。辉煌是伴随那些有理想、有抱负的人。一个人在办企业中，一定要走一步看两步甚至几步，高卫权就是这样做的，他放飞理想。俗话说，天高任鸟飞，海阔凭鱼跃。他在办企业的 10 多年中，站在高处，展望未来，思虑长远，不断积累，扩大再生产，先后成立了多家公司，并且业绩突出，在业内备受赞誉。

梅花香自苦寒来，功夫不负有心人。2017 年 8 月 2 日，经西藏自治区工商局批准，西藏贵福实业集团正式成立。母公司为西藏贵福实业有限公司，控股子公司有西藏云诚工贸有限公司、西藏子云投资有限公司、拉萨紫茵阁茶文化有限公司。成员单位有：日喀则星月门窗有限公司、日喀则贵福商务酒店、四川中天建筑工程有限公司、河南华盛建设集团西藏分公司、西藏鼎力融资担保有限公司等 7 个分公司。

西藏贵福实业集团解放思想、锐意进取，坚持改革求发展，以“依托科技、坚持标准、质量兴业、严格管理、信守承诺、争创品牌”为宗旨，以“搏走商海诚信为本，扩张市场质量优先，以人为本提升品位，互惠互利实现双赢”为经营理念，全体员工秉承“诚信、团结、敬业、奋斗”的企业文化。

贵福实业集团公司下设总经办、综合处、财务部、招投标部、工程部、特勤部等部门。该公司面向未来，将进行全面深化改革，推进体制创新，优化产业结构，加强人才队伍建设，推进企业集团正规化、现代化、科学化管理，努力实现拥有一支业务精良、技术过硬、能力全面、专业高效的人才队伍，打造精品工程，实施品牌项目，建设特色文化，意图把集团公司建设成为具有地区特殊影响力的知名企业集团。

四、乡情如山

身处青藏高原，高卫权常常思念家乡的那座高山，常常思念家乡的那条大河。故乡的天高远深邃，故乡的地四季常青。他喜欢故乡，是因为他人生的底色就是宕渠儿女本色，他的个性里就有蒙山的影子和蒙山的秉性，他的情感里就有渠江的清纯和渠江的豪放。

采访时，高卫权娓娓道来，笔者为他取得的辉煌成绩表示祝贺。乡情如山，更为他、为家乡那一片深情所感动。

在高卫权的老家贵福镇，只要提起高卫权，没有人不知道的。除称赞他在外企业办得好，更称赞他为家乡人民办了不少好事。

据了解，从 2002 年以来，高卫权为家乡孤寡老人、贫困户，为骑龙村修村级公路，为贵福镇文化街到贵福中学修路并安装路灯，为贵福镇逢年过节举办烧龙、文艺演出等各种文化活动，累计捐款 120 多万元。高卫权的善举，得到了家乡人民的肯定，家乡人民在真心祝愿他企业越办越好的同时，更希望他一如既往，常回家乡看看。

这正是：

青藏高原创大业，商道卫奉有美德。
坚守权度敢进取，重情好义结硕果。

奋斗者的足迹

——记成都广药新汇源医药有限公司总经理段晓东

人物档案

段晓东，生于1970年4月9日，渠县三汇镇新胜村人，中国民革党员，1990年高中毕业，1995年四川大学本科毕业，清华大学在职研究生班毕业，现任广药集团成都广药新汇源医药有限公司总经理，金牛区医药产业促进会副会长，四川省医药商业协会理事，四川省中医药信息学会医药产业分会常务副会长，全国工商联医药业商会医药商业分会理事。

一、踏着知识的阶梯前行

1970年，段晓东出生在渠江边上的三汇镇新胜村。

那是一个布满伤痕的年代。当时正处于“文化大革命”中期，加之受贫瘠的丘陵地区的限制，新胜村经济发展十分落后。段晓东的童年，没有肯德基，没有幼儿园，没有图书馆。幼小的他，就要力所能及地要帮助家里放牛、赶鸭子、挞稻谷……，这些辛苦培养了他不怕困难、意志坚定的品质，同时，宽广的大自然又滋润了他敢于想象、勇于实践的心房。

段晓东的父亲是一位曾任20多年村支书的老共产党员，父亲文化不高，但是对子女的学习却管得非常紧，老人家常说：“只有读书，读好书，才能走出穷山沟。”直到现在，转眼几十年过去了，老人家的话依然充满了“时代感”，激励着当地无数的农家孩子。父亲的话深深地印在段晓东的脑子里。2015 年，段晓东回老家给父亲祝寿时说，感谢父亲当年的教诲，自己走了出去。段晓东表示，他的根还在这里，他会努力通过自己的奋斗来回报这片饱含深情的土地。

农村孩子要走出穷山沟，跳出“农门”，进入城市生活，唯一的出路只有读书。学习刻苦认真的段晓东，如愿收到了四川大学的录取通知书。大学时光是美好的，段晓东如饥似渴地学习文化知识，一心想学有所成，改变家乡落后面貌，报答家乡人民。同时，在学习过程中，他也非常注重参与社会实践，积极投身社会活动，利用晚上和周末去做家教，全面磨炼自己。每年成都糖酒展销会，段晓东都主动联系参展商，承接产品推广业务，不遗余力拜访客户，推广产品，条件成熟后，又带动同学一起参与。几届下来，这样一支战斗力强悍的跨专业产品推广队伍已在业界小有名气。段晓东也积累了带队伍的经验，以至于后来，每次都有展销商主动联系他。这一切，让他敏锐感觉到各行各业体制正在大转型，创业风潮席卷全社会，这也促使了段晓东决定求学结束后，一定要创业，走向市场！

转眼就是毕业季，按照当时的国家政策，大学生统一分配，段晓东面临着选择：要么接受国家安排的工作，要么自找出路。

他告诉笔者：除了没扶犁耕过田，农村的其他活儿他都会做。知道艰辛才明白拼搏，只有先苦，才能后甜。他回忆说：读大学的学费还是父亲借的，生活费是边上学边做家教挣的。毕业后先后被安排到岩峰中学、石佛乡中心校。他想男人应该干一番事业，没去报到，决定闯一闯。

他终于走出了人生重要一步，放弃国家安排的工作，自主择业。择业，择什么业？段晓东心中早就有了自己的想法。他清楚地记得，1989 年，母亲才 45 岁，因患肺心病就去世了。母亲去世时，段晓东才 18 岁，当时读高二，打击很大。他深知，就是因为缺医缺药，母亲才过早离开人世的。从那个时候起，段晓东就对医药行业有了深深地向往。

一次偶然的机会，段晓东在报纸上看到一个医药公司在招聘业务员。段晓东毫不犹豫地投了简历。

希望的大门总是向怀揣希望的人们敞开着的。

段晓东背起行囊，踏进成都中汇药业公司大门的时候，他意识到，自己已经坚实地迈出了人生创业的第一步。

通过努力，段晓东顺利通过了公司的试用期，得到了公司从上到下的认可。公司领导有意让他到管理岗位工作，这样可以不用像业务员一样的风餐露宿，但这次段晓东又一次决定挑战自己，婉拒了领导的好意。创业就必须接触市场，必须熟悉业务。就这样，他背上资料，迎着朝霞出发。

二、跳进市场的海洋搏击

虽有名牌大学的光环，但是面对完全陌生的领域，必须放下身段，再次学习。段晓东确实是这样做的，向领导请教，向同事学习，向同行咨询，白天拜访客户，晚上钻研业务知识，写笔记，分析市场需求。经过无数个不眠之夜，段晓东从一个刚入行的“菜鸟”，逐渐成了公司的骨干，在业界也小有名气。他始终认为，不管做什么，只要诚实守信，坦率真诚，效果就不会差。他回忆刚做业务员的时候，接到的任务一般都是比较偏远的地区，因为大城市竞争大，偏远地区相对难度比较小，行业俗称“练手”。第一次出差就是去拜访一个乡镇客户，对方并没有在意这个年轻后生，简单应付后，故意刁难说：“我们需要某种产品，你们公司什么时候能送到？”段晓东在脑海里马上盘算着配送时间，他知道，按照常例至少需要 3 天以上。但如果这样，和竞争对手相比就毫无优势，他一咬牙说，后天上午您上班的时候我给您送过来。对方经理一愣：小伙子不要吹牛。段晓东坚定回答，请您放心！要知道，在当年那个时代，交通物流条件非常滞后，按照常规发货，根本不可能后天到，唯一有可能的是他自己马上赶回公司取货，再自己送过去！没有时间让他犹豫了，他马上买了回县城的汽车票，必须赶上回成都的夜间长途大巴车，才能赶在第二天取货后，再赶过来。事情似乎发展得很顺利，第二天，在公司取了货后，坐上长途汽车向着县城飞奔而去。在车上，他憧憬着成功做成第一个客户的业务。到县城后，他突然意识到自己面临一个巨大问题，时间上已经错过了县城到镇上的最后一班车。怎么办？他当天可以在县城住下，第二天再给客户送过去，但是这样，就做不到当初他“我后天上午您上班的时候我给您送过来”的承诺。段晓东这样一位把信用看得无比重要的人，没有多想，毅然做出了一个决定，现在就出发，走过去！太阳慢慢西沉，月亮和星星挂上枝头，池塘的蛙呱呱叫，伴随着这个执着的年轻人向着目标坚定前行。后来，段总回忆说不累是假的，阵阵睡意不时袭来，他开玩笑地说，其实还要感谢路边传来的犬吠，不敢放松警惕啊，要提防随时可能窜出的猛狗。最终，猛狗没有出现，身后传来突、突、突的声音打破了夜晚的宁静，开拖拉机的老乡很同情这个年轻人，愿意捎带他一程，但是到不了镇上。这样段晓东已感激不尽了，站在拖拉机车厢里，握着扶手，望着远方，他下意识地默念起：天将降大任于斯人也，必先苦其心志，劳其筋骨，饿其体肤……，他更加坚定决心，以不断的奋斗来诠释自己的人生，为了目标，永不放弃！

再三感谢老乡后，段晓东继续用双脚丈量着大地，等他到达镇上已经是大半夜了，无处可去的他，只能合衣蹲在对方公司的大门口。上班时间到了，对方经理看着门口这个满眼通红，双脚布满泥泞的小伙子，无比震惊，半天没有回过神。当得知这两天段晓东的行程后，震惊更多的是变成了感动，他直接说："小伙子，这次业务完成后，你让你们公司准备长期供销合同，拿来我给你签！"段晓东职业生涯第一笔业务就这样做成了，正如他自己总结的，人生很多事就是这样，只要你认真对待，它也不会辜负你，可能你的一些硬件条件与竞争对手有差距，但是诚实守信，会给你额外加分！正是这样的性格和心态，为他今后在职场打拼奠定了良好的基础！

三、率领创新的团队攀登

从业务员到业务组长，再到销售经理，段晓东用了十年的时间。一步一步成为行业明星，每一个阶段他都走得非常扎实，工作业绩提升也很快。公司领导把这一切都看在眼里。

转眼来到 2006 年，受到行业变革和政策导向的影响，公司的发展到了一个瓶颈期。痛则思变，公司最终决定改制，成立成都新汇源医药有限公司，重新组建经营团队，调整经营思路，以应对行业的变革。

在领导眼里，分管销售的副总经理非段晓东莫属。

段晓东没有推让，一是出于他对公司的感情和忠诚。二是在这几年的工作中，他从来没有停止过思考，他知道必须要做调整了，他心中已经有了一套完整的工作方案。不用磨合，不用犹豫立马上手，段晓东敏锐地觉察到以往的专业推广模式已经不适合行业发展，做平台、快进快出，以规模取胜才是发展方向，现在需要他作为一个领头人，站在更高的层面上推进业务工作。

段晓东走马上任，迅速组建队伍，搭建购销体系，主抓业务购销一体化，打造新药推广平台。拜访上游客户，整合下游资源，引入快销品模式，实行代理制，提速商业分销，实行全链条营销，也就是人们说的医药超市。医院需求什么就提供什么，大力拓展自然人，为他们提供方便快捷的服务。这一系列的做法起到了立竿见影的效果，当年就实现销售收入 3000 万元，同比翻番。其他企业纷纷仿效，从某种意义上讲，段晓东和他的团队引领了行业时代潮流！

段晓东的知名度大幅度提高，大小企业都知道他的名字。所有要开发的新药都找段晓东合作。段晓东在医药行业成了响当当的人物。

段晓东没有停止前进的步伐。他带领着他的团队继续奋勇前行，经营业绩不断刷新纪录，8000 万、2 个亿、5 个亿、7 个亿，创造着一个又一个神话。平均以 20%的年递增幅度跨越式发展，到 2012 年，短短几年时间，硬是把新汇源从一个默默无闻的小公司挤进了四川省医药行业综合实力前六名。行业无不为之叹服！

每一个行业都存在自有的发展周期和规律，医药行业也不例外。2012 年在国家政策的引领下，医药行业掀起了一轮重组并购潮，国内医药巨头纷纷入川，抢占市场份额。对市场有着极其敏锐观察力的段晓东，立即和经营班子讨论，分析利弊，最后决定：主动出击，抓住机会，发展壮大。经过反复洽谈，公司决定与全国医药行业领军企业广州医药集团合作，与其下属商业流通企业广州医药有限公司进行重组。2012 年 9 月，新重组的成都广药新汇源医药有限公司如期挂牌成立，得到了两地政府和行业人士的极大关注！

广药集团是中国 500 强企业，其制药工业排名全国第一，商业销售排名全国第五，是一家专注医药健康领域的国有及上市企业集团。广药新汇源是广药集团在西南地区唯一的“桥头堡”商业公司，拥有办公、仓储、营业厅经营场所 10 000 平方米，按照现代企业制度和现代企业的基本模式，建立了完善的企业法人治理结构和现代企业运作机制和管理体系，为企业得以可持续发展提供组织保障。

公司拥有多种经营门类和品种，经营国产、进口、合资厂家不同品种、规格的各类中成药、化学药品、生物制品、原料药、生化药、中药饮片、医疗器械等近 5000 个品规，涵盖医药市场所有主流品种。拥有强大的处方药品种库、非处方药品种库、基药品种库、冷链药品库，为全省等级医院和基层医疗机构提供药品配送服务，满足不同类型客户的需要。

公司具备优质的经营网络，专注于医院药品配送服务、新药推广的平台化建设。配送业务已覆盖成都市全境和四川省其他地、市、州近 300 家等级医疗机构，是四川省内医药经营企业中业务覆盖率最高的企业之一。在“十三五”规划中，实现四川省等级医院的 100%的覆盖，稳步于省内医院终端配送的前列，计划在 2020 年实现年销售 30 亿元。

公司具有专业特色的服务内涵，采用现代化的办公设施和现代物流信息技术，拥有一支专业的物流配送队伍，具备冷链运输的物流配送能力，具有现代物流的管理、技术能力，正向更高的物流平台——电子商务迈进。

公司拥有一支近200人的高素质的员工队伍，其中：医药相关专业硕士研究生、大学本科、专科以上学历的员工占全员总数的80%以上，他们有着较高的文化素养、过硬的工作作风和精湛的业务能力，是一支具有共同核心价值观、特别能战斗的队伍。

新平台、新机遇、新发展，新公司兼有国有、民营、外资多重基因，造就了公司独特的人文气息、包容的企业文化和差异化的服务能力。

在新的经营团队中，段晓东继续负责主抓销售工作，确定了多元化经营的发展方向，各种业态齐头并进，始终以“社会认同度提升，行业竞争和谐健康，股东回报持久，员工归属感强烈，可持续发展战略明确”为发展宗旨。2014年，公司发展迎来了又一个新的里程碑，跨进了年销售10亿元的医药企业行列，备受行业瞩目。企业形象也得到社会广泛认可，公司成为四川省医药行业协会理事单位、成都金牛区医药产业促进会副会长单位、成都市金牛区纳税过千万企业、成都市2015年服务业百强企业等，成都广药新汇源医药有限公司正在新一轮高速发展期中奋勇前行！

2016年，段晓东接任总经理。他肩上的担子更重了，信心也更足了。上任之际就与他的团队共勉：不忘初心、始终如一。

四、怀着浓郁的乡情感恩

段晓东在创业路上拼搏前行，心中一直牵挂着家乡。

回想在家乡的时光，他由衷感慨，交通的不便利是制约经济发展的重大因素之一。所以，自2008年开始，段晓东连续为老家的新胜村修建道路、安置路灯出谋划策，捐资捐物，尽自己的能力贡献一份力量。2014年，看到家乡面貌发生了巨大变化，乡亲们的物质生活得到保证，有了更多的精神层面需求，段晓东又主动联系当地相关部门，和其他乡友一起为新胜村捐建了一座文化休闲活动广场，当地老百姓交口称赞。据不完全统计，近年来，段晓东为家乡各项事业捐款及社会赞助达40多万元。

段晓东清醒认识到，授人以鱼不如授人以渔，个人的力量是有限的，通过前期调研，他认为要实现精准扶贫，种植中药材经济作物比较适合当地土壤和气候条件，他利用在医药行业的人脉关系，引来了附加值比较高的中药材元胡做试点，无偿分发种子，请技术专家作培训，目前，试点的 30 多亩中药材元胡长势良好，前景广阔。

采访时，谈到家乡建设，段晓东希望家乡人民能生活幸福，生活水平和环境都能得到改善。希望通过整合自己的行业资源能够对家乡做出贡献。关于医药种植和养殖业等方面，家乡还是很有优势，希望以后可以整合进去。要重视教育，针对家乡的留守儿童，自己有条件的情况下希望可以帮助他们。县委县政府加大对渠县经济的整体规划，梳理透彻，符合实际狠抓当地的经济。渠县仅靠农业还不够，需要加强工业的发展。接着他说道："县委、县政府及四大家领导，团结一心，勤政务实，一心一意为了渠县人民谋发展，我们在外人士十分高兴。"

"我们在外地创业的渠县人，只要相聚在一起，家乡便是我们谈话永恒的主题。现在，大家摆起家乡渠县时，都特别地兴奋。大家都觉得，县委书记荀小莉、新任县长王飞虎为渠县的发展，尽心竭力，积极谋划和发展宕渠的美好未来。他们时刻牢记为民宗旨，原则性强，很受群众好评。他们扎实肯干，严于律己，对党忠诚的党性修养，一步一个脚印的工作作风，受到全县人民的交口称赞。我们对这届班子寄予厚望，在外的渠县人希望在县委、县政府的带领下，把家乡渠县建设得更加美丽富饶。"

笔者在成都采访完回渠县后，专程到段总的老家三汇镇新胜村一社座谈了解，村党支部书记和村主任十分热情地接待了我，并希望我好好宣传段晓东，告诉我说，家乡人民以他为骄傲，感谢他为家乡人民所做的贡献，并希望他做出更加优异的成绩。

路漫漫其修远兮，吾将上下而求索。优秀的宕渠子弟段晓东，在前进拼搏的路上，勇往直前，奋勇争先，为我们树立了榜样。有道是：榜样的力量是无穷的，在今后前进路上，希望他更上一层楼，再创佳绩。

这正是

段段人生皆精彩，晓昏耕耘未懈怠。
东驰西骋成大业，好似鲲鹏展翅来。

拼 搏

——记北京恒升财富国际投资有限公司董事长唐明松

人物档案

唐明松，1970 年 5 月生，渠县李馥乡高寺村人。初中文化，1986 年到西藏创业，现任西藏自治区日喀则市政协委员、北京恒升财富国际投资有限公司董事长、成都众合鼎业商贸有限公司董事长、北京达州商会副会长、西藏渠县商会会长、渠县支乡协会西藏分会会长、达州总商会常务副会长，多次受到西藏日喀则市有关部门的表彰。

宋朝大文豪苏轼说过，凡立大事者，不惟有超世之才，亦必有坚忍不拔之志。

认识唐明松，是在 2015 年的 10 月，北京的几位乡友回渠县，席间大家介绍唐明松，称赞他在西藏事业干得不错，人品和口碑都非常好。那时，我便有采访他的想法，并送上了《宕渠儿女》(第一辑)，请他看，并得到了很多宝贵意见。他非常好客，一再邀请我去西藏看看，事隔不久，我在给县上一领导汇报有关方面的工作时，这位领导也推荐了唐明松，叫我想法把唐明松采访了。

见到唐明松，我们坐在茶楼里，他向我讲述了他的创业之路。

唐明松家住渠县李馥乡。李馥乡人杰地灵，是一个藏龙卧虎之地，古往今来，这里人才辈出，涌现出了许许多多优秀的宕渠儿女，唐明松就是其中之一。

一、少年只身去西藏

俗话说，青出于蓝而胜于蓝，好男儿志在四方。

1986 年 3 月，唐明松才 16 岁，初中刚毕业，那时，能干的父亲办了酒厂，打米房等，那个年代在当地家庭条件算是很不错了。看到父母亲忙碌的身影，唐明松想，祖祖辈辈都在农村，我要出去闯一闯。既可减轻家中的负担，又可使自己增长见识，有所作为。从小就有远大理想的他，总想干一番事业，突破自己，超越父辈。于是他决定投奔在西藏工作的一位亲戚，到西藏去打拼。

唐明松说："时逢改革开放时期，年轻人向往外边的世界，总想尽力改变现状，寻找机会。"他说：应该感谢这个好时代，让他有了用武之地，做出了一番业绩。

那时，他从渠县挤火车到宝鸡，经兰州，转坐汽车到拉萨，再到日喀则，到定结县，一共花去 10 天左右时间，长途跋涉，带一张塑料布，睡火车硬座厢的地板上，到日喀则后，再坐邮政车去定结县，这是一辆封闭式的货车，路面全是碎石路，300 多公里路，坐了 10 多个小时，到达目的地时，全身上下都是灰尘，就只看到人两只眼睛在转。由于高原缺氧，嘴唇都裂起口子，长达几个月流血不止。那时的定结县，条件很艰苦，吃干菜，没有鲜猪肉，偶尔能吃上亲戚朋友带的新鲜蔬菜，像过年一样。定结县当时非常落后，大部分是土坯房，整个城市没有一条硬化路，没有自来水，全靠到一公里外去挑水吃，那时再累都不觉得累。唐明松说，心中只有一个信念，就是再苦再累都要做出一番业绩，让自己出人头地。不是有句"不吃苦中苦，难为世上人"这句话吗？心中有此信念，在那个年代，不由自己，没有生活难不难的想法。定结县是一个平均海拔 4000 米左右的藏区，位于珠峰的旁边。开始时，通过亲戚介绍，在一个建筑工地打小工，做预制砖。由于自己那时才 16 岁，年龄小，个头不高，加上又没有技术，在建筑工地上，老板安排唐明松干调沙、搬砖等粗活。工地上是计件工资，由于他踏实肯干，不怕苦和累，一天最多能挣三四十元钱。尽管是粗活，要有才能做，有时没有就只有耍，不能保证出满勤，3 月份到定结县，干了六个多月，才挣了 1000 多元。在 80 年代，有 1000 多元就是非常不错了。他把做工的 1000 多元钱装在内裤里，用针缝起，有时边走边摸，生怕钱掉了。由于自己脏活累活抢着干，吃苦耐劳，很得老板的赏识。这位老板把唐明松放到身边，跑内勤，记账，并协调与工商、税务、建设等部门的关系。时间久了，老板觉得唐明松是一个可造之才，人也非常聪明，老板自己出钱，让他到四川省崇州市一学校学建筑预算，然后又回到工地继续干了6年，唐明松对前去采访的笔者讲道：他非常感谢这个老板，并十分感谢他在这里工作的那段经历，由于经常接触外面的世界，开阔了眼界，为自己日后从商当老板奠定了坚实的基础。

二、遭逢挫折志不改

有哲人说过，一个明智的人总是抓住机遇，把它变成美好的未来。好花盛开，就该尽先摘，否则一瞬间，它就要凋零萎谢，落在尘埃。

1992年9月的一天，唐明松思来想去，总觉得打工不是长久之计，应该自己当老板，那样人生才有奔头，活得才精彩。为此，他把那些年来挣的钱，加上朋友的借款，共筹资10多万元，在日喀则开了一个百货经营部，经营品种有电视机、缝纫机、自行车、日用百货、化妆品、床上用品及办公用品等，品种齐全。他说，那时经常跑成都的荷花池，到拉萨市进货，忙得有时候一天才吃一顿饭，非常累。心有远大抱负和理想的他，自己一定要当老板，用这个理念不断地鼓励自己，不忘初心，就是不管做什么都要做得更好，一定要比父辈强。经过深思熟虑，他把自己从老家带去的十多个兄弟姊妹，综合每个人的优点分别安排经营餐饮、百货、理发、卖菜、卖猪肉等，进行集中管理，统一做账，年底利润进行统一分配，那时就有了集团公司的雏形。这样一直干到1994年，唐明松关门转让了店面。1995年初开始，自己利用打工在建筑工地的经验，单独做项目，承包工程。

有人说过，兵随将转，无不可用之才。作为一个管理者，你可以不知道下属的短处，却不能不知道下属的长处。此时的唐明松年轻，缺乏管理经验，只知道自己不停地忙碌，却没有认真掌控自己的部下。到了年底，企业出现严重亏损，资不抵债，他总结亏损的原因就是什么都靠员工做，自己一天跑外面，没有加强管理，把老本用了，还欠债10多万元，生意做亏了，成天都有人上门要账，这些欠款主要是建材、水泥、材料款等。唐明松初尝人生的无奈、无助与恐慌。1996年初，唐明松迫于无奈，只好到樟木口岸，重新寻找发展机会。

三、夫妻同力再拼搏

于顺境中自警，于逆境中自励，于困境中自强，才不会被生活抛弃。而成功仅靠单打独斗是不行的，往往是需要团队作战的。互信互助，互惠互利，遂生团结；人心齐，力量聚，方有成功。

英国有句谚语：贤妻和健康是男人的至宝。唐明松在他的人生旅途中，有贤妻相助，陪他一路风雨兼程。

唐明松说，他特别要感谢他的老婆。

他老婆从老家亲戚家筹了一部分资金，并不断鼓励唐明松要想开些，人生才刚刚开始，也许这段经历，是辉煌的开端，妻子愿陪他从头开始做起。说干就干，没有气馁的唐明松与妻子开了干洗店，种温室大棚蔬菜，养猪，磨豆腐卖，开小吃店，开餐厅。当时就只请了一个人，所有这些主要是靠唐明松夫妻二人干，有时一天只休息一个多小时，挣的钱都用来还账，功夫不负有心人，1995—1997 年，经过三年的打拼，终于把外债还清了，小两口那时非常高兴。唐明松讲道，他老婆的愿望是，把账还清后再挣个 10 万元就回老家去。刚到樟木时，两口埋头苦干，轮流熬夜、通宵干活，真正尝够了人生的艰辛。这样一直坚持到 1997 年底，账还清了。有道是，无债一身轻。

四、踏平坎坷通大道

那时生意越做越红火，他就把家中亲人都接到樟木，加上自己有了资金积累，在经营中，认识了许多客商，又开始涉及外贸领域，做建筑机械和建筑材料，这样一直做到 2005 年。在这期间，唐明松在尼泊尔加德满都租用了当地的房屋 4000 多平米，开了个宾馆，取名泰山宾馆，由于服务周到，顾客十分满意。开业至今，生意十分兴隆。2006 年，在尼泊尔成立了贸易及建筑公司，并与国内的一些央企合作，自己承建项目。同时，用自己所赚的 200 多万元钱，在日喀则建了一个扎钢厂，最后由于多方面的原因，投资近 300 万元的扎钢厂，厂建好了，却没见一分钱的效益就关闭了。

不比基础比精神，不比条件比干劲，只为成功找办法、不为失败找理由。一个人一定要有一种精神，一种理想，要一如既往地朝理想奋斗，那希望就离自己不远了。唐明松介绍道，在哪里跌倒，作为一个男人，可别趴下，一定要在哪里站起来，还要昂首挺胸朝前走。2009 年，唐明松经过思考，开始重操旧业做建筑，与华新水泥股份有限公司合作，从事建筑和建材销售，并于 2015 年在日喀则成立公司。由于唐明松诚实守信，在圈内大家对他印象极好。生意日渐火红，所做业务项目众多，企业发展蒸蒸日上。老家修路他带头捐款，并拿出资金资助贫困儿童上学，体现了一个企业家的社会责任。

唐明松历经千辛万苦，终于成功了，采访时，他告诉我们，人生有三苦，打鱼、撑船、推豆腐。不管做什么事，首先一定要做好人，要别人说好才行，同时，一个人的力量是有限的，办企业一定要调动大家的力量，要把股东拴在一起，调动他们的积极性，让大家有钱赚，觉得有奔头才行。特别是在建筑行业，有一句话，那就是工程项目做好了，人的品德就好。目前，唐明松的事业，涉及建筑、运输、商贸、投资等多个领域。

有道是：在商言商，唐明松搏击商海，屈指数来，将近 30 年了。无论事业处于辉煌期还是低潮期，他都一如既往地做一个有良心的企业家，几十年初衷不改。在同行业中，大家无不称赞。一个人穷不要紧，但要有骨气，富有了更要讲良心和商德。他说，很小的时候，父母亲就教育他一个人无论如何要讲良心，端端正正做人，踏踏实实做事。不赚黑心钱，不做亏心事，君子爱财取之有道。

2015 年 7 月，唐明松通过市场调研，邀约 8 个股东总投资 1000 万元在江西会昌县投资大理石矿山的开发，经营两年后，由于市场不景气等多方面的原因，造成此项目亏损。由于此项目是唐明松发起的，他二话没说，主动承担了 4 位股东亏损的 100 多万元。

在经营活动中，唐明松更是把诚信放在首位。2009 年 5 月，唐明松与华新水泥（西藏公司）合作期间，首期项目总价 960 万元，这个项目做好后决算亏损 180 万元。尽管如此，他严格按合同办事，不扯皮、不推责任，硬是按质按量完成此项目的施工任务。他说：诚信是一个人的脸，这是一个人经商的底线，不然最终会被社会抛弃。

几次采访唐明松，他总给人一种朴实、踏实、谦逊的感觉。认识他的人，都喜欢与他交朋友，托他办的事，他说一不二，把诚信放首位。因此，大家对他赞不绝口。

唐明松现任西藏自治区日喀则市政协委员、北京恒升财富国际投资有限公司董事长、成都众合鼎业商贸有限公司董事长、北京达州商会副会长、达州总商会常务副会长、渠县支乡协会西藏分会会长、西藏渠县商会会长，多次受到西藏日喀则市有关部门的表彰。

采访过去很长时间了，我一直在思考一个问题，西藏高寒缺氧，海拔平均4000米左右。唐明松16岁到西藏创业，历经风雨，终于成功了。他这种不怕艰难困苦、勤奋、敬业、奋勇争先的这种精神，不正是我们渠县人身上所具备的渠县精神吗？不正是我们引以为骄傲，值得后来人学习的精神吗？

谈到自己的家乡渠县，唐明松十分激动，他说："一个人，不管地位多高，钱财再多。对家乡的情是永远不会变的。我很小到西藏创业，几十年来，无时无刻不想念自己的家乡。虽然我们奋斗在商场，但是我们做每一件事、签每一单生意，首先想到的是自己是渠县人，要为家乡争光，要对得起生养自己的父母。有时做梦都在渠县。儿时的欢笑、成长的喜怒，深深地印在他的脑海里。有人说，忘记就意味着背叛，但我的理解是：一个人忘记了自己的祖先，忘记了脚下的土地，那就不应称之为人了。你问我对家乡有什么希望和建议，我想我和许多渠县人一样，希望家乡好，更希望家乡人民生活越来越幸福。我每年再忙都要回渠县耍几天，我目睹了渠县的发展变化，内心无比激动。要感谢历届带领全县人民，团结奋斗的县委、县政府四大家领导。他们为了渠县的发展辛勤劳动，付出了许多，有的还付出了青春和子孙。我们感谢他们。特别是近年来，县委书记苟小莉、新任县长王飞虎，他们为了渠县忘我工作，堪称人民公仆。为了渠县经济发展，他们还奔赴全国各地招商引资，把更多资金及技术引回渠县，我觉得这就非常不错。招商引资，从根上解决了老百姓的实际问题，他们不但带回了资金，还带回了技术，既可使经济得到发展，又可解决就业问题，一举多得。但是，县委、县政府要多给予一些优惠政策，让更多的人回乡发展。"

"渠县有很多其他地方没有的品牌，比如三汇醋、汉碑酒、濛山酒、广柑酒、竹编等，要坐下来认真研究、分析，想更好的办法，让这些品牌走向更大的舞台，甚至走向世界。"

"谁不说咱家乡好，我们在外的宕渠儿女希望家乡更加兴旺发达，家乡人民更加富裕。"

"听说县委、县政府在届内要为全县人民办成10件大事，得到全县人民的拥护，其为民情怀可圈可点。总之：希望家乡的明天更好，请一定代我问家乡父老好。"

展望未来，唐明松信心满满，他告诉笔者，他要在不久的将来成立集团公司，把自己的企业进一步做大做强。

这正是：

唐氏男儿闯西藏，明志瑰意奔小康。
松贞玉刚有作为，好景荣业更辉煌。

供排水人著华章

——记达州市人大代表、渠县供水排水总公司总经理张东林

人物档案

张东林，1971年8月16日生。中共党员，大学文化。1988年4月—1995年1月在渠县医药公司工作；1995年1月—1999年3月任渠县医药公司副经理；1999年3月—2002年11月任渠县自来水公司党支部副书记、副经理；2002年12月—2003年11月主持渠县自来水公司全面工作；2003年11月—2009年7月任渠县自来水公司党支部书记、经理；2009年7月至今任渠县供水排水总公司党委书记、总经理。系四川省“五一”劳动奖章获得者，“四川好人”称号，中国知名企业家，达州市第二届、第三届人大代表，中共渠县第十、十二届党代表，渠县第十六届、十七届人大代表，政协渠县第十一、十二届委员。

一、临危受命，对症下药

2002年底张东林同志上任管理自来水公司之时，公司的形势非常严峻：一是债务重，欠各种外债达3000多万元；二是机构臃肿，人浮于事现象严重；三是自来水成本高，已处于亏损经营状况；四是管理不善，水损大，经济效益差；五是供水管网老化，爆管现象频繁发生又无资金整改；六是职工精神面貌和组织纪律性差，工作作风和责任心不强，人心涣散，犹如一盘散沙；七是经营观念落后，服务意识不强，用户投诉事件不断发生。

自来水作为城市发展的基础性公用事业，对一个地方的经济和社会发展有着举足轻重的作用，上任之时他表示一定要把公司带出困境，决不辜负渠县县委、县政府和渠城老百姓的重托。

张东林经过全面深入的调查、研究，找到了制约公司发展的症结所在。针对这些情况，他带领公司党政一班人，大刀阔斧，快刀斩乱麻，敢于向一切顽疾开刀，以改革管理制度为切入点，提高工作效益，开出了一系列治病良方。

一是教育广大干部职工保持忧患意识，增强紧迫感和责任感，树立必胜的信心和决心。二是提出了“内抓管理、外树形象、上要政策、下得民心”的企业管理十六字方针，建立和完善了科学的企业管理机制；三是建立了一支廉政务实的领导班子，培养了一支业务素质和思想素质高的职工队伍；四是制定了发展总体思路，就是要紧紧围绕渠县供水工作的实际，以保证优质供水为出发点和落脚点。并提出了“水进万家，人人满意”的奋斗目标；以落实社会服务承诺制，严格执行城市供水管理条例的基本内容为突破口；以解决用户的实际困难为切入点，强化企业管理，真抓实干。

二、机制建设，成效显著

按照企业管理十六字方针和企业发展总体思路，建立和完善了科学的企业管理模式，强化目标管理，引入竞争机制，实行定岗定员，拉开工种待遇，实行优化组合，优胜劣汰。部门负责人根据“有为有位”的原则，一年一考核，竞争上岗。建立部门分工、协作、互相监督的生产经营管理制度，重新修正和完善了各部门的职责，主要就经济指标、产量、质量、安全生产、分配制度、精神文明、考核奖惩等在责任书中做硬性规定。真正按责任书履行责任和义务，切实做到目标明确，责任落实，考核规范、公平，奖惩逗硬，年终按责任书内容进行考核兑现。

完善管理制度。为规范公司管理行为，逐步走上以制度约束人，以制度规范工作的法制化道路，公司先后制定和完善了一系列管理制度，有效地保证了公司工作的顺利开展。

加强生产管理。首先，是在保证自来水生产的基础上，强化安全生产节能降耗管理。每年根据实际情况，给各个水厂和经营部门下达严格的任务、药耗、电耗、维修等指标，实行量化考核，绩效挂勾，科学管理。此举大大杜绝了浪费现象，大大降低了生产成本。其次，是加强水质监测工作，坚持每小时化验水质一次。

搞好管网管理。长期以来，抽水量与售水量之间相差较大，水损严重，经济效益差。为了从内部加强管理，挖掘潜力，提高经济效益，公司在坚持管网巡查制度的基础上，确定以减少水损为重点，以勘察地下水管道泄漏为突破口的办法。2003 年 10 月，公司投资了 20 多万元，聘请四川省地质工程勘察院对渠城管网进行普查、探漏，以减少水损。该项工作的进行，一年可为公司减少水损近 100 万吨，每年可减少损失约 150 万元以上。

注重经营管理。针对长期以来水费回收率低这一薄弱环节，对抄表收费人员按照“下定额、定基数、超额有奖、合理竞争”的原则，采取“分片包干、责任到人、压死担子、多收多得、激发活力”的办法，水费回收率由原来的 80% 上升到 98% 以上。同时在保证抄表到位、准确、及时的基础上，重新核实用水性质，清理用水黑户，建立了用水大户及重点户的用水跟踪考核和稽核制度，取缔了所有的“关系水”“权势水”，仅此一项每年可为公司增效十多万元。

为调动职工的积极性，公司把安装业务全部拿给开发科，并把该科室全部推向市场，让其自谋生路，找“米”下锅。经过几年时间的实践，效果明显，该科室已能在市场竞争中立于不败之地。为给用户提供方便、快捷、优质的服务，开通了维修服务热线，实行 24 小时服务，做到“维修到现场，小修不过夜”。发现或接到报漏、报修及时赶到现场进行抢修，无特殊情况，小修不超过 24 小时，大修不超过 48 小时。如果是计划停水必须提前 24 小时通知，突发性停水，在停水的同时下达停水通知。2002 年，为加强渠城供水管理，规范供用水秩序，纠正不良行为，确保优质供水，公司成立了供水节水监察队，负责对全城区管网、闸阀、水表进行巡查，对大口径、低流量及漏损水表，一经发现及时更换，对违章用水则实行督查和处罚。近年来，监察队处罚违章违规用水 70 多户，依法罚款或补收水费 10 余万元。

三、建章立制，安全生产

公司认真抓好安全生产工作。各部门设立安全员，对安全生产工作齐抓共管。二是认真开展安全生产检查，措施得力，落实到位。每年年初，对全司的高低压线路、供水设施、设备进行了地毯式检查，发现问题及时处理。近几年来已投入数百万对供水设备、管网进行维修、保养、整改。三是重视安全教育，增强安全意识。采取各种方式，利用一切有效的手段，强化职工的安全意识。几年来共举办了数十期安全生产知识讲座，主办了数十期有关安全生产知识的黑板报。积极参加安全生产街头游行宣传活动和安全生产知识竞赛。经常把一些安全事故案例向职工进行深刻剖析，对照工作，找差距，吸取教训，引以为戒。严格安全生产奖惩制度，对全年无安全事故的一线工作人员予以重奖，对事故责任人进行严厉惩罚。四是抓好综治工作，稳定治安秩序。坚持“标本兼治，重在治本”的原则和“打防结合，预防为主”的方针推进“创安”“创模”活动。坚持在搞好公司治安和看楼护院的同时，派专人督促各生产部门对生产区域进行巡查，特别加强对水厂开放式生产设施的安全防范措施。由于这些工作做得扎实到位，公司无一例安全事故发生。

四、环保建设，利国利民

随着渠县经济建设的飞速发展，人民生活水平也迅速提高，用水及排水量逐渐增大。长期以来，县城渠江镇生活污水、工业废水未进行有效的收集和处理就直接排入渠江，严重影响城区环境质量。当时的排水系统远远不能满足县城正常运转和居民正常生活的需要，更不能适应县城总体规划和经济发展的要求。实际上污水直接排入渠江已严重影响渠县县城水体环境和下游水体水质，也给渠县的招商引资带来不良影响。因此新建污水处理厂势在必行，这也是关系到渠县县域经济发展、社会稳定和保护环境、造福子孙后代的一件大事。张东林同志深刻认识到这一环保工程的重要性和必要性，决定肩负起这一供、排水人的历史责任和神圣使命。他和同志们一道无数次外出跑项目，争取资金，并解决和排除了诸多建设工程中的难题。在上级部门的关心下，在他和同志们的努力下，该项目于 2003 年 6 月 16 日经省计委以川投资〔2003〕373 号文批准立项建设。该项目于 2008 年 12 月 2 日正式开工建设，并于 2011 年 10 月正式投入生产，运行情况良好，为渠县的环保事业做出了积极的贡献。

五、乐善好施，服务社会

张东林同志在日常工作中勤勤恳恳，任劳任怨，对待困难职工和特困群众也总是热心帮助。他多次以个人的名义送钱送物到有困难的职工家中，帮助他们渡过难关，并鼓励他们重新树立生活的勇气。他也曾经多次私人拿钱为困难用水户上户和缴纳水费，光是几年来资助渠县中学四名贫困学生就支出了数万元，同时还资助了贫困村数名在校儿童和在校大学生。他还热衷于公益活动，一直秉持“奉献、友爱、互助、进步”的志愿服务精神开展志愿活动，策划组织并亲自参与了多次志愿者公益活动，受到了社会的好评。

2012 年，公司来了 3 名特殊的外来职工，他们是来自汶川地震灾后援建的理县的藏族、羌族、回族的同胞（藏区 9+3 学生）。一开始张东林就请他们到办公室与他们交心、谈心；与他们共同讨论“中国梦”、让他们畅谈心中的梦想；并开展民族团结教育，增强他们的民族意识、大局意识、责任意识，让他们感受到党的温暖与关心。并送去了冰箱、床垫等生活必需品，而且每年他们的民族节假日和春节，公司都会放假让少数民族员工回家探亲，并为他们报销来回的车费。他们表示有了领导无微不至的关怀，心里很温馨幸福。

在关爱山区贫困儿童活动中，他了解到涌兴镇庙寨村 1 组品学兼优的李碧莲同学，家里经济十分困难，全家人 5 口只靠父亲一人在外打工勉强维持生计。为此他专门前往李碧莲同学家里，问寒问暖，资助李碧莲同学的学费，并表示只要孩子努力将来她考到哪里就个人一直资助她读到哪里。

像这样乐于助人的事迹张东林同志做得太多了。这几年来，他个人在这方面就资助了数万元。2016 年并荣获了“四川好人”光荣称号。

六、基础建设，助力发展

多年来，张东林同志致力于供水事业，并孜孜不倦地执着追求，为渠县供水事业的可持续发展做出了应有贡献，同时，也为满足渠县工农业生产用水和人民群众生活用水尽了一份绵薄之力。他带领公司一班人经过大量走访和科学策划，近几年来先后完成了几大保障用水工程。一是 2011 年，渠县水厂取水泵站两个泵房提升加固和三万吨水池增加反应沉淀池两项工程提前完工建成，经受住了“9·18”特大洪灾的考验，不但保证了洪水期间渠县城区的正常供水，而且还把损失降到了最低；渠县水厂 24 组反应沉淀池的增设也为确保供出安全、优质、合格的自来水打下了坚实的基础。二是 2012 年 3 月，公司先后采用了投加次氯酸钠和活性炭对原水进行深度处理技术。及时去除了由于雨水稀少，上游江河污染严重造成的出厂水有异味、臭味的情况，稳定了人心，获得了广大市民的一致好评，公司的制水工艺和技能得到了提升。三是2014年7月20日，日净化处理3万吨的渠县东城水厂提前投入运行，使渠城的日供水能力从以前的3.5万吨提升到现在的6.5万吨，大大改变了渠县城区的供水现状，有效缓解了渠县老城区、工业园区和东城新区的用水难题。四是在渠县天星镇八濛村新建的8万吨/日渠县水厂取水泵站和在临巴镇溪口村开工建设的5千吨/日临巴水厂取水泵站，于2015年4月26和9月1日相继投入运行，这标志着渠县供水排水总公司三个水厂的取水水源已达2类，原水水质季节化得到优化，取水量得到了强有力的保障。这几项工程的顺利完工，标志着渠城的用水难题被彻底解决了。有了充足的自来水，群众生活方便了，渠城南延北展步伐加快了，也促进了渠县社会经济的协调发展。受益的群众十分感动，纷纷写信或打电话夸赞："张东林同志心系老百姓，是一位了不起的行家里手"，他所建工程被誉为"民心工程"和"富民工程"。目前，公司正在争分夺秒，采取倒排工期和"5+2""白加黑"的工作方式做北城5万立方米/日水厂前期准备工作，力争早日开工建设。

七、齐抓共管，精诚团结

为减少工作的盲目性，他们根据上级有关精神，从实际出发，制定了一系列的创建文明行业发展规划，明确了奋斗目标。并把发动群众和组织群众放入制定的规划中，使规划和目标深入人心，并付诸行动。坚持创建活动与供水工作同部署、同落实、同检查、同奖惩，充分发挥群团组织的职能作用，形成党政工青妇对创建工作分工协作、齐抓共管、群众参与、上下联动、层层落实的良好局面。2016年，公司成为四川省级最佳文明单位。

充分发挥基层党组织战斗堡垒作用。面对2007的"9·3"洪灾和2010年"7·18"特大洪灾以及2011年的"9·18"特大洪灾，在张东林同志的带领下，全体干部职工众志成城，同心同德与自然灾害做殊死斗争，把灾害损失降到了最低。2007年7月11日至12日，天星水厂主水管道途经观音桥处被洪水冲垮地基，导致管道被洪水冲断40多米，天星镇辖区大面积供水中断，2007年7月12日和19日，渠县水厂护坡保坎两次被暴雨冲垮，水厂变压器被雷电击坏，并严重危及加氯间的安全。如不及时阻止事态的发展，将危及整个水厂的安全，影响渠城的正常供水。“9·3”洪灾给公司造成的损失更是雪上加霜。“疾风知劲草”，面对这突如其来的严峻考验，公司党政一班人在张东林总经理的带领下，没有退怯，没有被困难吓倒。他们精诚团结，变压力为动力，放弃了休息日，全部坚守在岗位，修复了天星水厂损坏的自来水管道。在渠县水厂护坡保坎垮塌抢险中，张东林同志与其他领导一直站在暴雨中指挥抢险。在“9·3”“7·18”和“9·18”抗洪救灾工作中，张东林同志更是与同志们一道昼夜坚守在抗洪第一线，因为在抗洪救灾中的先进表现，他被市委评为达州市“抗洪救灾先进个人”。由于工作业绩突出，张东林同志先后被市、县各级部门授予“先进工作者”“优秀共产党员”“优秀青年企业家”“劳动安全生产标兵”“抗洪抢险先进个人”“四川省‘五一’劳动奖章”等荣誉称号。他的先进事迹受到市、县级报刊（台）多次表彰。

雄关漫道真如铁，而今迈步从头越。我们相信：在未来的岁月里，渠县供排水事业在“领头雁”张东林同志的带领下，必将更加辉煌。

这正是：

张胆立志挽狂澜，东风入律化清泉。
林立高楼万家乐，好风扬帆再凯旋。

餐饮行业一枝“梅”

——记重庆刘一手餐饮管理有限公司董事长刘梅

人物档案

刘梅，女，1972年4月生，四川渠县贵福镇（原黄泥乡）人。刘一手事业创始人之一，现任重庆刘一手餐饮管理有限公司董事长、总裁；重庆旭晨工具有限公司董事长。

在重庆石桥铺渝高广场旁边的茶楼里，我有幸采访了火锅餐饮界的美女董事长、乡友刘梅，她人美事业更美。她不仅在圈内把生意做得很好，还把中国的饮食文化“搬”到国外去了。按重庆老乡们的话说，刘梅真是值得宕渠儿女骄傲，生意做得好，好得不得了。

初次见刘梅，她向笔者说道：“今年是刘一手15周年庆，我打算出两本书，一本是响应李克强总理的话：大众创业，万众创新的精神，用刘一手61个加盟商的创业故事来分享创业者的心路历程；一本是写刘一手创始人两兄妹的故事来告诉大家刘一手的由来。”我心里默默地想道，此女真有思想，真是巾帼不让须眉。随后她又说道：“现在贫困和残疾儿童很多，我们搞企业的少吃一顿饭，少摆一桌酒，少买一个包，就可以多帮助几个留守儿童和贫困学子。”说老实话，就是她“少买一个包”这句话感动了我。我对刘梅感到由衷地敬佩，她真不愧为优秀的宕渠儿女。

有一首歌唱道："熙熙攘攘的人海之中，命运让我们相聚。繁华都市的日升日落，映在我们眼底。追求真理的一点一滴，我们不会轻易放弃。相信只要我们在努力，未来将无比绚丽……" 这首歌的歌名叫《相信我们会创造奇迹》。是的，只要努力，每一个人都能创造出属于自己、属于整个社会的奇迹。本文的女主人公刘梅，就是一个敢于拼搏，勇创奇迹的人。她用一双勤劳的手，描绘出了一片最灿烂的人生。

刘梅对刘一手餐饮管理有限公司的创立与发展做出了不可磨灭的贡献，她将一颗挚爱的心奉献给了刘一手餐饮管理有限公司，奉献给了"刘一手"品牌全球三万余名家人。十五年来，她秉持"业精于勤，商精于诚"的企业理念，恪守"诚信、客户价值至上"的核心价值观，将"刘一手"从一个几百平米的街边火锅小店锻造成了一个大品牌，目前拥有 500 多家分店，遍及中国三十一个省、市、自治区，同时蜚声海外，在美国、阿联酋迪拜、新加坡、澳大利亚、加拿大、法国、越南等多个国家和地区也有分布。2016 年位列中国餐饮百强第 7 名、成为年创营业总收入超过 37 亿元的国际化餐饮集团。

她志向远大，经验丰富，眼光独到，曾主持多家公司的日常经营管理工作，在市场经济的大潮中搏击风浪，游刃有余，既有经营决策的果断和勇敢，又有女性特有的细心与谨慎，是中国优秀女性企业家的杰出代表！

一、寻梦，走出大山，启航远行

1992 年之前，刘梅最大的人生行走就是从川东一个名叫临巴的小镇到达州帮亲戚开火锅店。一次偶然，北京的舅舅看到 18 岁的刘梅一个人能 HOLD 住整个店，觉得特别不可思议，暗下决心想要帮她。"可能当时他觉得我应该看到更广阔的世界。"

没过多久，刘梅就提着妈妈连夜手工缝制的红色布包坐上北去的火车，开始人生真正的寻梦。她凭着机敏和务实肯干进入了航天部下属的一家机械公司，刚去的时候，她什么都做，孜孜不倦地学习，从不放过任何一个学习与成长的机会。当那些戴着大学生光环的职工下班后，刘梅就利用设备、资源自学电脑。虽然工资不高，甚至可以说十分微薄，但她总是辛勤而充实地为梦想拼搏着。

因为工作出色，刘梅被介绍去一家台湾模具公司开始新的工作。从一个每天跑业务的销售员到去重庆创建自己的重庆精微机械模具有限公司，短短2两年多的时间，她兢兢业业，务实精进，把模具公司经营得有声有色。

一次，模具公司开展销会，一个客人带着自己的女儿来逛。枯燥的模具展销让这个小女孩很不耐烦，刘梅主动过去和这个小女孩的爸爸攀谈，问可不可以帮他照看这个小女孩。这个小女孩的爸爸如释重负，走的时候，要了一张刘梅的名片。一周之后，这个小女孩的爸爸到了刘梅的公司，买两万块的产品。在当时，如果一个业务员一笔业务能够满五千，大家就能高兴半年。正是这种真诚让刘梅的模具业务有了快速的发展，渐渐成为西南模具同行的销售排头兵。

她志存高远，承担起一家人的希望，从大山深处飞出，像一只金凤凰一样，勇敢无畏地展翅翱翔。

二、筑梦，不屈不挠，奋勇争先

在重庆精微机械模具公司，她成了名符其实的大忙人！不懂技术，学！不懂管理，学！不懂销售，学！她像一个斗士，永不停歇前进的脚步；更像一块巨大的海绵，每时每刻在企业的经营中不知疲倦地吸收经营的智慧。

她，扎根一线，狠抓技术，以优质的服务和过硬的产品品质打动了客户，产品畅销全国。在90年代改革春风吹遍神州大地的时候，重庆有位年轻的女老板，在香港、台湾、大陆的模具行业，已被业界称道，名声大噪！

1996年，她有了自己的办公室，有了自己第一辆车——奥拓。

然而，刘梅在事业顺风顺水之时，她的家庭却遭遇了不幸。1994年7月13日，她的哥哥刘松在一次意外的车祸中，痛失左臂。从此，幸福的家庭留下阴影。

当手机的话筒里传来哥哥刘松受伤的消息时，刘梅正在奔赴湖北客户见面会的列车上。这个坚强的女孩，咬紧牙关，毅然决然地挑起了改变家庭命运的重担。

她更加坚强，工作更加勤奋。在改革开放之时，抓住机遇，开拓市场，凭借川妹子的狠辣劲，全力发展自己的事业，重庆精微机械模具公司在工业企业中声名鹊起，并一举拿下当年的重庆工业企业四大金刚（长安、嘉陵、建设、庆铃）的特许供货权。

她用赚来的第一桶金资助哥哥刘松在 2000 年的冬天开起了属于他们自己的火锅店，取名“刘一手”，那时，妹妹的心愿很简单，开个小店来维持一家人的生计，最重要的是用赚来的钱给哥哥接上一只手，给哥哥伤痛的心灵找回往日的自信。就是这份情、这份爱一直在演绎着人间最美好的兄妹深情。

坚强不屈是刘松的秉性，他每天背着背篓买菜，回来后捏包子、切菜、炒菜，健全的人可能做不了的事，刘松的一只手都可以做到。在他身边做事的人全部被感染、感动。

刘梅每天从模具公司下班后，晚上到店里抓菜、洗碗、收银，兄妹俩凭着勤劳的双手，开启了他们全新的火锅梦。虽然只有 16 张桌子，但兄妹俩兢兢业业，经营得风生水起。他们心中的梦就像火锅灶上的火苗，像沸腾的火锅一样在升腾。这个家族从此因为有了这样的一家店、这样的一个品牌而变得强大。

三、圆梦，争创一流，走向世界

创办刘一手火锅店后，刘梅的真诚和务实进一步得到彰显。

2002 年，“刘一手”第一家加盟店在成都龙泉诞生，加盟者唐富明先生是在火锅店用餐时结识的，他被火锅店的味道和兄妹的真情打动，之后加盟。刘一手第二家加盟店是刘梅在去华蓥山出差时联络的。路边两家火锅店，一家门庭若市，一家门可罗雀。她居然愿意踏进人少的那一家，希望帮对方吃出生意冷清的症结。吃完火锅后，面对一脸愁容的老板，刘梅给了他“刘一手”餐巾纸，让他来找自己，愿意帮助他。结果，还没有回到重庆，火锅店老板就已经找上门了。正是她的无私的爱和乐于助人、懂得分享的优良品质，成就了“刘一手”，也成就了她自己！

就这样，他们的加盟分店像雨后春笋，在川渝遍地开花……

人生没有一帆风顺，前进道路布满荆棘。兄妹俩的加盟连锁之门刚刚打开，却遇到了“非典”。2003 年，非典！非典！全国餐饮一片惨淡，但兄妹俩凭着他们多年的经验和为人诚信的经营之道，与全体加盟商携手共同度过了难关，经受住了考验，对火锅有了新的诠释，更加坚定了“刘一手”未来之路的信心。10 家，20 家，30 家，50 家，短短不到三年的时间，全国涌现出 100 家刘一手加盟连锁店。

管理滞后，人才短缺，兄妹俩感觉到了新的危机，于是他们筑巢引凤:周歆、任登万、袁刚、陈姁、唐富明、韩富春加入了公司，刘一手餐饮管理有限公司完成了由家族企业向正规的民营企业的蜕变。

实践要靠理论来指导。居安思危，刘梅决定继续学习、深造。要学习，起点一定要高，她奔赴中国的最高学府清华，学习新的管理模式后，率先在业界聘请清华大学有关人士为刘一手餐饮管理有限公司私人定制了一套全新的管理模式，刘一手餐饮管理有限公司从此迈上了一个新的台阶。

她深感学习的重要性和团队共同进步的力量，不仅自己上清华大学，而且让公司 13 名管理人员全部上清华大学，再一次引起业界的轰动。

业态单一，刘梅一直在思考未来的发展路径，刘一手餐饮管理有限公司也探索开上了高大上的中餐，他们在重庆、上海、宝鸡、北京等地一鼓作气先后开了 8 家。在追求高大上的背后，厨房有很多不可突破的潜规则，在不断地尝试下，这次业务拓展并未突出重围，最终以失败告终。每一次失败都是成功的基石，刘梅不断总结、反省、修正，还是回到了经营火锅的正确轨道上，她又重新规划了新的战略部署，走出国门，游学考察，制定了全球发展规划——专心、专一、专注做好中华火锅这一独特的美食！

公元 2010 年 10 月 1 日，在全球瞩目的奢华之都——迪拜，诞生了刘一手餐饮管理有限公司海外第一家门店，这是大山深处的凤凰，飞向世界的第一个壮举，她让中国味道在世界奢华之都飘香！为此，有高人为其撰写了一篇诗赋，名曰《刘一手赋》。赋曰：

夫盆地虽塞，而川菜独尊寰球，雾都必湿，故火锅崛起码头。考其源甚古，宋代雅号“拨霞供”，三国俗称“五汤”。察其源甚普，千叟宴开千叟啖，随缘煮。嗟夫！昔为二三挑夫果腹、今成餐饕食客瞩目。夫南北涮，不及火锅包罗万象。飞鸟游鱼，全由火锅兴风作浪。“重庆刘一手”火锅返本归根。其举懿德有四：一曰祛寒除湿，精强骨壮；二曰百蔬百腥，信口通尝；三曰麻辣且烫，痛快豪放；四曰杯来箸往，炽情益旺。妙哉火锅，众口通古今，一鼎交水火，四海皆兄弟，九州无干戈。

盛哉火锅，毛肚、珺花、大咀蛙，鹅肠羊杂啤酒鸭，群雄巴渝逐鹿兮鏖战，独臂巴客磨剑兮静观，一片痴情几度磨难。

汲其古法，百家冶炼，藏乎九地，飞于九天，推陈出新后来居先，源自名兮“刘一手”挂牌重庆石桥铺，移师四川战旗店，年纪未不惑，连锁已出渝川，幅射南北若棋之占，鞭指中外如鹏之瞰。夫三载开店百十家，知者莫不啧啧，“刘一手”均付淡淡。常烹茶论商机，凭栏谈生意，大众化，适口为珍又便宜；保质自产原料留薄利，求创新与时俱进有生气；做好人，直爽诚实朋友聚；重贤能，他山之石可攻玉。成功且有捷径，勤行勿忘数语。嗟夫，大若讷，大巧若拙，此中有真意，难与妄人说。

“刘一手”火锅洵美且异。过其门者闻香而肚饥，入其座者尝味而神迷。既享者自余悠悠回味，再至者更得丝丝别趣。满堂沸腾快朵颐，传川渝之美旨，长壁琳琅画风俗，承袭百年之厚史。

这篇奇文，既描写了火锅的历史渊源，更盛赞了“刘一手”的创新发展。

刘梅兄妹俩凭着勤劳与智慧，让火锅这道平常的中国菜肴走出国门，走向世界。

放眼全球，刘梅的梦更加圆满！新加坡、美国、澳大利亚、越南、加拿大……刘一手餐饮管理有限公司分店相继诞生。刘一手餐饮管理有限公司踏上了全球美食之旅，她，一个大山深处的女孩，实现了国际梦，她不仅做到了，还将一直做下去。

在打拼路上，刘梅有许多感悟：什么都想要，你就什么也得不到，用平常心去面对，就是一种幸福；人回到原点，能进能退，其乐无穷。幸福地生活，开心地工作。常怀一颗平常心和感恩心，就是一种幸福。

四、寻根，大爱天下，一手不留

在刘梅的世界里，火锅美食是全球华人共同的财富，在圆梦的舞台上，她始终不忘乡情乡音！她说，作为渠县人，渠县养育了我，我感到特别自豪。

世界越游越小，但刘梅的心界却越游越大。

刘梅在清华大学 MBA 已经学了四年，但她决定永远不毕业。每两个月，她都会飞到北京。之前，是学习如何管理团队，现在学习的是求道静心，如何更好地回馈社会大众。

她先后捐款、捐物数十万元支持家乡基础设施建设。2008 年 9 月，黄泥乡洞子村修村道，她捐款 16 万元。2012 年 10 月，锡溪乡中学扩建及修路，捐款 10 多万元。淳朴善良的家乡人民，见刘梅为家乡捐了款，硬要以刘梅爷爷刘光富的名字为这条路命名“光富大道”。渠县“9·18”洪灾，资助贫困大学生念书等，她还多次为家乡父老排忧解难。她信奉“授人以鱼更要授人以渔”，高度关注家乡父老经济生活的改善，积极推动家乡父老增收、创收，多次无私培养、帮扶家乡父老就业、创业，为渠县人民和地方政府做出了很多贡献。刘梅的善举，得到了家乡人民的高度赞扬。

冰雪因阳光而消融，大地因春风而复苏，人间因爱心而更加美丽。我们这个时代还需要更多像刘梅这样的善举。小善举有大光芒。这光芒将温暖着每一寸故土，温暖着每一个人的心房。

今天，她对家乡的爱，家乡人民永远不会忘记。她能有今天的成就，也离不开渠县人民和各级政府的鼎力支持与厚爱！寻根溯源，唯有大爱天下，将刘一手品牌经营得更加出色，以“大爱天下，一手不留”的勇气和豪气，回馈社会，回馈渠县父老乡亲的深情厚谊！

这正是：

扶持创立刘一手，春满四海梅香浓。
宕渠儿女好榜样，无限风采人赞颂。

用善心书写大爱

——记渠县古今香食府董事长张全文

人物档案

张全文，男，汉族，1972年1月生，渠县城北乡人。大专文化。1980年至1990年在家乡读书，1990年至2001年在广东省汕头市打工，2001年3月回到家乡创建了渠县古今香食府，并任总经理、董事长至今。2008年4月至今任渠县餐饮协会副会长、达州市餐饮协会副会长。2011年被评为：渠县“十大爱心人物”、2012年被四川省人民政府授予“全省就业创业成绩突出个人”称号、2014年4月至2016年4月当选为四川烹饪协会常务理事。2016年被评为“达州道德模范”、2017年3月被评为“达州好人”，“渠县最美家庭”。系渠县第十二届、十三届政协常委、渠县第十八届人大代表。现任渠县总商会副会长、渠县工商联副主席。2017年7月，光荣地加入了中国共产党，2017年10月渠县古今香食府被评为达州市地标餐饮企业。

《宕渠儿女》（第一辑）出版后，渠县文广局办公室主任王福寿告诉我：“老潘，第二卷可写一些普通人，他们身上有许多闪光点。比如古今香食府张全文就是一个很值得写的人。渠县洪灾他无偿送水送饭，做了很多好事。被中央电视台、四川电视台、达州电视台宣传其优秀事迹。”一次在茶楼喝茶，看过《宕渠儿女》（第一辑）的渠县检察院一位领导也向我推荐了张全文，说他不但企业办得好，还是一位爱心老总。希望我能采访他，将其事迹收录进《宕渠儿女》（第二辑）。

2014年的初夏，我慕名前去采访了渠县古今香食府董事长张全文。张全文谦虚地说道：我只做了一些小事，做的这些事都是自己应该做的，不值得一提。”但熟知他的人对我说道：张全文是一个有良心的企业家，是一个知恩图报的渠县好人。

一、坚定信念，放飞梦想

1972 年 7 月，张全文出生在渠县城北乡川林村四组一个普通的农民家庭。从呱呱坠地的那一刻起，他的命运，便与“稀饭县”绑在一起。贫穷、饥饿、稀饭都成他儿时记忆的符号。从他懂事的时候起，他的梦想就是，告别贫穷落后，让父母、让乡亲、让所有的人都能过上好日子。

每个人都需有梦想，心有多大，梦想就有多大。张全文的梦想，在那个年代是何等的美好。

有人说过，真正的梦想是人对人生的一种期望，虽然不能拥有，但却能推动人去实践它。梦想是我们的心境，而不是外在的华丽，实践是成就梦想最大的朋友，一个人有了梦想，就要把它当成奋斗的目标，然后用行动来实现这个梦想，只要坚持到底，梦想往往也就能变成现实。

张全文凭着一股毅力和闯劲，在人生的道路上，栉风沐雨，为梦想前行。

1992 年，张全文开始了他人生的打拼历程。他学过木匠，干过杂工，当过保安，开过渔船，做过厨师。这时，张全文在他人生的坐标中，终于找到那个闪光的点。他想创建一个很好的餐饮企业，让大家吃到可口的饭菜，吃出营养、吃出健康。

经过十多年的打拼和积累，张全文对事业充满了信心。

2001 年 3 月，张全文回到渠县开始了艰苦的创业之路，当时的古今香只有一间门市，三张桌子，营业收入很少，但张全文仍旧没有忘记他的社会责任，店内 5 个工人有 2 个是残疾人，他时刻记住去帮助需要帮助的人，在他经营古今香的同时，经常抽空到贫困乡村看望留守老人，给他们送去大米、食用油等生活用品和爱心款。

三张桌子的小店，对于张全文来说，就是事业的起点。

张全文知道，三张桌子太少了，要让三张变成三十张、三百张，还需要更多的努力。慢慢的，张全文琢磨出餐饮业的经营之道。对于餐饮企业而言，品牌力的重要性不言而喻。餐饮市场的竞争最后必将是品牌之间的竞争，谁的品牌力强，谁就能拥有更广阔的市场，品牌力成为餐饮企业逐鹿市场的关键。品牌力也是吸引消费者最为关键的因素，随着人们对就餐环境、体验、服务等方面的要求越来越高，一些名气大、品牌响的餐厅生意就越来越好。因为既能享受良好的就餐体验，又很有面子，同时也吃得放心。

于是，张全文在质量上下工夫，在品牌上做文章，对每一道菜都下足了工夫。功夫不负有心人。古今香迎来了新的机会，“古今香丸子”被评为“达州市十大名特小吃”，企业被评为“达州市餐饮行业诚信单位”。 在董事长张全文的带领下，在古今香人的共同努力下，古今香完成了由一个路边小店到拥有三家大型中餐酒楼的蜕变。企业现拥有职工 200 多人，其中高级职称 20 人，中级职称 15 人。同时还成立了市场营销部、菜品开发部、食品安全部等，张全文成功了！

二、诚信立业，大爱无疆

诚信做人，厚德载物，这是一种人生境界。作为一个真正成功的企业家，诚信和善德是必须具备的素质，如果能够将诚信和善德作为企业发展和安身立命的根本，那么这个企业的高度就能体现出来。

张全文从白手起家到成就一番事业，从一位默默无闻的农民儿子到一名优秀的企业家、慈善家，他的成功并非偶然，其真正的原因在于他人生词典里的几个关键词：诚信、勇气、创新、爱心。张全文以自强不息的精神走上创业之路，在企业发展过程中，始终坚持以市场为导向，以创新求发展，以员工为财富的经营理念，以“诚信、守法、安全、绿色、健康”为最高管理原则，力争成为行业的标杆。企业发展之后又以厚德载物的感恩之心真诚回报社会，谱写了一曲曲和谐的人生乐章。

天有不测风云，2008 年 5 月 12 日 14 时 28 分，四川汶川发生了里氏 8.0 级大地震，当人们还处在地震的恐慌中时，张全文已带领员工筹集一万余元的捐款交到县红十字会。2010 年 4 月 14 日，玉树地震发生后，他也是当地第一个为灾区捐款捐物的人。2010 年 8 月 7 日甘肃甘南藏族自治州舟曲县发生了泥石流，第二天他就开始捐款捐物。

2010 年 7 月 18 日，渠县遭遇了百年不遇的洪灾，这给渠县人民的生活带来了很大的困难。在公司，张全文第一个想到的是为乡亲们做点什么，于是决定餐厅不对外营业，专门为受灾群众及抗洪救灾人员免费提供饮水，热饭热菜，并亲自把热饭热菜送到受灾群众手中。其事迹被中央电视台、四川电视台、达州电视台进行了专题宣传。

2011年3月，一次偶然的机会，张全文听说国内首例植物人刘冬琼怀孕一事发生在渠县，并且就住在渠县人民医院，他马上带着自己的家人去看望刘冬琼，并拿出五千余元的爱心款交到刘冬琼父亲的手中，希望刘冬琼早日康复。在这以后，他多次打电话给刘冬琼的父亲，关注刘冬琼的身体状况。

2011年9月18日，洪魔再次肆虐渠城，张全文毅然决定不对外营业继续为受灾群众及抗洪一线人员送饭送菜，洪灾期间停水、停电、停气，他就安排用发电机发电、用液化气炒菜煮饭，派专车到马鞍山拉井水，以满足每天三千余人的用餐。在这期间，他遭到了朋友的质疑和冷言冷语，但他没有动摇，一直坚持着，直到洪水退去，受灾群众恢复正常生活。

张全文还资助了多名贫困学生。其中，渠县一位是蔡和乡中心校学生蒲晓燕。2012年5月，张全文带领企业高层到该校看望留守儿童，听学校领导介绍了蒲晓燕家中的情况。蒲晓燕家十分困难，她妈妈生下了就去世了，父亲瘫痪，婆婆又年老多病。蒲晓燕一个不到12岁的小孩，就担起了照顾全家的责任。张全文知道这一情况后，当即表示为她提供所有的读书费用，并经常教育蒲晓燕，给她讲一些成功人士和英雄模范的事迹，希望她在人生道路上克服困难，勇攀高峰。每年的寒暑假，还把这些贫困学生请到家里来。2014年7月，蒲晓燕在渠县两次住院，张全文不仅为她支付医药费，住院期间还安排家人陪伴她。出院后，还为她买了新衣服，给了她3000元钱，叫她好好学习，长大了报效国家。蒲晓燕十分感动，不仅努力学习，照顾家人，而且在2015年3月还被评为“四川省美德少年”，2016年又被评为“全国美德少年”。

他牢记家乡，为家乡前锋村捐款3万余元修路，为困难群众送年货，为涌兴、安北等地的困难群众送钱送物，让他们过好春节。为前锋村的四位五保老人送年货看病、为当地的年轻人寻找学习技术的门路。企业培养了许多年轻职工，凡是到他企业去的年轻人，他都要坐下来和他们谈心，教育他们要树立正确的人生观，学会做人做事，努力为社会作贡献。在他的帮助下，目前已有20多名职工学到技术在一些分店做厨师和厨师长，有的月薪已近万元。

作为行业副会长的他多次带领渠县餐饮人到大义、义合、三汇等地慰问困难群众，为他们送去温暖和爱心。在渠县灾后重建工作中，他个人慷慨捐助一万余元，到目前为止，张全文个人和企业共捐款高达200余万元。责任扛在肩上，爱心还在继续……

他深知员工是企业的财富，他对员工就像亲人一样，无论谁家有困难他都会亲自关心、亲自过问，员工生病他也会亲自去医院看望，实在没有时间也会安排下属前去看望，还会经常打电话关心。他专门成立了员工发展基金，定期把企业的优秀员工送出去学习、深造。在下班时间跟员工们一起欢笑、一起分享他在外打工的经历，跟员工相处得非常融洽，他在家排行老二，所以员工们都亲切地叫他“二哥”。随着企业的发展，员工队伍不断壮大，为了更好地管理企业，他报名就读了西南交通大学EMBA（总裁研修班）。

三、踌躇满志，再创辉煌

2008年，张全文当选为渠县餐饮与娱乐行业协会副会长、达州市餐饮与娱乐行业协会副会长。2012年张全文当选为渠县政协常委、渠县工商联副主席、渠县总商会副会长。近几年来，古今香食府在张全文同志的带领下荣获了：省级食品卫生A级单位、诚信私营企业、诚信计量示范单位、放心酒示范单位、纳税先进单位、市级食品安全示范单位、达州市十大餐饮企业、优秀民营企业、市级文明单位、十佳诚信企业、地方餐饮名店等多项殊荣。“古今香丸子”“呷酒粑粑”被评为“达州市十佳名特小吃”。“农家豌豆糊”被评为“十大地方名菜”。2014年4月，古今香食府当选为“四川省烹饪协会常务理事单位”。

面对这些荣誉，张全文说：“荣誉只代表过去，未来还有很多需要我去做”。谈到企业未来的发展时他踌躇满志：面向全国发展，申请特许加盟，做百年老店。要把渠县地方饮食文化发扬光大！组建集团公司，打算在水源较好、无污染的村社建立绿色食品基地，使今后在古今香就餐的顾客，都能吃到绿色食品，把企业做大做强，争创一流餐饮企业。最后他向我说道：“我最喜欢《宕渠儿女》（第一辑）中优秀企业家田发太的这几句话，‘一个成功的人士，应该属于社会，而不是属于自己，金钱的价值不能高过人生的幸福与社会的责任。古人曾云，穷则独善其身，达则兼济天下。成功的企业，取之于社会，也必当用之于社会。物质财富只是表象，社会责任感才是衡量一个企业家的成功与否的标杆’。”

谈到家乡的发展时，张全文说：“在县委县政府的坚强领导下，渠县近几年的发展是又好又快。作为宕渠儿女，我很欣喜，愿为渠县的建设与发展贡献自己应有的力量！”

面对家乡日新月异的变化，面对县委县政府的坚强领导，张全文对未来又有了新的梦想和追求。他在人生的征途中，又开始了新的跨越。

最后，他衷心祝愿全县人民生活幸福，万事顺心如意。

这正是：

张开鹏翅翔高天，全将爱心付坤乾。
文载嘉德志雄心，好个榜样人人赞。

为农村搭建电商平台的人

——记四川省红盘凯歌超市有限公司董事长张凯

人物档案

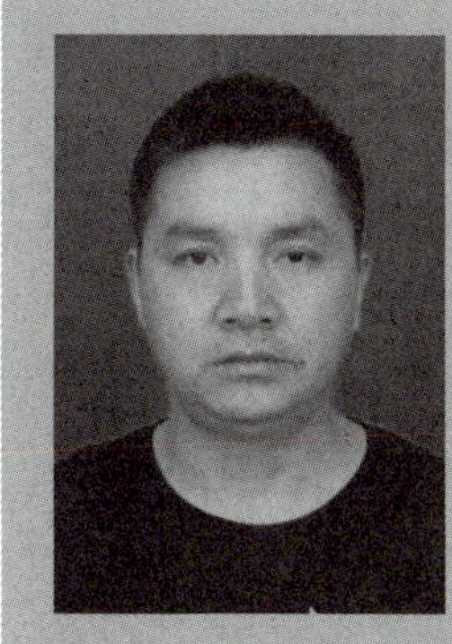

张凯，1972年2月生，渠县卷硐乡人。2011年7月入党。四川省红盘凯歌超市有限公司董事长。公司先后多次受到上级有关部门的表彰，张凯也先后获得了达州市首届十大优秀民营企业家、渠县首届优秀社会主义建设者等多种荣誉。

四川省红盘凯歌超市有限公司，从一个杂货店发展成为直营连锁店65家、员工1265人、注册资金3000万元的公司，从渠县扩展到大竹乃至于重庆，在发展的路上不断壮大。四川省红盘凯歌超市有限公司的道路越走越宽，公司董事长张凯为此付出了常人难以想象的艰辛努力。国家的政策支持和公司的准确定位，是企业取得成功的前提条件；灵活经营的手段和先进的理念，是企业不断发展的重要保证。

一、艰苦创业，诚信经营

1972年2月，张凯出生于渠县卷硐乡。

1991年，张凯初中毕业后，参加农业系统学习农业推广技术，负责苗圃基地工作，专门育苗，当出纳，参加基地的管理。后来，停薪留职，在广东东莞一家鞋厂打了一年工，工资一个月一两百块，生活比较拮据。1994年回到家乡，在后溪沟搞了小批发门市。当时，治安不好，为防止小偷，自己押车拉货。为节约资金，自己下货送货，门市逐渐壮大。怎样才能将企业做大做强呢？张凯想到以前在广东看到的大城市的超市不错，就想到了开超市。

张凯是一个有思想、有理想的宕渠儿女。

张凯告诉笔者，做事，不能盲目，得往后看两三步，必须有清晰的目标和必备的一些条件。他说："若有这些条件，我们就不能拖延，要抓住机会，否则稍纵即逝；没有条件，就要利用一切资源，努力创造条件，不等不靠不气馁，别嫌起步低。比如当初我凭几年在广州打工的一点积累，回来开的是个很不起眼的小副食店。可是我不管人家是否看得起，对自己认准的事，坚定信心，积累资金，积累资源。春夏秋冬都是早上7点起，晚上10点才睡。零售，我们努力卖；批发，哪怕小有利润或者保个本，也当培育资源珍惜。遇上进货需上车的，即便我们饿着肚子，也是让客户坐在一边吹电扇，我们一件一件给帮忙背到车上，热天光着身子，我背都掉一层皮。特别是我媳妇，我出差进货去了，她一人在家，给客户出货上货，常常在窄小的仓库，把胳膊脚杆碰得青一块紫一块，很多时候划出了血，连邦贴都顾不得贴一块。这一年下来，我们赚了近10万元。从这一点，我们意识到，副食门市能赚钱，上规模、上档次、销量大的超市，前景会更可观。"

张凯常说，超市其实跟人一样。病人不就医，身体就会毁掉。同样，超市如果不科学管理，也不会有所发展。

超市的服务对象是市民大众，"民以食为天"，食以安全为先，维护消费者合法权益是最好的效益。在凯歌超市有限公司办公室里，公司里的一排排墙上有各项制度规定。其中，最显眼的就是"力抓商品质量"这六个字。就是这些严格的规章制度，时刻提醒着500多名凯歌人做超市要有一种坚持与执着的品格，用商品质量和服务质量取信于民。脚踏实地，诚信经营。

"企业是树、质量是根"，凯歌人对它有着独特的理解，为确保超市食品卫生安全，保障广大消费者的合法权益，超市明确提出"谁主管、谁负责""谁失职、谁负责"的层层落实原则，最大限度地杜绝食品质量安全事故的发生。严格实行"三审""六把关"的采购制度，杜绝"三无"商品，确保销售的商品安全、质量合格。同时，超市更是定期组织验收人员和经营人员学习，定期对从业人员制定食品安全教育和培训计划。使质量这根生命线深入人心，根深蒂固。

同时，张凯在超市的经营过程中，十分注重人才的引进与培养，软硬件的改造与投入，他制定了“以顾客为导向，以质优价廉为准绳”的经营方针。还制定了《商品进出制度》《商品检验登记制度》《商品交易赔付制度》《顾客投诉与处理制度》等，并结合县级超市实际，严把服务关，倡导以人为本，和谐共事的用人理念。整个公司呈现出上班是同事，下班是兄妹的良好氛围。

在经营过程中，他对产品质量的要求特别严格，自凯歌超市创立以来，一直坚持诚信经营，合法经营，先后多次被县委县政府授予“优秀企业”，渠县消费者权益委员会授予“消费者信得过单位”，渠县质监局授予“质量信得过单位”，四川省工商行政管理局授予省先进个体工商户荣誉称号，渠县工商局授予了“诚信工商户”。

二、抓住机遇，触网电商

机会是留给敢于积极进取的人的。只有有心人才有这份幸运。

张凯抓住了电商这个机会，这是一个千载难逢的机会。 随着网络的发展，电商这一新兴业态如日中天。2005 年以来，国家出台政策指引，积极支持形成以城区店为龙头、乡镇店为骨干、村级店为基础的农村现代流通网络，以改善农村消费环境，满足农民生产生活需求。就是在这样的大背景下，张凯抓住机遇，乘势而上。

张凯是一个有眼光又十分务实的人。他说：“就目前来说，国家政策的指导以及乡镇、农村尚待开拓的巨大市场，让我觉得乡镇市场的发展前景会更好。就现在凯歌自身现实的发展状况、企业的成熟程度以及得到的财力、物力等方面的支持，选择乡镇、农村先发展的战略也比较切合公司的实际情况。”也许，正是因为这一份理智与稳重，2008 年 7 月，四川省红盘凯歌超市有限公司旗下的渠县凯歌超市有限公司被商务部、财政部核准为全国“万村千乡”市场工程承办企业，2009 年 9 月被商务部、财政部、农业部批准为“农超对接”项目试点企业。

以渠县“圆点”进行圈层拓展。在经营范围上，张凯以渠县的凯歌超市配送中心为圆心，将凯歌超市配货的范围划到一百公里的半径之内，超过了一百公里的距离，凯歌不会盲目进行扩张。张凯说：“假如凯歌在南充开分店，绝不会只有一家，我们依然会画一个圆，在这条线上的有关乡镇都会开发出来。按照这种方式，公司在货物的配送上更快捷、更高效，也能最大限度地降低成本。”

在 12 年的超市经营中，张凯一直亲力亲为。他认为企业是扎扎实实办起来的，成绩是踏踏实实做出来的，不能见钱眼开，更不能见利忘义。

在和本地其他连锁企业竞争的过程中，凯歌拥有自己的制胜法宝。渠县当地有经营连锁超市的国营企业，与之相比，凯歌优势在于商品价格实惠，运营成本、管理成本较之国营企业也低廉很多；在配货方面，本地的其他超市单一的计划式的配货方式逊色于凯歌多样、丰富的进货渠道。张凯介绍，凯歌的进货渠道主要有三：一是直接从厂家提货，这类大约占全部商品的 10%~20%；二是从商品销售的总代理那里提货，这类约占全部商品的 30%~40%；三是和重庆、成都的一些商品配送基地、销售中心进行相关的合作。

观念，实际是视野、知识、思想等的一种综合体现。对于经商而言，从某种程度上讲，观念至关重要。一个商人的观念达到一定境界，他的眼光、胆识、规划、目标和商业布局就不一样。凯歌一起步，张凯从每年花 5 万元到目前每年用 50 万的经费，投入人才队伍建设，采取“零售+管理咨询、走出去+请回来、商学院+传帮带+教交叫”的模式，并在经营中与时俱进、自加压力，不断更新观念和调整经营思路。目前，已打造成一支“制度化、人性化、专业化、现代化、效率化”的营销团队，“互相网+生活超市”经营模式也初具规模，全国各地电话、网上订货，均可送货到家，计划五年实现“扎根川渝市场，深度推进乡镇、区县实体超市与互联网+凯歌的双覆盖”目标，十年达到“以实体平台助推互联网+凯歌超市，完成"双平台"在中国大陆的全面布局”，从而完成重资产模式与轻资产模式同步经营的双升级。现在线上平台交易商品 1.5 万个，线下平台交易商品 10 万个，大到电扇、炒锅之类小电器，小到食品、服装、化妆品和渠县黄花、呷酒、土溪豆干、旧院黑鸡蛋等大巴山土特产，网上网下，在凯歌能购能卖。

凯歌超市自建的物流体系可辐射达州方圆一百公里的乡镇，从县到乡镇只需 2 小时以内。重点农家店升级为乡镇一级电商服务站，并向社会分享其物流配送资源。“我们在糖酒会上签下了 100 多家厂家。”四川省红盘凯歌超市连锁有限公司董事长张凯说，对方看中的是凯歌在达州的65个乡镇超市网店，农村每年户均消费4万—5万元，市场空间巨大。

过去，凯歌每天要向乡镇发两趟车，空置率高达30%。如今，凯歌的物流业务中已有一成来自第三方企业的分包。

今年一季度，凯歌销量和经营利润均较去年同期提升了2成。按营业额和劳动支出比率算，人力成本还下降了5%。

三、面向未来，信心满满

面对未来，“凯歌未来的发展不仅仅是扩大现有的规模，进行地域性的扩张，”张凯说，“除了直接销售商品之外，凯歌还要搞一些配套的服务、一些比较惠民的服务，我们将努力把凯歌建设成一个综合性的超市。在政府相关政策的支持下，凯歌现在正努力建设一些商贸中心、农产品收购市场。在不远的将来，我们将看到，来自渠县不同地方的菜农们，会将一车车新鲜蔬菜、水果直接送入商贸中心或农产品收购市场，经过凯歌工作人员快速而干净的流水线作业，一箱箱装扮精良的农产品将被有序地送往凯歌各区县超市。而老百姓在凯歌超市可以直接选到最新鲜、最健康、最绿色的农家蔬菜、瓜果。”

“这样的收购市场，对于凯歌而言，在同行业的价格竞争中会凸显优势，也向老百姓传达了绿色、健康的理念，同时，还为当地老百姓解决了农产品销售渠道，能多大程度地改善老百姓收入问题我不敢妄言，但建立与老百姓息息相关的农贸收购市场，我势在必行。”张凯信心满满。

此外，张凯计划在凯歌超市内部增设一系列辅助功能。比如电子售票的业务、转账业务、水电气费缴纳业务等。“类似功能在一、二级城市超市中已经很普遍了，在各区县，凯歌愿意做第一个实施者。因为这将会给当地居民的生活带来极大的便利。”

目前，凯歌正和北京一家科技公司进行合作。打算建立一个信息化的网络销售平台。未来，在凯歌旗舰店里，还将建成信息化的销售专区，除了销售家居、家电外，甚至要卖汽车。这是张凯对凯歌未来的构想。未来，凯歌超市将不断地在四川省乃至全国乡镇开疆拓土。

今后，我们看到的将不仅仅是一个个便利的生活超市，更是一家集网购、家电、家居、生活等于一体的综合性红盘凯歌集团企业。

四、回报社会，慷慨捐助

成功后的张凯积极投身于光彩事业，努力回报社会。他担任渠县光彩事业理事以来，每年都要积极捐款参与光彩事业及捐资助学。2008 年汶川地震，他组织渠县副食百货行业商会及超市员工捐款捐物达 20 多万元。

张凯说："我们公司成立多年，在员工的服务方面下了很多工夫，通过这么多年的发展，我们可以说致富不忘国家，致富不忘大家，比如汶川地震灾害，我们公司也做了积极响应，我们还积极地参与光彩事业的活动，在 2016 年的脱贫攻坚活动中，投入 300 余万元在渠县天星镇合力村（贫困村）产业带动村民脱贫。"近年来，张凯个人在汶川、玉树地震，渠县洪灾、救助贫困儿童等捐款就多达 15 万余元。他告诉我们，作为商人，他觉得做这些事都是很有意义的。他觉得公司在今后的发展过程中，第一，要做到把企业做大做强，做好做上规模；第二，在企业做上规模的同时，要想到作为商人应该有的一种责任感，积极为国家分忧解难。

采访出来，在楼下一间办公室，一年过 50 岁的女管理告诉笔者，她在这里已 10 余年了。公司不仅发展速度快、服务好，而且特别注重社会形象。汶川地震、玉树地震、员工生病住院、员工子女考上大学、当地群众遭水灾和春节政府号召捐款看望困难户，凯歌都义不容辞，捐钱捐物。在员工心目中，凯歌的社会形象，就是他们的骄傲；凯歌的升级腾飞，就是他们的自豪。说着，她打开电脑，竟放起了公司的队歌《红盘凯歌超市人》："宁静探索耕耘，饱尝风雨吹打。我们铭记力量和智慧……"

这正是：

张翅奋飞新天地，凯歌嘹亮唱传奇。

好将电商连万家，人望所归创佳绩。

从下岗工到法律工作者

——记达州市第三届人大代表孙芳

人物档案

孙芳，女，1972年12月生，渠县琅琊镇三台村人。大学本科学历，2000年加入中国农工民主党。现从事法律服务及代理工作，任渠县农工民主党科技支部主委，渠县渠江镇法律服务所主任，达州市第三届人大代表。

人生有太多的美好，人生有太多的不幸。每一个美好都像一杯甜酒，每一个不幸都像一枚苦果。甜酒也许会让人沉醉，苦果也许会让人奋进。不在沉醉中睡去，能在奋进中重新上阵，人生将是一样的精彩。本文故事的主人——渠县渠江镇法律服务所主任、达州市第三届人大代表孙芳，用她的勤奋和努力演绎了一段让人为之喝彩、为之赞叹的精彩。

一、勤奋努力圆梦高校

孙芳出生在渠县农村的一个小山村，家有五兄妹，父母靠种田维持家里的生计。特别贫寒的她，从小就有一个美好的愿望，希望通过自己的努力考上大学，跳出农门。在学习上，孙芳比其他同学付出了更多的努力。家里没电，每当暮色笼罩山村的时候，她点上煤油灯，坐在床上，也要学习到深夜。白天即使放牛，也要拿上书认真阅读，甚至走在上学的路上，也要默默背诵课文，默记英语单词。就这样，功夫不负有心人，1986 年 7 月中考时，孙芳以优异的成绩考入渠县中学重点高中。那时，从农村乡镇考上渠中，是许多农家子弟的梦想。她成了琅琊中学的骄傲，成了县中学学弟学妹的榜样。老师常常在学弟学妹面前表扬孙芳，把她作为学习榜样来宣传。采访时，孙芳告诉笔者，从踏入渠县中学的大门那刻起，她就已幻想着，大学的门为她敞开着，只要努力，苦读三年后，一定能考大学，圆梦高等学府。在那三年里，她起早贪黑，勤奋学习，不懂就问，时时总结学习心得。由于家里经济原因，她无法像其他条件好的同学那样，可以买很多学习资料，她只能将每次考试试卷中的错题汇集成《疑难题集》，反复验算，做了看，看了记。功夫不负有心人，三年的心血没有白费。1989 年 7 月，孙芳以优异的成绩考入了重庆大学无线电系本科，终圆大学梦。踏进大学校园后，孙芳抱着一个目的，学习；抱着一个信念，努力。立场坚定，从不参与同学习无关的活动。对孙芳而言，四年的大学生涯，是一种经历，更是一种磨炼，在今后的学习和工作中，无论身处何时何地，无论是面对困难还是身处顺境，她做事情都踏实、认真、积极。她总结自己的大学四年，感到是那样的精彩，那样的值得回忆，是一生中最宝贵的财富。她希望将来踏上社会之后，能够尽快地适应社会，有一个不错的将来。

二、工厂破产下岗创业

1993 年，孙芳大学毕业后，被分配到四川省川东高压电器厂技术科工作。这是她人生的第一份工作，从农门到校门，从校门到厂门，这一路的艰辛，只有过来人才能品味得出其中的酸甜苦辣。

孙芳深知这份工作来之不易，她分外地珍惜。每天起早贪黑，工作兢兢业业，和工友一起研发了重合器产品，并在西安试验成功，获得国家科技产品发明奖。不久，孙芳得到厂里重用，被提拔为技术科科长。自此，她更加努力工作，希望用自己所学为国家多做贡献。在四川省川东高压电器厂工作期间，每年都被评为“先进工作者”“三八红旗手”。有道是“天有不测风云”。1999 年上半年，原单位宣布破产，孙芳和其他职工一样下了岗。一夜之间，工作就没了，孩子才 4 岁。屋漏偏逢连夜雨，老公患重病又背了一身债，一家人要开支吃饭，怎么办？从不服输的她到处借贷，在渠县县城租了一间门市开餐馆。早上 6 点就起床买菜，7 点营业。为了节约工钱，把父母请来帮忙，一个收钱，一个做内务。就这样干了一年半时间，不但还清了欠款，还有了一定的积蓄。生活刚刚有一点起色，门市租期到了，房主要将门市收回，孙芳只好关门走人，又一次失业了。

三、路就在自己脚下

面对如此困境，何去何从，如何谋业，如何生计，这对于孙芳来说，确实是道难题。她经过反复思考，决定另辟蹊径，走出一条属于自己的人生之路。这条路就在自己脚下，靠自己去闯。

孙芳下定决心，要自学法律，开始她的新追求。2000 年 12 月，孙芳毅然报名参加全国法律工作者资格考试，终于过关，取得了由四川省司法厅颁发的基层法律服务工作者职业资格证书，接着又取得了由四川省司法厅颁发了法律服务工作者执业证。次年 5 月，她被渠江镇法律服务所聘请为专职的法律服务工作者。那时，只要有时间，孙芳就学《民法》《民事诉讼法》《刑法》《刑事诉讼法》《婚姻法》等多种法律知识。在司法实践中，孙芳坚持“三个至上”，充分运用科学发展观，落实三项重点工作，发扬传统，坚定信念，全心全意为当事人排忧解难。并结合实际，充分运用法理来定纷止争，一心践行“司法为民”。每年解答法律咨询上千余人，代理民事、经济、行政案件达 100 余件。每当有当事人来咨询法律事务，她都认真听取，做好记录，然后从证据、从法律的角度，努力解答，尽量让当事人明白整个事件的缘由以及未来会预见的结果。在接受当事人委托办理的案件中，最大努力减少当事人的损失，让他们用少的钱办好的事，为他们挽回了数以万计的损失，从没收到任何人的投诉，深得群众的好评。

孙芳告诉笔者，几年前，曾经接手的原告马某身体权纠纷一案，是一个非常棘手的案子。这个案件的主要难点是法律关系不明确。孙芳走访了当地群众，细细查看了马某某受伤的现场，了解到在运输过程中，马某某上车拆篷布摔下。要按运输合同纠纷来定案由，无法让货主赔偿；按义务帮工关系定案由，上车拆篷布是运输过程中附属义务，也无法让被帮工人赔。最后在孙芳与货物老板无数次的协调下，终于从货主是受益人的角度说服了被告货老板。考虑原告受的伤为二级伤残，终生需要人护理，比较严重，最后被告给予了原告马某 16 万元的补偿。一宗无法向对方当事人索赔的案件，终于有了结果，原告对孙芳竖起了大拇指。

四、解开两兄弟数十年老“疙瘩”

渠县蔡和乡马某与哥哥在商量母亲九十大寿生日时，因为言语不和，发展为打架纠纷，致马某九级伤残。孙芳接受马某委托后，到当地派出所了解案情，听取邻居、打架时在场的人和双方当事人的陈述。弄清了事情的来龙去脉。

原来马某与哥哥从小就结下了恩怨。特别是后来各自结婚成家后，矛盾加重，双方对对方都怀恨在心，无数次找机会想收拾对方。曾经因为小事，双方吵架，发生抓扯，致马某嫂子受伤，由马某儿子赔偿马某嫂子医药费用 1 万多元。后来，因马某的哥哥赡养父亲不到位，父亲上吊结束了生命，两兄弟的矛盾进一步加深。弟弟马某认为哥哥不孝，逼得父亲寻短见，走上了不归路。后来，两兄弟谈及母亲九十大寿生日事时，哥哥找到生事机会，致弟弟马某重伤。考虑这是一个涉及家庭的特殊案件，也考虑到双方的矛盾深重，孙芳多次申请派出所出面组织双方调解，一次、二次、三次无果，后来案子在检察院起诉阶段，她又委托检察院的办案同志调解，仍然未果。因为哥哥对自己伤害弟弟致伤、致残的事实根本不认可，加之哥哥年纪大，在公安侦查阶段是取保候审。

作为农村老百姓，认为人没被公安抓起来，没采取强制措施，就不知道其所犯事已经触犯了法律，不知道其严重性。如果致伤者马某的哥哥适当地赔了受伤者马某的医药费，在检察院起诉阶段，为了化解两兄弟几十年的矛盾，加之伤害的程度为轻伤二级，且致伤者又是年岁已高的老年人，作为一个特殊案件，汇报领导，可以请求给予不起诉。但孙芳的想法终究落空，只有按照法律程序由检察院公诉到法院。在法院审判阶段，她找到了承办法官和分管领导，汇报了整个案情及个人的想法，承办法官和分管领导看完卷宗材料，认为孙芳的想法对该案的处理有利无弊，于是采纳她的意见，多次给双方做工作，但仍然无果。最后，找到了致伤者的儿女，也找来了受伤者马某的儿女，给他们交代了法律的后果以及这个案子处理的方法。在其子女的配合下，通过一个中午的调解，致伤者终于同意赔马某医药费 36 000 元，当场签订了调解协议，支付了款项，由马某哥哥写了悔过书，马某写了谅解书，撤除了对马某哥哥的刑事附带民事赔偿起诉。双方在法院办案人员和代理人的见证下握手言好，互相都说出了以前自己的不是，保证以后共同携手孝敬母亲，一起笑着走出了法院的大门。最后法院对马某哥哥免予刑事处罚判决。两兄弟数十年老“疙瘩”终于解开了。

五、被誉为“人民的好律师”

2014 年 6 月，孙芳代理一个案例，被告是一位 67 岁的老人，不是她的当事人，这位老人用摩托车载当事人，对面来的车把当事人撞伤了。这件事当事人坐在他的车上，他和车方都是被告。孙芳接手后，经了解这位老人没老伴，一个人在家，儿子在外打工，因此生活比较艰难。在该事故中，这位老人同样被撞伤，但老人不懂法律，没向法院提出解决自己受伤的各种费用的要求。孙芳就给法官提出来能不能并案处理，因为老人只有 1000 多元的医药费，将老人受伤的费用一并解决。通过协商，得到了圆满处理。这位老人十分感动。农村人善良、朴实，用背篼背了 20 多斤四季豆送给孙芳，孙芳坚决不收，最后倔不过老人，她收下了，第二天就是端午节，她为这位老人买了粽子，请他吃饭，临走时，还给了这位老人 100 元钱，这位老人十分感动，连声称赞孙芳是“人民的好律师”。

孙芳深深知道：从事法律服务工作，一定要用心、要勤奋、要敬业、要与大家交朋友，这样才能使每件事得到圆满解决，皆大欢喜。

2015 年 2 月，在涌兴镇发生一件打人事件。有几个孩子在歌厅唱歌，她的当事人也在歌厅。这几个孩子在没有经过她的当事人允许就使用了当事人的充电器。自己的东西没经过允许就被使用，当事人说了对方一句话。由于当事人头染黄发，穿的白色套装和白鞋，对方认为某打扮另类，看不惯，于是殴打当事人。通过公安局鉴定，当事人损伤程度为轻伤一级，已构成刑事案件，对方几个孩子被刑事拘留。孙芳接案后，代理民事部分赔偿，多次组织被告方家长做工作，希望适当赔偿经济、取得当事人谅解，这几个孩子就可以从轻或者减轻处罚，因为刑法上有赔偿后取得对方谅解，这就是从轻、减轻罪行的情节。孙芳连续去涌兴三次，第一次把被告方家长组织起来开会，讲了法律利害关系，怎样入手对他们有好处，由于对方当时没请律师，都觉得这个事情那么多人打的，没认定谁把当事人肾脏打伤，存在侥幸心理。第二次又去给他们讲，说如果你们不愿意调解，刑事案件要按法律程序走，逮捕，进入起诉阶段。最后有个家长终于出面请了一位律师。孙芳与这位律师交流，对方也不愿意赔偿，认为当时没监控，不知道是谁致伤的。接手这个案子，孙芳做了大量工作，对方最后赔偿了 14 万元，取得当事人谅解，几个致伤者被从轻判了 11 个月。最后大家还是握手言好。当时，当事人拿到钱眼泪都流出来了，激动地说："感谢孙律师为我们排忧解难。"

孙芳深感代理人的职责是那么重要。每当代理完一个案子或者为他们办理完法律事务，他们说声"谢谢"或者以他们简单的方式感谢时，心里会感到莫大的鼓舞，一种成就感油然而生。孙芳告诉记者："既然法律服务让我自身的价值得以体现，给我这样一个好的平台，我一定要好好珍惜。努力工作。"

近年来，孙芳多次被评为"县司法局先进工作者""达州市先进基层法律服务工作者"和"四川省优秀法律工作者"。连续被渠县农工县委评为优秀党员，被达州市委评为先进农工党员。

这正是：

孙家女儿若芝兰，芳华何惧早春寒。
好将法律作利器，人间正道花烂漫。

中国打工诗歌领军人物

——记中国作家协会会员、江苏省作家协会第五届签约作家许强

人物档案

许强，1973年生，四川渠县天星镇人，现定居苏州。先后毕业于西南财经大学、西南交通大学、河北工业大学。工商管理硕士。中国作家协会会员、江苏省作家协会第五届签约作家，曾参加《诗刊》第26届青春诗会。2001年发起创办著名民间诗报《打工诗人》，中国打工诗歌最重要的推动者之一。主编《中国打工诗歌精选》年度选本。中国打工诗歌奖发起人。中国十佳打工诗人奖发起人。诗歌发表于《诗刊》《星星诗刊》等全国100多家刊物。被新华社、《工人日报》、《文学报》、《中国青年》等全国一百多家报刊介绍。有诗作入选《中国文学大系·诗歌卷（2001—2010）》《中国最佳诗歌》《中国年度诗歌》《中国诗歌年选》《中国诗歌年鉴》《星星诗刊50年诗选》等选本。曾获苏州市精神文明建设十佳新人、苏州市十佳HR经理人等荣誉。现为苏州某上市集团公司高管。

一位哲人说过：诗人，都是心怀梦想的人。

打工诗人许强从小就有着自己的梦想。从1994年11月28日晚住进深圳宝安区沙井镇万丰村二区236号，开始打工生涯那一刻起，到现在整整21年，他不仅是一个心怀梦想的人，更是一个践行梦想的人。时光过得真快，曾经的青葱年华已逝，他也跨入中年。

2003年3月3日，许强离开了深圳，到达苏州。

虽然，离开深圳11年了，但它却在许强一生中留下了永远的回忆！

深圳留下了他一生最宝贵的年华，留下了他的整个青春！

一、那些流浪的日子

望着万丰村二区 236 号的门牌，许强心中五味杂陈：有爱，有痛，有悲伤，还有夹杂着一丝温暖的苦涩回忆——

谁也无法想到，这个出租屋与他以后写作的打工诗歌有着必然的联系。

这些储存在一个人心中的厚重苦涩，发酵着或渲染着打工诗歌的色彩。

他曾经睁大眼睛看着：隔壁蒙骗女朋友做小姐的阿三；十七岁未婚女工阿梅大年三十前在出租屋产下的无人认领的婴儿；在小街巷道调戏打工小妹的本地哑巴——

眼前呈现的一切落差，让人烦惑。因为没办暂住证，头晚到深圳，第二天一早许强就被治安队员抓走，还好表姐花 50 元钱，把他保取出来了。那时办个暂住证得花 275 元，许强正处在有上顿没下顿的艰难困境，哪来办证的钱？若不是投靠亲戚，连个暂时栖身之所也没有，唯有沦落街头。他只能睡在一栋木板楼的草席上，每个月还得缴纳 30 元的租金。这极其简陋的临时住处，成为他那段逆境中最奢侈的享受。

没有找到工作的很长一段时间里，许强整天四处逃避治安员的“逮捕”，跟巡逻队玩起了“躲猫猫”。每次出门前，他总是条件反射地探头四处张望。在他的诗歌中，几乎都有类似的恐惧后遗症。每天他靠自己用煤油炉做的两顿稀饭摄取能量，青菜都从没买过。身无分文的他深知，全凭老乡借钱度日并非长远之计。于是，他每天早出晚归，顶着 36℃的高温，为找工作终日奔波。他经常路过一家小吃馆，不禁慨叹：“哪天我能美美享受一顿 5 毛钱的馄饨，也是人生一大乐事。”

同年除夕，许强依然一贫如洗。他用煤油炉熬稀粥，刚煮到半熟就没煤油了，摸摸口袋，身无分文。看着别人杀鸡宰鱼，他透过小巷的空隙仰望苍穹，一种无端的悲凉涌上心头。一位好心的老乡递给他一张面额 10 元的钞票。那时的他已饿了 10 多个小时，接过纸币的瞬间他热泪盈眶。一次，他请了一个自称“贾老板”的人下馆子，一人一盒快餐，“贾老板”也身无分文。除夕本是阖家团圆夜，可对于漂泊他乡已是不惑之年的汉子，想起老家年迈的母亲，还有一双年幼子女，压抑难掩的“贾老板”潸然泪下。许强看到这一幕，哽咽了，他俩的就餐就在这样无语对视的氛围中持续……

冬季，寒潮侵袭，许强停下了忙碌寻工的步伐，蜷缩在空间狭小的出租屋里，一气呵成写下《在深圳流浪的日子》："走在坚硬的粤语中，我们四处碰壁头破血流/我们被冻僵的表情只有靠依偎乡音取暖""我突然感到那白花花的米粒，多像/母亲的泪水/是什么卡住了我/隐藏在我的喉咙间/鱼刺一样/使我无法驱赶""三十元月租栖居的木楼板上/出租房。煤油炉。干枯的寻工的步伐。"

残留在许强的记忆里的深圳万丰村，如南方梦魇般的浪迹。孤立无援、彷徨无助、痛苦挣扎……许强的打工诗歌是一个个真实打工人的鲜活写照。对于正在经受挫败的打工者来说，他的诗歌无疑是大家共同的精神支柱，"像地火一样，喷发出最震撼人心的力量"。

在这样的环境和际遇中，在生活的挤压下，许强写下了《流浪是一块永不愈合的伤疤》。他的思维方式在发生着剧变，投向外界的目光也在快速转移。他最终决定，为工友的命运鼓劲、呐喊。流浪了 72 天之后，许强找到了工作，在一家台资厂做人事，这难得的就业机会使他倍加珍惜。

许强用敏锐的触觉，捕捉千万打工者的拼搏，一首《铁钉》深深扎进了人们心里，犹如成千上万根钢针，刺中无数脆弱的心灵。"要拔出多少内心的痛，才能凑足一斤铁钉/要从身上拔出多少汗水，才能凑足一日三餐/一根根铁钉能走多远，一根根铁钉用民工的汗水和血泪解渴/铁钉，是生锈的哑巴，泪往心里流 ""一根根铁钉，千万根铁钉汇成大海，汇成大海一样多的民工其实每一个民工，就是一根铁钉，/我们把这个祖国的山河牢牢地钉在一起/我们自己却永远被挤压在看不见阳光的夹缝中"。

无须华丽的措辞，也不必过多的夸张和比喻。许强以一颗有着感同身受之心与打工者们彼此慰藉、彼此激励与彼此扶持。他常想："我不能保持沉默，要用我的诗记录这个时代打工族的生存处境，呈现打工一族的内心呐喊。"

他永远记得读大学时哲学老师的一句话，"道路是曲折的，前途是光明的"，这句话始终像航灯一样照亮着他那些晦暗的日子。

二、打工诗歌被记入中国文学史

准确来说，许强是从 1995 年开始从事打工诗歌的创作的。当时，他刚到深圳不久，对于环境的陌生，加上又经历了许多的艰难，打工诗歌进入了许强的血脉，从此以后再也难以剥离。当时他的打工诗歌就是在铁架床上完成的，后来用一个仓库的木箱铺上一层报纸当桌子，用车间的废工单作稿笺。就在这样的环境中，他用打工诗歌向整个世界抒发着自己的心声。

从改革开放到2000年，打工诗歌一直处在一种混沌的、散沙的状态。许强先后多次提出创办《打工诗人》报，后来在2001年春节，得到了罗德远、任明友、徐非四位打工诗友的响应。于是打工诗人自费创办了全国第一份打工诗歌报《打工诗人》，并在东莞常平镇一小作坊印刷出刊。随后不断有曾文广、沈岳明、许岚、张守刚、王家有、黄吉文、李明亮、柳冬妩、张德明、安子、张绍民、李斌平、唐以洪、吴开展、陈向炜等加入《打工诗人》编委。《打工诗人》从诞生的那一刻起，就肩负起了这一特殊时代的历史使命。它更像一面巨大的精神旗帜在中国南方的上空猎猎飘扬！将全国各地的几千名打工诗人们迅速聚集在同一面诗歌的大旗之下，全国的打工诗人们才有了共振般的齐声呐喊……。一群关注时代，关注打工者生存命运的打工诗人，义无反顾地用人格和精神力量为这个时代举起了与命运抗争的一面旗帜！为中国打工时代这一特定的文化现象留下永不磨灭的文字和记载。

《打工诗人》的诞生，得到了不少国内著名诗刊、诗人的鼓励和赞誉。至今曾在《诗刊》《星星诗刊》《诗选刊》《绿风》《诗歌月刊》《诗潮》《扬子江诗刊》《新华文摘》等全国100多家报刊进行了转载。《人民日报》《中国青年》《工人日报》等全国近百家报刊对《打工诗人》进行了全面报道及介绍。

《打工诗人》创办十年间，推出了许多的打工诗歌作者。如：郑小琼和程鹏先后参加中国作家协会《诗刊》社举办的“青春诗会”；郑小琼获得“人民文学奖”，成为2007中国最重要的文化事件之一。唐以洪获得了《中国作家》郭沫若诗歌奖，中国十大农民诗人等。先后有打工诗歌作者获得庄重文文学奖、北京文学奖、中国文联第五届文艺评论奖、冰心文学奖、中国产业工人文学大赛诗歌奖等。可以说《打工诗人》的创办，是打工诗歌史的里程碑，是全国打工诗歌作者的一次整体突围。他们以声势浩大的集体形象，迅速占领了主流媒体版面，抢夺到了自己的话语权，第一次整体发出了中国打工者自己的声音。让后来许多的打工诗歌作者从中受益，受到主流期刊的长期关注。参加青春诗会的打工作者先后有：郑小琼、程鹏、许强、陈忠村、陈德根、蓝紫、陈亮等。成为省级作家协会签约作家的有：郑小琼、柳冬妩、许强、李明亮、陈忠村、左右等。入选中华文学基金会21世纪文学之星丛书的有：李明亮、泥文等。加入中国作家协会的有：郑小琼、柳冬妩、李明亮、陈忠村、陈德根、蓝紫等。

当然，这只是大家取得的成绩的一部分。

2007年，许强主编的《1985—2005中国打工诗歌精选》由珠海出版社出版。该书全景式展现了1985—2005年的20年间最优秀的打工诗歌作品和评论。收录全国各地近百位作者，是中国第一本打工诗歌选集。之后他又主编了《2008中国打工诗歌精选》《2009—2010中国打工诗歌精选》《2011中国打工诗歌精选》《2012中国打工诗歌精选》《2013中国打工诗歌精选》《2014中国打工诗歌精选》，由长江文艺出版社出版，每年在全国各地新华书店及网上书店同时上架，并向全国各地图书馆和大学图书馆免费赠送供其永久收藏，让打工诗歌的传播范围更加宽广。可以说这样的选本，是中国改革开放最具代表性的一部精神史书，它具有极其珍贵的历史和文化价值！

在推动打工诗歌之余，许强也进行自己的诗歌创作，先后成为江苏省作家协会签约作家、参加《诗刊》第26届青春诗会，加入了中国作家协会，圆了自己多年的文学梦。

为了进一步推动全国范围内打工诗歌创作的发展。许强与中国第一打工妹，著名打工文学作家诗人安子、著名诗人评论家客人2009年共同发起 “安子·中国打工诗歌奖”，现已成功举办四届。为更好地推动打工诗歌的发展，2014年将“安子·中国打工诗歌奖”更改为每年一届的“安子·中国十佳打工诗人奖”评选，由深圳市时代青工文化服务中心和南方诗歌研究中心承办。在打工诗歌的推动上，许强花了太多的时间和精力，但想想这是一件很有价值与历史意义的事，他心中就轻松多了。

2014年，在中国诗歌流派网、《星星》诗刊社、《诗潮》杂志社、《文学报》、《语文报》等联合举办21世纪中国现代诗群流派评选中，打工诗群被评为21世纪中国最具影响力的现代诗群流派。我相信打工诗歌一定会记入中国文学史，并成为璀璨耀眼的一部分。打工诗歌是中国改革开放发展史的一部分，是中国文学史最生动、最真实的一部分。

这十多年，许强把一生最宝贵的时光交付给打工诗，从《打工诗人》《打工诗人论坛》《中国打工诗歌报》《中国打工文化报》《中国打工文化网》、“安子·中国打工诗歌奖”到“安子·中国十佳打工诗人评选”、《中国打工诗歌精选》年度选本。许强肩负着打工群体文化推动的使命和责任，他说，他们将一直走下去。

三、在苏州安居乐业

从1994年到2003年，许强先后在深圳、东莞打工近十年。他厌倦了疲惫而漂泊不定的打工生活，渴望在一个城市中安静地生活。美丽而和谐的苏州深深地吸引着他。2005年，他选择在苏州定居。在苏州，他先后被评为“苏州市精神文明建设十佳新人”“苏州市十佳HR经理人”“苏州百名文明市民标兵”“苏州百佳文明职工”等荣誉。在他打工的20年中，在深圳宝安区沙井镇，许强有了自己的妻子和女儿，女儿就在沙井镇人民医院出生。在苏州，许强又有了自己的儿子。现在儿子还小，每天下班看着儿子，许强觉得自己无比的幸福。现在，许强在一家上市集团公司做高层管理，拥有了自己能拥有的一切。他说，他要感谢苏州，给他流浪的旅途画上了一个圆满的句号。感谢苏州，给了他一个崭新而健康的生活!

诗人，都是心怀梦想的人。许强说：“感谢上苍，在赐予我磨难的同时，又赐予我享用一生的幸福。感谢上苍，让我在满足温饱的同时，还有机会做一做自己想做的梦!”

诗人的梦都是从家乡开始。诗人的梦不管走多远，家乡永远都是梦的归宿。

许强告诉笔者：“叶落归根，近期我一直在考虑何时回到生我养我的故乡——渠县!”

这正是：

许身诗坛敢言志，强笔妙文皆传神。
好评如潮四方来，人生打工多豪吟。

志坚行苦铸大成

——记浙江省乐清市柳市镇四喻电器厂总经理朱志

人物档案

朱志，1975年7月10日生，渠县巨光乡人。大专文化，现任乐清市四喻电器厂总经理。温州市四川商会副会长。

有一句话叫“长江后浪推前浪，一代更比一代强”。在采访渠县巨光老乡，现任乐清市四喻电器厂总经理的朱志时，我对这句话的理解更深了。

巨光乡位于渠县北部，距县城12.4公里。面积23平方公里。1803年设场，民国年间设八庙乡，1958年改八庙公社，1967年更名巨光公社，1984年置巨光乡。

一个偶然的机会，一位在温州市任国土局副局长的三汇镇老乡，在交谈中，知道我正在采编《宕渠儿女》（第二辑）一书，于是，很激动地向我推荐了朱志。说此人虽年轻，但经营有道，很重感情。在他的身上，洋溢着宕渠儿女的优秀品质。听罢三汇镇老乡的介绍，我怦然心动。

为此，我飞赴浙江省乐清市，专程前去采访了朱志。

一、出生稀饭县

当我第一次见到朱志时，一股钦佩之情便油然而生。

在我这个已经当爷爷的人的眼中看去，朱志那么的年轻，浑身上下充满了活力和朝气。采访这样的年轻人，连我自己都顿时感到年轻了许多。

见面时，我非常惊讶地说道："朱总，没想到，你这么年轻。"

他说他是70年代出生的。为了赶时间，我们吃完晚饭，就在宾馆里摆了起来。

1975年7月10日，朱志出生在渠县巨光乡一个农民的家里。那个时候的渠县，还背负着"稀饭县"的称号，普通农家的生活很困难。对于朱志一家，那就更是雪上加霜，生活艰难，用前几年流行的一句话说，那是相当的艰难。家中弟兄姊妹多，人多劳力少，工分挣得也少，自然分得的粮食也少。兄弟姊妹正是长身体、要读书的时候，哪一样不需要钱呀。那样的日子，只有从那个时代走过来的人，才有切身体会。

后来，虽然包产到户了，但渠县是一个人多地少的农业大县。仅仅靠那几亩田地，要翻身富起来，对于朱志一家来说，简直是天方夜谭。

朱志上学读书，品学皆优，一直是老师眼中的乖孩子。但朱志心里明白，他心中的那个大学梦，将永远是一个梦。朱志和当地许多同龄人一样，刚刚拿到一个初中文凭，就走出了校门，踏进了社会的大门。摆在他们面前的只有一条路：外出打工。

朱志刚满16岁，脸上的稚气还没有褪尽就背着铺盖卷，和同乡一起，踏上了一条漫长而又充满艰辛的打工之路。

二、打工艰辛路

朱志打工时的第一份工作，就是到江西南康县一砖厂，做砖瓦，下苦力，日晒雨淋，风里来雨里去，一干就是一年多。就那样拼死拼活地干，一年也只攒了150元。

第二年的8月初，朱志带着打工的150元钱，离开了江西南康县，几经转折，来到浙江温州。

当时，他到温州的第一份工作是做注塑工，电器开关，生产塑料壳，6 角钱 1 小时，每天工作 12 小时以上。1991 年，那时一个月才赚 200 多元，在这个厂做了 4 个月后，他又进另一个厂做仪表工，7 角钱一个小时，做了半年，他还是辞工了。当时，那家厂的老板极力挽留朱志，说他工作认真负责，希望他留下来。

在外漂泊的朱志，此时的心中只有一个字：家。

也许是还年轻的缘故，也许是离家太久的原因，朱志思乡的情绪弥漫整个身心，他心中挂念自己还远在千里之外的父母，毅然辞掉工作，匆匆回到老家，看望鬓角已经花白的父母。

朱志在家里一待就是一个多月，心中思乡的情绪终于平静了下来。

看着渐渐苍老的父母，看看依旧落后的山村，朱志知道，只有尽快出去打工，多挣一点钱，才能孝敬父母，报答二老的养育之恩。

一个月后，通过老乡介绍，他又返回温州打短工，下苦力。

这份苦力是一般人无法接受的。每天天刚蒙蒙亮，就到附近山上，抱石头装车（拖拉机），装一车石头只有 3 元钱。手掌无数次被石头磨起了血泡，血泡又被石头磨破了，这样反反复复的，直到两手长满厚厚的老茧。皮肤晒黑了，手掌变粗糙了。朱志在山上足足坚持了三个月，最多一天干过 12 车，赚了 36 元。进入夏季，又帮当地人收割稻谷，35 元一天，每天干 9 个小时，老板包吃包住。

朱志回想起这段岁月时说："那时真的很苦，自己只有一个念头，一定要为父母争口气，多赚钱回家。"

这样，到 1993 年的时候，经过一老乡介绍，朱志进了温州一电器厂做装配工，那时是做计件，装漏电开关，3 角钱一支，一个月下来，工资可挣 400 多元，就这样，一干就是两年多。1995 年开始，厂里见他表现好，工作负责，技术好，提拔他为厂里管理人，每月有定额工资 600 多元。1997 年下半年，由于朱志肯钻研，不懂就问老师，虚心学习，技术在整个厂里已算最好的。

天有不测风云。在一次工作中，他不幸胆结石病突发，到医院就诊，一问要花四五千元钱，为了治病，他在老板处借了钱，整整花了 15 000 多元钱，才把病治好。这样，又在该厂打了一年多工，才把借的药费还清。一天，他不禁想道，就这样下去，万一遇到什么急难事怎么办？朱志思索再三，决定自己出来承包干。

三、承包露锋芒

由于朱志有技术，并且熟悉这个行业，加上在工作中为人诚实，认识电器行业的很多老板。这些老板忙不过来时，需要赶货，就找朱志。朱志就抓住这一机会，决定辞职，自己单干，承包做电器开关、漏电保护器等电器产品，就这样，他一直干到2003年，通过自己多年的积累，有了一定的资金。2004年4月，曾经认识他的一位老板邀请朱志承包他的这个厂，朱志从技术、工人、采购、发货等一切都亲自负责。朱志承包了该厂后，货源特别多，也许是上天眷顾他，利润也十分可观。当时，每天手下都有80多到100名工人赶工，生产低压小型断路器，自己的产品供不应求，生意相当好。

这样，干到2007年，朱志又想了一个办法，场地都不要老板的，自己租场地，搞对外加工，把老板手里的货承包过来，自己对外加工、组装。说来也怪，当时这个厂生意不好，比如原价5元的产品，朱志就开价1元，老板找这些工人不好找，在这个行业，很多工人都听朱总的，他们中大多数都是朱志带出来的，朱志便自己租了两个车间，一个装配车间，一个包装车间，两个车间年租金还不到5000元，这样，朱志一直干到2008年。

四、办厂显身手

从小有远大抱负的朱志，总认为承包别人的活，虽然赚钱，但终究不是长久之计。通过自己这些年的拼搏，逐年积累，2009年4月，注册了乐清市四喻电器厂，主要生产低压开关、DZ47、DZ47LE、F360、漏电开关、塑壳NM/S2300/3300。一直做内销及出口，自己单独接业务，企业不断发展壮大。

朱志在经营过程中，树立先进的办厂理念，坚持规范管理。朱志认为，做好企业的思想工作，是一个企业家最基本的工作。俗话说，人心齐，泰山移。一个好的企业家，一定是一个好的思想工作者。通过坚持以身作则，不断地宣传、启发、鼓动、激励、示范和校正，引领下属将工作做得更好。只有这样，监督和检查才能顺利进行，管理和监控才能到位，才能有效减少扯皮、内耗和矛盾。 同时，作为企业家，只有亲力亲为，才能发现问题、纠正偏差、改进方案、推动执行、强化措施、落实责任、提高能力，并在提高能力的过程中不断地学习，不断地总结，在思考、分析、判断和提高中成为一个好领导和好兄长，这样企业的各项工作才能出水平、出效率、出执行力。建立合理有效的激励机制，全面激发职工的工作活力。发掘职工自我激励的能力，让职工能够做到自动地发现问题、自动地思考问题、自动地解决问题。建立一套行之有效的规章制度。制定制度的目的是保证企业有序运营、提高效率。依据国家法律法规结合本企业实际情况制定规章制度，并公布于众，使每位员工知道哪些该做，哪些不该做，做到什么标准，做好了能够得到哪些奖励，做不好会受到哪些处罚。通过规范化的制度来完善整体策略规划的实施，规范员工的行为，做到凡事有章可循，凡事有章必循，凡事有人负责，凡事有人监督。

朱志告诉我们，他的企业现在发展很好，同时，他还到省网和国网投标。我们刚到时，朱志就向我们说到，他刚中近千万元的低压产品的标，他满怀喜悦地告诉我们，他今后将不断完善，力争产品再上一个台阶，做大做强产业，使自己的企业不断走向辉煌。

五、感恩献大爱

由于朱志诚信经营，且口碑很好，业绩突出，2010 年 12 月，被温州市四川商会选为副会长。2011 年在乐清市新居民局评选活动中，他高票当选为委员。同时，在 2012 年还被邀请作为代表列席乐清市人代会（每个省在当地只有一人），朱志说：“一个人不要只顾自己，要有人情味，2009 年，重庆秀山一女工在车间要生孩子时，大出血没有钱，多亏了朱志的帮助支持，把她送到了医院，由于住院及时，这位女工的性命保住了。”在乐清市，帮助老乡排忧解难，这里的老乡遇到事情找朱志帮助，朱志从不推辞。有关资金短缺、孩子入学等问题，他都积极出面协调，提供有力帮助，使许多老乡渡过了难关。在温州，朱志很受老乡们的称赞，都说他是一个好老乡，很受大家的尊重。

朱志告诉我，一个人要会挣钱，但更要会做人。做人比挣钱更重要。做人做好了，生意才会好。

这让我想起了一句话：小商道做事，中商道做市，大商道做人。大商道做人，因为商道实质上就是人道，经商就是做人，交易就是交心。要做一个成功的商人首先就要做一个好人。先学做人，才会做事。这就是一个成功的商人和普通商人的最大区别。

我终于明白了朱志为什么能成功。这就是他成功的秘密所在。

一个人要知道感恩，要知道回报社会，回报家乡。朱志说，家乡修路他尽了一份力。汶川地震后，他捐了款。

采访快要结束时，朱志告诉我们，不久的将来，他将组建集团公司，争创自己的品牌。同时，他希望我们回去后，代问家乡父老好，还真诚地邀请家乡的领导有机会到温州做客。

此时此刻，望着雄心勃发而又正值青春的朱志，我唯有在心中默默地祝福他，祝福他的企业越办越大，越办越红火。

这正是：

朱颜丹心正青年，志坚行苦闯江南。
好与时代竟风流，人赞嘉德胜芝兰。

落日无边江不尽　此身此日更须忙

——记贝能达控股集团董事长郑小勇

人物档案

郑小勇，男，汉族，生于1977年3月，渠县锡溪乡人。北京交通大学工商管理学硕士（EMBA），中国青年企业家协会理事，共青团四川省委驻北京工作委员会书记，北京交通大学兼职教授，北京四川企业商会副会长，盘古智库智慧城市研究中心发起人，贝能达控股董事长。

2016年金秋时节，映衬在灿烂阳光下的首都北京更加美丽。

笔者再次来到祖国的政治与文化中心，到站后，来不及欣赏这里的美景，立即乘车去了北京经济技术开发区。

北京亦庄经济技术开发区是国务院批准的国家级经济技术开发区，在这里共有来自30多个国家和地区的4800多家企业投资发展，其中包括奔驰、拜耳、GE、可口可乐等在内的100余家世界500强企业，300余家高新技术企业，高新技术产业产值在全国国家级开发区中名列第一。在这里有一位来自华蓥山下、渠江河畔的宕渠儿女——郑小勇，用他的智慧和勤劳，创造了属于他的事业，创造了属于家乡人民的骄傲。

一、沐风栉雨，凭信念突围

1999 年 9 月，郑小勇从学校毕业后，被招聘到华为公司工作。两年后的 2001 年 8 月，郑小勇毅然离开华为北方分公司，另立门户，走出围城，找寻属于自己的那一片蓝天白云。他凭着从业经验与市场认知，预判了中国轨道交通未来必然有一个井喷式的发展。于是，便以一腔热血召集了几个小兄弟创建了贝能达通信技术有限公司（贝能达控股的前身）。那年他 24 岁，没有资金，没有产品，也没有可以依托的人脉关系。那时的贝能达就是一颗刚刚破土的嫩芽，任何的风吹雨打都是灭顶之灾。但郑小勇胸有成竹，躲闪着市场经济拼杀中的一个又一个风险，在夹缝中求生存，并无时无刻不激励着他的员工，与他一起在艰难的创业中展望着中国轨道交通事业的发展愿景。他与他的员工们一起高歌：不经历风雨怎能见彩虹，没有人能随随便便成功！

为了打造百年企业，在贝能达创立之初，郑小勇为公司确立了五年一个小周期的发展规划。提出第一个五年打基础，第二个五年求发展，第三个五年上台阶，第四个五年奔跨越的阶段性战略目标。

然而，创业之路，对于那些勇敢者而言，总是充满了千难万险。公司刚刚成立，就经历了几次生死攸关的考验。

2003 年的“非典”肆虐了中国大江南北，一时间北京成了“非典”的重灾区。那时的贝能达刚有了一些起色，并取得了不错的市场业绩。可是，当“非典”来袭的时候，二十余人的销售团队和几十人的后台执行队伍被迫歇业回家，导致公司业务几乎瘫痪，公司陷入了濒临倒闭的边缘。突如其来的打击，使郑小勇欲哭无泪，但伤心之余没有退路，对生存的渴望激发着他的斗志。他重新披甲上阵，当起了推销员，紧抓着任何一个可以为公司带来希冀的市场机会，艰难地支撑着公司的运转，熬过了那一段苦难岁月。

2005 年，北京贝能达通信技术有限公司的控股子公司深圳贝能达通信技术公司（深圳贝能达通信技术公司，郑小勇 2003 年投资控股，不参与经营和管理），由于大环境原因，北京公司订单锐减，深圳公司自身市场开拓不力，加之管理不善等诸多原因导致连续 3 年亏损，累计亏损额 600 余万元。600 万的亏损放到现在本来不大，但对当时的贝能达来说却是不可承受之重。供应商上门逼债，法院强制执行，一时间弄得他焦头烂额，狼狈不堪。最后他决定壮士断腕，以大股东的身份承担债务，清算深圳贝能达公司。通过与供应商无数次的协商，将债务化整为零，三万、五万、十万一点一点地支付，历经了两年之久才终于偿清。那两年的苦难日子可谓是度日如年。

2006年以来,随着高铁跨越式发展和国家大力发展城市轨道交通的政策利好,市场需求出现了井喷式增长,轻装上阵的贝能达迎来了高速发展的黄金期。业绩开始逐年翻番。

二、拨云见日，靠科技兴企

加快铁路发展，是中国保持国民经济持续快速发展的迫切要求。改革开放30多年来，中国取得了举世瞩目的发展成就，铁路作为国民经济的大动脉，在中国经济平稳较快发展中肩负着重大责任。

进入21世纪以来，中国铁路建设各项工作取得显著成绩，中国铁路进入了新的发展时期。截至当前，全国铁路营业里程达到12.4万公里，高铁运营里程达2.2万公里，居世界第一位。

“十二五”是中国铁路现代化建设的关键阶段。根据规划，到2015年，全国铁路营业里程将达到12万公里以上，其中高速铁路1.6万公里以上，西部铁路5万公里以上，复线率和电气化率分别达到50%、60%。以高速铁路为骨架、总规模5万公里的快速铁路网基本建成，总规模7万公里的区际大能力通道布局成网，繁忙干线实现客货分线运输。客货枢纽及配套设施进一步完善，建成双层集装箱运输网络，路网布局和技术结构更加合理。

城市轨道交通是城市公共交通的一个重要组成部分，包括地铁、轻轨、有轨电车和磁悬浮列车等。在中国，随着区域经济和城市群的发展，人们又把连接这些地区的城际铁路和铁路客运专线也称为轨道交通。新中国成立60年来，我国的城市轨道交通从无到有，从单一线路到网状分布，实现了跨越式发展。由于经济实力和技术水平的限制，我国的城市轨道交通建设起步较晚。在2000年之前，内地仅有北京、上海、广州3个城市拥有轨道交通线路。进入21世纪以来，随着国家经济的飞速发展和城市化进程的加快，城市轨道交通也进入大发展时期。预计到2016年前后，我国建成和在建轨道交通线路将达到158条，总里程将超过4189公里。

贝能达抓住机遇，理性分析，大胆投入，科学制定了未来发展蓝图，确立了以客服系统设备制造和核心技术开发为支撑，以铁路通信设备、客运综合信息工程为切入点，以投资参股、联合开发、资本运作为补充，以兼并重组、资源整合、结构调整和自主创新为手段的企业战略定位。

2010年，贝能达全资收购韩国觅考电子有限公司，进驻北京经济技术开发区，公司兼并重组战略走出了坚实的第一步，综合实力得到了显著增长。2014年，贝能达控股并购了北京通力盛达节能设备股份有限公司，2016年收购德国独资企业沈阳品奇巴马克交通设备能源技术有限公司，2016年发起成立徐州贝能达交通设备有限公司、四川贝能达交通设备有限公司、广东贝能达交通设备有限公司。

为了高效、科学的管理，贝能达控股将总部设在丰台总部基地，分别在北京亦庄、成都、广州、徐州、沈阳等地设立研发、生产及售后服务基地。至此，贝能达控股已拥有多个全资/控股子公司及十多处国内外办事处。历经十五年的稳健发展，贝能达控股已形成轨道交通装备制造、电信设备与节能环保、金融（产融结合）三大核心业务板块，拥有近1000名员工，其中本科学历以上人数达70%以上，从事技术研发及项目管理的人员占公司总人数50%以上。

公司先后参与了多项国家、地方以及海外的重点项目建设，如京沪、京石武、沪宁、北京南站、北京北站、北京地铁、重庆地铁、南京地铁、武汉地铁、大连地铁、长春轻轨、青岛地铁、长沙地铁、深圳地铁、南昌地铁、西安地铁以及美国、阿根廷、巴西、巴基斯坦等轨道交通项目。公司与中国中车长期保持密切合作关系，并已跻身各大车辆厂的合格供应商之列。

在不断满足客户需求，提高乘客体验价值的经营理念指导下，贝能达公司的产品线完成了从单一的旅客信息系统到整个机电设备系统的全覆盖。产品增加了乘客安全防护系统（屏蔽门系统）、自动售检票系统（AFC）、通信电源、综合监控系统以及LED节能照明工程。目前，贝能达是轨道交通信息装备制造企业（车辆A类部件装备），国家发改委城市轨道交通乘客信息系统国产化推进企业之一，国家高新技术企业，北京市政府中关村新技术新产品——首台（套）重大技术装备示范单位，北京交通大学战略合作单位。公司拥有工信部核发的计算机信息系统集成一级资质，上百项技术专利和软件著作权，随着公司的不断发展，技术的积累沉淀，公司将开发出更多具有自主知识产权的高科技产品并拥有更多的资质和专利。

人才是企业最重要的要素，基础技术研究是企业技术创新的源泉，为强化公司这方面的发展，公司与轨道交通行业的百年学府——北京交通大学建立了战略合作关系，双方在人才培养、人才引进、企业管理、基础技术研发等方面展开了广泛的合作。目前北交大已在贝能达公司设立教学实习基地，开展了轨道交通收费系统的人体生物特征识别技术的研究工作，郑小勇作为北京交通大学的兼职教授，还参与了“国家重点实验室--中国企业兼并重组研究中心”的研究工作。

贝能达控股以引领信息技术与工业设计的完美融合创新，支撑智能交通，建设智慧城市、智慧地铁为企业使命，为启迪人类智慧，实现自我，兼济天下而努力奋斗！

三、强化管理，以产业报国

郑小勇具有中国民营企业家不可或缺的优秀品质，他注重诚信、处事果断、有着坚定的意志，具有极强的宏观调控能力和风险管控能力。作为技术带头人，他带领着公司技术团队，始终走在行业的技术革新前沿。今天的贝能达已经拥有了上百项技术专利和计算机软件著作权，所有的研发成果都应用到了实际项目中，为旅客出行带来了极大的便捷和贴心的服务。

他带领公司秉承“始终创业不守业，持续创新不守旧”的企业精神，坚持“科技兴企、产业报国”的宗旨，树立“以客户为中心，以贡献者为本，长期坚持艰苦奋斗”的核心价值观。加速推进公司由劳动密集型向技术服务型转变，由专业设备提供向系统总承包转变，由分散经营向规模效益转变，打造具有知名品牌的优秀民营企业。郑小勇告诉笔者，他的企业发展壮大的诀窍就是两个词：“诚信”和“创新”。他说：“诚信关乎一个企业在市场竞争中的立业之道、兴业之本；创新是一个企业进步的灵魂、发展的动力，永葆青春的法宝。”

在诚信方面，郑小勇经过努力，建立了贝能达诚信管理体系。其一，就是牢固树立诚信是贝能达的无形资产，整合有形与无形资产，实现“双赢”发展目标。在当今社会，诚信是企业的第一品牌，是不能用金钱来计算的无形资产。作为现代企业就要充分利用各自的资源优势，积极探索整合有形与无形资产，从而实现企业的“双赢”发展目标。 其二，就是以德治企，构建以诚信为核心的企业文化体系，树立良好的品牌形象。首先，建立以诚信为基石的核心价值观。企业的各级领导和员工树立诚信的理念，认识到诚信对于企业对于个人的重要性，从而将以人为本的企业文化深化为以诚信为本。其次，贝能达企业文化中始终强调契约意识。契约本身是一种信用的象征。契约的意义在于大家的守诺和践约，约束人们做到“言必行，行必果，果必优”。其三，就是严格企业内部管理。首先，企业应保证产品质量达到标准，不仅保证产品的内在质量，而且要保证产品的外在质量，把产品质量看成贝能达的生命。其次，要做好售后服务，在体验经济时代，售后服务是取信消费者的重要一环。再次，价格要合理，在同类产品中，贝能达的产品要力争具有价格优势。其四，切实加强对贝能达全体员工的信用教育，只有全体员工都讲信用，才能构建起企业的信用。

在创新方面，郑小勇带头创新，营造了“始终创业不守业，持续创新不守旧”的创新氛围。首先，加大科技投入，提高研发能力。注重技术改造和自主创新，用科技含量高、附加值高的产品占领市场、赢得发展。其次，强化品牌创新。企业仅有一般的技术和产品远远不够，或满足于用别人的技术和牌子赚取微薄利润更不能够持续发展，必须要开发出具有知识产权、能够代表企业形象、体现企业经济实力的知名品牌，将自主创新与自主品牌紧密相连，努力在价值链高端寻求高利润，打造更多具有竞争力的自主知识产权产品和知名品牌。贝能达经过十几年的技术沉淀，拥有了自主知识产权的产品，并在行业内具有较高的知名度。其三，与高校建立人才联合培养基地，加快知识转化，打造产学研一体的创新平台。

“一分耕耘，一分收获”，正因为有了郑小勇十五年来始终如一的艰辛付出和矢志不渝的创业精神，才成就了今天的贝能达！

采访中，一位公司职工说道：“郑总是一位不可多得的技术专家型领导者，有杰出的管理才能。公司创立至今，他带领科研技术团队立足于轨道交通客运信息系统行业这一专业领域，通过多年的努力取得了多项专利技术和科研成果。他严于律己，宽以待人的作风和无私奉献的精神是企业团队拼搏和富于创造力的动力源泉。”同时，公司一位行政助理向我们讲道：“郑总有着企业家与生俱来的慈善心，用实际行动参与社会公益和慈善事业，多次捐资助学，扶贫济困，是一位有社会责任感的企业家。”

我们初次见到郑总时，他刚从湖南韶山回来不久。为纪念毛泽东同志 120 周年诞辰，2013 年中国（湖南）红色旅游文化节开幕式暨“美丽中国梦·相约韶山行”三百名企共建韶山大型主题活动刚刚在韶山落幕。中国青年企业家协会组织 300 名青年企业家奔赴韶山，为毛主席亲笔题写校名的韶山学校捐赠了电脑、建设资金、衣物、学习用品等一批物资和资金。郑小勇代表贝能达公司为韶山学校捐献了 100 台学习电脑。

郑小勇在外创业有成，却不忘家乡父老，2013 年、2015 年，郑小勇牵头捐资并协调地方财政出资，为家乡人民先后共修建了 8.5 公里水泥路，结束了世世代代不通公路的历史，解决了相亲们出行难的老大难问题，为他们脱贫致富创造了条件。

“饮水思源，爱国荣校”。郑小勇作为北京交大经管学院 EMBA 十一期学生，为回馈母校、支持北京交通大学教育事业的发展，2014 年，郑小勇捐赠人民币一百万元，在经管学院设立“贝能达教育基金”，用于奖励优秀骨干教师，资助品学兼优学生，支持经管学院人才培养和科学研究工作等。

为了响应《国家新型城镇化规划（2014—2020）》，指导全国城镇化发展的顶层设计，推进智慧城市建设，统筹城市发展的物质资源、信息资源和智力资源，推动物联网、云计算、大数据等新一代信息技术的创新应用，实现先进技术与城市经济社会化深度融合，郑小勇通过“中国民间第一智库——盘古智库”，发起成立了“盘古智库智慧城市研究中心”，并带头为研究中心捐献了人民币一百万元，用于研究中心的调研费用。

2015 年，郑小勇被任命为共青团四川省委驻京团工委书记，在四川团省委的领导下及北京市团委指导下负责在京川籍青年的团建工作，为来京的广大川籍青年提供咨询、辅导、帮助就业，带领他们组织各种有意义的团建活动，传播正能量，让广大川籍青年们感受来自家乡亲人的关怀。2015 年暑假期间，四川阆中市团委举办“乡村中国梦”活动，组织了全市各中小学校品学兼优的学生四十余人，从阆中来到首都北京参观体验。郑小勇特意抽出一天时间把孩子们请到公司，并亲自带领孩子们参观贝能达科技园区，走进办公室、车间，开放了地铁信息服务系统演示线，请公司的技术专家给孩子们进行生动讲解，并让孩子们亲手操作体验系统功能，还与孩子们分享他创业的光辉岁月，和孩子们一起包饺子，共同享受了一场别开生面的饺子宴。

美丽的家乡渠县让人感到十分亲切和难忘。郑总说：“我很小的时候经常听爷爷讲渠县东门、北门等地的许多传说故事和一些激动人心的神话，催人奋进，至今难忘。最后，郑总对家乡寄语了无限希望，家乡今后应怎样发展、如何打造“印象渠县”等提出了许多耳目一新的建议。

在郑总的办公室里，温柔的灯光照在大厅。杯子里的茶水有些清淡了，郑小勇端起茶杯，呷了一口茶水，继续说道：“我们在外渠县人士对这届县委县政府领导班子寄予厚望，特别是县委书记苟小莉同志在党代会上提出，在未来五年为渠县人民办 10 件大事，这很切合渠县的实际，充分说明县委领导是一心一意为人民服务谋福祉的，心里时刻是想着渠县、装着人民的。思路决定出路、不空谈，不唯虚，只唯实。我们十分拥护这届领导班子，这是我的心里话。若不然，他们做一个太平官，又何尝不可，何必还要劳心费神，为渠县办十件大事呢？”

最近，听家乡来客说：“苟书记所说的 10 件大事，有些都已落实到行动上，正在紧锣密鼓地实施，全县人民心里都十分高兴。试想，随着人民生活水平的提高，这 10 件大事办成后，渠县就真的不一样了。就真的大变样了！”

他还表示，诚挚邀请县上的领导和乡村干部到公司做客，有机会他将整合中国青年企业家协会这个平台资源，组织青年企业家到渠县考察投资，为家乡的建设出力。

这就是优秀的宕渠儿女郑小勇，家乡、乡情、乡亲是他永远的牵挂。在贝能达公司采访，我们强烈地感受到郑总的那份对家乡的热爱，和对故土的那份浓浓的乡情。

而今，贝能达控股，已基本实现了前三个五年的发展预期，下一个五年规划，将是贝能达控股转型升级，高速发展的关键时期。郑小勇正率领着全体贝能达人，向着更加高远的目标奋勇前进。我们坚信，在未来相当长的一个时期，贝能达，中国轨道交通装备制造行业中这颗闪耀的明星，将更加璀璨夺目。

这正是：

郑君慧眼破围城，小试牛刀展才能。
勇向峰顶立红旗，好景凭栏再攀登！

一个“打工妹”的圆梦之旅

——访青年女作家陈之秀

人物档案

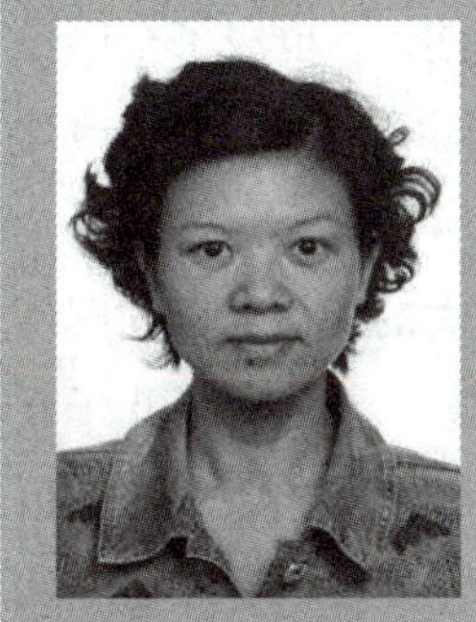

陈之秀，1977年8月出生于四川省渠县贵福镇东山村一个农民家庭，初中毕业后在镇上开了一家理发店，后去兰州、成都打工，卖过保健品、开过理发店；送过报纸、当过“枪手”（不署名给老板写自传）；编过学生书稿。她先后在《优尚生活》杂志、《华西都市报》《四川农村》杂志任编辑，2007年到北京主编《火花》杂志，后去《中华新闻报》、《商品与质量》周刊、《保健时报》任编辑、新闻中心副主任，现为中国食品杂志社《食品界》杂志编辑、记者。并为中国报告文学学会、中国传记文学学会和四川省作家协会会员。

一、自强成为她发奋读书的动力

1977年8月，陈之秀出生于四川省渠县一个普通农民家庭。那时，还是农业生产合作社时期，生产力水平十分低下，农民生活还很贫困，而她家又是生产队中最贫困的一户，生活非常艰辛。她的童年清苦而饥馑：她偷拿过供奉在土地庙中的零钱去买糖吃；亲戚家的柑子还没成熟，她就整天在树下张望；邻居家打了农药的桃子，她急急地吞进肚里，以至于被邻居发现后给她灌肥皂水洗肠……尤其使她难忘的是，因为她家没有男孩，曾在她四岁多时的一天上午，家里突然来了个陌生的叔叔，父母打算把她送给对方以换回一个男孩。她闻讯后吓得躲进自家的猪圈，连父亲喊她吃午饭也不出来。在父亲的连哄带骗中，最后走出猪圈，来到灶屋里，却又被滚烫的开水烫伤了左手胳膊，最后对方就不想要她了，她才躲过一劫。这件往事给她的心灵造成了极大的伤害，她想，谁说女孩不如男？她暗暗在心里发誓，长大后一定要超过村里所有的同龄人，让父母没有后顾之忧，这也成为她后来发奋读书的动力。因为她知道，只有靠优异的学习成绩，才能跳出“农”门，做一个城里人。就这样，凭着自己的努力，她以优异的学习成绩，考上了初中。只是由于当地的师资条件很差，家里没有钱，也没有门路送她上职高，初中毕业后，她就走上了社会，开始了她的寻梦之旅。

“我以前一直不明白，为什么在农村，家里生的全是女儿，会被别人看不起。我要证明自己，不比男孩差!”陈之秀暗暗在心里发誓，长大后一定要让父母为她而骄傲。今天，陈之秀做到了，她成为当地少有的女作家。随着她作品的不断问世，越来越多的人知道了她，不仅在当地传为佳话，也成了全国比较有影响力的作家，多家媒体报道了她的事迹。而她的父母，也因为她，改变了日出而作日入而息的生活。

“随着知识与阅历的增加，我终于找到了那个重男轻女的根源，也理解了父母。”陈之秀说，中国自古以来一直存在养儿防老的观念。家里有了儿子，父母才觉得有了靠山，而女儿终究是要嫁人的，嫁出去的女儿泼出去的水，以后也就是别人家的人了。父母是担心以后没人养老，所以才想换个儿子的。我的父母要是当年知道我有今天，一定不会有那种愚昧的想法。

二、阅读打开她心灵的窗口

“读书，打开了我心灵的窗户。读书给我带来的感觉，是只有把自己扔进书里，才感觉世界是宁静的。”陈之秀说，由于生怕被抱走的恐惧，常常有种不安在心底。自从识字后，只要有书她就看，也想到什么写什么，是那种心与心的对话。但我更多的是希望自己快点长大，然后离开这个地方。

偏远山区的农村，教学条件非常差。在陈之秀的印象中，学校的教室千疮百孔，下雨时漏雨，根本无法上课，就是这样的教室还是借用的村民空置的破房子。中考落榜，陈之秀便走上了社会。由于不满十六岁，外出打工没有身份证，因此，父母让她在乡镇上跟一个师傅学理发的手艺。

那时的农村有一句话叫“天旱饿不死手艺人”。因此，她仅用三个月的时间就出了师，并向母亲借了 1000 多元钱，自立门户开了理发店，很快就还清了借款。但她始终认为，老家的舞台实在太小，一年后，便关掉理发店，跟随亲戚到兰州打工，在商场当服务员站柜台。没有经过培训的陈之秀，由于不懂商场的规章制度，在上班期间，因为好奇，试踩了一下邻近体育专柜地下的滑板，被商场的经理逮住了，当即被开除。无奈自立门户，在另外一家商场里租下了一个柜台，自己既当老板也当服务员。

就在这时，父母觉得还是应该让陈之秀继续上学，于是托人找关系，找到了成都郊区的一所技术学校。然后，写信让她从兰州回家，去那所学校上学。面对这来之不易的上学机会，陈之秀兴奋不已。她撤掉柜台，退完货，买了一张硬座火车票就回到家。到家后，母亲对她说，你先去读书，等你毕业后，有了工作，挣了钱再还我们学费。陈之秀一听，心想，这样算下来，学费、生活费就好几万元。自己手里又没多少钱，要是去上学，还得欠父母的债。她权衡了一下，决定放弃这次上学的机会。于是，再次流浪到了都市中。这次，她去了成都。

为了生存，陈之秀重操旧业，在成都一家商场设立了保健品专柜，依然是老板服务员一肩挑。除了晚上去参加自考的学习，其他业余时间，她都用在看书、写作上。

1996 年夏，她与一个同学约好，在成都一家商场门口见面，但当她乘坐的公交车到站时，车子没停就开了门，站在门边的她仰面朝天地被重重摔下车去。司机没有停车，把车开走了。她感到天旋地转，躺在地上，半晌才挣扎着爬起来，用手一摸后脑，发现头骨凹进去一大块。为了不失约，她坚持走到那家商场门口，可约她的那个同学早已走了。为了减轻剧烈的头痛，她来到商场旁边的一家书报摊旁，随手拿起一本杂志翻阅起来，无意间在刊物上看到了一则全国青年爱情诗歌大赛的征稿，于是即兴写了一首诗《无题》，然后按照刊物上面的通信地址寄了出去。没想到，几个月后，不仅这首诗被收入文集出版，而且还获了奖。只是因为她的名字是手写的，编辑把“之”字看成了“元”字，于是作者“陈之秀”变成了“陈元秀”，但这次的“意外收获”让她兴奋不已，她立即写信告诉远在家乡的父母，将这份快乐与他们分享。

但是，作品获奖并没有改变她的生活状况。然而，随着医疗体制改革，买保健品不能在医保中报销，生意逐渐不好做了。她很茫然，不知道自己下一步该做什么。这时，她选择了再次开理发店，她开的理发店成了街头巷尾一道靓丽的风景，因为理发店的招牌“小陈发屋”就是她自己用毛笔蘸着金粉写的。

百无聊赖的时候，陈之秀翻箱子找东西，突然看到了一个笔友曾经的来信，问她是否还在写作，这点燃了她重新写作的热情。于是，她在不足十平米的店铺里摆上了一台电脑，有顾客理发时就理发，没有顾客时，就坐在电脑前看书写作。因为她深知，如果靠写作养活自己，根本不现实。但同时也要知道，十多年前，电脑还不像现在这样普及，但却因此改变了她的命运。

三、师友帮助使她走上文学之路

陈之秀就这样默默地工作与生活着。万万没想到，她的行为已经引起了新闻记者的注意，《天府早报》率先刊登了《女理发师激情写诗》的文章。接着，成都人民广播电台“健康之声”栏目的编辑卢羽专门为她做了一期节目《平凡人生》。有了媒体的关注，陈之秀店里的生意越来越好，同时，也引起了其他文学爱好者的关注。他们或到小陈发屋理发，或者与她交流文学创作。其中，有一位顾客吴明强就是看到媒体报道后找去的。他既是位文学爱好者，也是一位作家。他看了陈之秀写的文字后说，“干脆我给你推荐一个文化公司吧，他们专门做小说的”。

在吴明强的引荐下，陈之秀认识了文化公司总经理贾西贝。贾西贝看了她带去的文章，说文笔不错，这样吧，你喜欢写哪方面的小说，我跟你约个长篇小说的书稿，20 万字左右。随即，支付了定金。这是陈之秀第一次靠写小说挣稿费，虽然定金给得不多，但对于她来说，却非常有意义。

在接下来的时间里，陈之秀的空余时间都用在了这本小说的创作上，晚上更是她写作的大好时光。同时，每次陈之秀与贾西贝见面，贾西贝都会给她准备不少适合她读的小说。三个月后，她按照规定的期限交了书稿，贾西贝对书稿提出了修改意见。后来，又介绍有经验的作家冉云飞给她审读。冉云飞通过两个星期的认真修改，对写得好的地方给予了肯定，对不足的地方也做了标记。这样，她很快就掌握了长篇小说创作的规律。

为了试探自己的小说是否有读者看，2006 年，陈之秀在新浪网推出第一部 20 万字的长篇小说《成都，一个少妇的故事》，短短几天，阅读点击量便超过百万，在网友中引起强烈反响。这也引起了其他文化公司的兴趣。他们主动找到陈之秀，希望能出版她的小说。陈之秀将这件事情告知了贾西贝，贾西贝说，只要你的书能出版就是好事，再说，他们的稿费也给得高，还是选择他们吧。

有了师友们的帮助，陈之秀的写作水平不断提高。一些文化公司开始找她约稿，编辑一些学生读物，更有一些老板找她代笔写自传。随着约稿的增多，她关闭了理发店，一门心思当起了自由撰稿人。这段时间，她是充实而快乐的，直到有一天，有人说，你这不就是当“枪手”吗？对于这段“枪手”的经历，陈之秀十分坦然，正是这样的经历，让她的文字水平有所提高，她非常感谢那段日子。

这时，她认识了著名边塞诗人杨牧老师。杨老师建议她，应该去媒体发展。抱着试试看的心态，陈之秀去了一个新创刊的媒体。几个月的时间里，由于刊号迟迟无法落实，她决定辞职。后来，她看到成都《华西都市报》农品专刊在招聘，便应聘到了《华西都市报》，但那里快节奏、高强度的工作，让自由惯了的陈之秀有些不适应，工作三个月后，她又去了《四川农村》杂志。

她常说，我能有今天的一点成绩，离不开那些真心帮助过我的老师和朋友们。在这些“贵人”中，既有著名老作家马识途、著名边塞诗人杨牧、著名评论家冉云飞等，还有李同宗、贾西贝等文学前辈。她清楚地记得，当她第一次去见马识途时，马老问，“你想采访我什么？”她说，“我不知道采访您什么。”但马老却亲切地让她坐下，向她谈了对年轻作者的殷切希望，以及如何写作，写作应该注意些什么，一个作家成功需要具备哪些条件等，最后还给她拟就了《马识途对青年作家说了些什么》的标题。后来，马老为了鼓励她，还亲笔为她写了“奋进”的题词，使她感受到老一辈作家对年轻人的厚爱。

四、出川进京，她的事业更上一层楼

杂志社的工作，她还是很喜欢的，不紧不慢的工作节奏也非常适合她。然而，一个意外的见面却打破了她原本稳定的生活。

2007 年夏，《火花》杂志的主编到成都出差，通过朋友引荐，陈之秀与他相识。在沟通后，他希望陈之秀到北京，到他的杂志社发展，并承诺，如果对工作不满意，来回费用由单位报销。经过权衡，陈之秀决定“北漂”。2007 年底，陈之秀来到了北京。

北京给了陈之秀事业发展更大的平台。在《火花》杂志工作近一年后，陈之秀决定换一个单位，既不要工作强度大太，又能发挥自己的特长。为此，她先后换了几家媒体，比如《中华新闻报》《商品与质量周刊》《保健时报》等。其实，单位的领导待她都很好，只因上班太远，加上晕车，所以她决定离职，找到现在的工作单位，她认为是最满意的。

工作之余，陈之秀不光在博客、微博、微信上写了大量文章，同时还写诗歌、散文以及大部头的长篇小说。诗歌、散文、小说被收入多种文集，不少文章在《赤子》《中国老年》《火花》《中国纪实》《中国铁路地理》《健康大视野》《青春期健康》《食品界》《楚天文学》等杂志以及《中国中学生报》《国防时报》《华西都市报》等报刊发表，还有文章被《光明网》《文摘报》《广州文摘报》《党政论坛》《保健养生指南》等主流媒体转载。2008 年她出版了长篇小说《成都情史》《我能不能复活》。2015 年 10 月，她的第三部长篇小说《黑夜的眼睛》由中国文联出版社出版发行。

特别值得一提的是，2013 年，《黑夜的眼睛》一书的电子版曾被不法分子从作者的邮箱中盗走，而后假冒中国文联出版社的名义印刷，非法发行长达一年之久。2014 年 6 月，陕西省商洛地区公安机关在“扫黄打非”中发现了这本盗版书，严加追查，终于抓获了犯罪分子殷某。提起自己写的书还没出版就被盗一事，陈之秀笑称，说明自己还有点利用价值。

《黑夜的眼睛》出版后，在北京王府井新华书店举行了新书发布会，在社会上引起了强烈的反响，全国有五六十家媒体对她的作品和创作进行了报道，其中包括《文化月刊》《民生周刊》《廊坊日报》《达州晚报》及中青在线、中国网、凤凰网、今日头条、时代传媒、人民论坛、国际商网、中国报业网、财经网、经济与法新闻周刊、新浪、搜狐等。

2016 年 11 月，她的第四部长篇小说《走向都市的女人》又由新华出版社重点立项出版。之后，《神州》杂志、《当代工人》杂志、《广西工人报》《贵州都市报》《三秦都市报》《石景山报》等主流媒体对她进行了报道。北京人民广播电台《人物空间》栏目还对她做了两期专访，腾讯视频也做了一期直播节目。

五、写作给了她无穷的快乐与满足

“只有把自己埋在文字中，才感觉世界无穷大；书与文字像一对恋人，相互吸引又彼此分离，而我就是那个多情的人，既爱读书，又爱文字。”陈之秀写作的灵感源于生活，而灵感又是对艰苦奋斗的人的奖赏。她每天在上班的路上或者下班的路上看书。晚上吃过饭后，便是她的创作时间。对于一个搞文字创作的人来说，感情通常是丰富的、思维是活跃的。

回顾自己走过的道路，陈之秀深深体会到，一个人特别是一个女人决不能把希望寄托在父母和家庭上。因为，一个人无法选择自己的父母，但可以选择自己的人生。只要坚持自己的梦想，并通过不懈的努力，善于向身边的老师和朋友学习，懂得感恩，做到自尊、自爱、自立、自强，就能赢得人们的尊重，得到社会的认可，取得真正的成功。

这正是：

陈家女儿有志气，之字路上斩荆棘。
秀质妙笔撰雄文，好似珠玑耀天地。

宕渠春色一枝梅

——记四川/深圳市光亚塑胶电子有限公司董事长谭江梅

人物档案

谭江梅，1978年1月生，渠县锡溪乡人。大学学历，MBA在读，现任深圳市光亚塑胶有限公司董事长，深圳市盈万科技有限公司董事长，深圳市瑞茂科技有限公司董事长。四川光亚塑胶电子有限公司董事长。渠县政协委员，渠县工商联（商会）副主席、副会长。

采访谭江梅，是因为县上一位领导对我讲，深圳有位女老板，事业做得非常好，她乡情浓郁，回到家乡办厂，并且知恩图报，始终不忘这片生养她的宕渠土地。还为社会和家乡做了不少好事。写宕渠儿女，就要多多宣传像谭江梅这样的企业家，她不愧为我们渠县优秀的宕渠儿女。

2015年上半年，我外出采访回来后，几次相约，都因她在深圳出差，她确实很忙。但她十分谦逊，每次都致歉。当年的国庆后，我们再次相约，她在电话里对我讲，办公室人太多，我们干脆到茶楼摆下吧！

坐在眼前的女士，微卷的长发，瓜子脸小巧精致，但眉眼中却透着英气，她就是深圳市光亚塑胶电子有限公司的董事长谭江梅。相对于大多数人的人生旅程来说，谭江梅选择了一条少有人走的路——创业，并且真正做到了巾帼不让须眉。

我一边品着茶，一边听谭江梅讲她的学习、工作，以及创业路上的辉煌。

一、南国闯出新天地

谭江梅出生在渠县锡溪乡民胜村，从小学到大学，她都是一个学习很用功的女孩。她给我的印象是做任何事都必须力求最好。她向我说道，“一个人一定要好学上进，一定要有理想，有追求。不要怕吃苦，不是有句‘不吃苦中苦，难为世上人’的话吗？通过打拼，方觉得这句话千真万确。”

谭江梅大学毕业后，为实现自己的梦想，南下创业。人生的第一份工作，就是在深圳市一家材料企业做市场销售。每天开发客户，与客户一起开发产品，研究产品结构。由于刚出校门，就来到深圳这个车水马龙、高楼林立的大都市，没有特长，更没有专车，她经常是早上出门坐公交，深夜才回家。有时夜晚 2 点多钟才吃夜饭。她说，那时非常辛苦，起早贪黑，洗脸时鼻孔里全是灰尘。可特别要强的她，抱着“不干出名堂，绝不返乡”的坚毅决心，在这个充满梦幻般的城市里留了下来。采访时，她向我讲道，她刚刚到深圳企业应聘，老板说要招熟练工，可谭江梅信心满满地对老板讲，“不一定非要熟手，如果用了我，我一样会干出成绩。”老板见不到 20 岁的她，这么自信，这么有决心。就给了她一次机会，试用市场销售，底薪 1000 多元，加提成。人小志大的她，熟知笨鸟先飞的道理，别人在休息，她在工作。最累的时候，一天要见四五个客户。每天 7 点多钟出发，深夜才回到出租屋。她所在的企业主要是做电子开关、电脑电视机外壳材料，以及电表外壳材料的。由于谭江梅工作勤奋，业绩突出，三个月就被该公司任命为销售经理。她带领 20 多人的销售团队，按片区分配销售任务，管理和督促完成销售计划。她事事带头，要求别人做到的，自己首先做到。以前，这个部门最多完成 7000 多万元，谭江梅任经理后，带领团队攻坚克难，扎实工作，销售业绩达到两亿多元。创造了该公司销售业绩之最，为公司创造了财富，谭江梅也因销售业绩好而成了该企业响当当的人物。

从小心中就想要做出一番成绩的她，2000 年 6 月，在亲朋好友的帮助下，成立了深圳市光亚塑胶电子有限公司，专门代理通用塑料，成了美国伟创力、三星、索尼等品牌的供货商。业绩很不错，不到半年时间就打开了销售局面。同时，招聘优秀人才，成立了自己的团队。企业的主要客户是国内大型企业。为此，她领导团队不断研发新产品，开发高端新材料，用于代替国外进口材料，为客户降低了成本。公司成立后，以高品质的产品、最优惠的价格迅速抢占了国内大型企业市场订单，为华为、联想、比亚迪等企业供货，业务遍及通讯、电子、电器、家电等行业，企业由小到大，由建厂之初的 40 多人，逐步发展到现在的 150 多人，产品远销台湾、香港以及东南亚等地。在工作中，谭江梅十分重视优秀人才，并且还把优秀员工吸收为公司股东，以底薪加销售提成的方式激励员工，建立了一整套激励机制，企业不断发展壮大，由开始的几千万元，发展到现在 8 个多亿的企业产值。在经营中，谭江梅不仅以优惠价格、高品质的产品回馈客户，还与客户同舟共济，有的客户资金短缺，周转困难，她都力所能及地提供帮助，同意客户延长时间付款。这样，留住了许多客户，与她也形成了战略合作伙伴关系，有的企业成了 10 多年的老客户。谭江梅的企业经营越来越好。

回忆最困难的时候，曾经向几乎所有的朋友都借贷了，至今谭江梅仍十分感激，“你二十多岁创业，一般人不会相信你能成功，万一失败了，我给你的钱可是一家人多年辛辛苦苦存的钱，但他们最后都愿意选择相信我。”

这份信任感，更多源自她身上散发的正能量和个人魅力。“一个人积极向上，能给身边的人带来正能量，自然就会有人气，人脉就会聚集到你身边，人家愿意相信你，存有这份信任感，互相能感受到、体会到、提取到对方积极向上的东西”，谭江梅总结道。

目前，深圳市光亚塑胶电子有限公司位于深圳市光明新区银朗工业区，占地 10 000 余平方米，是一家专业从事塑胶改性的开发、生产与销售的大型公司。经过多年努力，公司现已通过 ISO9001 质量体系认证和 ISO14000 环境管理体系认证，产品已经通过 SGS 绿色安全环保认证和 UL 防火性能认证，公司生产的改性工程塑胶原料年产量 12 万吨！公司主要产品有：PC，PC/ABS，PPO，PBT，NYLON，PPS，LCP 等复合工程塑胶，产品供不应求。

公司不断创新，追求完美。现已建立起完善的品质管理体系，拥有雄厚的技术开发能力和精湛的配色技术。公司秉承客户至上，品质第一的经营理念，为客户量身定做出优质的工程塑料产品。

公司自成立以来，依托自身拥有改性工厂的优势，不断拓宽合作渠道，与国内外众多工程塑料供货商保持着良好的关系，业务发展迅速。公司秉承“忠于伙伴，共创增值链，共享价值”的理念，本着“诚信、互赢”的宗旨，创造并与客户分享优秀的解决方案，在互惠、互利、互信的基础上开展长期合作，在众多客户中已形成自己独有的经营风格，并树立起良好的口碑。紧接着，2002年，谭江梅创办了深圳市盈万科技有限公司，2003年创办了深圳瑞茂科技有限公司，谭江梅将理想变成现实，成了名副其实的大老板。

二、宕渠情深乡情浓

“我不到20岁就辗转于东莞、深圳打拼，说老实话，刚到外地想家，困难的时候想家，事业有成的时候还是想家，逢年过节时更是想家，谁不爱家乡呢？伟人都有故乡情，何况我们干企业的人呢？”采访时，谭江梅说道。有时夜晚做梦，好像在家乡的田野上，在池塘边，在院坝里，与儿时的玩伴嬉闹、追逐，开心得不得了。家乡始终是谭江梅的牵挂，她总想为养育了的宕渠大地做点什么事。

2012年4月，谭江梅回到渠县，在县委、县政府的大力支持下，在渠县工业园区，总投资1.2亿元，占地80亩，成立了四川光亚塑胶电子有限公司，引进国内外先进技术生产线32条，年产量10万吨，产值10亿元。打造我国西南规模最大，技术最权威，产品最齐全的改性高分子材料生产基地，解决家乡100多人就业。所生产的改性塑胶，是汽车、家电、电子产品的上游配套企业的原材料，建筑面积5万平方米，年产量8万吨，年产值10亿元。一期工程完成原料仓库、半成品仓库、成品仓库、二个抽粮车间、办公大楼等。一期工程于2013年3月中旬投产，现有16条国内先进技术生产线。2014年实现产量9000吨，产值1.1亿元，并与四川大学高分子学院建立联合研发生产基地。2014年顺利通过国际汽车行业ISOITS16949：2009质量管理体系认证。“光亚”品牌在塑胶行业已树起一面旗帜。已成为北汽银翔，柳州五菱、长安集团等大型汽车厂家指定供应商。公司拟定通过“新三板”上市。目前光亚集团旗下的“深圳光亚塑胶”“深圳盈万科技”“深圳瑞茂科技新材料”已成为珠江三角洲的改性高分子材料销售商，光亚牌塑胶粒子荣获“深圳市名牌产品”。谭江梅荣获“深圳市优秀青年创业奖”，2013年，当选为渠县政协委员，渠县工商联（商会）副主席，副会长，四川光亚荣获“渠县优秀民营企业”。

2014年“七一”前夕，该公司还成立党支部，并时常开展活动，使流动党员有了家的感觉。

三、一片爱心在玉壶

一路走来，企业兴旺发达，更重要的一点是，谭江梅是带着感情办企业，她对职工充满爱，时刻把员工的冷暖挂心上。笔者到该公司座谈，听一位员工跟我讲，有位员工生病住院没有床位，她知道后直接出面协调；有位员工家的房屋被大风刮倒了，她主动与有关部门衔接，促使事件圆满解决。每月公司都要组织员工聚一次餐，方便大家联络感情。每年春节都要召开联欢会，大家欢聚一堂，载歌载舞，热闹非凡。抽奖品，发红包，其乐融融。谭江梅时刻想着职工，职工以厂为家，公司也成了职工的依靠。

有钱能证明什么，钱再多还不就那么回事，关键是有没有爱心。这些年来，无论是在深圳创业还是返乡发展，谭江梅都积极投身于当地公益事业，传播社会正能量。我们来看一组数字，2006 年 8 月，深圳市妇联，市团委组织的“向革命老区捐资助学活动”，她代表深圳光亚公司捐款 4 万元，棉被 50 床，书包 200 个。2008 年 5 月，汶川大地震，她个人捐款 5 万元，并在光亚组织员工捐款捐物。

2011 年 9 月 18 日，渠县遭受了百年一遇的特大洪灾，她第一时间捐款 2 万元。同时，为了帮助锡溪乡中心校渡过难关，谭江梅还捐助电脑 20 台。2014 年 9 月，为渠县锡溪乡民胜村老年活动室捐款 5000 元。

事业有成，谭江梅的追求依然是那么简单、那么执着。不断地学习，不断地进步，是她人生的主基调。她说：“我几乎没有什么应酬，既不唱歌，也不玩夜生活。我们公司有一个副总，主要负责这一块，我就比较少去处理这些，而更多的是考虑战略上的事情。”谭江梅的生活其实很简单，下班后的休闲以看书为主，喜欢看一些管理类的书，以及周刊杂志，如《时代》《凤凰周刊》《看天下》等。

“我也没当看书是学习，在我看来，看书也是一种休闲。”她说得谦逊，但笔者仍可从中看出她勇往直前的进取精神。近年来，她已从清华大学的研究生班毕业，为已经初具规模的企业寻求突破性发展！

有志者事竟成。采访归来，总结今天的谭江梅，重要的不是她办了多少公司开了多少厂，而谭江梅是一个胸有抱负、有理想的人，勤奋、敬业，巾帼不让须眉。她的敬业精神，她办企业的卓越远见，真是值得渠县儿女学习，我们衷心祝愿谭江梅的事业更加灿烂辉煌。

这正是：

谭说人生胜须眉，江山万里震春雷。
梅花一枝清香来，好教乾坤皆翠微。

文坛玫瑰

——访西藏作家协会会员、四川散文学会会员廖维

人物档案

廖维，女，1981年8月生，渠县渠北乡前锋村人。中共党员，大学函授本科学历。笔名陌上千禾、千禾、秋天的童话、朵妙儿。现居拉萨，在政府机关工作。鲁迅文学院第五届西南青年作家班学员，西藏作家协会会员、四川散文学会会员、四川省成都市龙泉驿区作家协会会员、四川闪小说会员。著有诗集、散文集《醉心镜梦》《西藏蓝色的隐喻》。作品散见《星星诗刊》《绿风诗刊》《四川诗歌》《西藏文学》《大巴山诗刊》等。2017年，其作品入选《中国当代诗人代表作名录》。

认识廖维，缘于我们有一个共同的家乡——渠县，还有她在布达拉宫广场前朗诵的诗歌，初听起来，有点心灵鸡汤的味道。她在微信圈里留下这样的座右铭：闲暇时，喜欢读点书，懂点理；结点缘，悟点道；交点友，知点心；写点字，释点情。

正是这种带有小资情调的语言，我们有了第一次见面和聊天。

一、追梦踏上去西藏的路

1981年8月，廖维出生在渠县渠北乡前锋村（现在的流江村）二组。1999年，她义无反顾去了西藏。

廖维的父亲曾是一名西藏军人，不时讲些扎木的人和事，这给了她一些人

生启迪，也在她的心灵里播下了“西藏”的种子。后来，她听历史老师讲西藏的文化，文成公主是藏传佛教中绿度母的化身。说她辞别父母、家乡，离开长安，跋山涉水，不避艰险，带着使命，舍弃自己，远嫁高寒缺氧的吐蕃，增进了汉藏两族人民的友谊。

廖维的老师不仅讲文成公主，还讲很多藏族的习俗与藏地的神秘，这些都深深地吸引着她。1999 年，她得知同乡人从西藏回来过春节，特地前去拜访，要求带她一同前往西藏，对方答应后，父母很是舍不得她远走他乡，可年轻的她带着追梦的心，踏上了去西藏的路。

2000 年，廖维参加西藏林芝市的招工考试，有幸被扶贫办录用。她后来去了扎木，不禁哑然，扎木原是西藏的一个镇，仅有一条街道，川藏公路贯穿整个街道。“天啊，这不就是冥冥之中注定我要去西藏的原因吧！在藏生活过多年的人都会说，西藏很多东西无法解释，我也不例外！”

2003 年，廖维顺利考入四川经济管理学院脱产学习。离别家乡四年，第一次回到家乡，当时飞机还没有降入双流机场，在机窗外看到四川的土地、房屋，她不禁潸然泪下。

大学毕业后，廖维再次回到西藏。2006 年，她的妹妹受她感染，放弃自己的音乐梦前来西藏，不幸遭遇入室抢劫，被盗匪杀害。一个年轻的生命就这样陨落，她和家人都无法接受这个现实，一向乐观向上的她，陷入了悲伤绝望的境地。她谈起当时的心情说：“我常常是泪眼婆娑，没有白天黑夜地流泪，怎么想也想不明白，生命的脆弱，人性的复杂，人生的无常，若我不去西藏，妹妹就不会死。我不能原谅自己，当时为什么选择西藏？”

二、写作开启新的生命之旅

妹妹死后，廖维很快结婚生子，她原以为可以通过新的生命降临来转移分散那颗悲伤的心，可是没有，她患上了抑郁症，几度不能自拔。一个人心乱了，世界也跟着乱了，身体也慢慢垮了，病痛也出现了。经过几次手术后，廖维的身体慢慢恢复，可心理疾病始终伴随着她。

随着孩子一天天长大，廖维开始思考父母和小孩，父母就剩下她一个独女，若她再有意外，父母和自己的小孩咱办？在生与死的挣扎中，她思考着，妹妹死了，自己还活着啊，病苦既是一种难，也是一种收获，于是便写出了《放生》

中的诗句："病能治病，因为诗；命能生命，因为爱。"她还写出散文《生命是一张不更换的单程票》，这两篇文章分别发表在《西藏日报》《拉萨晚报》上，这既开启了她的写作之路，也开启了她新的生命之旅。

热爱文学，热爱诗歌，这是廖维从小就喜欢的事。当她讲出自己重生的故事后，常有文学大家劝她，生命的苦难出作家，生命的大苦难出大作家。她从此开始写日记，写心情，发在网上，得到了很多网友的追捧和尊重，增加了自信心，也慢慢找回了自己。她开始钻研文学、哲学和佛学，当时她也不知道写的文章算不算文学，就是喜欢，坚持写下去。

廖维感恩这个伟大的时代，写完文章后，可以发QQ空间，可以发博客，可以发微信。正是这份坚持，她慢慢认识很多文友，开阔了眼界，增长了见识与学识，没有时间再去胡思乱想，活好每一天，当一个好母亲。

2010年，一位网友看好她写的文章《在林芝爬山》，投到《华侨日报》，没想到该报刊登了。当廖维看到自己的散文登上西藏以外的报刊时，心里无比欣喜，更坚定了写作的信心，每天工作再忙再累，总喜欢去感悟，也会写上几句抚慰自己，更抚慰网上那一群欣赏自己的文友们的话。

写作是一种习惯，感悟是作家的生命之源。文友们越来越喜欢廖维的诗歌，将她拉到一个个网络文学圈，许多人主动加她，有文友主动介绍某某文学高人，她也主动加入某某文学群，写的诗经常被报刊选用，隔三差五就会收到稿费通知单。2012年，廖维出版了自己的第一本书《醉心镜梦》。

三、把文字当作神圣信仰

廖维的诗，在西藏诗歌界引起了关注。正如西藏诗人陈跃军评价她的诗那样：在她的诗歌中，有相守的欢愉，有离别的悲伤，有热情的赞美，有深沉的感恩，有无言的愧疚，也有刻骨铭心的痛……，汇聚在一起，就是一个渠县妹子在藏十几年的诗意心路之旅。西藏读诗平台《雪域萱歌》创办人、诗人刘萱这样评价她的诗："在雪域高原，陌上千禾以她女性的温柔、独特的视角、现代的语境辛勤创作，其作品受到各个层面的人的欢迎。"

西藏卫视主播梅子朗诵过不少好诗，她这样评价廖维的诗："维儿（廖维）的诗向来是落笔时的心情文字，懂的自然会懂，不懂的揣摩良久依然不懂。有人说：她的诗是什么风格啊？我怎么看不懂？我说，看得懂的她风格就是随性风，看不懂她的风格的就是看不懂，谁规定看不懂不算一种风格呢？”

廖维凭借自己对诗歌的坚持，加入了西藏读诗平台《雪域萱歌》团队，做编辑，做公益，参加了很多场诗会。2017 年，协助“华语诗歌春晚”在拉萨成功举办，让自己的诗歌也走进了《西藏卫视》。她从心里感谢生养自己的家乡渠县，更感谢西藏赋予她的向往与追求。当记者采访她时，她讲起了诗，那是蓝，是爱，是花，是梦。

廖维的散文、诗歌不断被西藏区内外的报刊发表，引起了西藏自治区作协的关注，2016 年，她有幸进入鲁迅文学院第五届西南青年作家班学习，成功迈入作家队伍的行列。如今，廖维已是西藏作家协会会员、四川散文学会会员、四川省成都市龙泉驿区作家协会会员、四川闪小说会员。2017 年，她的诗集《西藏蓝色的隐喻》结集出版。

廖维从事诗歌创作也结识不少文友，有位文友对她说：“一个把文字当作神圣信仰的人，他的作家之路修行的第一步就已经完成了。”在廖维看来，作家二字太神圣，一个好的作家，修行是第一步，就是要心怀大众，心怀世界，心怀万物，只有这样，才会爱这个世界，感恩生命中的点点滴滴，创作出来的作品才能影响更多人。她始终坚信，一个清纯的人其骨子里蕴含着精致，绝不会因岁月的流逝而变得粗俗，亦不受世俗的污染而丧失本真。而诗人的特质要有孩童的心，才可能写出更佳的作品。

人们都说苦难出诗人，可一个诗人过度宣泄苦难，将是满满的负能量。当谈起写诗的社会责任感时，廖维说：“比起以前，现在我写诗更加地小心翼翼。我怕我写的某一首诗里，哪怕一个短句、一个词、一个字用得不够恰当，让别人读后产生消极的想法。我每发出去一首诗之前，都要再三斟酌，会把所有消极的内容都删掉。在写作过程中，我没法避免忧伤、苦痛的情绪，但我想：我的每一首诗都应该给这个充满悲苦的世界带来阳光和希望。写诗的过程，就是我领悟生活真谛的过程，会让我活得越来越豁达。”

2016 年 8 月，廖维在成都第一次见到了中国著名诗人杨牧。杨牧是从渠县走到新疆的边塞诗人，其诗歌《我是青年》激励了不少中国人，被收录到大学教材里。他们聊起了诗，也聊起了文成公主。杨牧希望她将苦难化为诗歌，写出更多优秀的边塞诗来。

廖维还向我讲道：有位朋友出诗集，得知她与杨牧老师关系甚好，拿出一本准备出版的诗集，希望杨老师能写个序。她将朋友的诗集给杨老师看后，杨老师的评价说："我没猜错的话，这个诗人在安逸的环境生活久了，写的诗缺乏灵性。"杨牧老师也看过廖维的诗，想听听她的看法，杨牧老师这样评价说："廖维写诗很有灵性，读她的诗，不时能读出点火花来。苦难是诗人最好的药，只要她坚持写下去，定会成为一名优秀的诗人。"

四、对家乡的情是永恒的

廖维在西藏工作生活 18 年，受到藏传佛教的影响，养成了乐善好施的性格。她家的经济一般，在当媒体上报道某个人家境困难需要资助时，她填上汇款单表达心意，如今微信朋友圈里有人需要救助，不管自己经济困难与否，现在微信转账方便了，她总是以匿名（微信名）形式捐上 500 元、400 元、300 元、200 元……拿她的话来说："救助他人，不是等你有钱了才去做，这是一种品性。从佛法上讲，捐钱不应当说出来，毕竟帮人本就不应该有着让人回报的心。"

面对家乡，廖维有千言万语想表达自己多年在外的思念与牵挂，只能凝结成一首诗《我的心在一朵沙漠玫瑰之上》："八月/你在世界的那一边/我在世界的这一角/故乡啊——/中秋思索的词典/两地之间/一边是给予我生命的河流信号/一边是给予我人间天堂的符号//借一杯蓝色的光/摘一朵粉色的花/制一个圆圆的饼/喝一口思乡的酒/寄一封长长的信/写一首诗意的秋/我想说，想说——八月/我的心，我的心 无论在哪/在哪/都在/在一朵沙漠玫瑰之上"

一个人无论走到哪里，家乡情是无法割舍的，犹如身体的血液。每逢佳节倍思亲，而廖维远在家乡千里之外，只能将这种情感化成另一首诗歌《红白明点》："……月缺月圆是自然的音符/聚散离别是前世今生的果/故乡亲人是心中的月亮/扎西德勒不管是在西藏/还是在故乡/只要你是真挚的祝愿/天上水里的月亮/都会笑……白天，太阳依然挂在宕渠的上空/夜晚，月亮依然挂在宕渠人的心上/人啊！故乡的人啊！远方的人啊！/只要你心如明镜/太阳月亮终将/汇成一条线/映射出影红白明点"

2017 年，廖维参加渠江一小诗会，饱含激情朗诵了自己创作的诗《渠江之歌》，她在诗里这样写道："渠县，我的家乡/渠江，养育我的母亲/渠江，我要对你说，/如果白云/想让我遨游宇宙/飞向蓝天/就是我的梦想//渠江，我要对你说，/如果蜜蜂/想让我歌唱/我的梦想是酿造/最甘甜的蜜糖……"这首诗发表在

《宕渠诗丛》，后被《诗文渠县》收录。

写廖维，是在《宕渠儿女》（第二辑）快要截稿之时，西藏的一位乡友在向我推荐她时，觉得廖维年龄又小，在文学上还没有什么造诣及成就，收录进《宕渠儿女》（第二辑），会不会被人闲话，没过几天，廖维从西藏回渠，我们电话相约在渠江酒店喝茶，摆谈中，廖维非常谦虚，觉得自己没什么值得写的，但对家乡的爱，对家乡的情是永恒的，她 16 岁只身进西藏，作为一个女孩子，仅此一点，就让本人十分感动。这需要多么大的勇气啊！翻阅出版了的第一辑及第二辑之书稿，书中人物大部分皆已老去，渠县的历史是要靠年轻一代来抒写。我不禁想道，这不正是我要找的人吗？也许，廖维和千万个渠县人一样，现在平淡无奇，也许再过几年甚至几十年后，到那时就不得了了。只要她坚持，再坚持，鲜花和掌声就是她们的。

写罢此文，希望廖维坚持漫漫文学路上的追梦，祝愿她收获更多惊喜，将更多优美的诗奉献给广大读者及家乡人民，这是我的希望，也是本人之初衷。

这正是：

寥廓诗海任遨游，维时搏浪向激流。
好辞琼章抒胸臆，人生百味志长留。

视学生如亲人的人

——记平昌县第三中学教师、四川省作家协会会员陈利平

人物档案

陈利平，女，1981年12月生，渠县义和乡人。2001年7月毕业于渠县师范，后函授毕业于西昌大学英语本科。2001年8月至2003年12月，在渠县义和小学任教；2003年12月至2016年8月在渠县贵福初级中学任教；2016年9月被调入巴中市平昌县第三中学，现供职于平昌县第三中学。她在教学工作中取得了多项奖励，且爱好文学，先后有两百多篇作品发表，有二十多篇获奖。2016年11月加入四川省作家协会，她的个人诗集《紫藤花开》已于2016年8月由中国文联出版社出版。

一

1981年12月，陈利平出生于渠江河畔。

2001年8月，她走上神圣的讲台。17年以来，她一直从事初中英语教学工作。在教学工作中，她始终满怀激情，力争在每一堂课上都将最好的自己呈现在学生面前——信心满满，激情无限，浑身上下充满着青春的活力与朝气。她视学生如亲人，并喜欢和学生打成一片，且善于构建和谐、平等、融洽的师生关系。她深知，身正为范，学高为师。为了树立学生正确的人生观、价值观和道德观，她时刻注意自己的一言一行，严于律己，以身作则，用自己的行动影响和感染学生。并利用课余时间，认真钻研教材，虚心向老教师请教。因此，

她所教班级的学习成绩一直名列前茅，受到同事和家长的一致好评。

在英语课堂上，她主张情境教学法。无论是新授课，还是复习课，她总是习惯通过各种形式创设形象、逼真的情境，让学生身临其境，在愉悦的氛围中轻松地掌握知识。她从来不歧视成绩差的学生。并利用课余时间和节假日，主动无偿地为学生补课。一些同行问她为什么免费补课还这么上心，这么心甘情愿，她微微一笑，说："因为开心！"

她积极参加县上组织的赛课活动和其他赛事或培训。2003 年 11 月，她撰写的课改论文《让学生作文贴近生活 写出真情实感》在渠县首届基础教育课程改革优秀成果评选中获三等奖。2006 年 5 月，执教的 *Why do you like koalas?* 在渠县中学教师赛课活动中荣获一等奖。2008 年 12 月，在 2008 年全国中学生英语能力竞赛中获渠县指导教师二等奖。2010 年 5 月，执教的 *How was your weekend?* 在渠县第一届"红烛杯"青年教师赛课活动中荣获初中组二等奖。2011 年 7 月，撰写的论文《浅谈现代教育技术在农村语文教学中的作用》在"走进新课程"征文评选活动中荣获一等奖。2011 年 12 月，在四川省"国培计划——中西部项目"培训中荣获"优秀学员证书"。2012 年 12 月，在渠县第二十八届青少年科技创新大赛中，她辅导的作品《净化器》荣获县级一等奖，获达州市三等奖。2012 年 12 月，在渠县第二十八届青少年科技创新大赛中，被评为优秀科技辅导员。2013 年 6 月，被评为渠县 2012 年度教风建设示范标兵。2013 年 6 月，在"中国梦·幸福渠县"征文大赛中，她的征文《中国梦·渠县梦》获教师组三等奖。2013 年 12 月，她的征文《渠县精神，让我绽放光彩》在中共渠县县委宣传部关于"渠县精神与我"主题征文活动中荣获一等奖。2013 年 12 月，在渠县第二丨九届青少年科技创新大赛中，她辅导的作品《水钟》荣获二等奖。2014 年 4 月，她的论文《我以我血荐教坛——振兴渠县教育心得体会》，在全县观看振兴渠县教育事迹报告心得体会评比中荣获二等奖。2014 年 10 月，论文《悠悠中国梦 拳拳教育情》在渠县社会科学界联合会 渠县教育学会 第二届"中国梦·教育情"教育教学论文竞赛中获二等奖。2014 年 12 月，执教的 *Unit 7 Section B* 第 53 页在渠县第五届"红烛杯"万名教师赛课活动中,荣获初中英语组三等奖。2015 年 9 月 21 日至 10 月 23 日，在中共渠县县委党校参加渠县第四批优才班脱产学习，并于 2015 年 10 月 26 日至 11 月 26 日，在西南大学马克思主义学院参加"渠县第四批优秀年轻干部人才递进班"培训。

二

陈利平从小热爱文学，尤其诗歌，在初中时曾尝试写过诗歌。她于2012年9月开始诗歌创作，兼写散文。她认为诗歌是灵魂的绽放，她的作诗观很鲜明：我手写我心，我心抒我情。她写诗喜欢随心所欲，跟着感觉走，不喜欢给自己的诗歌圈定一个好的模式或樊篱，也不会为了迎合某些人的口味写一些俗不可耐的东西。她认为好的诗歌就是诗与歌的完美结合，是老百姓便于吟诵的、通俗易懂的句子。而不是要么高深得不可捉摸，晦涩得让人不知所云，要么龌龊得令人作呕的文字！她的写作风向标是——“好的文艺作品就应该像蓝天上的阳光、春季里的清风一样，能够启迪思想、温润心灵、陶冶人性，能够扫除颓废萎靡之风。”其作品散见于《星星》诗刊、《四川文学》《川东文学》《大巴山诗刊》《西部建设报》《参花》《三秦都报》《南方作家》《德育报》《巴中文学》等，有诗歌入编《当代网络作家诗人作品精选》《中国大漠青歌诗文精选》《诗魂之舞》《当代十家诗选》等，多次在文学赛事中获奖。2013年1月，《透过开满鲜花的月亮》（诗歌）获2012“新星杯”网络文学作品大赛提名奖。2013年2月，《举起酒杯》（诗歌）在罗江县“喜迎十八大，颂歌献给党”征文比赛中获二等奖。2013年2月，《雪菊礼赞》（散文）在“大漠青歌杯网络诗歌散文大赛”中获优秀奖。2013年7月，《一帘幽梦》（诗歌）在“第三届中华校园诗歌节”有奖征文赛中获优秀奖。2013年12月，《渠县精神，让我绽放光彩》（散文）在“渠县精神与我”主题征文中获一等奖。2014年7月，在“2014年四川省中青年作家文学创作培训班（川东片区）”培训中荣获“优秀学员”称号。2015年11月18日，《巴旦姆之恋》（散文）在中国“大漠旗果杯”网络诗歌•散文大赛中获优秀奖。2015年6月加入四川省网络作家协会，并于2015年6月参加四川省网络作家协会成立大会。2016年8月出版个人诗集《紫藤花开》。2016年10，参加四川省文化厅主办的四川省“三区”基层文化干部培训计划2016年“三区”戏剧创作人才培训班学习。2016年11月加入四川省作家协会，并于2016年12月作为代表参加四川省作家协会第八次代表大会。

陈利平欣喜地看到，近几年来，在党和政府的领导下，渠县的文化建设风生水起，取得了很多成就。表示今后要创作出更多的优秀作品，为繁荣巴渠文化，奉献自己的青春和热情。

这正是：

陈诗撰文气自闲，利辞韵语振云天。
平凡岗位创奇迹，好评连连嘉名远。

从黄埔走出的建筑少帅

——访四川蓝天网架钢结构工程有限公司董事长杨锐

人物档案

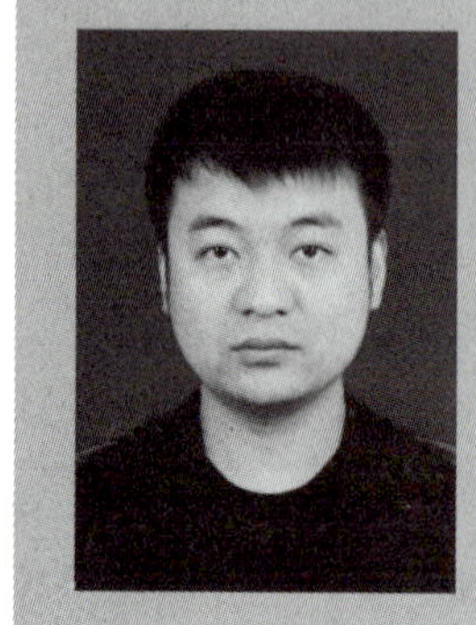

杨锐，1984年4月生，渠县土溪镇人。1989年在土溪镇帽领村上小学，1995年在渠县中学读初中，1998年7月在龙泉东方双语学校读高中，2006年毕业于西南科技大学。现任四川蓝天网架钢结构有限公司董事长、四川雍志贸易有限公司董事长，曾获得建设部抗震救灾先进个人，2013年被评为达州市10大杰出民营企业家。

一、“黄埔”精神有传人

站在笔者面前的杨锐，年轻英俊，青春的风采中透露出一股成熟的气息。他就是四川蓝天钢构公司董事长、四川雍志贸易公司董事长，被人们称之为“从黄埔走出的建筑少帅”。

从杨锐出生的那天起，就与“黄埔”这两个字结下了不解之缘。因为，杨锐的爷爷杨雍，早在76年前，作为黄埔中央陆军军官学校第十四期的毕业学员，就是从黄埔学校走出，肩负着国家和民族的希望走向抗日战场，用一腔正义和爱国热情铸就了坎坷而辉煌的人生。

杨锐是在有这样的家庭背景下茁壮成长的。

杨锐的童年，跟随爷爷奶奶长大。在他的眼中，爷爷正气凛然，有着特立独行的性格。改革开放初期，年过花甲的杨雍成立了渠县第一支建筑工程队，率先在国内运用反抛物线基础技术，修起了当时西南地区最高的建筑——十三层高的渠县绿荫旅馆。轰动一时，成为建筑界的佼佼者，受到人们称颂。

杨锐说："我在渠中读过书，王勇是我班主任老师，林萍教我化学。到成都读高中，我就读的是一所私立学校。一直很独立，很少在父母亲身边。私立学校毕业后，我考上了西南科技大学，去绵阳读书，那时候我父母亲就在成都了。后来我参加了黄埔军校的企业接班人的培训。在中国企业黄埔军校第一期开学典礼上，当年22岁的我作为学生代表走上讲台，表达了我们这代青年人投身商海、振兴民族经济的决心和信心。说实话，我是冲着我爷爷在黄埔军校读过书和'黄埔军校'这几个字去的，我爷爷是正儿八经的黄埔军校学员。爷爷的人生，爷爷的品德，潜移默化地影响着我，教育着我，使我成了我们家中的第二代黄埔人。"

二、抗震救灾有大义

2006年，杨锐从西南科技大学毕业后，来到中建四局工作。尽管父亲是老总，但他并没有因此得到好的职位，而是在办公室端茶递水打杂。杨锐回忆说："回到我父亲身边，刚毕业那时候才20来岁，把我弄去工地上锻炼，后来到办公室打扫卫生，端茶送水干这个工作。"

一切从头开始，即便是打杂，杨锐也是任劳任怨，一丝不苟地忙碌着。经过一年多的锻炼，他出色的能力得到认可，被调到集团的聚缘劳务公司，很快升任副总经理，参加了四川广电大厦等大工程的建设。杨锐回忆这段经历时，很谦虚地说："后来公司成立劳务的时候，领导让我去锻炼，我就负责了一段时间。这期间取得了一些成绩，有了一些亮点。那时候我们是全省第一个成立工会的，我们在新会展中心，还搞了一个工会成立大会，邀请了建设厅、省工会的领导，搞得很成功，我们是最早配合成都市建委搞农民工权益卡，现在各个工地都在这样搞。"

杨锐二十出头，初出茅庐就崭露头角，把3000多人的劳务公司，管理得井井有条。

2008年5月12日，汶川发生强烈地震。杨锐接受中建四局派遣，挂帅带着工人快速紧急向茂县进发。杨锐说：“那情景真是如同上战场一样，随时都有生命的危险。开车去茂县，在平武境内，汽车刚开过一段山路，就听后面轰隆隆一声巨响，回头一看，泥石流从山上倾泻而下，铺天盖地，一块巨大的石头正砸在他们刚刚经过的路的中央，离他们的车仅仅三米远呀！”生与死，就是这三米的距离啊！但杨锐毫不畏惧，继续前行。

杨锐回忆说：“在茂县待了 3 个月时间，差不多整个茂县的活动板房基本上都是我组织大家在那边搞的，过渡安置房解决了当地灾民住宿问题。那个地方对我意义深远，接触了太多的大领导，建设部陈部长就住在那里。我们一样的住帐篷，条件很艰苦，记忆太深了。那个地方吃、喝、住，都是问题，还带了几百号工人，很麻烦的。比如吃饭，早上稀饭馒头，包子都很少。中午晚上基本吃面条，但是要吃三个月那还是很具体。我还是很习惯，在灾区，反而使我充实了。跟领导接触多，解决救灾中突发的问题多，积累了工作经验。后来我总结，在那里面三个月相当于在成都干十年。”

抗震救灾结束，作为抗震救灾团队最年轻的负责人，杨锐被建设部授予抗震救灾先进个人。他的出色表现，也为中建四局赢得了抗震救灾先进单位金奖。

三、创业进取有奇迹

“在学习中成长，在成长中学习！不断地发展，不断地进取。”这是对杨锐的真实写照。他牢记爷爷和父亲的教诲，从心眼里感激前辈们给他铺出的一条铺满阳光的大道。但是，杨锐的身上，有一股闯劲，他喜欢独自去感悟、创造属于新一代黄埔人的风采。

抗震回来后，杨锐又转换了工作角色，负责材料采购。当时地震后，主要材料都运往灾区，但成都的项目也不能停。因此，组织建材就面临很多问题。

公司开会，要求大家群策群力，发挥各自的优势组织材料。面对企业眼前的困难，杨锐主动请缨，要求去采购砖、水泥、钢材。杨锐在采访时告诉笔者，当时建筑物资短缺，要采购大批量的建材，确实需要下一番工夫。杨锐说：“领命后，我就逐个找朋友，打电话，驱车前往，不分白天黑夜，终于把这些事情解决了，如在采购水泥、砖的时候，就有很多精彩的故事。比如在雅安采购水泥，有个老板以前是搞煤矿的，他跟水泥厂送煤，就是货款不好收。我告诉他，让他帮助解决水泥，说你很熟，你拿煤炭抵水泥。我保证资金问题。通过这个变通的方法，终于解了燃眉之急。从这以后，这个老板既打开了煤炭的销路，又开始做起水泥生意来了。我还给他介绍了一些项目，使他的企业也不断发展壮大了。”

“从这以后，我就开始接触材料的事情，负责材料采购。2011 年收购了蓝天钢构，占地达 400 多亩地，目前是西部地区最大的钢结构企业。公司安排我去，委任我为四川蓝天钢构公司副董事长。从开始建设到后面，待了两三年，2012 年底，我有些躁动，闲不住，愿意拼闯，不愿再躺在父亲的功劳簿上坐享其成，我要凭自己的能力打出一片天下。为自己设立一个人生的目标，为实现这个目标而全身心地去奋斗。”

于是，杨锐向父亲提出要自己出去创业，做一家贸易公司，主营新西兰木材和建筑模板。杨锐话一出口，就遭到反对。杨锐说：“我父亲很反对我，我妈也反对，说你出来干什么。我还是坚持要出来。我那个时候有 60 多万的年薪，我就觉得不愿意，要坚持自己的主张。”

创业是有风险的，而且杨锐选择的建筑模板行业，竞争十分激烈，失败的几率远大于成功的几率。

杨锐最终说服了他的父母。

杨锐对父亲说，他已经做好一切思想准备。他对当时中国市场的建筑模板行业了如指掌。俗话说，不打无准备之仗。杨锐早就做好了准备，万事俱备，只欠东风。杨锐说：“我对建材特别懂，对钢材、商混也很熟悉，它都有行业的标准规范，唯独工程用的建筑模板没有。正因为没有，才有挑战性。于是，我就决定搞建筑模板。”

成功是属于那些有信念、有准备、努力的人们的。杨锐说干就干，2013 年，杨锐与他的两个朋友一道合伙，注册了四川雍志贸易公司，主营新西兰木材和建筑模板。按照杨锐的要求，模板的生产工艺要是最高端的，使用的原材料要是最优质的。周围的人，包括生产厂家和销售商都反对。一张模板，目前最好的成本才五六十元，每张成本要增加二三十元，增加了近一倍，如何参与市场竞争？

杨锐力排众议，坚持自己的主张。他认为，做什么都会有竞争，但每个行业都有生存空间。不同的人，不同的信念，会产生不同的结果。杨锐说：“木板是属于建筑材料当中的一种，是辅材最重要的，建筑 1000 多种材料，我很喜欢研究，别的材料都很规范。我就很想制定这样一个标准。我觉得做事情不一定做很大，小事情做好就是大生意。我看了一下，从全世界角度来讲，真正做得大的都是小事情，全世界500强至少前十位没得一家是大型的地产公司，都是咖啡、可乐、零售、刷皮鞋。所以我就坚持做这个，要做就做成功，就做最好。”

经过不懈努力，产品终于生产出来了，杨锐将它命名为“雍志牌”。“雍”，是杨锐爷爷的名字，做人要厚道有良心，做企业也要厚道有良心，这是杨锐他爷爷为人经商的准则，也是杨锐他爷爷对他的谆谆教诲。同时，“雍志”二字拼音的声母Y和Z，又是父亲杨仲名字拼音的声母。他要通过这个品牌，向自己人生中最敬重的两个男人致敬。同时，也表明杨锐传承家风、创造诚信责任、树立企业形象的志向和决心。

谁也没想到，杨锐研发生产的“雍志”牌模板一上市，就得到市场的认可，受到业主的好评。建筑模板需要重复使用，若是优质的模板，重复使用次数越高，业主就越能节约成本。“雍志”牌模板上市前，市场上最好的模板，最多也只能重复使用十次左右，而“雍志”牌模板却能重复使用二十七八次，使用率接近其他产品的三倍，而且施工效果好，清水墙面用后甚至不用再抹灰。终于，“雍志”牌模板迅速走红，不仅在极短的时间占领了成都市场，而且很快打入了全国市场，走向神州大地的四面八方。

独具战略眼光的杨锐，随后又在全国最大的建材市场河北廊坊，建起两条模板生产线，年产值达七八亿元。目前产品销往国内外。杨锐也被业内人士称为建筑模板奇人。

四、建筑少帅有丰采

富有拼搏精神的杨锐，勇立时代潮流的前沿，常常有着出其不意的新思路。没有人知道，年产值数亿元的雍志贸易公司，却没有一个销售员。公司的业主、合作伙伴、身边的朋友，都是他的销售员。各种关系的传递，形成了一个巨大的销售网络，公司订单应接不暇。

做模板，并非杨锐的终极目标。他出身工程总包世家，从爷爷到父亲，都在从事这个行业，他要继承他们的事业。2014年，恒大曹家巷广场动工修建，经过激烈的竞争，杨锐承包了其中30万平方米的修建工程，这是他第一次独立操作工程总包项目。从开工那天起，杨锐几乎天天守在工地上，每一个环节，每一道工序，他都要亲自把关，决不允许存在一点儿质量问题。

杨锐告诉笔者："其实干工程是非常艰辛的，为了干好每一个项目，我要到全国各地跑原材料，跑业务。生产、物流、管理、资金、收款等问题，哪一个环节都不能出问题。"

杨锐第一次做工程总包，他的父亲放心不下，来到工地，四处查看后，紧锁的眉头舒展了，啥话也没说就走了。杨锐知道，父亲不说话，就是认可，就是很满意。

谈起成都恒大曹家巷广场这个项目，杨锐还抑制不住内心的激动。他说："曹家巷项目工程，央视都报道了几次，我把它接下来做总承包，去年年底开始分工，做到现在很顺利，一个是进度上，去年一个多月时间我就做完一栋楼，这个是建筑行业奇迹的速度，2 万多平米一栋楼含地下室、人防，一个月零几天，相当快，连我爸都说相当快，他都没这样搞过。"

杨锐一班人经过辛勤耕耘，终于迎来了收获的季节。在如今房产过冬的时节，该项目每月年销售总额突破十亿大关。

今年刚满 33 岁的杨锐，参与并担任主要管理者之一的项目有：成都双流国际机场国际厅和物流中心、获"中国节能环保奖"的中国（成都）节能大厦、获"鲁班奖"的四川广电大厦等等。

杨锐一家三代对家乡有着浓郁的感情。为家乡的山水，为家乡的亲人，都做出过令人感动的奉献。杨锐的爷爷在世时，把老家的土泥巴路做成石板路；杨锐的父亲投了不低于一百万修水泥路。如今，杨锐又被渠县评为爱心人士，2014 年，渠县开展资助贫困大学生的"凤凰孵化助学工程"活动，杨锐现场当即捐款 10 万元；平时他还通过其他渠道，资助了近二十名贫困大学生。

老实讲，采访杨锐，一是因为他是 80 后的优秀宕渠儿女；二是想听听这一代人对家乡的看法。采访临近结束时，我问道："杨总，你对家乡怎么看？"杨锐略加思索道："这个问题很大，范围很广，但我只说一点，那就是家乡是我永远的牵挂。从我爷爷、父亲的身上，我受到了他们对家乡那种无比依恋、无比热爱的熏陶和传承。我虽然在成都安了家，事业也在这里，但我每一年都要回去几次。前几年，每次回到家乡，都听家乡父老说：我们渠县有位好县长，她不但创造了渠县有史以来的第一位女县长的历史，现在还是渠县第一位女县委书记。"

"听说荀小莉书记平易近人、生活朴实、勤政廉政、踏实为民，为了渠县的发展，操了不少心，听说她经常深入基层，想方设法谋划渠县的发展，无官架子，这很好。做官为民，这是亲民的表现，值得我们学习，使我们从这届班子中看到了希望，真诚希望家乡人民在县委县政府的带领下，心往一处想，劲往一处使，团结一心，扭成一股绳，渠县的明天会更加美好。”

优秀的宕渠儿女杨锐，在他身上看不到富二代的奢华，更看不见纨绔子弟的浮夸，看见的只是拼搏，奋斗、勇往直前的渠县精神，小小年纪就上过《商界》刊物的封面。接受过第一财经专访，成都各大媒体都报道过他的事迹，四川电视台还做过 15 分钟的专访。年轻的杨锐，已经成为建筑界中一颗新星——建筑少帅。

这正是：

杨氏儿郎挑大梁，锐意进取写华章。
好与前辈同超越，人间奇迹共开创。

顽劣小子成先锋作家

——记中国作家协会会员、开非虚构小说先河作家贾飞

人物档案

贾飞，1986年生于四川渠县贵福镇园井村，现定居四川达州。2009年被教育部、团中央、人民日报社等评选为“2008中国大学生年度人物”100强；2010年被美国《侨报》评为“中国十大80后励志作家”之一；2014年3月获“首届腾讯书院文学奖”提名（全国19位新锐作家入围），2014年5月入围“第六届鲁迅文学奖”。中国作家协会会员，鲁迅文学院中青年作家班学员，四川省青联常委，东方出版社战略作家，成都文学院签约作家。著有长篇小说《一只北方的狼》（已失）、《天上人间》《中国式青春》《除了青春，一无所有》《贵族皇帝朱厚照》《炊烟》（又名《蓉城之恋》）等；散文集《文字上的歌手》，诗歌集《今夜，我骑着一匹瘦马》；学术集《历史大咖的另一张脸》《东汉开国》。《新华每日电讯》、中央电视台、《人民日报》《光明日报》等600余家媒体对其进行过采访报道。

渠县贵福镇这个地方，谈不上奇山秀水，也算不上风水宝地，地方虽小却出现了多位文化名人。进士及第，荣入翰林的贾秉钟是一个。令人欣慰的是，在当代的该地又出现了一位文化名人，他就是贾飞。一位挤进全国前10年轻的中国作协会员，一位国家一级出版社的战略作家，一位多次荣获国家级文学奖项的青年作家，一位以85后身份当选四川省青联常委的文化界代表。

是什么让贾飞如此好运连连？近日，笔者与贾飞面对面交流，解读他的青春文学创作之路。

一、顽劣小子爱上“玩”文学

1986 年 5 月，贾飞出生于渠县贵福镇园井村，父亲是乡村医生，母亲是农民。和绝大多数农村青年一样，贾飞的童年也有着打架、逃学、赌博等相同的成长经历。

贾飞笑说，他的文学起点源于两个戏剧化的故事。“第一个是与同学的打架斗殴。”那是 1998 年冬天的一个中午，正在读小学六年级的贾飞下课之后，约了几个同学到学校后山的坟林打牌。由于当天手气太差，他几乎输光了当月的饭票，受不了胜利者的挑衅，他便一把抓起地上的赌资准备扬长而去。这时，其他牌友不服，与他扭打起来，最后闹到了学校班主任那里，惩罚他放学后独自清扫教室和图书室走廊。

童年的贾飞，可是学校里的“小霸王”，哪里容得下这样的惩罚。在打扫图书室窗台时，愤愤不平的他突然萌生了一个“报复”的念头：“从图书馆拿两本书出去扔了。”说干就干，他顺手将两本书塞进了书包。晚上回到家，他从书包里掏出了这两本书，一本是《苍凉后土》，一本是《十万个为什么》。“在要扔书时，我试着读了读《苍凉后土》，没想到很快被书中的内容吸引。”因为那次阅读，让贾飞逐渐养成了爱看书的习惯。

“第二个是为了写情书。”虽然贾飞平日里在学校“横行霸道”，但他的学习成绩一直名列前茅。初中三年级之前，几乎均是年级前三名，初中一年级时他 7 门功课门门全年级第一，许多女同学对他心生爱慕，纷纷写情书给他。“要在她们面前更有面子，我只有把情书写得更有文采才行。”贾飞笑说，为了能在笔头生花，他开始了大量看书，模仿书中的精美句子。也因为这样，很多男同学也慕名找到他，给予一定的报酬请求他代写情书。

在写情书的过程中，贾飞在物质上和精神上得到了双重满足，而这也刺激了他阅读的兴趣。打那以后，他常常在家里翻箱倒柜寻找书籍，也让亲朋好友到处寻借。只要手中拿着一本书，他就会埋头苦读。

二、记录青春成就先锋作家

“看的书多了，心中积累的东西也就越多，想要抒发的愿望也就越强烈。”长期大量的阅读，使贾飞萌生了一个新的想法：“为什么我不能学而用之，当一名作家写写小说？”

有了写小说的想法，贾飞开始付诸实践。高一那年，他的长篇小说处女作《一只北方的狼》完稿。这部以狼的眼光解读人的小说，是他最为满意的作品。只是令人惋惜的是，这部小说的手稿在贾飞后来的一时冲动下化为了灰烬。

因为长期专注于文学写作，贾飞的成绩一落千丈。高中毕业时，他们班上只有两个人没有考上本科，其中一个就是他。他把高考的失利归咎于文学，“如果我不写小说，把时间全部用在学习上，考一个重本是不成问题的。”拿到专科的录取通知书，他心灰意冷，一怒之下，便把所写的文章和小说全部焚毁，其中就包括《一只北方的狼》。

两个月以后，贾飞的心绪渐复平静。但是，内心的失落与迷茫仍在心头缭绕。“再写一部小说吧，也算是给自己迷茫的青春留个纪念。”贾飞决定为自己写一部小说，以这种方式向过往的青春告别，也给他的文学梦画上句话。于是，便有了《中国式青春》这部小说。

进入大学以后，贾飞仍旧心寒如冰。“本科生尚且多如牛毛，我一个专科生能奈几何？”在严酷的现实面前，他的梦想卑微不足挂齿。“直到 2007 年 5 月的一天，一切才有了新的变化。”那天，贾飞同寝室的一位学长面临毕业，四处找工作。然而几个月过去了，工作却毫无着落。学长的境况，惊醒了梦中的贾飞，他强烈地感受到，如果自己不努力奋斗，结局将与学长别无二致。痛定思痛，贾飞觉得，要想毕业后能相对容易地找到工作，自己只有两条路可走：一是专升本，一是孤注一掷写作。由于专升本名额太少，他最终选择了后者。

他决定将自己身边的大学生生活写成小说，继续记录自己的青葱岁月，这才有了《中国式青春》的第二部《除了青春，一无所有》。只是令贾飞没想到的是，他的这两部记录自己青春的小说，会在日后成就他“先锋作家”的荣誉称号。

三、开非虚构小说先河

《中国式青春》和《除了青春，一无所有》，记述了主人公贾小刀从童年到大学的成长经历。其中有贾小刀童年时的美妙和欢乐，少年时的年少轻狂，中学时代的懵懂、荒唐以及大学时对青春、理想、爱情、未来的迷茫。而这一切，也正是贾飞经历的以及他身边所发生的事。

这两部小说自2012年相继出版后，不仅受到读者的广泛好评，荣登当当、京东等平台的畅销书榜，还在全国引起广泛热议，被誉为“中国原生态青春文学开山之作”“中国青少年必读十大青春小说”。今年5月，《除了青春，一无所有》更为他荣获了“2014年腾讯书院文学奖”提名。

“贾飞的《中国式青春》系列影响很大，引起了大多数年轻人的共鸣，这与小说的质朴和真实有关。”著名作家陈建功评论说，“《中国式青春》是中国非虚构小说的开山之作”。贾飞书写了迷茫的自己，以及跟自己一样迷茫的同龄人。他只是以一个记录者的身份，还原了那一段青春岁月的生活原貌。

“可能也正是因为真实，才会引起读者的强烈共鸣。”贾飞说，他所写的素材和灵感几乎全部来源于他身边发生的人和事。后来，在写过高中和大学校园青春题材的小说之后，他又关注起了刚刚跨出校门的题材，开始了残酷的社会现实青春的书写《蓉城之恋》。这部以一乡下青年来到成都工作的经历为主线，以几位80后的买房经历和恋爱故事为辅线，讲述了一群80后青年租房买房的真切生活故事。这部小说的主题就是梦想，因为贾飞觉得当前的人们缺乏精神层面的东西，譬如梦想和信仰。

写过现实的非虚构系列小说之后，贾飞又开始将视角伸向了历史，伸向古代的名人，用辩证的手法再现古代名人的成功与失败或风流的人生，给读者展示了这些历史上大角色的另一面。2014年3月1日，贾飞的又一部著作《历史大咖的另一张脸》由东方出版社出版，取得了不同凡响的效果。

经过长期的不懈努力，如今贾飞成功加入了中国作家协会，成为全国最年轻的中国作协会员之一，也是达州市最年轻的中国作协会员。2010年，他还被美国《侨报》评为“中国十大80后励志作家”之一；2013年，唯一没居住成都而签约成都文学院的作家；2014年，成功入围第六届鲁迅文学奖；2014年，文化界唯一一位当选四川省青联常委的代表。在采访结束之余，贾飞说他会继续以非虚构的手法记录身边的人和事，他认为文学作品若完全脱离现实，就像鱼儿离开水，不会走得很远。他表示，以后会记录更多渠县的风土人情，希望给读者特别是渠县的读者带来更多更好的作品。

这正是：

贾马辞赋昔雄伯，飞晖青春今魁峨。
好笔如椽写巨篇，人誉纷至不蹉跎。

宕渠风情

渠县古今香特色菜

萝卜丝丸子

呷酒粑粑

三汇心肺汤圆

三汇水八块

土溪风味
川东一绝
正宗精制
达州特色 馈赠佳品
汉阙之乡 千年宝都
汉阙豆干
HANQUEDOUGAN
四川省品冠食品有限公司
渠县土溪
QuXianTuXi
汉阙豆干
系列
达州特色产品
四川省品冠食品有限公司
净含量:1千克

汉阙豆干

涌兴卢板鸭

刘氏竹编

四川渠州酒业有限公司位于物产丰富的彩亭之乡四川渠县三汇镇，这里有州、巴、渠三江，素有“小重庆”之美称。

为回报家乡，造福桑梓。2015年3月，三汇籍人段明同回乡创业，总投资3800多万元建设而成。

四川渠州酒业目前有员工100余人，占地面积20 000余平方米，固定资产3800万元，年产纯粱原浆酒1000余吨、松露（保健酒）配制酒500吨、百草（美颜酒）配制酒500吨，现规模化生产“渠州”“镇北大将车”“草本传美”等20余个品种。特别是渠州的洞藏、地窖酒丰韵绵柔、清冽甘爽、清香淡雅怡人。渠州的松露（保健酒）配制酒和百草（美颜酒）配制酒。秉承虔诚的酿心，将草本精华引入陈年基酒，经大师精心勾调而成，以生态纳福瑞，以臻品享健康，渠州保健酒，身心两悦的享受。

四川渠州酒业有限公司源自三汇镇清末民初之烧坊，烧坊传承賨人酿酒千年神髓，更兼地处三江汇流地，倚翠山、近清江，尽得藏风纳水之优势，酿酒环境得天独厚。今天四川渠州酒业厚积薄发，继承烧坊老窖优势，遵循着“古法酿造，始终如一”的古训，秉承“品质酿造价值”的发展宗旨，把握白酒消费理性回归的市场趋势，联合四川酿酒研究所雄厚的技术实力，深度挖掘賨人酒酿的酿造工艺，打造渠州洞藏、地窖酒的当世传奇。

四川渠州酒业先后被四川省质量信誉双优单位、四川省质量监督品质管理中心授予四川省质量维权典范企业、四川省“3・15”金口碑单位，通过了ISO9001质量管理体系认证等。目前，渠州酒业产品供不应求，远销四川、重庆、浙江、新疆、江苏、广东等地。被人们誉为“乡村美酒”，受到广大消费者的赞誉。

土溪镇冯焕阙

賨人谷风景区

渠县人民医院

渠县人民医院始建于1940年，是一所集医疗、教学、科研、急救及预防保健为一体的国家三级乙等综合医院，是四川大学华西医院网络医院，四川省人民医院集团医院，重庆医科大学、重庆儿童医院技术指导医院，是达州市“120”急救指挥分中心，是医保、新农合、各类保险定点医院。

医院占地面积103亩，总建筑面积121 557平方米。医院有崇高的社会信誉，秉承“病人至上、精益求精、诚信厚德、礼节谦让、不断进取、永是起点”的医院精神和“把健康送给千家万户”的医院愿景，担负着全县和邻近市县200万人民群众的医疗、预防和保健任务。

医院有64排128层螺旋CT、1.5T核磁共振、医科达直线加速器、各种腔镜(关节镜、鼻内窥镜、腹腔镜等)、脑外科显微镜等诊疗设备2000余台（件）。有正高职称22人、副高职称68人，中级职称239人，能满足95%以上的病人在本院诊断、检查、治疗、手术。

近年来，获市县科研成果33项。开展省级继教项目8项，肿瘤内科顺利通过省级甲级重点专科建设评审，医院除开展常规治疗外，还开展食道心房调搏术、临时起搏器植入术、高频振荡通气联合肺表面活性物质治疗新生儿呼吸窘迫综合征、深部热疗技术、运动言语功能康复技术、颅内肿瘤的切除、纵隔肿瘤的切除、食道癌根治术、全髋置换、膝关节置换术、脾肾静脉断流、甲状腺次全切术、CT引导下经皮穿刺活检术及各类微创手术等新技术。

医院将凭借三级乙等综合医院，与多家乡镇中心卫生院建立医共体之契机，结合医养教示范中心、门诊住院医技综合大楼投入使用。在党委书记、院长赵明才的带领下，医院将迈入提速发展的快车道，铸就明天新的辉煌。

宕府王
呷酒
五年藏

宕府王呷酒

宕府王
DANGFUWANG
宕渠·黄花
Dang qu huang hua
四川渠县·中国黄花之乡
净含量：800克
四川省宕府王食品有限责任公司
Sichuan Province Dangfuwang Food Co.,LTD

宕渠黄花